Dangdai Zhongguo Jiedu Chuangxin Yanjiu

当代中国戒毒创新研究

齐延安　主编

国家出版基金项目
NATIONAL PUBLICATION FOUNDATION

戒毒法治创新研究

齐延安　主编

Jiedu Fazhi Chuangxin Yanjiu

山东大学出版社

图书在版编目(CIP)数据

戒毒法治创新研究/齐延安主编.—济南：山东大学出版社，2019.12
(当代中国戒毒创新研究/齐延安主编)
ISBN 978-7-5607-6548-8

Ⅰ.①戒… Ⅱ.①齐… Ⅲ.①戒毒—法律—研究—中国 Ⅳ.①D922.144

中国版本图书馆 CIP 数据核字(2019)第 292846 号

策划编辑 尹凤桐
责任编辑 陈佳意
封面设计 牛 钧

出版发行 山东大学出版社
社 址 山东省济南市山大南路 20 号
邮政编码 250100
发行热线 (0531)88363008
经 销 新华书店
印 刷 山东新华印务有限公司
规 格 720 毫米×1000 毫米 1/16
22.5 印张 369 千字
版 次 2019 年 12 月第 1 版
印 次 2019 年 12 月第 1 次印刷
定 价 69.00 元

《戒毒法治创新研究》
编 委 会

主　编　齐延安

副主编　范跃进　原永红　龚再坤

撰稿人　（以参编章节为序）

廖伟健　张娟娟　杜　章　马中华

于甜甜　田　微　毕于乾　张冬梅

龚再坤　王　松　鹿　超　齐延安

刘　宇

序　一

法治无处不在。由劳教所转为戒毒所——一个特别空间的角色转换，构成新时代一个重大的法治事件。戒毒法治研究也由此成为一个越来越受关注的特殊领域。

近些年来，经过打基础、练内功，山东司法行政戒毒工作"一四六"工作思路落地生根、开花结果。以帮助戒毒人员戒除毒瘾、顺利回归社会为工作目标，戒毒执法协作机制规范运行，将具有山东特色的"三六三"戒毒模式全面推开，逐步确立了全省统一的戒毒执法规范、工作流程和标准体系，山东戒毒工作"四梁八柱"的制度框架搭建成型。"三四五"戒毒理念深入人心，"四个工程"强力推进，"六个体系"不断健全，"三大平台"汇聚合力，戒毒科研成果丰硕，应用效果实在。山东省司法行政戒毒工作在服务大局中不断提升境界，在创新发展中不断提档升级，亮点纷呈，特色鲜明，走在了全国前列。

我与本丛书主编齐延安君非常熟识，经常聚谈一线法治，从司法审判到律师管理，从司法行政戒毒工作到政府立法实践创新。两年多前，在延安君分管司法行政戒毒工作不久后的一次交流中，我了解到山东司法行政戒毒工作的创新与成就，建议其立足于《禁毒法》《戒毒条例》实施及山东戒毒执法实践，梳理一下我国现行戒毒制度，分析戒毒及强制隔离戒毒在中国禁毒战略中的地位，按照全面推进依法治国战略部署要求，分析研究中国戒毒法治的具体问题和对策，为推进我国戒毒工作规范化、法治化提供参考。实际上，"干一行，想一行"的延安君已经在思考这一课题，当然他所思考的不仅是戒毒法治体制、机制建设等方面的内容，还包括立足于国内外戒毒工作实践，围绕我国戒毒法制建设、专业戒毒工作等重点领域，系统梳理以往研究成果，面向戒毒工作存在的问题，提出有价值、可操作的对策举措，并重点研究有效的戒毒工作方法，为破解戒毒难题提供可行可靠方案。这次交流后不久，就有了组织编撰“当代中国戒毒创新研究”丛书的计划。

即将出版的“当代中国戒毒创新研究”丛书，远远超出了我和延安君商谈的戒毒法治的范围。丛书包括了《戒毒法治创新研究》《戒毒实践创新研究》《医疗和食疗戒毒研究》《文疗和心疗戒毒研究》《体疗和工疗戒毒研究》等多项成果，能够写好这几本书的作者只能是来自从事一线戒毒工作的基层领导和业务骨干。无论分管律协还是分管戒毒、立法，延安君都非常重视队伍建设，倡导学习型队伍建设和研究式开展工作。丛书作者都是戒毒工作一线上的佼佼者，不仅精益求精于戒毒实务，而且善于思考，包括经验总结和理论概括。尽管他们不太擅长言辞和文字，但凭着朴素的情感和孜孜以求的精神，克服了相当大的困难，创作了一套不可多得的戒毒丛书。丛书中的每一本书都针对戒毒工作的某一方面或领域给出了深入浅出的介绍，其中不乏深刻洞见。总体说来，该丛书有三个重要特征：

一是观点掷地有声。丛书并非是其他著述的简单汇总和述评，更不是抱着宏大概念悬而无音，而是在系统梳理古今中外戒毒实践、戒毒制度以及戒毒工作专业研究的基础上，进行归纳、提炼和分析，进而提出作者的独到见解。特别是《医疗和食疗戒毒研究》《文疗和心疗戒毒研究》《体疗和工疗戒毒研究》立足于当前我国戒毒实践的探索，不断深化对戒毒工作的规律性认识，并对代表性戒毒方法进行创新研究，既有成果成效的展示，也有改进改善的探讨。即使有的读者对戒毒工作不甚了解，对有些内容不容易理解，但其中的一些鲜明的见解也会给人留下深刻印象。

二是论述系统翔实。丛书中有很多实例和经验，包括历史沿革中萃取出普适性的论述，而不仅仅是适用于几个特定情况的案例分析。《戒毒实践创新研究》从实践层面切入，通过文献研究和实地调研，对当前正在开展的戒毒工作进行梳理和阐释；《医疗和食疗戒毒研究》《文疗和心疗戒毒研究》《体疗和工疗戒毒研究》运用文献调查、概念剖析、问卷调查、深度访谈、实验研究、比较分析等方法，系统研究医疗戒毒、食疗戒毒、文疗戒毒、心疗戒毒、体疗戒毒、工疗戒毒的内涵、操作规程和评价指标等；《戒毒法治创新研究》则是我国第一部专注于戒毒法治研究的著作，在禁毒法治中开辟出一片戒毒法治的新天地，使戒毒法治自成体系，戒毒研究更加完整系统。

三是内容丰富实用。丛书立足当前现实，面向长远未来，坚持理论与实践相结合，以戒毒工作常识为基础，强调知识更新；着力于戒毒工作专业探讨，强调理论创新；形成戒毒工作知识体系，强调可读性；注重实践操作方法，强调可用性。这样既可满足社会各界尤其是禁毒、戒毒工作者和社会工作者获得相关知识的需求，也可对戒毒工作的科学决策提供理论支撑，对戒毒一线工作具有指南意义，又有助于普及戒毒常识，推动全社会关注和关心戒毒工作。

戒毒是一个世界性难题，是一个需要集文理工医知识和手段合力攻克的社会难题，我国戒毒工作的挑战性可想而知。基于社会核心价值观的友善，基于人道主义的关爱，基于对人与人之间关系的终极关怀，山东司法行政戒毒工作者竭尽所能，攻坚克难；他们对戒毒工作的精神专注和情感倾注，他们对这套丛书所赋予的温度，让人感动。社会的文明水平有很多观测点，比如，一个国家和社会对待老年人、未成年人、残疾者、贫困者的态度等等；对吸毒人群的态度也是一个特别的角度。为破解世界性社会难题而不懈努力的一线戒毒工作者对社会文明有着深刻的理解。

在阅读完这套丛书的书稿后，我对延安君说：戒毒战线的人们，包括你，值得我们敬重！

是为序。

肖金明
2019 年 10 月

序　二

毒品问题与艾滋病、恐怖活动并称为当今社会三大公害。当前，全球毒品滥用问题突出，毒品危害日益严重。联合国毒品与犯罪办公室发布的《2019年世界毒品问题报告》显示，2017年全球约有2.71亿人在前一年使用过毒品，3500万人患有药物滥用障碍，其中仅1/7的人获得治疗。毒品治理形势严峻，迫在眉睫。

戒毒工作是帮助吸毒人员戒除毒瘾、减少毒品滥用的必要手段，是禁毒工作的重要组成部分。针对毒品滥用问题，世界各国普遍采取适合国情的干预措施。我国《禁毒法》《戒毒条例》对戒毒工作作出了法律规定和总体制度设计。自2008年6月《禁毒法》颁布实施，特别是自2014年司法行政承担强制隔离戒毒工作以来，我国戒毒工作进入快速发展时期，从收治工作陆续启动，到戒毒模式逐步探索定型，再到戒毒体制机制不断完善，戒毒工作在禁毒人民战争中发挥的作用越来越重要。但与此不相对应的是，戒毒工作理论研究相对零散，全面系统的研究成果比较少见。

攻克戒毒这一世界性难题，要向科学要答案、要方法。山东司法行政戒毒系统坚持以习近平新时代中国特色社会主义思想为指导，增强“四个意识”，坚定“四个自信”，坚决做到“两个维护”。坚持把戒毒科研作为一项重要工作来谋划和推进，联合山东社会科学院、山东农业大学、山东大学、山东师范大学、山东中医药大学、山东体育学院，组建山东省戒毒研究中心和医疗戒毒、心理戒毒、康复戒毒、文化戒毒四个实验室，定期发布戒毒课题、研究成果，健全完善戒毒科研平台和工作机制，形成了具有山东特色的戒毒科研工作格局。坚持实践探索与理论研究、系统谋划与基层创新、立足自身与借智借力相结合，在戒毒执法、戒毒管理，特别是以戒毒医疗、体疗、心疗、食疗、文(化)疗、工疗为核心的戒治工作中进行了积极探索。

2018年4月，为进一步加强戒毒研究工作，在有关科研院所、专家学者的大力支持下，山东司法行政戒毒系统立足于戒毒工作实践，组织编写“当代中国戒毒创新研究”丛书，系统梳理戒毒历史变迁、我国戒毒工作等情况，从国内外戒毒工作对比，医疗、食疗、文疗、心疗、体疗、工疗、法治等方面深化戒毒研究，为推动戒毒工作科学化、专业化发展，逐步走出一条中国特色戒毒工作之路进行了有益探索尝试。山东司法行政戒毒系统共有50余名一线警察参与丛书编写，他们大都是实践经验丰富的戒毒工作人员。经过一年多的辛勤努力，几易其稿，丛书才编写完成。之后，我们又邀请专家学者对丛书进行审核，进一步修改完善。丛书共分《戒毒实践创新研究》《医疗和食疗戒毒研究》《文疗和心疗戒毒研究》《体疗和工疗戒毒研究》《戒毒法治创新研究》五册。

《戒毒实践创新研究》是本套丛书中具有统揽性的一本，对丛书涉及的内容进行总体介绍。具体内容包括：毒品的基本知识，毒品形势及毒品治理；我国禁毒工作任务，禁毒政策及禁毒工作的主要措施；我国不同的戒毒措施；依托山东司法行政戒毒工作开展情况研究分析，探索我国戒毒理念、思路、管理、方法、模式方面的创新；我国戒毒工作开展的有益探索，取得的戒毒工作科研成果；围绕全面落实“治本安全观”、向社会输送“合格产品”目标，探讨完善强制隔离戒毒与社区戒毒、社区康复的衔接机制，梳理戒毒工作方式方法，从整体上描绘戒毒工作图景。

《医疗和食疗戒毒研究》主要是从医学、中医药和营养学角度探索研究戒毒工作。主要介绍国内外医疗戒毒的现状、模式、遵循的原则、治疗目标以及主要措施和有益临床经验；探讨中医中药戒毒方法，对吸毒成瘾症状、病因、病机进行辨证分析，在传统经方的基础上，创新发展形成针对精神类毒品急性脱毒期症状治疗的中药制剂；通过对毒品的起源、性、味、归经以及吸毒成瘾的病因病机研究，以中医辨证论治和食疗基础理论为基础，结合现代营养学，通过分析毒品对人体各脏器尤其是消化系统功能的影响，研究辨证施治食疗戒毒方法。

《文疗和心疗戒毒研究》主要是从以文化人和心理学的角度探索研究戒毒工作。主要介绍文化戒毒和心理戒毒的理论基础、起源发展、必要性和实践价值、相互之间的紧密联系，我国吸收借鉴国外先进经验开展文化与心理戒毒的情况；探讨社会主义先进文化、法治文化、齐鲁文化、民族文化、阳明心学的历史生成和文化内涵及其在戒毒工作中的应用，认知行为疗法、内观疗法、正念疗法、动机强化治疗、萨提亚家庭治疗模式和心理教练的概念、基本理论、适用范围、作用意义及其在戒毒中的应用实践。

《体疗和工疗戒毒研究》着重从运动科学以及生活态度重塑、健康习性养成的角度探索研究戒毒工作。主要介绍当前运动康复戒毒最新经验和成果，探索运动康复对戒毒人员脑功能认知、逻辑、思维、判断及其行为方面的影响；运用档案跟踪管理、VR体感系统康复体验、康复数据采集等方法，分析探讨生理脱毒期、身心康复期、回归适应期身体机能康复方法；以“脱毒—康复—回归”三期为主线，探索研究心理功能康复方法；探索劳动技能康复的基本含义，建立劳动技能康复工作体系，体现劳动技能康复价值意义，创新劳动技能康复方法。

《戒毒法治创新研究》将戒毒法治从禁毒法治中抽出，构建戒毒法治知识体系。主要介绍中国戒毒法治史、世界范围内戒毒法治状况；立足《禁毒法》《戒毒条例》实施及戒毒执法实践，分析戒毒法治体制、机制等方面存在的问题；以强制隔离戒毒为重点，研究强制隔离戒毒决定权行使规范化、执行体制，戒毒人员人权保障，强制隔离戒毒与自愿戒毒、社区戒毒、社区康复衔接机制等问题；讨论完善强制隔离戒毒法定条件的设计以及执法规范化、执行体制一元化、戒毒工作一体化等制度性建设问题；结合世界戒毒工作发展趋势，为进一步强化我国戒毒法治建设特别是完善强制隔离戒毒制度进行展望、提出建议。

为编撰“当代中国戒毒创新研究”丛书，山东省司法行政戒毒系统各级领导和基层警察付出了辛勤劳动。山东省戒毒管理局政委齐晓光作为丛书编撰总牵头人，承担了统筹协调、人员调配、组织编撰等工作，部分曾任和在任山东省戒毒管理局领导齐延安、郝道方、齐晓光、潘治胜、岳文锦、范跃进及处室主要负责同志梁云龙、杜章、赵莉、戴小勇、张文汇，省属戒毒所的主要负责同志金兴会、李杰、孙娟、刘国立、蒋济昌，山东司法警官职业学院教授原永红，作为丛书分册负责人或协调人，在丛书的统筹协调、框架结构、调查研究、初稿审核等方面做了大量深入细致的工作，很多同志利用业余时间收集整理资料、研究探讨、撰写稿件、修改完善，付出了辛劳和汗水。

在本丛书编写过程中，山东大学（威海）法学院院长、教授肖金明，司法部预防犯罪研究所研究员、戒毒工作研究室主任苏利，中央司法警官学院矫正教育系主任、教授姜祖祯，浙江警官职业学院司法心理与行为研究所所长、教授马立骥，山东师范大学心理学院教授郭庆科，山东中医药大学发展规划处处长、副教授邓华亮，山东中医药大学教授张沁园，山东体育学院科技处副处长、教授董贵俊，济南大学副教授綦萃华，泰山管理学院新儒家管理模式研究中心主任白立新等专家给予了大力支持和指导，参与丛书框架研究、书稿审定等工作。书稿最后的修订工作得到了山东大学（威海）法学院院长肖金明教授、山东社会科学院法学所所长谢桂山教授、山东大学（威海）法学院博士生导师门中敬教授三位专家的倾情相助，他们主动参与书稿审核，利用业余时间对书稿进行了系统整理修订，提出许多指导性很强的意见建议。山东省司法行政戒毒系统各单位组织警察参与编写，为丛书编撰工作顺利开展创造了有利条件。在此一并表示感谢。

丛书作者以公益性立场编写本书，以宣传戒毒工作、推广戒毒工作方法和经验为目标，旨在为提升戒毒工作规范化、专业化、科学化水平提供有益借鉴，为破解戒毒这个世界难题作出积极探索。由于编写本书的作者大多工作在戒毒一线，虽然有一定的实践经验，但知识面和视野不够宽，科研能力也有限，难免有不准确、不恰当、不完善的地方，敬请批评指正。

编　者

2019 年 10 月

前　言

毒品问题是具有综合性特点、涉及公共安全的严重社会问题，也是当今人类社会面临的一个非常严峻的挑战。我国党和政府高度重视禁毒戒毒工作，把禁毒工作纳入总体国家安全战略和平安中国、法治中国建设之中，不断创新禁毒戒毒体制机制，进一步完善毒品治理体系。习近平总书记多次对禁毒戒毒工作作出重要指示，强调要充分发挥政治优势和制度优势，走中国特色的毒品问题治理之路，坚决打赢新时代禁毒人民战争。

禁毒法治是治理一个国家毒品滥用和毒品犯罪问题最根本、最有效的手段，而戒毒法治是禁毒法治链条中不可或缺的关键一环，在深化毒品问题治理、助力国家治理体系和治理能力现代化中发挥着十分重要的作用。改革开放以来，戒毒法治被纳入党和国家工作重要议程，取得了长足发展。以2011年国务院颁布实施《戒毒条例》为标志，戒毒法治化进程明显加快，成为中国特色社会主义法治体系的重要组成部分。党的十八大以来，以习近平同志为核心的党中央对全面推进依法治国、加快建设社会主义法治国家作出重大战略部署，也对禁毒戒毒法治工作提出了新的更高要求。从大的工作体系看，戒毒法治是禁毒法治的组成部分。在之前的研究中，戒毒法治多从属于禁毒法治，将戒毒法治从禁毒法治中抽离出来进行专门研究，比较少见。本书力求作出尝试，努力开辟一个专业而独到的研究领域，并致力于构筑戒毒法治、体制机制和相关法治的知识体系。

在我国目前的戒毒法治实践中，强制隔离戒毒是程序最繁琐、资源最密集、牵涉部门关系最错综复杂的执法领域。公安与司法行政机关共存并行的“两段式”“双轨制”运行模式，已暴露出执行主体分割、收戒对象标准不一、衔接程序规定模糊、权力配置不相协调等问题，开展戒毒法治特别是强制隔离戒毒法治研究具有重要实践意义和现实紧迫性。我国戒毒法律规定的自愿戒毒、社区戒毒、社区康复、康复场所戒毒、药物维持治疗等多种戒毒措施，实践中也存在许多问题和不足。如何依循“医疗自愿戒毒、社区戒毒、强制隔离戒毒、社区康复、康复戒毒、药物维持治疗”的一体化戒毒工作思路，将戒毒人员放到脱毒、康复、顺利回归社会的完整链条上来思考和谋划，对这些多元化、异质型的戒毒工作进行有机整合，真正做到因症施策、精准戒治，实现戒毒综合治理，推动构建一体化的整体戒治格局，是摆在戒毒法治理论界和实务界面前的共同课题。在具体执法实践中，诸如强制隔离戒毒提前解除的诊断评估、被强制人员的人权保障、戒毒执法管理的司法监督等方面也有不少需要改进和完善的地方，坚持问题导向、结果导向，多视角来全面审视和加强戒毒法治工作，对于建立健全中国特色社会主义司法行政戒毒工作制度，无疑具有特别重要的意义。

正是基于以上考虑，山东省司法行政戒毒系统着眼于适应国家毒品治理体系和治理能力现代化、法治化的新形势新任务，积极参与构建中国特色司法行政戒毒工作制度，组织编写了《戒毒法治创新研究》一书。本书从国内外历史上戒毒法治实践带给我们的有益启迪，到我国现有戒毒法律规范的条分缕析，从各类法定戒毒措施的有机整合与衔接，到强制隔离戒毒决定权、执行权的厘定介分，从戒毒执法管理全面有效监督的强化，到强制隔离戒毒人员人权保障的改进提升，力求对我国戒毒法律制度进行系统性探讨并提出健全完善的意见建议。

编写大纲确定后，山东省戒毒管理局组织部分业务骨干，分头负责多数章节的编写任务，同时邀请山东大学法学院和山东司法警官职业学院部分教师、全国司法行政戒毒系统知名专家参与部分章节的编写、修改、审稿把关。历经一年多的努力，本书终于完成。本书是基于总结戒毒工作实践经验的集体智慧结晶，希冀能够满足司法行政戒毒警察提升专业技能和综合素质的新需要，也希望能为健全完善包括司法行政戒毒工作在内的戒毒法治体系、加快构建中国特色毒品治理体系贡献一份力量。

本书在编写过程中参考了众多报刊、书籍和有关网站的资料，在具体章节中作了最大程度的注释。但由于作者专业素质的局限以及对戒毒工作规律认识把握的差距，书中难免存在瑕疵，敬请专家和读者批评指正！

编　者

2019年10月

目 录

第一章　中国清末民国戒毒法治

罂粟及其制品鸦片是中国最为主要的毒品前身。1300 多年前的唐朝高宗时期，东罗马帝国的使臣献过一种由鸦片制成的医治痢疾的特效药“底也迦”，这是目前鸦片传入中国的最早记录。在长期的历史过程中，鸦片主要用途是药用。至明朝时期，一些有识之士认识到鸦片的危害，并倡导禁烟。清朝初年，随着吸食方法的变化，鸦片烟毒在中国越来越广。清末，帝国主义用鸦片打开中国的大门，在中国充满灾难、落后挨打的近代史中，始终充斥着鸦片流毒的影响。

第一节　清末时期戒毒法治

清朝时期，随着鸦片盛行，禁烟日益受到重视。雍正皇帝颁布了世界上第一部禁毒法令，后来的乾隆、嘉庆等皇帝也颁布完善了一些禁烟法令。道光皇帝延续禁烟政策，支持林则徐开展了彪炳史册的虎门销烟，掀起了中国乃至世界禁烟运动的一个高潮。

一、中国历史上第一道禁毒法令

鸦片流入民间始于明代后期，随着输入中国的鸦片数量日益增加，特别是将烟草与鸦片拌和吸食方法的传入，吸食鸦片者与日俱增，一些有识之士及封建统治者开始认识到鸦片的危害。在大臣进言下，崇祯皇帝于 1637 年诏令全国禁止吸烟，这是中国历史上由朝廷发出的第一道“禁烟令”。次年禁令更加森严：“凡私有兜售淡婆姑及售与外人者，不论多寡,均斩首示众。”[①]但“淡婆姑”实指烟草,并非后来流毒甚广的鸦片。这一禁烟令使更多的人用鸦片代替非法的烟草,客观上促进了鸦片的流行。此禁烟令非毒品法治之根源。

清朝初年,吸食法[②]的传入和传播使吗啡毒素深入肌骨,而吸食者一旦成瘾,则难以戒除,这样就使得鸦片烟毒越来越广。1729 年,为应对日益严重的鸦片之风,清雍正皇帝颁布了《兴贩鸦片及开设烟馆之条例》,这是世界上第一部禁毒法令,首次提出用刑罚手段惩治贩卖、教唆或引诱他人吸食鸦片的行为,并加重了对管理者失职的处罚。至此,鸦片在中国正式成为法律上的毒品,也标志着中国禁毒历史的开始。该条例规定:“兴贩鸦片烟照收买违禁货物例,枷号一个月,发边卫充军。若私开鸦片烟馆,引诱良家子弟者,照邪教惑众律拟绞监候,为从杖一百流三千里。船户、地保、邻右人等俱杖一百,徒三年。如兵役人等,籍端需索,计赃照枉法律治罪。失察之汛口地方文武各官,并不行监察之海关监督,均交部严加议处。”[③]这部法令主要针对贩运、开烟馆及监管者,未明确禁止鸦片输入,也并未明确提出对吸食鸦片者如何处治。因此,戒毒工作尚未纳入法治范围。

此后,清朝乾隆皇帝再次严令禁止贩运鸦片,但都未得到很好的执行,终究未能挡住鸦片的毒害。1796 年,嘉庆皇帝再次重申禁令,并裁去海关的鸦片税额,禁止鸦片进口。这是中国第一次明确禁止输入鸦片。不久,朝廷又下令严禁种植罂粟。1813 年,嘉庆皇帝颁布了中国历史上第一道惩办鸦片吸食者的法令《吸食鸦片烟治罪条例》,其中规定:“侍卫官员买食鸦片烟者革职,照违制律杖一百枷号两个月;军民人等买食者,俱杖一百枷号一个月;内廷太监买食者枷号两个月,发往黑龙江给该处官员为奴。”[④]内容虽然简单,但却针对买食鸦片者,区分不同身份,给予不同处罚,明确了买食鸦片者(即早期的吸毒人员)的违法者身份,使其处治有了法律依据。这是中国第一部戒毒法令,也是中国戒毒法治的源头。

---

① 苏智良:《中国毒品史》,上海社会科学院出版社 2017 年版,第 31 页。

② 由苏门答腊人首创,后经我国台湾地区传入,即取鸦片浆液蒸熟,再滤去残渣,与烟叶混合制成丸子,然后放在竹管里就火吸食,有些人则只吸鸦片。

③ 于恩德:《中国禁烟法令变迁史》,河南人民出版社 2016 年版,第 16 页。

④ 于恩德:《中国禁烟法令变迁史》,河南人民出版社 2016 年版,第 27 页。

二、虎门销烟前后的禁毒戒毒法治

从嘉庆皇帝颁布《吸食鸦片烟治罪条例》(1813 年)至鸦片战争(1840 年)前几年的一段时期,清政府内部经过弛禁与严禁的争论后,弛禁的观点基本被驳倒,确立了严禁鸦片的政策导向,并出现了以林则徐为代表的禁烟名臣。早年林则徐在厦门担任海防同知书记,已目睹当地官吏兵丁"皆有嗜鸦片之癖"。此后入京为翰林院庶吉士,收集各地资料,苦心求索抑制社会疮痍和国家富强之策,已注意到鸦片流毒"厉余国计民生,尤堪发指"。1832 年,林则徐任江苏巡抚。江苏为南北要道,商民辐辏,吸食鸦片日益成为社会问题。林则徐明察暗访,发现近年商业衰弱,究其原因:鸦片烟而已矣。林则徐开始禁烟实践。

林则徐采取的禁烟措施主要有:第一,严禁种植罂粟。要求"所有民间田地,因新例有私种罂粟,即以军徒科罪,并将田地入官"[①]。第二,严禁贩卖和吸食鸦片。严肃处理贩卖鸦片的土豪恶棍,查封烟馆,收缴烟具。对吸食鸦片的官吏进行"熬审",将吸食鸦片的官员"一并责革"。第三,研究推广戒烟药房。为帮助吸食者戒除烟瘾,林则徐亲自深入研究治疗烟瘾的机理,请教中医名家,采访并配制戒烟药方 10 余种,并向民间推广。名医何书田按照林则徐提供的药方,整理考订编成《救迷良方》一书,流行江南各地,书中所载之戒烟丸膏,上海一带称之为"林十八",即由 18 味良药组成。第四,加强海上巡逻,严防夷船夹带鸦片。

任湖广总督期间,为使吸食者能戒绝烟瘾,林则徐亲自研究药方,最有效的是"忌酸方""补正丸""物引"和"瓜汁饮"等四种。湖北省除官制的断瘾药以外,各药店也配有戒烟药。一些老鸦片瘾者,戒烟之后,颜面发胖,筋力复强,家人对林则徐感激涕零。[②] 林则徐是禁烟令的细化者、执行者,也是戒毒实践的先行者、推动者,他对吸食鸦片者不止于罚同时致力于戒的做法,开启了官方推动戒毒工作的先河,丰富了戒毒法治的内容和实践。

伴随着全国性的禁烟运动开展,清政府的禁烟法令也不断完善。

---

① 萧忠生:《林则徐研究文集》,海峡文艺出版社 2017 年版,第 189 页。

② 参见苏智良:《中国毒品史》,上海社会科学院出版社 2017 年版,第 74～75 页。

1823年，道光皇帝颁布《失察鸦片条例》，1831年颁布《禁种条例》《禁吸条例》。1839年，道光皇帝颁布《钦定严禁鸦片烟条例》，将清廷历次发布的有关禁贩、禁吸、禁种的规定合编为39条，成为我国第一部综合性的"禁毒法典"。《钦定严禁鸦片烟条例》亦被称为史上最严厉的"禁毒法"，惩治措施极为严厉：鸦片烟贩，就地正法，斩立决；所有开设烟馆、提供吸烟场所，以及包庇贩卖鸦片的官员，就地正法。作为第一部综合性的"禁毒法典"，已经明确将禁吸作为单独的一个部分予以列出，占有大量篇幅，39条内容中，共有13条为吸食鸦片人员所设，而且给予了相对轻一些的处罚措施，体现了戒毒法治的相对独立性和特殊性。

从具体内容上看，道光皇帝颁布的《钦定严禁鸦片烟条例》，对戒毒法治的内容作了进一步的细化和丰富。如第14条规定：吸烟人犯均予限一年六个月，限满不知悔改无论官民概拟绞监候。[①] 同时，该条例较嘉庆皇帝颁布的《吸食鸦片烟治罪条例》，对处罚对象、处罚措施和连带责任进行丰富。如处罚对象增加"宗室觉罗"；处罚措施普遍加重，而官员、太监等尤为突出，"在官人役并官亲幕友一年六个月限内在署吸烟者照平民加一等治罪"，"职官吸烟在一年六个月内者发新疆充当苦差"，"职官因吸烟发往新疆者概不准各城大臣保奏"，"太监内如有从前吸食者限一个月内自首免罪，再限三个月内令总管太监认真搜查，如有收藏烟具者申明从重治罪"；在连带责任上，对保举官员吸烟的、不能约束子弟吸烟的，均作出了处罚的规定。[②]

随着禁烟运动的深入开展，清朝禁烟斗争迎来高峰。1839年3月10日，林则徐作为钦差大臣到达广州，采取了内外结合的禁烟办法。对内，破获烟案数百起，逮捕人犯2200人，收缴鸦片711024两，并惩办受贿包庇鸦片走私的官员。林则徐还发布告示，责令吸食者限期戒绝。对外，强硬对待外国鸦片商人，要求他们限期将鸦片尽数缴出。至5月28日，外国鸦片商人共缴出1188吨，为人类至今为止一次缴获毒品数量最多的。6月3～25日，除留作检查的样品外，其余收缴的鸦片全部在虎门销毁。

---

① 参见于恩德：《中国禁烟法令变迁史》，河南人民出版社2016年版，第257页。

② 参见于恩德：《中国禁烟法令变迁史》，河南人民出版社2016年版，第258～259页。

林则徐领导的虎门销烟是中国第一次禁烟运动的最高潮，是中国禁烟运动的光辉篇章，也被公认为中国人民反对帝国主义斗争的伟大起点。6月3日虎门销烟开始日，于1929年被国民政府确定为禁烟纪念日。竖立在天安门广场上的人民英雄纪念碑的第一面浮雕，就是虎门销烟的宏伟场景。虎门销烟在全球禁毒斗争中也占有重要地位。1987年，联合国在维也纳召开会议，将虎门销烟取得胜利的日子——6月26日定为国际禁毒日。①

近代以前的禁毒活动主要集中在清代，颁布的禁毒法令在世界上最早，且越来越完善。在这个过程中，戒毒法治也从无到有，最早在“惩罚”的层面予以提出，随着吸食鸦片人员数量不断增加，戒毒法治的内容也得到丰富。其中，林则徐引领民族抗争和禁烟运动，对禁毒法治乃至戒毒法治都作出了突出贡献。他丰富戒毒法治的内容和手段，使戒毒法治不止于“罚”，而发展至“戒”；他从官方推动戒瘾，探索中医戒毒方法，是戒毒工作的先行者、开拓者。

三、第一次鸦片战争至清朝灭亡前的禁毒戒毒法治情况

1840年，英国政府以虎门销烟等为借口，发动了第一次鸦片战争，最终以清政府失败并赔款割地告终。鸦片战争之后，清政府并没有宣布禁烟令无效，相反，也曾在某些场合重申过继续禁烟。如1843年，道光皇帝颁发上谕：“朕思鸦片烟虽来自外夷，总由内地人民逞欲玩法，甘心自戕，以致流毒日深。如果令行禁止，不任阳奉阴违，吸食之风既绝，兴贩者即无利可图……此后内地官民如再有开设烟馆，及贩卖烟土，并仍吸食者，务当按律惩办，毋稍姑息。”直到咸丰年间仍在坚持禁烟，1854年，咸丰皇帝拒绝了英国公使关于清政府允许鸦片纳税进口的要求。但实际情况是，禁烟令已名存实亡。清政府对外国鸦片贩子的行为早已默认，从香港到辽东半岛的漫长海岸线上，几乎都能看到鸦片趸船的影子。中国的鸦片贩子也倚仗外国的特权而公开贩运。②

鸦片战争后，英国资产阶级一直谋求清政府承认鸦片合法化。第二

---

① 参见苏智良：《中国毒品史》，上海社会科学院出版社2017年版，第80页。

② 参见苏智良：《中国毒品史》，上海社会科学院出版社2017年版，第88页。

次鸦片战争后，在上海举行的中英通商税则谈判中，英方提出了鸦片贸易合法化的要求。清政府代表大学士桂良、吏部尚书花沙纳被迫承认了鸦片合法贸易的原则。1858 年 11 月，清政府分别与英、法、美签订《通商章程善后条约》，将鸦片改称"洋药"，规定："向来洋药……等物，例皆不准通商，现定稍宽其禁，听商遵行纳税贸易，洋药准其进口。"从此，过去法律上禁止的鸦片变成了合法的"洋药"，而且不仅是"洋药"可自由输入，内地自种的"土药"也可种植和买卖了。[①] 这是外国列强对近代中国进行戕害的表现之一，也是特殊历史背景下禁毒法治的倒退。这样一来，腐蚀人们肉体和灵魂的毒品——鸦片，通过改头换面，居然泯禁灭戒，登堂入室了。开禁之后，"洋药"之害如决堤之水，泛滥全国。

清朝灭亡前的一个时期，禁烟再次成为包括统治阶层在内的各阶层人民的共同心声，而且第一次在较大范围形成国际共识，主要体现在 1907 年《中英禁烟条约》[②]和 1909 年上海万国禁烟会议[③]。

1906 年 9 月，光绪皇帝发出了十年禁绝烟毒的上谕，10 月政务处提出计划，经光绪帝批准下发，这就是《禁烟章程十条》。主要内容有：第一，杜绝鸦片来源，限制栽种及阻止洋药进口。第二，预防新吸，对现有吸食鸦片者和售卖者实行牌照管理，对售卖鸦片、烟具的场所限期关停。第三，戒除烟瘾。凡吸烟之人，60 岁以上戒除与否可从宽免议，60 岁以

---

① 参见苏智良：《中国毒品史》，上海社会科学院出版社 2017 年版，第 95 页。

② 随着鸦片危害的日益加深，英国国内反鸦片的呼声日益高涨。1906 年国内禁烟运动再次兴起后，中国即在 1907 年与英方交涉，几经谈判，双方订立《禁烟条约》六款。主要内容包括：印度鸦片进口实行定额，逐年减少，十年减尽；禁止香港烟膏输入中国内地；租界禁烟；禁止吗啡进口；重征洋药税厘。英国对中国禁烟的决心和能力持怀疑态度，因此提出须试行三年，若中国确实禁种禁吸有效，英国才能履行。此后，中国三年禁烟试行期成效显著，英国只得同意遵守前约，遂于 1911 年再订《中英禁烟条约》十条及附件十条。这使得英国由鸦片输入中国的主导者变为禁毒合作者，也称得上中国禁毒国际合作的开始。

③ 1906 年，美国人菲律宾主教布兰特写信给总统罗斯福，请他关注国际禁烟运动。美国遂决定联合各国召开国际禁烟会议。经过酝酿，万国禁烟会议于 1909 年在上海举行。参加会议的有美、英、法、德、意、奥、荷、葡、俄、日和中国等国家。这次会议具有重要意义：首先，会议揭露鸦片、吗啡的罪恶，公开打出了反毒禁毒的旗帜。其次，该会议是人类历史上第一次多边性国际反毒禁毒会议，使反毒禁毒超越国界，揭开了国际联合反毒禁毒的序幕。会议期间成立的万国禁烟委员会，成为第一个国际反毒品组织。万国禁烟委员会的工作和成果，为后来国际联合反毒组织提供了经验。

内须逐年递减，定期戒除。精制戒烟药，由政府送善堂出售或施送。由官吏绅商设戒烟会，以劝导民众。第四，严禁官员吸食。[①] 此后，清政府又申令查禁烟馆及禁种罂粟，后续又颁布了《禁烟查验章程》《禁烟议叙议处章程》《购烟执照章程》《管理售卖膏土章程》等，规定越来越细。

宣统皇帝继位后，于 1909 年初颁发《禁烟条例》。同年 10 月，民政部与修订法律大臣又会订《禁烟惩罚条例》，使禁烟章程的贯彻有了法律保障。这一时期，禁烟有两个重点：一是禁种罂粟，二是禁吸。关于禁吸，在限时禁闭土行烟馆的同时，给烟民核颁购烟吸烟执照，并设立戒烟所和查烟官员，强制戒烟。民间绅商还组织戒烟会，督促实行有效禁烟。这样经过三四年的努力，取得了一定成效。如江苏原有熟膏店 12790 家，到 1909 年初已减少至 2830 家。山东设立戒烟会 349 个，戒烟者达 85000 人。陕西的戒烟局有 400 余所，戒烟者 157000 人。[②] 清末的禁烟运动取得了一些成效，一定程度上抑制了烟毒的泛滥，也为以后政府禁烟禁毒提供了经验借鉴。

第二节　民国时期的禁毒戒毒法治情况

民国时期，国民政府主流上坚持了禁烟政策，也推出了一些禁毒戒毒法令，但由于政局不稳、社会动荡，出台的法令得不到有效的贯彻执行。虽然某些地方积极推进禁毒戒毒工作，但也有一些军阀为筹集军费，采取“纵毒”政策，毒害在中国大地愈演愈烈。

一、民国初期的禁毒戒毒法治

辛亥革命之后，国民政府继续推行禁烟政策。1912 年 3 月 2 日，孙中山即颁布禁烟令。袁世凯继续实行禁烟政策，除了继续沿用清朝的禁烟法令，还发布了一些新的禁烟法令，如《吗啡治罪条例》《禁种罂粟条

① 参见苏智良：《中国毒品史》，上海社会科学院出版社 2017 年版，第 168～170 页。
② 参见苏智良：《中国毒品史》，上海社会科学院出版社 2017 年版，第 173 页。

例》《督察禁烟处章程》等，并批准了《海牙禁止鸦片公约》[①]。袁世凯复辟帝制失败后，中国进入军阀分裂时期。军阀混战需要大量经费，而烟税是军阀经费的重要来源，有的军阀烟税收入占其总收入的40%～80%。因此，军阀普遍鼓励种植鸦片，不种反要缴纳“懒捐”。这导致了鸦片种植和吸食的泛滥，如云南男子中60%吸食鸦片，甘肃全省种烟面积占耕地面积的75%。[②] 吸食鸦片导致劳动力减少，种植鸦片导致种粮面积减少，这使本处于兵荒马乱之下的中国百姓雪上加霜，每遇自然灾害往往食不果腹、流离失所。

民国初年，有的省份在戒毒法治方面作出了积极探索。如，1915年1月颁布的《陕西全省戒烟章程》，规定省、县设戒烟局，乡镇地方设戒烟所，工作主体是县戒烟局，配有管理员、调查员和医生，具有临时机构性质，限期完成戒烟任务后即撤销；戒烟是强制性的，除“妇女和年老衰弱男子准由家属向戒烟局领药自戒亦须依限戒净”外，均需集中到戒烟局戒烟；戒烟方式是服用戒烟药丸。章程还规定“须和平对待、不得凌虐嘈骂”戒烟人员，同时对戒烟人员的违制惩处作了规定。1915年3月颁布的《四川模范戒烟所章程》，分总纲、组织、职员权责、戒烟、制药、调验、经费、附则等部分，分强制戒烟和自愿戒烟两种，强制戒烟者主要是查获投送的，自愿戒烟由人担保到戒烟所戒烟，戒除后复吸要承担高额赔偿金并按律治罪；戒烟方式除服用中医药丸外，出现了西药使用的规定。这两个章程虽然是地方对戒毒法治的探索，但在当时的历史条件下，制定专门的戒毒法规，非常难能可贵。

二、南京国民政府禁毒戒毒法治

1927年，南京国民政府成立，中华国民拒毒会[③]即发表宣言，要求新

---

① 1912年1月，中国、美国、日本、英国、德国等国家在海牙召开禁毒国际会议，签订了《海牙禁止鸦片公约》，这也是第一个国际禁毒公约。其要点是：缔约国应当制定法律管制“生鸦片”的生产、销售和进口，逐渐禁止“熟鸦片”的制造、贩卖和吸食，切实管理吗啡、海洛因、古柯等麻醉品。

② 参见苏智良：《中国毒品史》，上海社会科学院出版社2017年版，第213页。

③ 该组织成立于1924年8月5日，由中华全国基督教协进会、中华全国教育改进会、上海总商会、全国医学会、红十字会等30余个团体发起成立，宗旨是联合全国各团体设法肃清国内鸦片种植，制止国外鸦片与一切复制毒品输入。

政府实行禁烟政策。为了应付舆论的压力，更重要的是南京政府创建伊始，急需烟税填补财政支出的无底洞，国民党中央执行委员会第105次政治会议议决，在3年内分年分地区禁绝毒品，在财政部设立禁烟处负责其事，责令各县分设禁烟局或戒烟药品专卖处。财政部于1927年9月颁布《禁烟暂行章程》13条，其主要内容有：各种红白丸及鸦片烟类之吗啡、高根、海洛因等，除医用外一律禁止输入；凡人民有鸦片烟瘾者，除25岁以下绝对强迫禁吸外，25岁以上者因年龄或疾病关系须请领戒烟执照，保证戒烟方准吸食并应用按年减食方法，自1928年起每年至少减食三分之一，到1930年完全戒绝；戒烟药1928年底前值百抽七十、1929年值百抽百、1930年值百抽二百贴用印花税票；商民有贩卖戒烟药品者应将商号及贩药地点先行呈报财政部请领特许证。[①] 这一政策实质是鸦片公卖、"寓禁于征"，以便抽取高额的烟税，其遭到了各阶层民众的反对，国民政府被迫于同年11月、次年4月两次修正禁烟条例。在反毒人士的努力下，1928年3月10日，南京国民政府颁布《刑法》。其中第271～277条为鸦片罪，除对制造、贩卖鸦片等作出规定外，还规定："吸食鸦片或施打吗啡或使用高根、安洛因(海洛因)及其化合质料，处1000元以下罚金；为人施打吗啡针者，处2年以下有期徒刑，得并科500元以下罚金。"[②]1928年，全国禁烟委员会成立，隶属行政院，内设总务、查验两处，分掌禁烟机要、会议及督理地方禁政等职。9月17日，国民政府颁布施行由禁烟委员会组织制定的《禁烟法》和《禁烟施行条例》。《禁烟法》共7条，规定自1929年3月1日后，全国一律禁止吸食鸦片；《禁烟法施行条例》共7章19条，其中关于禁吸有1章3条，主要措施是"查有吸食鸦片人犯应送法庭依法办理、设立戒毒所完成任务后撤废、严惩制造鸦片器具行为"[③]。

1935年，国民政府推出"两年禁毒、六年禁烟"计划。为此，国民政府重建了禁烟禁毒领导机构，包括负责禁运、禁售的禁烟督察系统和负责禁种、禁吸的禁烟委员会系统，颁布了新的禁烟禁毒法规，《禁毒实施办法》和《禁烟实施办法》是这一时期禁烟禁毒政策中的纲领性法规。《禁

---

① 参见于恩德：《中国禁烟法令变迁史》，河南人民出版社2016年版，第284页。

② 于恩德：《中国禁烟法令变迁史》，河南人民出版社2016年版，第302页。

③ 于恩德：《中国禁烟法令变迁史》，河南人民出版社2016年版，第303页。

毒实施办法》共12条，主要是对制造、运输、贩卖、吸食毒品作出了原则性规定，并设定了处罪量刑范围。关于吸食毒品规定："自民国二十年起，凡有吸用毒品及施打吗啡者，一律处以死刑或无期徒刑"；"党政军学各机关人员吸用烈性毒品，或者施打吗啡针者，限期自动投所戒绝，违者概处死"。《禁烟实施办法》对鸦片的种、运、售、吸四个方面作了详细规定。在禁吸方面，吸户需登记领照购烟吸用，并按烟民登记数量逐年递减直至禁绝；党政军服务人员及学生一律禁吸，违者依军法，处以极刑。[①] 抗战时期迁都重庆后，国民政府又制定了"三年禁烟善后计划"，在此期间继续完善了有关禁烟法令。

由于毒品日益泛滥的严重现实，以及禁烟立法技术的日趋成熟，不管是数量还是质量，这一时期的禁烟立法较之清朝时期，都有较大的发展。尤其是20世纪30年代前期，出现了禁烟与禁毒立法并行的现象，除了鸦片之外，其他毒品受到重视，体现了禁毒法治的发展大势。对于吸毒成瘾者，国民政府法律普遍给予一定时限主动戒除，并设有官办戒毒所，勒令不能自戒人员强制戒毒，顽固的则要判刑。然而，由于政府腐败、内忧外患等各种原因交织，至新中国成立前，国内罂粟种植面积竟高达100多万公顷，吸毒者达2000万之众。严酷的现实表明，旧中国无法解决沉重的毒品问题。

① 参见刘亚军：《南京国民政府"两年禁毒、六年禁烟"运动研究》，广西师范大学硕士学位论文，2008年。

第二章　中国戒毒法治概述

20 世纪 60 年代以来，联合国相继颁布了 1961 年的《麻醉品单一公约》、1971 年的《精神药物公约》和 1998 年的《联合国禁止非法贩运麻醉药品和精神药物公约》三大公约，旨在强化国际合作背景下，面向毒瘾者的毒品行为针对性地采取遏制贩毒、治疗护理、康复教育或回归社会等有效处置，以作为定罪与刑罚的替代办法或附加补充措施。[①]

上述毒品公约是各国制定毒品管理方法的基础法律框架，也是世界各国实现司法互助、合作协议的最通用依据，对中国大陆、香港特别行政区、澳门特别行政区以及台湾地区也同样具备适用性。只是由于中国大陆、香港特别行政区、澳门特别行政区以及台湾地区的文化、滥用差异、戒毒需求等境况差别，其戒毒法治手段会随之作出局部调整。值得肯定的是，各地都严格遵守践行公约规定，对戒毒法治都予以了很高的关注度。

本章就中国大陆、香港特别行政区、澳门特别行政区、台湾地区的戒毒法治状况分别进行深入调研分析与经验提炼，可为各地区戒毒法治措施及制度的完善提供极大的助力。

第一节　中国大陆戒毒法治

中国共产党诞生前后，正是在各地军阀纵毒政策的影响下，鸦片烟毒再度肆虐中国并急剧蔓延的时期。以推翻旧制度、改变中国命运为己

① 参见章昌志：《毒品犯罪侦查方法的设计运用》，《犯罪研究》2003 年第 1 期。

任的中国共产党自创立之初，就十分关注鸦片烟毒问题，始终坚持禁毒主张，在各个时期对戒毒法治工作进行了积极探索，并取得了显著成效。

一、新中国成立初期的毒情形势

新中国成立之初，百废待兴，在众多的社会问题中，鸦片烟毒的泛滥仍然是一个十分突出的严峻问题，种植、制造、贩运、吸食烟毒活动仍有蔓延之势。新中国成立前夕，全国种植罂粟面积高达100多万公顷，全国约有烟民2000多万，约占当时总人口的4.4%。在烟毒泛滥最为严重的西南地区，种植罂粟的土地曾高达1545万亩，约占耕地总面积的10%①，云南省种植罂粟的土地占耕地面积的33%，其中有的县则高达80%②。贵州省解放前夕，在全省1400万人口中，吸食鸦片烟毒者约有300万，占全省总人口的21.14%。③

新中国成立初期烟毒的泛滥，对国计民生、社会安定造成的危害十分严重，大量土地种植罂粟，粮田锐减，时有饥荒出现，人民生活困难；众多烟民吸食烟毒，损害身心健康，甚至导致倾家荡产、妻离子散、家破人亡；烟毒泛滥败坏社会风气，引发各种犯罪，严重危害社会安定；一些反革命分子利用贩毒筹集资金，利用毒品腐蚀党政军干部，从事破坏新生政权的活动，严重影响新生人民政权的巩固。

二、新中国成立初期的禁毒运动

新中国成立后，烟毒问题立即引起了中国共产党的密切关注和高度重视，政府决定荡涤旧社会留下来的污泥浊水，并把禁绝烟毒作为社会改革的重要内容。1950年2月24日，中央人民政府政务院发布了《严禁鸦片毒品的通令》，主要内容有8条：一是进行广泛的禁烟禁毒宣传；二是设立禁烟禁毒委员会；三是禁种罂粟；四是对制造、贩运、售卖烟土毒品的从严治罪；五是限期缴出散存于民间的烟土毒品，酌予补偿；六是吸毒者限期登记，并定期戒除；七是卫生机关应配制戒烟药品及宣传戒烟戒

① 参见诸羽主编：《割除毒瘤——共和国首次禁毒禁娼述实》，中央文献出版社1999年版，第30页。

② 参见齐霁：《中国共产党禁毒史》，中共党史出版社2012年版，第87页。

③ 参见齐霁：《中国共产党禁毒史》，中共党史出版社2012年版，第111页。

毒药方，对贫苦瘾民免费或减价医治，在烟毒较盛的城市设立戒烟所；八是据情制定本地区查禁办法及禁绝种吸日期。其中，第6条、第7条明确针对戒毒问题。

政务院通令发布后，各大行政区迅速行动起来，按照中央人民政府的要求，相继制定和公布了相应的禁烟禁毒实施办法。如西南军政委员会于1950年3月1日发布春耕指示，严令禁止种植鸦片；7月31日通过《西南军政委员会关于禁绝鸦片烟毒的实施办法》。1951年2月16日，西北军政委员会颁布《西北区禁烟禁毒暂行办法》。1950年10月，华东军政委员会颁布《华东军政委员会关于决定查获毒品之处理办法的通令》等。各省也发布布告、出台实施办法，并启动了轰轰烈烈的禁烟活动。1952年，中共中央和政务院在经过充分准备后，集中力量、时间，在全国范围内组织了一场大规模的群众性的禁毒运动，把禁毒斗争推向了高潮。

这场声势浩大的群众性禁毒运动，针对毒品的种、运、制、贩、吸等环节的实际情况，采取"力劝两头，断斩中间"的策略，即规劝吸毒者不吸、种者不种(包括强制戒除和铲除)，重点卡断流通环节，着重打击制毒贩毒。自1952年8月10日起50多天的时间里，全国共查处毒贩近37万人，其中被逮捕者达82056人，占毒贩总数的22%，在已经处理的51627名被逮捕的毒贩中，处决880人(占被逮捕人数的5%)，判刑33786人，劳改2138人，管制6483人，释放3534人，未报分类统计的4337人。同时还缴获毒品折合鸦片400万两，以及大批的制造、贩运、吸食毒品的工具。11月底，禁毒运动胜利结束。①

化解消化2000多万的烟民，是这场运动的重要组成部分。按照中共中央和政务院通令、指示要求，全国行政区、省市人民政府结合本地区实际，制定了戒烟戒毒的办法和措施，如《山东省人民政府关于戒烟、禁种罂粟与收缴农村存毒的指示》《西安市烟民登记限期戒除办法》《武汉市烟毒瘾民登记办法》《上海市禁烟禁毒委员会戒毒所组织规则》等。这一时期的戒毒实践包括：一是登记烟民。二是以教育为主，规劝其服用戒烟药物，戒除毒瘾。三是开办戒烟所，包括官办和民办两种，将毒瘾较

① 参见苏智良：《中国毒品史》，上海社会科学院出版社2017年版，第361页。

重、自身难以戒除的烟民送入戒烟所进行戒除。在戒毒所内，由群众选出小组长，根据烟民的年龄、体质、毒瘾程度，民主评议决定在所内戒除期限。烟民每日定时定量服药，按时参加劳动及文体活动。四是对于拒绝戒除毒品及游手好闲、不务正业的烟民，将其送入劳动改造队强制戒除。

1963年5月26日，中共中央颁布了《关于严禁鸦片、吗啡毒害的通知》。其中专门规定，对吸毒犯应强制戒毒，对已吸食鸦片或打吗啡针等毒品成瘾者，必须指定专门机构严加管制，在群众监督下，有计划、有组织、有步骤地限期强制戒除，在吸毒严重的地区可以集中戒除。这一通知被视为新中国戒毒工作起点。

新中国成立以后，中国共产党领导全国人民仅用了3年时间，就帮助2000万名吸毒者脱瘾重获新生，基本禁绝了为患百余年的鸦片烟毒，创造了举世公认的奇迹。至此，20世纪50～70年代，中国以"无毒国"享誉世界近30年。

三、改革开放以来的戒毒法治

20世纪80年代以来，随着改革开放后中国国门的打开及国际毒潮的侵袭，中国早已绝迹的种毒、制毒、贩毒、吸毒现象沉渣泛起、死灰复燃，且迅速蔓延、愈演愈烈，出现了50年代禁毒运动之后从未有过的严重情况。主要表现在：境外毒品渗透不断加剧，由于临近"金三角""金新月"亚洲两大毒源地，我国成为毒品贩运的重要目的地和中转站。国内非法种植毒品原植物问题屡禁不止，制毒问题日益突出，如2015年国产毒品缴获量79吨，占全国毒品缴获量的77.3%。毒品滥用问题持续蔓延，1991年全国登记在册吸毒人员14.8万，2000年为86万，2010年为154.5万，2017年为234.5万。同时，吸毒人员低龄化、多元化特点明显，如18～35岁的占比超过60%，各行各业均有毒品滥用现象，而演艺明星、公职人员吸毒受到广泛关注。

毒品问题再次蔓延，极大损害吸食者的身心健康，严重破坏家庭幸福、败坏社会风气，诱发多种违法犯罪活动，影响社会和谐稳定，也带来巨大的经济损失，引起了党和政府的高度重视。针对不断蔓延的毒品问题，国家不断加快禁毒立法步伐，制定颁布了一系列法律、法规，禁毒戒毒法治建设取得重大进展。1990 年,《全国人民代表大会常务委员会关于禁毒的决定》对毒品犯罪的概念、种类及处罚等均作出了较为详细的规定。其中关于吸毒成瘾规定:"吸食、注射毒品成瘾的,除依照前款规定处罚外,予以强制戒除,进行治疗、教育。强制戒除后又吸食、注射毒品的,可以实行劳动教养,并在劳动教养中强制戒除。"1995 年 1 月,国务院发布了《强制戒毒办法》,这是我国政府颁布的第一部关于戒毒的法规,为对吸毒者进行强制戒毒提供了法律依据。但总体上,《强制戒毒办法》是一个粗线条的法规,如对哪些人需要强制戒毒并未作出明确规定,难以有效约束执行工作中的随意性问题。1997 年,《刑法》在吸收《全国人民代表大会常务委员会关于禁毒的决定》合理内涵和主要条款的基础上,作了进一步的完善和补充,并设立了专门章节对各种毒品犯罪及其刑事责任进行了更为严谨、合理的规定。

实践中,公安部 1998 年成立禁毒局,初步形成了由公安机关主管的强制戒毒、司法行政机关主管的劳教戒毒两大主流模式。此后,劳动教养戒毒和公安强制戒毒两种强制戒毒模式并举,发挥各自优势,相互补充,相辅相成,为社会禁毒戒毒事业作出了重要贡献。但是,也有学者提出,由于执行体制与矫治方法的发展途径不一致、适用对象法律依据不充分、部门利益冲突等各种原因,两种模式戒毒矫治效果已落后于时代发展的需要,并产生了部分不良社会影响。

2007 年 12 月 29 日,第十届全国人民代表大会常务委员会第三十一次会议通过的《中华人民共和国禁毒法》(以下简称《禁毒法》),对毒品的概念、禁毒责任、禁毒工作方针、禁毒宣传教育、毒品管制、戒毒措施、禁毒国际合作等都作出了明确规定,成为当前禁毒工作最为重要的法律依据。其中,戒毒措施在第四章单列,共 22 条内容,对吸毒成瘾认定、戒毒工作措施、戒毒期限、戒毒机构设置、戒毒人员权益等都作出了规定,是当前我国戒毒工作最为根本的法律依据,很大程度上破解了戒毒工作实践中存在的问题。

2011 年 6 月公布的《戒毒条例》是《禁毒法》的配套行政法规,共 7 章 46 条,明确规定戒毒工作坚持以人为本、科学戒毒、综合矫治、关怀救助的原则,确立了政府统一领导,禁毒委员会组织、协调、指导,有关部门各负其责,社会力量广泛参与的戒毒工作体制,以及戒毒治疗、康复指导、救助服务兼备的工作体系。《戒毒条例》在总结以往强制戒毒、劳动教养戒毒执法实践经验以及《禁毒法》规定的其他戒毒措施的试点经验基础上，全面规定了自愿戒毒、社区戒毒、强制隔离戒毒和社区康复等戒毒措施的主体责任、工作机制、戒毒人员的权利义务以及保障措施等内容。《戒毒条例》是我国第一部全面系统规范戒毒工作的法规，既总结了我国多年来戒毒工作的成功经验，又汲取了国际戒毒工作的新理论、好做法，对做好戒毒工作具有十分重要的意义。

2011 年 9 月，《公安机关强制隔离戒毒所管理办法》发布施行。2013 年 3 月，《司法行政机关强制隔离戒毒工作规定》发布施行。在《戒毒条例》规定的分段执行原则下，公安和司法行政机关对各自负责的强制隔离戒毒场所设置以及戒毒人员接收、管理、治疗康复、教育、出所、场所生活卫生和强制隔离戒毒解除等作出规定，为强制隔离戒毒执法提供了基本依据，也为发挥强制隔离戒毒在戒毒工作中的主阵地作用奠定了基础。

2014 年出台的《中共中央、国务院关于加强禁毒工作的意见》，将禁毒工作纳入国家安全战略和平安中国、法治中国建设的重要内容，提出了“源头治理、以人为本、依法治理、严格管理、综合治理”的基本原则和“预防为主，综合治理，禁种、禁制、禁贩、禁吸并举”的工作方针，对禁毒工作作出了全面部署。其中，在吸毒人员服务管理特别是戒毒工作上，强调要依法严厉查处吸毒行为，鼓励吸毒人员主动到公安机关登记，把吸毒人员纳入网格化社会管理服务体系。要积极探索科学有效的戒毒康复模式，构建戒毒治疗、康复指导、救助服务相结合的戒毒工作体系。要大力加强自愿戒毒工作，全面推进社区戒毒、社区康复工作，规范强制隔离戒毒工作，研究完善戒毒康复场所管理体制，扩大戒毒药物维持治疗覆盖面，提高戒毒实效。要加强戒毒康复人员就业帮扶和社会保障工作，加强吸毒人员艾滋病防治工作，加强跟踪管理和行为干预，帮助吸毒人员摆脱“毒友”和有毒环境的影响，从而巩固戒毒工作成效，使戒毒人员保持长期操守。

此外，我国还陆续出台了《戒毒医疗服务管理暂行办法》《麻醉药品和精神药品管理条例》《强制隔离戒毒诊断评估实施办法》等法规规章，各省区市出台了地方禁毒条例。目前，我国初步形成了以《禁毒法》《戒毒条例》为主、部门规章和地方性法规相配套的戒毒法律体系，为开展戒毒工作提供了有力的法治保障。

第二节　中国香港特别行政区戒毒法治

香港特别行政区立法中针对贩毒、吸毒行为的规定惩罚内容相对于世界其他国家和地区显得颇为严苛，严苛的规定对香港特区禁毒戒毒成效的显现起到了较为明显的推动作用。除了使禁毒戒毒行动于法有据，香港特区同时还积极主张警方参与涉毒执法，也积极透过多元方式鼓励社会人士参与到戒毒工作中，以期能够更全面、立体、有效地打击贩毒、吸毒行为，达到法治戒毒的目标。

一、香港特区毒情简述

20 世纪 90 年代以来，香港滥用药物人数呈上升趋势。香港特区档案室记录的数据显示，香港每年均有一定比例的新增吸毒者。其中，以青少年在学校内吸毒的情况最为严峻。其次，女性吸毒者人数增长迅速。新增吸毒者群体趋向年轻化的形势不容乐观。直至 20 世纪 90 年代后期，滥用药物人数逐渐下降，毒品管控局面逐渐稳定，这与香港回归之后，香港特区与内地交流合作、联动执法密切相关。

而在吸食毒品种类方面，年轻吸毒者依旧是以俗称“K 粉”的氨酚酮为主，其次是冰毒和摇头丸。香港特区社会福利署的滥用精神药物者辅导中心是治疗严重滥药个案的专业机构，该中心是由社会福利机构经办，并于医院内部附设专业诊疗所，职责是辅导戒毒。社会福利署机构处理的滥用药物案例中，过半数的受助滥药者为男性，以青年族群为主，青少年人数攀升。

新兴滥用毒品的治理上，以香港警方于 2010 年首次曝光的新型草药毒品 K2 为例。因 K2 属于新型滥用物质，未能及时纳管，故警方会将有关物品交由政府化验所分析其成分并征询律政司监控意见决定，由主管权责单位禁毒常务委员会观察、跟进、搜集和 K2 相关的资料。一旦有关部门决定纳入，则需通过见报刊登命令并相应修订法例中的危险药品名单，才视为完成法定纳管程序。纳管程序较为复杂烦琐，因此如何尽快将新型毒品纳入管控范畴，是香港特区现阶段毒品治理亟待解决的重要问题，需要从国际化视野对待港区毒品犯罪问题，构建全球化的防治体系，促进禁戒毒体系的全面形成。

二、香港特区控毒立法概述

在香港，进行毒品管制的权责部门是专门机关保安局禁毒处，该部门负责整个香港特区禁毒法律、政策的统筹以及相应的立法建议。犯罪改造与协助更生则是由惩教署来完成的。在禁毒方面，香港特区政府严格遵守国际公约的相关规定，将国际毒品公约作为主要且严格遵守的毒品遏制规定，采用了较为积极的立法措施，与联合国麻醉品委员会实施公约的决定保持着高度的一致性、同步性。

因此，假如药物滥用证据充足并且已经构成公共卫生或者社会问题的危害，则保安局会将有关物质列入《危险药物条例》的危险药物附表名单。例如，K 仔（氯胺酮）即于 2000 年纳入《危险药物条例》的规管范围，这种积极的规管已经超越了现行国际公约的管制范围，且具有引用动态危害的量刑指引，充分地展现了立法的同步性特征。需要指出的是，由于面临人权高涨与社会公共利益的权衡，执法人员在未经过疑犯以书面形式同意以及司法批准的情况下，是无法对疑犯进行强制性的毒品检验的，此方面仍待修法突破。

现阶段，香港毒品犯罪案件治理的规管架构的法律依据主要包括《药剂业及毒药条例》《危险药物条例》《进出口（一般）条例》《不良广告（医药）条例》《化学品管制条例》《贩毒（追讨得益）条例》等，涉及司法、卫生等多方面内容。①

《危险药物条例》规定，凡是属于《危险药物条例》药物范畴当中的药物，必须有医生处方并且在注册药剂师的监督下，注册药房才可以配售，即需要符合以下三个条件才可以配售：一是医生的处方，二是注册药剂师监督，三是药房必须是经过注册的正规药房。以上法律的执行，由警务处联合海关、卫生署共同完成。其中卫生署负责关于医疗用途的危险

---

① 参见方巍：《香港青年药物滥用与社会政策分析》，《青年探索》2006 年第 1 期。

药物的制造销售、供应以及进出口等准入及监督，如依据《化学品管制条例》管制用于制造毒品或违禁药品的化学品原料，并对国际(毒品)公约列举的化学品原料实施发牌规定与其他管制措施。海关则负责对危险药品进出口贩运等活动的管理和执法，如未经允许不得输入、输出、制造、供应所列管制的25种制造危险品或精神药物化学品。而警务处则负责对于以上各个环节中其他非医疗用途的犯罪采取执法。

为同步配合国际毒品公约精神，香港特区政府对危险药物的进口和出口进行了严格的控制。规定各缔约机关须把危险药物所有跨境付运资料同时通知有关国家的禁毒主管机关，并对任何有乱用之虞的药物经营、管有、进口、出口与供应实施全面制裁与管制。进口特定危险药物时必须具备该药品的进口证明书，且将该证明书递交给供应商。凡是从公约缔约国进口，进入香港的危险药物必须要附有有效的出口授权书或者转运证明书；否则即属犯罪，可处罚款及监禁。

香港《药剂业及毒药条例》当中的相关规定，对危险药品进行了进一步规制。该条例涉及精神药物与其他毒性药物，以及如何进口或者出口条例中列举的药剂制品。《药剂业及毒药条例》的制定，相对于《危险药物条例》，进一步管制和落实了绝大部分危险药物的流通，如香港经常滥用的药物——含有可待因的咳嗽药水，必须要受《药剂业及毒药条例》的约束，而非前述《危险药物条例》的约束。该条例规定，凡是进口或者出口以上药品都必须要有相关部门颁发的许可证照。《药剂业及毒药条例》的执行部门是药剂业及毒药管理局，卫生署与基于该条例成立的执行委员会进一步监督实施。

为了全面打击毒品犯罪，香港特区政府又制定了《贩毒(追讨得益)条例》。该条例主要是针对贩毒所涉及的财产问题进行相关的规定，同时也涉及协助贩毒、藏匿贩毒罪行的相关规定，如洗钱罪的规定。依据《贩毒(追讨得益)条例》对洗钱罪的规定与《有组织及严重罪行条例》的洗钱规范，通过追查、冻结与没收参与毒品活动而获得的财产收益以及在这些收益的基础上投资所获得的收益，有力地打击了贩毒洗钱活动。[1]

---

① 参见任克勤:《穗港澳毒品问题的相关比较研究》,《广州师院学报(社会科学版)》2000年第9期。

关于反涉毒洗钱的相关行动，由警务处和海关成立的警察与海关联合财富情报组，进行洗钱犯罪行为相关证据的审查与搜集。尚有证据显示成年人触犯与毒品相关的罪行，如蓄意将未成年人牵扯其中而规避者，则将面临严厉的加重刑罚。

对毒品犯罪进行有效打击不仅仅是单纯的“物质”管制，同时还包括操控物质的“人”的行为和价值观，以及其他道德规范、行为矫治的层面。香港《刑事罪行条例》第 121 条明确规定，施用药物来获得或便利做非法的性行为，任何一方对另一方施用、使用或者导致另一方服用任何药物、物质或者物品，意图使另一方神志不清或者软弱无力，以使任何一方得以与该另一方做非法的性行为，皆为犯罪。[①] 依据《囚犯（监管下释放）条例》第 7 条规定，正在获判 2 年或者以上监禁刑期，在 6 个月内将要临近期满的在囚人士，均符合申请“释前就业计划”。依据《社会服务令条例》规定，14 岁以上的罪犯，根据法庭作出社会服务令所履行的义务，在命令有效期内进行不超过 240 小时对社会有益的无薪工作，来代替或者附加于其他罪过，违反规定的可以处罚款或撤销该社会服务令。

三、香港特区戒毒模式

针对本地区的药物滥用问题，香港特区政府采取了“三结合”的戒毒模式，即“强制与自愿”相结合、“矫正与康复”相结合[②]以及“政府主导与社会参与”相结合的多元化戒毒模式及服务方式。香港的“三结合”戒毒模式对解决本区的药物滥用问题起着举足轻重的作用。香港特区政府除了在毒品戒治方面采取了创新的模式，同时还非常注重戒毒结束后与社会相衔接阶段的工作。香港的戒毒服务注重与社会衔接，常常都与治疗者重返社会相关联，以戒治者回归正常生活为目标。香港特区政府特别注重调动全社会的力量，包括家庭、社区、学校等力量参与到毒品戒治当中，并针对戒治成功的戒治人员提供必要的文化教育和职业技能方面的培训服务，以期戒治人员能够顺利地重新融入社会，同时也可避免吸食者的复吸。最具特色的是所谓的“中途宿舍”，这成为戒治人员的人生

---

① 参见戚颖鹏：《同性强奸法律问题研究》，《法制博览》2015 年第 27 期。

② 参见胡文锋：《我国戒毒康复矫治模式探析》，西南交通大学硕士学位论文，2014 年。

加油站，为戒治成功者进入全新的社会生活建立了一座桥梁，对于从根本上实现治疗目标起着重要作用。

香港特区政府推行的治疗和康复服务，根据其对象、目标以及实施者的不同，则有强迫戒毒计划、自愿住院计划、康复计划以及美沙酮计划等三种形式。[①]

（一）强迫戒毒计划

强迫戒毒计划是由惩教署推行的，是带有强制性的戒治。戒治对象是经法庭裁定的有药品滥用的轻微犯罪者，该戒治对象所犯的罪行未必与毒品相关，通常是曾经有过轻微罪行，适合接受强迫戒毒治疗的药品滥用者。

强迫戒毒计划的目标是帮助犯人彻底戒除毒瘾，重新融入社会。强迫戒毒计划具体实施通常是根据犯人的拘留时间决定的。犯人的拘留时间通常为 2～12 个月[②]，通常在拘留期间进行戒治。戒治人员在康复之后还要接受强制监管，如果在监管期间发现复吸的，则会被强制带回戒毒部门，再次接受戒治。

（二）自愿门诊诊疗计划

自愿门诊诊疗计划是由卫生署提供的，采用美沙酮进行治疗。自愿门诊诊疗计划的对象需具备以下条件：一是有意向戒除海洛因或者其他鸦片类的毒品成瘾问题，二是不能或者不愿接受住院戒治。符合以上两个条件的毒品成瘾者，可以参与香港特区政府以门诊方式提供的美沙酮门诊治疗。美沙酮的门诊诊疗是香港特区政府于 1972 年开设的，距今有几十年的历史。美沙酮的门诊计划现在已成为香港特区政府最大的戒毒治疗计划，为香港特区广大的毒品成瘾者带来了福音。各门诊诊疗所归属于卫生署管辖，受制于卫生署的监督。因其自愿的性质，戒治者可以自由选择，既可以选择替代疗法，也可以选择戒毒治疗。由于美沙酮也是受管制的药品，因此在戒治的过程当中必须严格监督。为避免美沙酮滥用的不良后果，戒治者在治疗时不能携带药品离开，必须在诊所内

---

① 参见方巍：《香港青年药物滥用与社会政策分析》，《青年探索》2006 年第 1 期。

② 参见郑继旺等：《“三减”政策并行：香港特区戒毒富有成效》，《中国药物依赖性通报》1996 年第 1 期。

配药员面前服用美沙酮。[1]

(三)自愿住院戒毒治疗计划

自愿住院戒毒治疗计划是由多重机构组织共同推行。主要倡议机构包括香港明爱香港戒毒会、香港基督教服务处和其他非政府机构。自愿住院戒毒治疗计划也是自愿性质的,其面向的是自愿住院戒治者以及重返社会的药品依赖者。香港特区政府推行的自愿住院戒毒治疗计划,在多年的运行过程中积累了丰富的经验,由于受众的不同特点,形成了不同治疗模式的戒毒和康复计划。自愿住院戒毒治疗计划由香港医院管理局主导并实施,戒治服务包括戒毒的诊疗、心理辅导,戒治工作的服务人员则由志愿人士、健康护理的专业人士以及戒治人员中的一部分组成。[2]

四、香港特区毒品治理对策

香港特区政府认识到,毒品是危害人类健康的最大杀手,有必要通过各种手段来减少毒品的跨国供应、贩运的威胁,并与其他国家和地区建立严格的跨国平台,注重加强人权交流,联合实现对毒品犯罪行为的有效打击。海关要注重调配毒品搜查犬来协助发现毒品,并计划逐步加强便衣人员在边境管制站侦查贩毒案件行为。积极提升公民认知与社会动员、小区支持、测验、治疗与康复等措施已经成为香港加强打击毒品犯罪的有效措施。毒品犯罪委员会青少年毒品问题专责小组提出的五管齐下的禁戒毒政策包括毒品问题的预防教育与宣传、戒毒治疗与康复、立法执法、对外合作及研究等五个方面。

(一)小区内建设预防教育服务与防治共识

香港将禁毒行动范围扩大到小区预防层面,并结合一些小区组织共同参与。向家长推广禁毒知识咨询以及教导、预防、辨识与处理青少年吸毒问题的态度与技巧,并按时举办家长讲座以及培训课程,指导家长教育孩子养成正确的价值观,建立社会共识。加强对辨识吸毒高危险学

---

① 参见张越华、钱明年:《美沙酮门诊服务对自愿住院治疗计划成效的影响:香港戒毒会过去受助人的研究结果》,《中国药物滥用防治杂志》1998年第1期。

② 参见董振宇:《中国保安措施要论》,吉林大学博士学位论文,2006年。

生的下游服务，提供有系统、深入密集指导，进而使其能够正面面对社会公共的危机。禁毒处研究不同层面的毒品试验、验毒技能，为学生辨别毒品提供专业辨识技巧。同时，要充分发挥学校在禁毒过程中所表现出的重要平台作用，积极组织学校来制定健康校园政策，并提供支持。

（二）动员小区参与接纳更生人士

香港禁毒处推出“友出路”计划。依据个人情况的差异性来拟定不同的方案，并结合双方的意愿来撮合愿意提供协助的机构与更生人士。通过安排企业雇主、社会人士参观惩教院组织的服务教化成效，向市民谋求社会接纳以及支持更生、减少社会排斥。2009～2010 年，惩教署与不同的小区建立与维持伙伴关系，因为社会支持是惩教工作的关键因素，惩教工作成效即为更生计划质量的考验，惩教效果最终取决于涉毒犯对更生计划的反应与社会大众对更生人士的接纳程度。

（三）提供戒毒治疗与康复服务

从 2009 年开始，为了能够更好地满足戒毒基本医疗服务需求，香港特区社会福利署委托滥用精神药物者辅导中心为吸毒者提供实地基本医疗支持，并由医院管理局增加吸毒戒治诊疗诊所的应诊时段。社会福利署持续公布推出“2009～2011 年戒毒治疗与康复服务三年计划”①，以期为参与自愿戒毒的青少年提供更多治疗与康复的设施。与此同时，惩教署也持续推出了强制戒毒计划，将滥药看作一种社会偏差行为，理念与取向着眼于及早介入、多元治疗以及康复服务并以此为重点，而青少年毒品犯转向处理计划，目标在于及早防止药物滥用者再次落入毒网。依据《犯罪感化条例》，为被判接受感化的 21 岁以下被定罪的青少年戒毒犯提供更聚焦、有系统与深入的戒毒治疗计划，其中包括感化监管、验尿实验、宵禁审查、深入辅导计划、治疗小组、就业援助与学校辅导以及向法庭提供进度报告等内容。在香港特区政府推动美沙酮替代维持治疗计划中，美沙酮家属会是发展最为成功的一个项目，其发展成为医疗辅助队成员的重要来源，甚至成功发展为独立民间社团组织。

（四）执法扫毒与边境管制

具体措施为：通过源头管制，检获大量制毒原材料，阻止其流入地下

① 参见张小华、金晓筱：《香港毒品问题现状》，《云南警官学院学报》2011 年第 3 期。

制毒工厂，政府化验所协助化验，并协助对药物工厂进行调查；加强重罚阻吓，防止犯罪者利用青少年进行毒品违法行为；推动警司警戒计划，采取网上巡逻的方式来有效地打击贩毒行为；对偷运毒品入境的加重刑罚，打击遏制毒贩偷运毒品入境活动，律政司也进一步大幅度提升涉及贩运氯胺酮与摇头丸罪行的量刑标准。

（五）发展政策与实证研究

香港特区的中央档案室报告以及青少年药物滥用调查，均已提高报告效率，减少漏报情况的发生。针对校园毒品问题，可委托机构为学校制订可行的校园毒品测试计划，再由学校自愿采纳和借鉴。校园毒品测试计划关注的焦点在如何进一步完整资源以跟进配套与处置，包括增聘护士来加强辅导中心的个案管理服务。然而学校如何实施完整的保护措施以及戒毒辅助教育计划，如何保障学生的个人资料和隐私，仍有待香港特区政府立法明确。

第三节　中国澳门特别行政区戒毒法治

澳门特区为了能被纳入打击不法贩毒麻醉品的国际系统中，于 1991 年颁布了打击有关毒品犯罪的单行刑事法令、贩毒及吸食麻醉品及精神科物质等相关法律制度。随后又根据现今毒品种类的变化，专门立法对前述法令附表中的毒品种类作出了必要补充，且沿用至今。至此，澳门已建立了较完善的毒品管制法律[①]，为规范禁戒毒法治奠定了基础。

一、澳门特区毒情简述

早在 2009 年，澳门特区社会工作局防治药物依赖厅就已经把“药物滥用者中央登记系统”[②]改革为电子通报，鼓励更多的单位来实现对毒品收集网络的扩大。现阶段有十多个机构在参与戒毒防治工作，其中社工

① 参见赵奕：《澳门特区禁毒政策与法规——有关毒品犯罪的法律适用问题》，《中国药物滥用防治杂志》2003 年第 3 期。

② 参见张艳霞、巩金麟：《澳门毒品问题与禁毒体系现状》，《云南警官学院学报》2011 年第 2 期。

局戒毒复康处通报的案情最多,占比为 48%,男性吸毒者占比为 76.8%,以 40 岁以上的年龄组及 16～20 岁组人数最多。其中年龄最小的为 13 岁①,小学生占比为 35.5%,初中生占比为 36.4%,家人没有吸毒的占比为 55.1%,有吸毒前科的占比为 33.4%。

据统计,吸食毒品的种类中前五名依次为:海洛因(白粉)占比 43.1%,氯胺酮(K 粉)占比 29.7%,冰毒占比 9.6%,三唑仑占比 8%,咪达唑仑占比 6.5%。吸食传统毒品海洛因者的平均年龄为 43 岁,平均首次吸食毒品的年龄为 25.1 岁;使用新型毒品氯胺酮的吸食者平均年龄为 19.6 岁,首次吸毒年龄为 16.2 岁。同时调查显示,在近 3 个月内吸食两种以上毒品的吸食者大致有 1/3,吸食方式中静脉注射占比为 44.2%,鼻吸为 23.2%,口服为 19%。吸食场所调研结果显示,在家中吸食的占比为 30.2%,D 场/K 场占比为 26.6%,朋友家占比为 16.2%,公园、街角、公测等场所占比为 8.3%,网吧占比为 5.5%,夜总会、桑拿场所占比为 3.6%,学校占比为 1.4%。对吸毒原因的调查结果显示:受到朋辈影响占比为 26.9%,减轻压力、痛苦占比为 26.1%,避免毒瘾发作占比为 14.3%,好奇心作祟占比为 12.4%,寻求刺激占比为 7.4%,家人影响占比为 4.9%。

二、澳门特区控毒立法概述

为推动澳门特区禁毒戒毒工作的发展,打击毒品犯罪,澳门特区政府针对涉毒问题分工明确,并通过立法来确立各部门职权和责任。在澳门,由保安司来负责打击毒品犯罪,社会文化司负责药物依赖的防治工作,法务司来负责戒治者社会重返工作。1999 年的澳门特区政府颁发的第 24/99/M 号法令,又进一步针对涉毒问题对政府机构进行了重组,表现为“一个更名,一个并入,一个成立,一个转隶”:将社会工作司更名为“社会工作局”,将预防及治疗药物依赖办公室纳入组织中,成立防治药物依赖厅,社会重返部门组织则转隶于司法事务部门。药物防治部门与社会工作部门形成了两大领域,形成了从防到治,再到重新融入社会的

① 参见陈文诗:《澳门 2009～2010 年药物滥用者登记资料的流行病学分析》,南方医科大学博士学位论文,2013 年。

戒治系统。

与此同时，为了保证毒品犯罪服刑者顺利融入社会，澳门特区司法事务部门也进行了重组，旨在加强服刑人员的社会责任和公民意识。重组后的澳门特区监狱部门与法务局负责进行公民意识教育，社会重返厅负责非剥夺自由的相关刑罚。如替代刑罚，包括以履行某种义务为条件的暂缓执行刑罚、符合条件的假释、符合条件的释放以及暂缓执行剥夺自由的保安处分等。[①] 同时，社会工作局因 2009 年修订的新法律的实施，规划并连贯地进行了治疗计划，实现了对戒毒管控的强化。

澳门特区政府同时参照国际毒品公约的内容，调整了澳门特区的法律规定。在毒品的源头制造和销售、吸食一条链管控上，澳门特区政府也开启了立法之路。2009 年 9 月 10 日起开始生效的澳门第17/2009号法律规定《禁止不法生产、贩卖和吸食麻醉药品及精神药物》[②]，主要涉及的内容就是预防及遏制不法生产、贩卖、吸食麻醉类精神药物行为的管制措施[③]，这里均参照了国际毒品公约的内容，所规管的对象适用范围依据第 2 条以及第 3 条准则所述。同时，任何种植、生产、制造、应用、交易、分发、进口、出口、转运、宣传、使用或者是以其他形式持有违禁药品的行为，必须按照澳门第 34/99/M 号法令《规范麻醉品及精神科物质之买卖及合法使用》[④]规定，具备由卫生局发出的准照并接受该局的监管。澳门立法中比较有特色的规定如下：

（一）规划重入社会的个人计划

法院认为暂缓执行刑罚必须要符合一定条件。对于戒治者是否适合重新进入社会，以及如何重新进入社会，应由社会重返部门为其规划个人计划。[⑤] 戒治者进入社会的个人计划由社会重返部门负责，具体应

---

① 参见赵秉志、肖中华：《澳门新刑法典述评》，《法制现代化研究》1996 年第 0 期。

② 参见邓立军：《控制下交付逐案判断原则研究》，《中国人民公安大学学报（社会科学版）》2018 年第 5 期。

③ 参见赵琳琳：《隐匿身份实施侦查之程序规制——澳门特别行政区“可靠之人”侦查制度之借鉴》，《法学》2014 年第 1 期。

④ 参见马驰骋：《毒品犯罪法定刑配置的正当性研究》，华侨大学硕士学位论文，2017 年。

⑤ 参见杨兴培、陈柱钊：《中国内地与澳门刑法中缓刑制度的比较研究》，《华东政法大学学报》2008 年第 3 期。

由社会重返部门在卫生局或者社会工作局的配合下完成编制并实施跟进制度，要和被判刑者达成一致协议。

（二）具有特殊性的附加刑罚

对于涉毒犯罪的行为人，还有特殊的附加刑罚。如果行为人不法生产、贩卖、制造毒品，除了应有的刑事处罚之外，还要附加其他的刑罚。附加其他的刑罚，必须综合行为人平时的行为、品质等各方面情况，进行充分考虑之后施加。

（三）不予处罚的行为

行政执法人员并未表明自己的身份，而教唆或者以其他接近共同犯罪的方式做出涉毒行为时，只要执法人员能证明其目的是为了预防、遏制毒品犯罪，并且其行为与他的目的相适应，则不予处罚。[①]

（四）药物依赖的预防和治疗

吸食麻醉药物或者精神药物的人，如要求医师、公共或私人卫生机构给予护理者，获身份保密的保障；未成年人、禁治产者或者准禁治产者[②]由其法定代理人要求给予相关的护理，个人受到身份的保密。

2016 年，澳门特区政府对禁毒法案进行了修改。修改的内容涉及贩毒罪和吸毒罪的刑罚以及通过尿液样本取检制度。其中，贩毒罪的刑罚从最低 3 年提升至最低 5 年，吸毒罪的刑罚也相应提高。

三、澳门特区戒毒模式

澳门的药物滥用人口记录和分析系统尚不够完善，戒毒模式单一，戒毒机构牌照法规尚未健全[③]，戒治工作基本特点如下：

第一，缺乏强制戒毒机构。澳门特区在禁戒毒方面最大的特点是没有强制戒毒机构以及相关的强制戒毒工作，这和澳门特区的戒毒历史息息相关。澳门特区的戒毒始于 20 世纪 60 年代，在当时的条件下澳门并

① 参见陈璇、李波阳：《中国香港澳门特区毒品犯罪案件侦查诱惑问题的综述及思考》，《辽宁行政学院学报》2012 年第 6 期。

② 参见赵秉志、吴大华：《澳门特区的毒品犯罪及其惩治防范》，《河南省政法管理干部学院学报》1999 年第 6 期。

③ 参见赵成正：《澳门药物滥用防治工作考察报告》，《中国药物依赖性杂志》2000 年第 1 期。

没有强制戒毒机构，只是在监狱内部为吸毒的罪犯设置自愿戒毒机构。后来逐渐发展到在防治药物依赖厅设置了戒毒康复处，该戒毒康复也是自愿形式。康复戒治中心的工作人员是由医生、护士、社工以及心理专家组成的康复小组，康复小组设计方案、计划，可根据戒治人员的不同情况制定个案。由于澳门特区的戒毒机构都是组织在福音戒毒部门，民间介入的机构规模很小、经济条件有限，因此多采用宗教治疗方式，不使用药物，同时对女性吸毒人员的戒治帮助也较少。

第二，多方参与和多元治疗。澳门特区戒治工作的另一特色在于戒治工作是政府主导和非政府参与相结合，通过多方参与、多元治疗方式进行。澳门特区政府承担戒治工作的主要部门是政府当中的社会工作局，康复工作是由防治药物依赖厅下的戒毒康复处来负责。除此之外，卫生局精神科、澳门监狱的康复小组以及六个民间戒毒团体，可以提供康复治疗。由于澳门的戒毒主要采取的是自愿模式，澳门特区政府专门处理求助的门诊个案。长期以来，澳门特区的吸毒戒治、康复工作主要是交给民间的福音机构来经营。澳门特区政府则重视推动和协助民间的戒毒机构，主动发挥桥梁作用，积极开展戒毒工作。值得一提的是，近年来，澳门特区政府成立的戒毒自助团体性质为官办民营形式。澳门特区政府充分调动了社会各方力量参与到戒毒工作当中，开拓了多元化的诊疗服务，并成立了吸毒者融入社会前的中途机构。政府的积极作为大大加强了官民团体的沟通与协作，提升了吸毒者戒治效果。

四、澳门特区毒品治理对策

澳门的戒毒工作主要是围绕控制供应、降低需求、减低伤害等三个方面来展开的，进而最大限度保障社会的安全和健康。围绕此工作主线，健全毒品犯罪治理，不仅要完善关于边境走私与内陆缉毒物的办法，还要做好对人行为的有效约束，从而由点、线、面逐渐地扩大缉毒范围，形成主动、连贯、完整的药物依赖治疗与防控体系，有效地降低缉毒难度，实现对毒品的有效控制。

（一）迫切的刑事互助与法制整合需求

2008 年 6 月 1 日，我国颁布了《中华人民共和国禁毒法》，与澳门特区和香港特区共同执行，由此出现了立法结构不同且沟通讨论需要逐渐加强的问题。在加强沟通的同时，要注重研究整合司法执行作为的问题，加强合作，探讨就缉毒问题达成共识的具体实施策略和办法，全面展开缉毒行动。

(二)重侦查而轻矫治预防的隐患

毒品问题呈现出逐渐上升的趋势，已经发展成为当前社会大众所长期担忧的问题。严厉打击犯罪，加重刑罚是实现法治禁戒毒的重要措施。然而只有从犯罪的根源来对其形成的原因进行剖析，才能够形成有效的犯罪预防机制，对犯罪行为进行有针对性的打击，进而建立高效的社会防治机制。

(三)药物范围与源头管制

澳门特区立法会已经在 2003 年 5 月立法修改原有的法律规定，将“K 仔”列入管制药物范围，为执法、司法机关实现对毒品犯罪的严厉打击提供了更加充足的法律依据。随着网络技术的发展，运用现代科技信息，整合并提升打击毒品前驱化学原料物质合成的能力，从制作源头控制，已经成为现代社会对毒品进行压力打击的重要方式，并且取得了良好效果。

(四)整合评估康复治疗计划

为了实现司法机关对缓刑个案的有效制裁，法务局社会重返厅与民间戒毒机构之间必须要加强合作，提供完整并且连贯的治疗计划，强化戒毒康复的治疗机构建设，实现对戒毒各个方面力量的协调和整合，继而实现整个社会工作系统动力的不断提升，使吸毒者通过多元康复计划重新融入社会。

(五)扩大网络师资智库平台

打击毒品犯罪，除了司法制度的硬性规定之外，还可通过家庭、学校、社会等各方力量的参与来提升社会各界人士的禁戒毒理念。从家庭、学校、社区多方面的现实生活环境入手，预防毒品犯罪，组织禁毒团体；从教育源头抓起，规划系统化禁戒毒教材，积极建立师资智库平台，进行网络咨询甚至诊疗；拓展青少年的兴趣爱好，帮助其建立积极的人生观、价值观和世界观，规划人生目标，远离毒品。

第四节　中国台湾地区戒毒法治

我国台湾地区对待毒品的思维以及对待吸毒者的态度，与大陆存在着较为接近的历史认同和处遇态度。在法律制度演进过程中，台湾地区尤为注重吸收现代化的理念，秉持了吸毒者身兼“违法者、受害人以及病人”的理念，通过设置戒除毒瘾的且较为轻缓温和的制度作为对吸毒者的处遇方式，这种理念明显区别于香港与澳门特区。①

一、台湾地区毒情简述

根据台湾卫生部门建立的精神医疗院“管制药品滥用通报信息系统”统计的数据，药物滥用种类排在前五位的分别是：海洛因占比为92.3%，安非他命占比为28.2%，苯二氮平类药物占比为2.2%，唑吡坦(俗名“佐沛眠”)占比为1.3%，氯胺酮(俗名“愷他命”)占比为1.1%，案件总数为19125件。通过对以往数据进行分析得知，海洛因作为被管制药品，其使用量的百分比在1999年开始呈现出上升趋势，2005～2009年上升曲线逐渐平缓，而后降低。安非他命从2000年开始呈现出逐年下降的趋势，从2004年开始呈现出上升趋势。

随着校园暴力、帮派渗透、管教体罚等问题的不断出现，台湾教育部门相关统计显示，学生使用毒品的人数自2004年开始逐年呈现出上升趋势。其中第一级、第二级和第三级毒品施用学生数量呈现出上升趋势，尤其是第三级毒品的施用人数已经上升了30倍，各级毒品通报趋势几乎均以施用第三级毒品愷他命为主，并且依旧呈现出上升的趋势。据统计，台湾地区青少年以及学生违反《毒品危害防治条例》的行为呈现出数量逐渐上升的趋势，并且12岁以下的毒品吸食人数逐渐增加。青少年吸食的毒品种类已经转向新兴的毒品类型，如愷他命、摇头丸、一粒眠等。

依据毒品案件分析，台湾地区每年高达6万到7万的施用毒品案已经占据毒品刑侦案件资源中八九成的份额。对毒品新入监的调查结果

① 参见朱晓莉：《海峡两岸戒毒制度比较研究》，《中国禁毒报》2017年1月20日。

显示，第一级毒品犯受刑人数占比为70%左右，毒品提供者或者是运输者占比为13.5%左右。这明显显示出提供者受刑人数比例偏低，纯施用者偏高。

二、台湾地区控毒立法概述

在台湾，现阶段的毒品防治政策得到了较快发展，司法机关提出"首重降低需求，平衡抑制供需"，卫生机关提出"毒瘾艾滋减害试办计划"，并且相关部门已经陆续推出了"三减政策"。根据《毒品危害防治条例》的法律观点认定毒品施用者兼具"病患"和"犯罪"的双重身份，必须要采取"保安处分为主，刑罚手段为辅"的双轨制度，进而对台湾地区的禁戒毒工作作出良好的贡献。

台湾地区的毒品犯罪问题参照法令是以《毒品危害防治条例》为主，以规范合法医疗使用、阻却违法的《管制药品管理条例》及规范未经核准的擅自制造及输入等伪药、禁药管理的《药事法》为辅，三种法律制度之间环环紧扣，其具有很强的刑法与行政法间的行政从属关系。依据台湾地区《毒品危害防治条例》第31条规定，毒品"先驱化学品工业原料药"以经济部(工业局)为主要管理机关，定有《先驱化学品工业原料之种类及申报检查办法》来实现对制造毒品材料的管制。毒品与管制药品的品项清单以及管理都是将国际公约作为重要的依据来实施的，但是也存在着一定的差异性。《毒品危害防治条例》于1998年5月20日实施以后，利用"心理治疗"和"心理复健"双管齐下的戒毒方式，以"治疗胜于处罚""医疗先于司法"的措施，并且以"生理戒毒""心理康复""追踪辅导"三阶段戒瘾体制为方针，取到了良好的戒毒效果。

2008年4月30日，完成修正并公布的《毒品危害防治条例》第24条第3项再度确定执行替代治疗的法源基础，不论是初犯还是二次犯者，检察官必须给予选择替代治疗的机会。这表明从法制方面已开启司法体系鼓励毒品病犯"多元小区处遇"治疗的历史新页。另外，《道路交通管理处罚条例》规定，吸毒后驾车遭查获除罚款外，依据情节严重程度吊扣驾照1～2年，载有未满14岁孩童出现肇事情况要加倍吊扣驾驶证期限为2～4年。台湾设有"保护司"，就是发挥保护管束执行的指导和监督作用，并构建观护制度，依据《少年事件处理法》《保安处分执行法》[①]在地方法院以及地方检察署分设观护人，用来对青少年观护与成人观护保护管束。同时，结合台湾更生保护会等庞大组织运作方式，从事更生人以及家庭的保护协助，依据《更生保护法》来帮助药瘾更生人减少再犯，支持其社会复归，并改善更生环境。

三、台湾地区戒毒模式

在台湾，吸毒者的一重身份是违法者，法庭判其入狱后，吸毒者在狱中便具有患者的待遇，因而有资格获得精神科医生的辅导或者是其他医疗照顾。台湾地区管理部门认为吸毒者要戒断毒瘾极其困难，如果只是单纯地给吸毒者发放一些药品就释放他们出狱，出狱之后的吸毒者是很难自我控制、自行进行戒毒行动的。因此，台湾以司法方式来强制吸毒者戒毒，即台湾采用的是强制戒毒为主的戒毒模式。

台湾地区同样秉承了吸毒者既是违法者又是受害人以及病人的理念，这在台湾的《毒品危害防治条例》等规定中可以充分体现。《毒品危害防治条例》是以保护公民权益作为其立法基础的，因此设置了轻缓温和的刑罚作为对吸毒者的处遇方式。台湾地区近些年禁戒毒法律规制中最具特色的制度是针对涉毒行为设计了“除罪化”以及“除刑不除罪”的处遇方式。其将毒品分为四级，凡是属于一级、二级毒品犯罪者，才属于犯罪。使用三、四级毒品的行为并不是犯罪，对其只是规定了行政处罚，即“除罪化”。即便是毒品犯罪行为，台湾地区也采取了替代措施的处理方式，即“除刑不除罪”。如使用一、二级毒品的犯罪行为人，如果是未成年人则可以由法官裁定实施不超过 2 个月的观察勒戒措施。勒戒结束后需要审核是否有“继续使用毒品的倾向”，通过了则可以“不起诉”或者“不付审理”。审核不通过则需要进行为期 6 个月至 1 年的强制戒毒。如若吸毒者在戒治之后的 5 年之内再次使用一、二级毒品，则必须严格按照法律的规定实施刑罚。

勒戒所的戒毒流程分为脱毒、戒毒与康复三个阶段的服务。勒戒所

---

① 参见何挺：《论附带处分于附条件不起诉之核心地位——以台湾缓起诉实践为样本的考察》，《中国刑事法杂志》2017 年第 2 期。

相对独立，与外界隔绝，对于吸毒者而言，享有自己独立的空间，可以保护隐私，免受外界干扰，静心戒毒。三个阶段相辅相成，相互融合。第一个阶段是药物治疗阶段。这一阶段主要目标是生机减毒。通过药物来加速吸毒者体内毒性的排除，促进身体机能的恢复，最终减轻吸毒者的成瘾痛苦。第二阶段是心理治疗阶段。通过宗教人士、精神科医生和其他的心理治疗师的帮助，给吸毒者心理上的支撑和抚慰。第三个阶段是社区康复阶段。此阶段旨在搭建桥梁，建立与社会的紧密联系，面向社会提供必要的社会技能，以便戒治者能够顺利重回社会。

从实际效果上来看，这种替代措施并没有起到太大的作用，根据台湾地区 2013 年的统计数据，符合“5 年内再犯而予以刑罚的”这一定罪条件的人数占到了总吸毒人数的 46%。由此可见，该制度在禁戒毒效果上并不突出。

另外，由于近年来台湾地区许多吸毒者共用针头，从而导致染上艾滋病的人数激增，为此台湾地区卫生主管部门提出了自首替代疗法的方案。染上毒瘾者，若自首可加入替代疗法行列，皆可被缓起诉。此外，考虑到毒瘾者经济能力有限，台湾地区疾管局规划补助办法规定，对于毒瘾染艾滋病者，加入替代疗法只需要负担挂号费。①

四、台湾地区毒品治理对策

基于公共卫生预防胜于治疗的观点，台湾已推动了预防毒品、减少社会危害理念的发展，但在医疗或者预防教育模式介入、刑事司法矫治体系与小区监督等方面，尚且需要进一步推动以关注处遇结合追踪的策略。台湾地区发展多元化司法及小区毒品处遇计划模式，并持续依病人模式进行医疗方案选择，如治疗性小区、毒品治疗法庭等轻犯不入监、转向及中间性刑罚或小区修复等社会化理念。整体毒品防治工作的防治成效需要面对国际化的考验，而毒品防治组织、法令、政策、人事、经费等的分分合合，不仅是台湾防毒禁毒戒毒历史的轨迹，也是国际面临的重大难题，需要执政者的智慧、魄力及社会整体共识的建立。

---

① 参见《岛内吸毒染艾滋者激增　台当局提自首换代疗方案》，2007 年 1 月 30 日，http://news.sohu.com/20070130/n247935468.shtml。

(一)建立处方以及新兴滥用药物监测

尽管现阶段的毒品药物检测机制有一定的固有模式,但是医疗体系如电子病历尚未完成构建,机构间就诊医疗记录信息无法完全得到互通和分享。因此,台湾地区相关部门很难遏制民众钻法律的空子,擅自输入或者伪造违禁药品,甚至公开陈列贩卖违禁药品,或以电子邮件的方式四处散发兜售。其需要不断地健全法律法规,建立全面统一与专责的监测机制,尤其是尚未纳入法制列管的前置监测名单建立。这更加需要依赖有效的通报平台,否则很难成功。

(二)检讨毒品先驱化学物质原料之管制策略

政府组织分工会对防治后的整体效能造成实质性的影响,台湾地区也是如此,在经贸因素的考虑下,其需要容忍可能滥用的风险,参考先进国家管理做法,对制毒、贩毒行为加以严格管控和制裁。

毒品先驱化学物质工业原料方面,虽定有申报审核办法,但是管理机制、效率与争取查核的程度以及频度都需要得到进一步的提升,亟待加强管理。在面对无医疗用途、联合国公约尚未将恺他命毒品列入管控范围时,如何强化毒品先驱化学物质边境与国际流向的管控,是台湾地区今后需要思考和努力的方向。

(三)落实宽严并进的毒品刑事政策

在监狱服刑的犯人超过一半为轻刑犯,毒品犯在监狱接受刑罚的有近四成,单纯毒品使用再累犯高达八九成,但是真正需要到监狱里进行改造的重罪者仅有一成左右,而且这一成的犯人在监狱里却耗费了过多的刑事司法资源。

这种模式不仅不利于受刑人的社会复归,同时也对成瘾这种慢性疾病的事实产生了一定的忽视,阻碍了小区处遇安全管制的发展。台湾地区需要尽快解决现状失控的问题,建立顺畅的刑事司法体系的调节运作机制。

(四)健全小区处遇观护矫治制度

通过对受刑人进行矫正教化,使其认识到毒品给自己及家人带来的巨大伤害;通过对受刑人的教育和感化,使更生人能够在走出监狱之后结合司法保护体系,充分回到社会,适应社会自由的生活。这是健全小区处遇观护矫治制度的重要目标。

依据校正交互结果以及社会危害形态的差异，规划更生观的转变和发展，通过适当的保安处分及监管安置机制，有效协助保护更生人之再社会化过程，使更生人成为社会有用之人。通过这样的发展趋势可进一步印证司法裁量的多元性特点。

（五）实现小区的健康发展与支持修复

国际麻醉药品管制局报告多次指出，求助止痛药的使用者越来越多，全球化国际网络流通已经发展成为现阶段实现对毒源实现有效管控的重要阻碍。通过刑事司法互助合作交流与法制规范的整合并掌握防治药物滥用信息成为毒物管理先决要件。要对更生环境进行积极改进，实现对行为人的彻底教育和感化；积极提供预防教育与诊疗服务，发挥保安处分的应有作用；将刑罚作为有效的隔离工具，发挥其对毒品犯罪的有效预防和遏制作用。

因此要实现小区的健康发展，需要提升教育管教技巧，推展整体小区健康与安全的学习气氛和风气；经由小区研习推广，改善社会与家庭教育的品质；透过药物滥用服务处遇、有效组织与良性沟通，增进小区调节修复机制；持续鼓励报道温馨感人的家庭事迹，重建良好社会关怀和理念，培养回馈服务社会的热情和意愿，进而实现社会共识的建立。

第三章　国外戒毒法治概述

大体而言，国际社会的禁毒战略按照工作重心的差异可以分为两种途径：一是以美国为首，以供给侧为战略重心，大力推行“毒品战”，强调打击毒品的走私贩运，旨在通过打击毒品供应来解决问题。二是以荷兰为首，包括加拿大、新西兰等国，倡导从需求侧解决问题，强调没有需求就没有供给，或者通过适度满足需求来解决非法贩运的问题，甚至对所谓的“软毒品”实行合法化。[①] 加拿大、新西兰即先承认大麻吸食的合法性，再通过大麻种植数量、售卖市场准入等管控手段来调解毒品需求端，追求毒品需求的适度。

目前，第一类禁毒战略仍占主导地位，多数国家和地区采用“毒品战”。这种“毒品战”战略一定程度上缓解了毒品供给，短期效果明显，但同时也会导致一系列相关的问题：黑市交易猖獗，加速艾滋病和丙肝疫情的蔓延，致使拘禁场所人满为患，缺乏人道主义的有效治疗和戒治措施，警方执法过程中滋生各种权力干预现象。这些越来越严重的问题要求政府改变其禁戒毒工作方式。单纯采用高压的方式只能解决一个侧面的问题，很难根除毒品问题，要积极调整战略，向供给方和需求方平衡施力，遏制毒品的泛滥之势并降低毒品使用相关的伤害。

各国和地区对吸毒的态度因禁毒战略的不同而存在差异。如美国对于吸毒性质的认定，从立法上明确吸毒是犯罪行为，但是在处罚中可通过毒品法庭制度、戒毒中心或者类似戒毒的方式替代执行刑罚。新加坡是世界上对毒品管控最严厉的国家，对吸毒行为进行了严厉界定。新

---

① 参见张勇安：《全球毒情新变化与毒品治理的新转向》，《中国禁毒报》2017 年 2 月 28 日。

加坡法律规定，吸毒者及毒品拥有者将会被判处最多 10 年监禁或者 2 万新元罚款，或者二者兼施。

各类毒品行为的认定，各国立法亦不同。以大麻为例，在美国联邦层面，大麻归为毒品，属于容易导致滥用的危险品，且不能用于医疗用途。但在各州，已有 20 多个州和哥伦比亚特区允许出售医用大麻，其中科罗拉多州和华盛顿州能够合法出售消遣用大麻。① 2012 年，美国科罗拉多州和华盛顿州率先通过法律，确认种植、生产、销售大麻给成年人完全合法。2014 年，美国多州开始推行"大麻合法化"进程。在科罗拉多州和华盛顿州，大麻在娱乐使用上也是合法的。而哥伦比亚特区则允许 18 岁以上的公民在法律许可的情况下将大麻用于医疗用途。2016 年 11 月，美国加利福尼亚州和马萨诸塞州也通过了"大麻合法化"的法案。加拿大在政府颁发的执照下，可以合法化进行医学和工业使用大麻。2001 年，加拿大成为首个准许末期病患自行种植、吸食自种大麻的国家。2018 年 10 月 17 日，加拿大把大麻作为嗜好品，将持有及使用大麻合法化。加拿大成为继南美乌拉圭之后第二个使用大麻合法化的国家。荷兰允许小量贩卖和吸食大麻，允许购买和拥有 5 克大麻，拥有超额分量是非法的。巴基斯坦允许大麻的使用以及烟客在宾馆和集会里吸抽大麻烟。印度在某些仪式期间可以使用大麻。印度政府监控大麻的使用并在圣城瓦腊纳西出售大麻。此外，奥地利、比利时、捷克、芬兰、以色列、西班牙和英国等少数国家也允许大麻的医疗使用。与此不同的是，多数国家和地区依然严禁大麻流通，抵制"大麻合法化"。日本《大麻取缔法》规定，持有或销售大麻都是违法的，这规定也适用于海外日本公民。在韩国，吸食、购买、持有或是出售大麻将被处以最高 5 年有期徒刑，或是最高罚款 5.8 万美元。即使在"大麻合法化"的国家，韩国公民吸食、购买、持有或是出售大麻也都是违法行为，将会受到惩罚。

为了便于我们更好地把握国外的戒毒法治状况，本章针对北美地区（美国、加拿大）、欧洲大陆地区（英国、荷兰、德国）、大洋洲地区（澳大利亚、新西兰）、"金三角"（缅甸、泰国、老挝、越南）、"银三角"（哥伦比亚、阿

---

① 参见《你要是宁财神，赞同大麻合法化吗？》，2014 年 8 月 25 日，http://news.china.com.cn/live/2014-08/25/content_28375314_3.htm。

根廷)以及“金新月”地区(阿富汗、伊朗、巴基斯坦)的不同国家和地区的戒毒法治进行一系列梳理整合及评析。

第一节　北美地区戒毒法治

北美地区戒毒法治的典型代表国家为美国和加拿大。两国的戒毒法治政策和轨迹不同。美国是国际禁毒的先驱,禁毒政策始于19世纪晚期,美国联邦政府一直主张积极的禁毒战略,严厉打击涉毒犯罪,通过不断探索,已逐渐发展成为世界上戒毒法治相对完善的国家。加拿大的毒品泛滥问题,已经受到联合国有关组织和国家的批评。与严苛的美国比较,加拿大政府的做法显得尤为宽松,在改革毒品法例方面也远远落后于欧洲国家。2018年10月17日,加拿大正式实施娱乐性大麻合法化,成为全球第二个允许大麻合法化的国家,引起国内外的争议和恐慌。

一、美国戒毒法治

在国际控毒政策的制定者中,美国一直是最坚决的先锋。美国各州毒品制度与联邦并不一致。尽管联邦政府颁布了比较完备的禁毒戒毒法律,但是每个州内部针对毒品所制定的政策又存在着巨大的差异。美国的戒毒法治也是相对完善而有特色。以下将从美国联邦控毒立法概述、美国各州控毒立法概述、独具特色的美国戒毒法律和措施(戒毒战略的推出、戒毒管理模式体系、戒毒治疗的措施、美国监狱囚犯的戒毒处遇)以及美国戒毒法治评析等几个方面展开,介绍美国戒毒法治情况,以期为我国戒毒法治的意义及定位略作参考。

(一)美国联邦控毒立法概述

早在19世纪,毒品就已在美国出现和使用。追溯美国现代的毒品管控制度,肇始于19世纪晚期。此时,毒品管控的重点在于禁止国内制造或者出口鸦片相关制品。直到20世纪,对于毒品的管控和调制,范围和强度上才进一步加强,得到了社会各界的广泛关注。

美国实现对毒品的调控主要是源于各个州的地方立法而非来自联邦法律。由于各个地区和州的立法程序的不协调性,导致了这些地方性法律所发挥的作用并不明显。在1914年之前，吗啡、鸦片、海洛因、可卡因和大麻等被现代法律所禁止的毒品在当时是合法的。事实上，当时受限于医学水平的原因，医生往往通过使用这些毒品来降低患者的痛苦。尽管人们意识到麻醉药品带来的生理依赖性，但是对其可能带来的严重后果却没有足够的认识。随着毒品广泛使用，成瘾者数量呈现出剧增趋势，毒品问题逐渐转变为社会问题。

在这样的背景下，多重力量介入，共同推动美国联邦政府构建了第一部毒品法案，那就是1914年出台的《哈里森毒品法》。1912年，美、德、中、英、法等12个国家的代表在荷兰海牙举行了国际禁毒会议，会议的重大成果就是签署了第一个和毒品问题相关的国际协定《海牙禁止鸦片公约》，通过该公约来实现对除去正当医疗用途外的鸦片、吗啡及可卡因的生产、分配和滥用的管控。该公约也是美国《哈里森毒品法》的立法基础。

《哈里森毒品法》是美国禁毒立法史上的一个转折点，对美国社会开始萌生的毒品问题产生了极其深远的影响。因为法律的制定，封堵了许多毒品流通的渠道，实现了对传统毒品随意买卖状况的转变，在有限的时间内大大地降低了吸毒人数，同时也为美国之后的几十年间毒品控制立法的发展奠定了基础。

在《哈里森毒品法》颁布之后，美国联邦政府相继出台了一系列的法案，但是对美国毒品政策的影响力有限。直到1970年，美国国会通过了现行的《受控制化学品法案》。这部法案确定了美国现行毒品立法的整体框架，反映了毒品管控立法的主导思想，并且该法律在实施了40年之后，依旧是美国联邦政府控制毒品问题的基本立法。① 美国各个州延续了联邦的上述法律涉及的毒品分类标准，但是将大麻是否划为第一类控制毒品存在争议。从美国毒品控制立法的发展我们能够看出，通过预防性和治疗性的措施来减少对毒品的使用，是联邦政府长期以来坚持的禁毒政策主线。20世纪70年代，尼克松总统首次提出要开展打击毒品的

① 参见马驰骋：《毒品犯罪法定刑配置的正当性研究》，华侨大学硕士学位论文，2017年。

战争,并签署通过了总统行政法令,建立了独立的联邦警察毒品执法机构[①],以此实现对美国境内和境外毒品供给链条的打击。但是直到20世纪80年代初,禁毒战争才得以真正打响。美国反毒立法的另一个重要特点就是重视打击与毒品犯罪相关的不法活动及不法企业,并有一系列相关的立法,包括《参与诈骗和腐化组织法》《犯罪企业法》《毒品滥用预防和控制综合法》《银行保密法》《受控物品法》《综合犯罪法》《反洗钱活动计划法案》等,这些法律在没收赃款、反洗钱等方面作出了规定。

(二)美国各州控毒立法概述

尽管联邦政府已经颁布了比较完备的禁毒法律,但是每个州又针对各州的具体情况,制定了有地方特色的毒品管制政策法律。在美国,联邦、州及地方刑事司法机构共同享有对国家禁毒法律的执法权。依据对毒品犯罪在法律上的界定,除了毒品走私犯罪外,其他与毒品相关的犯罪属于州和地方刑事司法机关的管辖权范围。[②] 在美国,每个州都有自己独立的毒品分类体系,和美国联邦禁毒立法基本一致,但也有差异。迄今为止,有25个州和南卡罗来纳州的哥伦比亚已经颁布的法律中规定,大麻作为医用是合法的。2012年,科罗拉多州和华盛顿州通过了个人使用占有及生产大麻都是合法的决议。2016年11月,美国加利福尼亚州和马萨诸塞州通过了大麻合法化法案。

1.加利福尼亚州

加利福尼亚州位于美国的西海岸,从人口数量而言,是美国拥有人口数量最多的州。2016年11月,加利福尼亚州通过了《娱乐用大麻(recreational use of marijuana)合法化法案》,在一年过渡期后,定于2018年1月1日,正式允许全州居民以消遣方式使用大麻。2018年起,所有年满21岁的加州居民皆可在法律许可限度内购买、持有和种植大麻。同时,得到批准的商店和诊所也将能合法销售大麻。加利福尼亚州对于大麻之外的毒品惩戒情形则存在着一定的差异性,与是否初犯、毒品的数量以及毒品的种类有关。第一次因走私、生产或者持有少量安非他命被抓

---

① 参见靳澜涛:《后劳教时代强制隔离戒毒制度的改革——以警察权的规制为视角》,《中共青岛市委党校青岛行政学院学报》2017年第4期。

② 参见马驰骋:《毒品犯罪法定刑配置的正当性研究》,华侨大学硕士学位论文,2017年。

获的犯罪人员可能仅仅是被处以罚款或者不超过 1 年的监禁。但假如所涉及的毒品数量超过 5 克，那么无论是初犯还是累犯，都要面临至少 5 年的监禁；如果数量超过 50 克，则需要至少 10 年的监禁。对于涉及可卡因、高纯度海洛因或古柯叶的犯罪人，检察官可以根据案情的情况对其提出轻罪或者重罪，犯罪人则要面对高达 3 年的监禁；海洛因、鸦片的持有人需要面对 2～4 年不等的刑期。[①]

2. 纽约州

1976 年纽约州颁布的一项禁毒法律起到了非常深远的影响。《洛克菲勒毒品法》被认为是美国禁毒立法史上最严苛的法律，体现在对法定最低量刑标准的要求上。2004 年，纽约州发布《毒品法改革方案》，规定将非暴力型毒品犯罪从强制性最低量刑标准的适用范围中删除，取代了之前的《洛克菲勒毒品法》中不确定法定刑罚。具体刑罚的主要内容如下：贩卖 1/8 盎司（1 盎司约等于 31.1 克）的可卡因或者海洛因将面临 1～9 年监禁，1/2 盎司则需要面临 1～12 年监禁，2 盎司以上则需要面临 8～20 年监禁。对于生产、制造毒品的行为，生产 1 盎司可卡因或者海洛因需要面临 2～11 年监禁，超过 2 盎司则高达 10～25 年。

总而言之，纽约州的毒品立法在《洛克菲勒毒品法》被取代后采用了相对宽松的立法原则，特别是在强制性最低量刑方面，明显低于其他很多州。在针对大麻的立法态度上，纽约州将与大麻相关的毒品犯罪问题非量刑化。在纽约州，贩卖 2 克或者是少于 2 克的大麻，被视为轻罪，最高受到的惩罚是被监禁 3 个月；贩卖 25 克以上的大麻则被认定为轻微刑事犯罪，会被处罚罚款 100 美元；假如是 3 年之内的重复犯罪，也会按照之前的量刑标准进行量刑，但是相应的罚款会上升为 250 美元；非法持有大麻超过 8 盎司，将会被定位为重罪，面临着最低 1 年、最高 5.5 年的监禁，量刑幅度取决于持有毒品的具体数量。

3. 科罗拉多州

科罗拉多州在 2013 年通过立法将大麻的使用全面合法化，如娱乐场所等方面的使用。科罗拉多州因此同华盛顿州、加利福尼亚州以及马萨

① 参见马驰骋：《毒品犯罪法定刑配置的正当性研究》，华侨大学硕士学位论文，2017 年。

诸塞州成为美国为数不多的规定大麻为合法物品的州。但是在科罗拉多州,不允许贩卖大麻。贩卖少于 5 磅(1 磅约等于 453.59 克)大麻的犯罪人会被处以 1～3 年的监禁,贩卖 5～100 磅大麻的人将要面临的是 2～6年的监禁,超过 100 磅大麻的人将会面临着 4～12 年的监禁。持有或者是贩卖大麻少于 1 盎司并且年龄在 21 岁以上的人则不被认为是犯罪行为,但是假如贩卖大麻的数量超过了 2 盎司,那么将会面对 1～1.5 年的监禁,并且会被处以 1000～10000 美元不等的罚款。

尽管科罗拉多州实现了大麻合法化,但是该州在打击毒品犯罪方面的法律规定还是比较严苛,虽然比不上加州,但是比纽约州要严厉得多。例如,该州依然允许法定最低量刑标准适用于毒品的持有行为。鉴于此,对于那些毒品犯罪的惯犯,其打击力度会更加严厉。

4. 佛罗里达州

在佛罗里达州,走私或者制造毒品所面临的刑事惩罚和毒品的类型直接相关联。走私可卡因或者 LSD 在 28～200 克之间,将会面临最低 3 年的监禁,假如数量达到 200～400 克,法律要求最低的刑罚期为 7 年;400 克至 150 千克将会被处以至少 15 年的监禁;超过 150 千克的则至少要面临终身监禁。走私制造安非他命和甲基苯丙胺 14～28 克,可能被处以至少 3 年监禁,28～200 克的最低刑期为 7 年,200 克以上则至少面临 15 年的刑期。

关于大麻的处罚:生产或者走私 25～2000 磅大麻,要面临至少 3 年的监禁,2000～10000 磅大麻最低的刑期为 7 年;假如生产或者贩卖的数量超过了 10000 磅以上,那么需要面对的是不少于 15 年的监禁。总体而言,佛罗里达州对毒品犯罪的惩治相对比较严苛,毒品惩治法院通常会强力执行法律最低标准,但是通常只是针对毒品制造和走私犯罪。

5. 密歇根州

在密歇根州,持有任何数量的大麻都是违法行为,会被处以 90 天到 2 年的监禁;种植大麻则可能被处以 4～15 年的监禁;贩卖大麻会被处以 1 年(少于 15 千克)至 15 年(超过 45 千克)的监禁;非法持有安非他命、摇头丸,可能要面临着高达 10 年的监禁,并被处以 15000 美元的罚款。

在密歇根州,对造成人体伤害较大的毒品打击力度是非常严苛的。对于持有或者是销售可卡因、海洛因或者吗啡等毒品,很可能会被处以

20年至终身监禁,并被处以2.5万至100万美元的罚款;制作毒品的犯罪人可能会面临25年有期徒刑。密歇根州对特定毒品类型法定最低量刑条款过于严苛,法官在决定是否适用法律原则时具备一定的自由裁量权。

6.伊利诺伊州

伊利诺伊州在对毒品犯罪的刑事处罚上,比美国很多州都要严苛。对于毒品的制作、走私和持有,伊利诺伊州有最长期限的法定最低量刑标准。该州对制毒贩毒犯罪的打击力度是美国各州最严厉的。与美国其他州不同的是,伊利诺伊州没有毒品犯罪加重惩罚的特殊条款,但是即使是单纯的毒品持有也将要面临超长的刑期。

伊利诺伊州对大麻的惩处相对于其他毒品的处罚显得宽松得多。除了刑事制裁之外,伊利诺伊州对毒品持有罪的犯罪人还规定了对其民事方面的处罚。

综上所述,尽管美国政府在1988年的《反毒品滥用法》中,将建立一个无毒的美国社会作为美国毒品政策所预期的长期目标,但是通过对美国过去20多年的发展历史来看,这些目标似乎无法实现。兰德公司毒品研发中心通过对美国过去15年禁毒研究分析后指出,假如美国政府在20世纪80年代开展毒品战,将资金更多投入到毒品的治疗领域,而不是警力方面,更多地关注对已经吸毒人员的戒治,而不是对毒品犯罪人的量刑上,很可能会取得更好的收效。

(三)美国戒毒法律和措施

美国非常重视吸毒者的毒瘾戒治。从奥巴马国家戒毒战略的提出,到美国戒毒管理模式体系的基本形成、美国戒毒治疗实践中的具体措施和相关方案以及针对美国监狱囚犯特殊群体制定的戒毒处遇制度等,都取得了一定成效。

1.戒毒战略及相关措施的推出

2010年,奥巴马政府出台了第一个国家禁毒战略。该战略目的是致力于减少非法毒品在美国的使用,并且及时遏制毒品带来的后果。在面临处方药海洛因的流行滥用趋势之下,奥巴马政府提出的第一个国家禁毒战略当中,还强调了要采取行动来解决海洛因的使用障碍和过量使用问题,同时要确保患者得到安全有效的治疗。第二年,美国白宫为解决海洛因作为处方药被滥用的问题，发布了国家处方药物滥用预防计划。

2015 年，在原有的毒品控制策略的基础上，奥巴马政府又进行了补充和完善。奥巴马在发表演讲时指出，政府的策略转变到加强预防毒品的使用，减少过量死亡，并帮助已有毒瘾的人得到治疗。国会同时将预算倾向于投资毒品预防项目，扩大药物辅助治疗的方案，培训更多的救援人员，以拯救更多的生命。与奥巴马政府相配套的措施体现在五大方面，用以进一步扩大禁毒的范围和加大禁毒力度：一是在卫生保健环节寻找早期干预的机会；二是在吸毒人员物质治疗时，融入医疗保健和支持复苏计划；三是打破吸毒、犯罪和监禁死循环；四是严查和扰乱国内贩毒和毒品生产；五是加强国际合作，共同打击和处理毒品行为。

美国政府的禁毒戒毒策略引领了社会各方面的变化。宏观上国家的政策层面已经立法用以解决控制毒品问题，整个社会也积极投入到禁毒戒毒方法的研究，来解决已成瘾人群面临的问题。各州同样在积极寻求策略来解决毒品成瘾问题。如华盛顿联邦卫生局批准了药物植入项目，可解决美国人因海洛因成瘾的痛苦。药物植入是通过长期建立药物的传递系统，来抑制患者对于毒品的生理、心理的渴望，同时避免患者戒掉毒品后可能发生的风险，是一种全新的戒毒尝试，意图通过这种方式，使毒品成瘾的人群重新掌控自己的生活。

2.美国的戒毒管理模式体系

美国建立了比较完备而且灵活的戒毒管理模式体系，并随着社会毒品问题的发展、戒毒研究的深入，不断地调整完善。

(1)社区戒毒

社区戒毒是美国重要的戒毒途径。2010 年美国的《加强无毒社区法案》[①]，针对社区毒品行为提供了法律保障的同时也提供了充足的资金保障，社区的反毒联合体发展到今天已经初具规模。该联合体资金来源充足，科研基础雄厚，又有相应的监督评估机制来保障反毒行动的实施，为国家的反毒工作作出了巨大的贡献。

社区戒毒是美国刑罚处罚的一种类型，它是可以根据吸毒者的具体情况来进行选择的。社区戒毒不同的刑罚措施包括缓刑、假释、社区服

① 参见蒋青松：《上海市戒毒管理对策研究》，大连海事大学硕士学位论文，2015 年。

务、暂时释放、中途之家、工作释放、学习释放、电子监控、居住中心、家中监视、中途训练所、治疗项目、工作中心、日报告中心等多种措施。[①]

从执行和监督人员的情况来看,社会各界人士都参与其中。除了专职的警察之外,还有很多专业的社会力量也参与到执行当中,包括社会上的志愿者充当矫正官。实行同伴教育,主要是通过集中社区成员,包括成员中的教育力量,如父母、教师、志愿者、警察、政治家和医疗工作者等来对抗社区的毒品问题。社区戒毒将全社会的力量调动起来,为美国的禁吸戒毒工作作出了巨大贡献。

(2)社区康复

社区康复是美国除了美沙酮维持治疗之外的最主要的戒毒治疗康复模式。[②] TC(治疗社区)戒毒治疗仿照家庭环境,病人共同居住在一起,在同居生活当中相互帮助、相互鼓励、相互监督,在集体中修正个人行为。在TC治疗模式中,戒毒者基本上自治管理自己,工作人员的作用只是引导和监督。由于TC疗法的自治性质以及环境宽松的治疗模式,其成效显著。我国也在1998年首次引入该模式,已经在云南建立戴托普药物依赖治疗康复中心。

(3)监狱监禁

监狱对于吸毒者实行单独集中关押的戒毒计划[③],在时间上和内容上严格规定执行。如要求罪犯在规定的5000小时时间内集中矫正,以及在规定的时间内必须要完成相应的课程。课程包括基础班、提高班、集中教育与评价、社区责任犯罪、生活方式、就业准备、与人交往、正确导向、理性思考、康复维系生活平衡、善待受害者等。而对于高风险毒瘾强的罪犯,则进行强制性住院治疗和处罚,像这种高风险的罪犯必须要参加劳动,根据改造表现来分配工作。

(4)毒品法庭

毒品法庭是根据问题解决型司法理念提出的,是美国遏制毒品犯罪

① 参见陈令才:《强制隔离戒毒人员回归社会服务管理问题研究》,东南大学硕士学位论文,2016年。

② 参见房红等:《国外禁吸戒毒模式述评》,《云南警官学院学报》2010年第1期。

③ 参见黎亚云:《强制隔离戒毒制度下行政强制执行权配置问题的研究》,云南大学硕士学位论文,2016年。

的新探索，毒品法庭适用的对象是非危险型非暴力性犯罪，包括毒品滥用者以及吸毒成瘾导致非暴力类犯罪者、私藏毒品案件的被告人等等。毒品法庭在美国数量很多，由假释官、缓刑官或者是社会工作者负责监督。吸毒者要定期进行毒品的检测，或者是由缓刑官进行并不事先通知的毒品检测。吸毒者如果还有其他违法行为，毒品法庭可以对吸毒者判处家庭监禁或者是监管场所监禁，被判处家庭监禁的吸毒者，只能待在家中并且佩戴跟踪仪，假释官可以通过跟踪，知道吸毒者是否在家里。[①]据毒品法庭的法官介绍，毒品法庭效果较好，再犯罪率下降到了80%～85%，因此通过毒品法庭来矫治的成本要低得多。

3.美国戒毒治疗的措施

美国的戒毒治疗措施是以生理、心理、社会治疗模式为依托，强调循序矫正的理念，重视药物治疗的作用，运用科技技术对成瘾人员开展项目化、多元化的综合干预模式，戒治以自愿为主，强制戒毒措施为辅。

(1)针对监管场所的吸毒人员治疗模式

远离计划。这是一个美国监狱内以治疗社区为基础的毒品成瘾戒治计划，是美国政府为了下层的吸毒者所设计的毒瘾治疗计划模式，以自愿治疗为前提。其分为四个步骤：一是确定受刑人员参加计划的意愿，二是调运阶段，三是强化治疗阶段，四是假释委员会的审核。远离计划使受训人员80%转变为具有生产力的纳税人，其对于戒治毒瘾的贡献，受到社会各界的肯定和赞赏。

幻影计划。这是由马里兰州乔治王子郡矫治中心提供的药物滥用者治疗项目。该项目计划在90天的住院治疗当中，以及1年的监督观察当中，使参与戒治者回归社会成为有用之人。该项目的实施者是受过特殊训练的治疗药物滥用的专业人员，矫治安全官负责项目监督。

(2)针对社区吸毒人员的治疗体系和措施

一是吸毒治疗体系，大体可以分为公立吸毒指标体系和私立吸毒治疗体系。公立体系主要是依靠国家的补贴，医疗费用相对便宜，一流的服务供不应求，其服务包括住院治疗、美沙酮治疗和部分免费的社区门

---

① 参见黎亚云：《强制隔离戒毒制度下行政强制执行权配置问题的研究》，云南大学硕士学位论文，2016年。

诊治疗[1];而私立体系则是从商业保险中获得补偿,其重点项目是高成本的住院医疗,医疗服务供过于求,资金补偿容易到位,因而私立体系近年来发展较快。

二是美国的治疗措施。基于成瘾问题形成的原因非常复杂,美国主张从生理、心理和社会三个方面综合评估成瘾问题并予以治疗。而治疗的措施是多样的,以项目管理方式进行落实。从基本做法来看,其强调药物治疗作用,比如说像纳曲酮和丁丙诺啡这两种戒毒药物治疗,目前使用起来是比较安全有效的。夏威夷缓刑者的某研究数据表明,每天都服用纳曲酮的戒毒人员,比每天不靠药物、只靠心理辅助的戒毒人员,同一时间内复吸率要低。另外,还要辅助心理治疗。美国的成瘾治疗计划强调心理咨询师的参与,通过个体的咨询、团队咨询、同伴的教育、互相帮助小组这样的方式开展,目的是提高服药的配合度,提升戒毒动机,治疗心理问题和精神疾病,达到成瘾治疗的作用。社会支持治疗是通过讲座、培训、印发宣传册和家庭治疗的方式,重建成瘾者的指示系统,促进戒毒。

4.美国监狱囚犯的戒毒处遇

吸食毒品者通常缺乏自我控制意识,吸食毒品之后更加难以控制自我行为,因此吸食毒品往往与犯罪密不可分。在美国主要城市开展的全国性调查表明,44%～87%的违法犯罪者吸食毒品。美国司法系统的数据表明,服刑人员当中有30%承认他们曾经吸食过毒品,并且犯罪的时候受到了毒品的影响,有50%的服刑人员因触犯与毒品相关的犯罪被判刑。[2]

在美国,人们对于毒品吸食者的态度是不同的。有的人认为,应该建立专门的劳动营,专门关押吸毒成瘾者。而有的人则认为吸食毒品不是犯罪,不应该被关押。在1962年,联邦最高法院就已经表明,吸毒成瘾行为并不是犯罪行为,不能因为吸食毒品就关押他们,但是对于吸食毒品者制定监狱处遇计划并执行是非常有必要的,这就是美国很有特色的服刑人员监狱处遇制度。

---

① 参见王芳等:《美国吸毒治疗体系进程》,《国外医学(社会医学分册)》2002年第1期。

② 参见王志亮:《美国监狱囚犯的戒毒处遇》,《犯罪与改造研究》2017年第10期。

(1)处遇机构,立法保障,处遇对象,决定作出

处遇对象从最初的只是面向监狱系统的特别单元进行处遇,到现在扩大面向,只要是法院判决接受处遇的服刑人员都可以,志愿者也可以接受处遇。1966 年,为了针对毒品吸食者进行处遇,美国在《麻醉品成瘾者康复法令》中作出了明确规定,使得监狱处遇有了法律上的依据。加利福尼亚州建立了第一个独立的康复中心。戒毒的处遇决定通常是在刑事司法程序的初期,通过各种方式进行调研、评估,最终形成调查报告。以此为依据,决定服刑人员是否要接受处遇,处遇的时间一般控制在 1～6 个月,根据恢复的状况而有所不同。

(2)处遇计划理论依据

临床矫正者必须明确处遇计划以对特定罪犯进行针对性的处遇,不同的处遇计划源于不同的理论。

疾病理论把毒品吸食者看成病人来对待,在医疗环境中进行治疗。这种理论把吸食毒品看作是生病的根源,只有切断根源,才能保证人体健康。

社会学理论则解释吸毒问题的社会原因,认为吸食毒品上瘾是由经济、机遇、年龄、种族教育和邻里关系等各种社会条件共同作用而形成。

累进理论重点关注上瘾的过程。该理论认为,偶然使用成瘾性较不严重的毒品,而导致更多地尝试更危险的毒品,使得其对毒品的依赖不断深入持久。

心理学理论重视每位当事者的个体心理需求和情感特点,在个案分析当中,追溯毒品吸食者孩童时期的心理弱点。该理论认为,成瘾者从吸食毒品当中获得了某种心理慰藉,所以主张通过心理学的方法,来尽量改变成瘾行为。

学习理论则综合了对成瘾作用的个人个性与社会环境两方面的影响。该理论认为,毒品滥用问题既是一种个人的需求,也满足了某些群体关系的需要,个体的需求和同伴的影响作用相同。

(3)处遇计划实施

由于处遇计划不同于监狱的常规工作,监狱的囚犯可以志愿参与处遇计划。关于处遇计划的实施,则是毗邻监狱或者是在警戒处理中心附近的独立设施来全面实施深入细致的处遇计划。

监狱内部处遇。监狱里最常用的计划是麻醉剂自助治疗、群体治疗和毒品教育多种计划。特殊的处遇计划，包括美沙酮维持法和社区治疗法。社区治疗法实际上是利用团队的力量，以集体治疗为形式，所有的治疗者相互之间监督、忏悔、净化，该治疗方法确实有较高的成功率。

释放后的处遇。释放后处遇的重点放在过渡期，多种计划保证释放者能够平稳过渡，回归社会。具体措施包括早期释放阶段的监督机制，释放后的咨询社团，以及吸食毒品者再犯之后撤销假释再次监禁的处遇。

监狱外的处遇则是为了使吸毒者更好地融入社会，为他们提供短期的服务、咨询教育和职业培训。

(4)处遇效果

美国监狱内部实施处遇计划效果显著。根据调查，凡是在监狱期间完成了戒治处遇计划的服刑人员，其再次入狱的几率明显低于未完成戒治处遇计划的服刑人员。调查进一步显示，戒治处遇当中的几个计划，可以明显降低再犯率。这些再犯率较低的计划的共性在于开展各类方案的务实有效。如：开展与社会相关联的各种活动；针对处遇对象，根据现实采取个性化的戒治方案；戒治完成后出狱之后的跟进服务；与戒治者保持密切的联系。戒治者主观的戒治意愿也是重要的成就因素。

(四)美国戒毒法治评析

美国是以供给侧为战略中心的典型代表国家，对瑞典等很多国家产生了较大的影响。美国政府擅长打毒品战，在法治控毒的道路上不断探索，已逐渐发展成为世界上戒毒法治相对完善的国家。在其戒毒理论和实践的各形态演绎之下，在立法保障、战略部署、戒毒策略、专业团队、参与力量等层面都发展形成了较为成熟的法治模式。

第一，法律体系相对健全，“相对证据”加大了对毒品犯罪的打击力度。在毒品犯罪认定当中，美国设立了“相对证据”的法律概念。[①] 美国的法官可以根据这一原则，在证据不足且无法判刑的情况之下，对第一次可能犯罪的犯罪嫌疑人，在经济上予以处罚，甚至没收财产。

---

① 参见王祎：《中美禁毒立法之比较》，《公安学刊(浙江公安高等专科学校学报)》2007年第4期。

第二,根据禁毒戒毒形势以及戒治规律出台相关的法律法规。美国政府连续出台《麻醉品成瘾法》《无毒社区法案》《无毒社区法再授权法案》。《无毒社区法案》规定,麻醉品成瘾者可能通过接受机构和社区治疗而撤销指控,社区戒毒计划为3~5年,并且联邦财政充分保证社区戒毒的经费,使社区居民更加积极地参与到社区戒毒之中。[①]

第三,美国鼓励和支持成瘾治疗机构,提升戒毒的社会参与度。美国拥有特有的民事承诺程序,成瘾者可以在本人或者是亲属要求下,通过民事承诺程序进入公共医疗卫生机构进行先期治疗[②],如果最后治疗成功,之前被指控的罪名就会被撤销。但是不管在任何时期,只要成瘾者被证明不再会取得比较明显的治疗效果,其民事承诺程序将会结束而继续接受指控。国家的禁戒毒立法,可以鼓励和支持私立成瘾治疗机构的建立与发展,例如给予免税的政策培训和提升计划等,提升戒毒的社会参与度。

第四,美国为使戒毒工作中的成瘾治疗和干预顺利进行,开展了循证戒治项目。我国的司法戒毒系统从2011年开始就引入了循证戒治的理念,开展了很多有益的探索,取得了可观的成绩。但是我们循证有效的项目还不是很多,在实践中对戒毒人员分类和介质目标还缺乏细化机制、措施和方法,欠缺针对性和专业性。因此,我们为提高戒毒工作的实效,迫切需要采用循证理念和方法研究开发符合戒毒工作内在规律、具备专业理论和技术支持的循证项目,建立成熟的戒治项目库。

第五,美国注重专业的戒毒研究团队建设。美国十分重视成瘾领域的理论研究,其研究成果能够有效投入戒治,在实践中发挥舆论引导和技术支撑的作用。美国的戒治工作者是不同的专业人员密切合作而形成的一个团队,治疗团队中既包括医师,也包括心理咨询师以及社会工作人员。我国的建设工作中也可以借鉴美国的这种团队合作。由民警担任戒毒监督员,负责制定戒毒计划以及相应的戒毒课程的学习。医生和心理咨询师负责戒毒人员的生理和心理的评估以及相应问题的治疗。

① 参见戴新乐:《温州市鹿城区社区戒毒康复模式创新研究》,四川师范大学硕士学位论文,2017年。

② 参见吴大华:《美国社区戒毒立法及其借鉴》,《贵州师范学院学报》2012年第10期。

通过个体咨询和团队训练相结合的方式，各方密切配合，最终顺利完成戒治内容，提升戒治效果。

美国在长期严苛的禁毒戒毒政策实施下，依然存在着一系列的消极问题：美国国内的毒品消费并未有效减少，暴力行为持续增长，政府部门的腐败还有毒品之战引起的种族隔离等。以上问题对美国下一阶段的禁戒毒战略制定提出了新的挑战。

二、加拿大戒毒法治

控制并减少毒品是国际共识，但在这一宏观目标之下，各个国家的毒品政策取向以及具体的制度与措施存在一定差异。就加拿大政府目前的戒毒政策而言，通过严厉的处罚以及毒瘾的治疗来应对非法违禁药品的滥用效果是有限的。监禁的处罚除了再次促成毒品犯罪活动和帮派活动之外，还产生了单亲父母、两代家庭之间的分离等社会现象。犯罪记录使吸毒者丧失进入就业领域的资格，从而使他们敌对社会，最终使社会的毒品问题更加严重。在一定程度上，加拿大政府通过并实施的“大麻合法化”等方案可以看作是政府无奈之下的“妥协”之举。但青少年却往往容易陷入一个误区，即“大麻合法化代表国家承认大麻无害”，而实际上并非如此。

（一）加拿大控毒立法概述

1908 年，加拿大制定了第一部禁毒法案《鸦片法》。该项法案不仅早于 1912 年的《海牙禁止鸦片公约》的签署，更早于美国在 1914 年制定的《哈里森毒品法》。但是和《哈里森毒品法》不同的是，该项法律将毒品问题实现刑事法律化，不仅仅针对未经允许的鸦片进口，同时明确规定鸦片的使用为法律所禁止。为了加大对鸦片的监管力度，加拿大议会于 1911 年通过了更加严厉的《鸦片和药品法》，通过该项法律来加大对毒品违法行为的打击。1929 年颁布实施的《鸦片和毒品法》成为加拿大当时内容最为全面的一部禁毒法律。经过 1932 年及 1938 年的修订，该法案的法律影响力一直持续到 20 世纪 60 年代初期。

1961 年，加拿大通过了《毒品控制法》，这是加拿大在 20 世纪 60～90

年代最为重要的毒品控制法律。[1] 1969 年,加拿大成立了禁毒史上最为重要的一个专门委员会,用以全面、系统地研究毒品犯罪问题。该委员会被称为“勒丹委员会”。1985 年,加拿大制定了《麻醉品管制法》,并且于 1990 年前修订了 4 次。[2] 该法对持有型毒品犯罪、交易型毒品犯罪、非法种植鸦片和大麻、洗钱罪等进行了规定。1996 年,加拿大颁布了《受限制的药品和化学品法》。随着这部法律的实施,1961 年颁布的《毒品控制法》被彻底取代。2012 年,加拿大保守党占多数的议会通过了《街道和社区安全法案》,该法案将毒品犯罪作为重点的打击对象,并修订了 1996 年《受限制的药品和化学品法》的诸多条款,增加了对从事严重毒品犯罪特定犯罪人适用强制性最低量刑条款,与该项法案联系最为紧密的就是法律中规定的第一类和第二类毒品。总体而言,该法案所界定的严重毒品犯罪包括毒品的制造、走私和持有,在决定是否能够使用强制性最低量刑条款上,首先考虑是否满足加重刑罚的先决条件,即是否对国家安全、公民健康和安全有潜在的严重危害。

(二)加拿大大麻合法化法案颁布实施

早在 2001 年 7 月底,加拿大已成为全世界首个使用法律系统管制大麻医疗用途的国家,患者可凭处方使用医用大麻。当时的规定是,如果病人由医生诊断后确定需要使用大麻治疗的,在拿到许可证之后,可以自己种植和使用大麻,不过当时并没有对普通人持有、生产、销售大麻松绑。

加拿大大麻合法化源于 2015 年的联邦大选。加拿大自由党为大选获胜争取支持,提出了极富争议的大麻合法化纲领。在 2017 年 4 月,加拿大联邦政府通过了大麻合法化议案,准备于 2018 年 7 月正式实施。该法律规定,18 岁及以上加拿大人将可以合法购买和吸食大麻,每人合法拥有 30 克以下大麻,每个家庭还可以种植 4 棵大麻。在 21 世纪的今天,加拿大作为西方发达国家之一,竟然允许国人合法吸食大麻,其中原委值得深究。

---

① 参见靳澜涛:《我国禁毒立法体例的反思与重构》,《北京警察学院学报》2017 年第 5 期。

② 参见金莲:《禁毒立法模式再探讨》,《云南警官学院学报》2004 年第 4 期。

加拿大于 2017 年 4 月 13 日正式提出大麻合法化的法案，目标是在 2018 年 7 月之前通过政府规管实现大麻合法化。尽管这一酝酿多时的法案富有争议，但依然顺利通过，加拿大成为七国集团中首个在全国范围推行消遣类大麻合法化的国家。

根据法案的内容，大麻并非完全合法解禁，而是有条件、有限制地放开。加拿大政府于 2018 年 10 月 17 日起正式实行大麻合法化。法案内容主要包括以下要点：

(1)联邦规定购买大麻最低年龄为 18 岁，各个省份和地区可以设定较高的年龄限制。

(2)立法允许人们拥有高达 30 克的干性或新鲜大麻。

(3)新法规定，如果拥有大麻超出限量将会被检控，刑期最高判监 14 年。对于出售大麻给未成年人者，新刑罚最高同样长达 14 年监禁，但是，发现拥有 5 克或以下大麻的青年不会被刑事起诉。

(4)允许每个家庭(household)种植 4 株大麻植物作为个人食用，并允许在家中制造大麻产品。

(5)联邦政府负责发牌照，即颁发种植大麻许可证，确保大麻供应安全。持牌零售商将会首先提供干、新鲜大麻和大麻油，后续将会供应食用大麻产品。

(6)禁止在血液中含有非法毒品水平的 2 个小时内驾驶，违者处罚金 1000 加元起，最高可判无期徒刑。这取决于血液中的毒品水平以及是否有人受伤或死亡。

(7)禁止针对青年的市场营销。

(8)禁止通过自助服务售货机进行大麻销售。

(9)新法没有立例阻止省份在同一地方同时销售大麻和酒精饮品。

(10)禁止游客带大麻越过边境，但允许游客在加拿大食用大麻。[①]

针对加拿大大麻合法化的法案，国际社会争议不断。加拿大政府自认为反对大麻合法化政策是无效的。即便政府明令禁止也不能禁止吸食者从黑市购买大麻，倒不如把大麻合法化，赶走黑市市场，由政府规管

---

① 参见《重磅！加拿大正式宣布大麻合法化！10 大要点公布》，2017 年 4 月 14 日，https://www.sohu.com/a/133997192_409175。

的地方进行售卖，更能防止大麻被卖给未成年人，也更方便推动教育工作，减低青少年吸食比例。反对者认为，大麻的合法化，可能会引发更大规模的青少年吸食，影响青少年健康成长。

2018年7月，多伦多卫生局通过了决议，向联邦政府提交报告，要求将所有类型的毒品合法化(decriminalize all drugs)。卫生局的专家认为，比起争论不休，更应该合法化毒品，采取措施减少毒品对吸毒者的伤害。专家表示，毒品合法化之后，政府能够监管毒/药品的生产、流通、消费，让原本阴暗的行业暴露在阳光下，对解决问题更有帮助。比起暴力机关(警察、法院、监狱)，更人性化的措施更有助于解决毒品问题。另据调查显示，有60%的人认为吸毒是健康问题或者社会现象，而不是刑事犯罪。多伦多公共卫生局建议联邦政府设立一个行动组，纳入从吸毒者到法律专家，以及医疗专业人士在内的所有人，研究对所有毒品进行合法规管。

目前，联邦拒绝了多伦多卫生局的这项提议，表示目前还未考虑清楚，没有完全回绝这种可能。

(三)加拿大毒品问题现状

由于历史原因，加拿大的毒品问题往往与原住民和街头匪帮密不可分。加拿大政府针对原住民和街头匪帮采取了严厉的管控措施，但反而助长了原住民和街头匪帮的反抗精神，使原有的社会问题雪上加霜。

1. 毒品问题和原住民

加拿大毒品吸食者中有相当比重是加拿大原住民。由于加拿大原住民遭遇了文化压迫、文化侵蚀、经济排斥以及由于殖民统治造成的严重心理创伤等原因，在加拿大的原住民中，违禁药物滥用已成为非常严重的问题，现在被视为原住民面临的最大挑战。

在加拿大，原住民通常没有民族的自决权。社会的不公和文化的压迫，给原住民带来了多重的生活压力。在这样的社会现状之下，很多原住民无家可归、居无定所，这些原住民中的一部分就成为公共场所吸毒群体。随着原住民吸毒人数的增多，加拿大政府加强了警方对原住民违禁药物使用的监督执法力度，这样的政策使得原住民和警察之间的关系越发紧张。

当局通常将原住民视为法律立场薄弱的人，执法者也将毒品问题归结于原住民的问题，却很少有人去深思原住民滥用药物的现状是否由制度和殖民压迫等深层原因所造成。

2. 毒品问题和街头匪帮

加拿大毒品问题与街头匪帮的兴起密不可分。殖民主义产生的另外一个社会问题是加拿大的土著帮派问题,特别是"草原三省"的街头匪帮。针对街头匪帮的毒品交易猖狂的现实状况,加拿大政府加大了从事涉及毒品等犯罪行为的打击力度,制定了《街道和社区安全法案》,特别指向街头匪帮和非法的毒品买卖,部分街头匪帮在法律中也被归类为犯罪组织。针对街头匪帮的毒品犯罪行为,采取高压态势,实行严厉的处罚对其进行监禁,并抬高了对其使用软禁等从轻处罚手段的门槛,增加了其获得保释的难度。

严厉的防控打击政策并没有有效地遏制街头匪帮毒品犯罪问题,监狱的刑期反而使街头匪帮有时间策划和进行毒品交易演习,严厉的监禁处罚助长了街头匪帮非法的毒品交易活动以及采用暴力手段维护毒品交易的态势。就加拿大现行的刑罚体系而言,其对于街头帮派一类的社会问题及涉毒问题意义不大。

(四)加拿大毒品治理政策

在加拿大的禁毒政策中,核心内容是围绕"严厉打击犯罪"以及"减少毒品滥用所造成的危害"而展开的。[①] 目前主要政策有三个:

第一,强制执法政策。由于要优先考虑强制执法的政策,将违法药品的使用视为犯罪行为。在加拿大现行的毒品政策中,当局者希望用更为严厉的处罚措施来制止毒品犯罪,并秉承法律面前人人平等的原则。但是强制执法计划实际上没有充分考虑到社会和历史背景的因素,政策计划本身是出于平等主义和个人主义理念,但这些理念是无法和加拿大原住民的现实生活保持一致的。

第二,毒瘾治疗政策。毒瘾的治疗工作是解决戒毒问题的关键议题,是有效减少社会危害的一种手段。加拿大的毒品治疗计划核心假设是致瘾药物的使用者需要治疗、使用致瘾药品的人都希望并且乐意接受治疗,而实际情况是很多违禁药品使用者并没有治疗需求或者根本没有

① 参见马斯托禁毒政策研究中心:《加拿大毒品政策和原住民种族不平等的再生产》,2018 年 4 月 27 日,https://mp.weixin.qq.com/s/z-Dvp_GXdSpgjPkRXQ_RWg。

认识到毒品的吸食是违法的。

第三，毒品预防策略。加拿大联邦政府的毒品预防计划目的是通过提高青少年对违禁药物滥用会威胁社会和健康的认识，来有效预防他们使用违禁药物。毒品预防的措施主要包括保护消费者利益运动，尤其是拒绝毒品运动，通过社会立法、培训来使民众形成远离毒品及相关的有组织犯罪的意识和理念。

综上所述，加拿大目前的毒品政策坚信公民应对自己涉及违禁药物的行为负责，并力图通过教育和严厉处罚制止错误的选择。

（五）加拿大戒毒法治评析

就加拿大政府目前的教育、严厉的处罚以及毒瘾的治疗来应对毒品滥用问题的管控效果是非常有限的。监禁的处罚除了再次促成犯罪活动和帮派活动之外，还产生了单亲父母、两代家庭之间的分离等社会现象，犯罪记录更使人们丧失进入就业领域的资格，从而使他们敌对社会。为了减少毒品危害以及非法毒品的使用，国家在禁毒战略上强化了法律的手段和严厉打击毒品犯罪的政策。但是单纯使用法律以及严苛的打击政策，却忽视了广泛的历史、社会和人口结构进程，使社会的毒品问题更加雪上加霜。

针对以上的问题，全国毒品政策委员会为加拿大的毒品政策改革提供了诸多的建议。[①]

第一，在价值取向上，将健康和社区的安定和谐放在首位，避免强制执法和过度干预。放眼世界，依靠强制性的惩罚性的毒品执法政策，反而会导致暴力事件增多，监狱人口爆满，加剧毒品对社会的危害。政府针对严厉的政策应进行合理调整，宽严结合。适度增加对吸毒人员有意义的雇佣、适当的教育和工作资格以及对其进行药物治疗和精神健康服务的供给，使吸毒人员有尊严地生活在社会上。

第二，在文化取向上，要发展对原住民的世界观有价值的文化基础，制定有利于社会成员理解和实施的方案以及对麻醉品的使用和毒瘾作有规划的回应。在文化上要逐渐地认同原住民的社会地位，让原住民有

① 参见马斯托禁毒政策研究中心：《加拿大毒品政策和原住民种族不平等的再生产》，2018 年 4 月 27 日，https://mp.weixin.qq.com/s/z-Dvp_GXdSpgjPkRXQ_RWg。

社会尊严，使原住民在社会身份地位的认同当中配合社会各项政策的实施。

第三，对涉毒犯罪中的轻微犯罪者，提供可替代监禁的选择方案，减少监禁的压力。

第四，进一步鼓励和加强对目前非法毒品的法律规制，包括对酒精、烟草和制药的毒品进行管理。

第五，对违禁药品使用进行刑事定罪，减少对毒品持有者进行强制的毒品治疗。

第二节　欧洲大陆戒毒法治

由于欧洲一些国家对大麻等毒品持有十分宽容的态度，现今的欧洲毒情发展趋势为：一是毒品的走私渠道向多元化发展。部分国家和地区的“大麻合法化”，带动了毒品交易的发展。二是毒品的泛滥严重危害民众身心健康。2014 年以来，欧洲因服用可卡因就医的居民人数增加 35%以上。同时因服用毒品过量而死亡的人数也明显增加。三是网络化交易成为毒品买卖的重要渠道和趋势。打击网络毒品犯罪迫在眉睫，各国禁毒的主战场应从线下逐渐转移到线上。

在各国的控毒政策上，禁毒投入在 GDP 中的占比增加，各国针对自身的国情和不同时期的毒情，分时期、分阶段制定并实施具体的禁毒戒毒策略。这其中，英国的“伤害最小化政策”、荷兰的“咖啡馆模式”和德国的“自愿型矫治戒毒模式”都在其禁毒戒毒行动中发挥了极其重要的作用。

一、欧洲戒毒法治综述

欧洲的新型毒品使用量逐渐增加，在三个联合国禁毒公约的基础之上，多数欧洲国家对于个人使用占有毒品认定为刑事犯罪。欧洲的毒品治理政策也发生了转变，欧洲各国在禁毒戒毒领域投入逐渐增加，并且加强了毒品管控的跨部门、跨国协作。另外，各国还需在毒品网络化交易趋势下进行针对网络交易的管控。

（一）欧洲毒情简述

近年来，欧洲毒品形势相对稳定，毒品使用量居于历史高位。尽管如此，欧洲的毒情仍有积极的变化，特别是传统毒品使用正在减少。最近的统计显示，欧洲毒情出现了一些新的问题，新问题的出现对当前欧洲的禁毒政策和实践模式构成了挑战。在非法毒品市场，新型合成毒品和毒品使用模式正在涌现，毒品交易网络化趋势逐渐形成。根据2019年《欧洲毒品报告：趋势和发展》研究数据，欧盟的28个成员国当中18个国家因为服用可卡因药物致死的人数增加。在网络化、国际化的今天，毒品犯罪同样也呈现此特征，欧洲各国应该加强相互之间的协调协作，扩大国际毒情的分享，共同针对网络毒品犯罪制定对策。

欧洲禁毒工作整体上是由国际管控系统来提供，建立在《麻醉品单一公约》（1961年）、《精神药物公约》（1971年）和《禁止非法贩运麻醉药品和精神药物公约》（1988年）等三个联合国禁毒公约基础之上，公约要求每个国家把未经授权的药品供应作为刑事犯罪来对待，个人占有和使用毒品也是一样，但是受制于一个国家的宪法原则和法律制度的基本概念，这一条款没有被欧洲国家统一采纳。[①]

大部分欧洲国家将因为个人使用而占有毒品认定为刑事犯罪，并被判处监禁。然而在一些国家只能通过非刑事制裁处罚，例如罚款或者是暂停驾照。从2000年开始，欧洲的整体趋势是减少因个人使用和占有毒品而被判处监禁的可能性，有些国家改变了监禁处罚的法律，有些国家已经给警察或检察官发布了使用制裁而不是监禁的指令。2009年的数据表明，越来越多的国家对于那些因个人使用而占有毒品的人，进行罚款警告或者是社区工作的处罚。

在欧洲，非法毒品供应经常被定性为犯罪，但是处罚相差很大。有些国家针对供应犯罪的处罚范围很宽，最终到终身监禁。有些国家针对供应犯罪处罚轻重取决于一些具体因素，例如缴获毒品的数量。

2006年以来，关于毒品供应的犯罪报道增加。对于拥有毒品犯罪来说，大麻案件占据了大部分，涉及可卡因、海洛因和安非他命的毒品案件中，故意犯罪案件占据较大份额。从2009年开始，一些国家的量刑统计

---

① 参见秦洁：《论毒品犯罪中的“明知”》，昆明理工大学硕士学位论文，2012年。

显示，供应毒品比拥有或使用毒品更容易获得监禁判决，然而最高刑罚通常很少或从不实施，而且平均刑期很短，并常为缓期执行。

（二）欧洲毒品治理政策

从20世纪90年代末开始，欧洲禁毒战略发生了新变化。采取一定时期的禁毒策略和行动计划，已成欧洲各国政府惯例。现在所有的欧洲国家都有国家禁毒策略或者行动计划，这些禁毒策略和行动计划通常有时间限制，采用书面形式，包含一系列通用原则、宗旨和优先级，指定行动计划和策略实施的负责人。

为协调推动他们的禁毒政策，与国家禁毒战略发展平行，部分国家也设立了相关机制。在国家层面，现在大部分国家拥有和毒品相关的跨部门组织，辅以负责日常管理活动的国家禁毒协调机构。大部分国家设立禁毒协调机构或禁毒协调员，甚至两者兼而有之。在经济支持方面，禁毒政策相关的公共支出占GDP的比重越来越大，各个开展禁毒政策的国家，在经济投入上也不断地增加。

因为毒品交易、毒品危害没有国界，因此禁毒行动也不能止步国界。互联网也为毒品戒治工作提供了新的途径，治疗毒瘾、减少损害，也可通过网络进行。而出于网络禁毒的需要，各国需要建立更全的数据库，以利于政策评估，制定对应方案。

二、英国戒毒法治

20世纪90年代以来，英国政府对于涉毒问题日趋重视，加大管控力度以及处罚力度。英国政府伴随着社会毒情的发展情况而不断地调整国家的毒品政策。时至今日，英国政府进一步确立了“伤害最小化”的毒品政策，这是英国结合自身的经济文化特点所确立的具有英国特色的毒品政策。

（一）英国控毒立法概述

英国禁毒戒毒方面的立法管控可追溯到20世纪50年代。早在19世纪，毒品就已在英国出现和广泛使用以及输出，英国的对外毒品输出为其带来了丰厚的收益，但国内的涉毒问题也日趋凸显。英国现代的毒品管控制度经历了20世纪90年代后期的重点打击毒品犯罪的阶段，逐渐形成了“伤害最小化”政策。在具体的司法实践当中，英国对毒品的管控逐渐发展到采取“零容忍”的态势，不断加大对毒品犯罪的打击力度。

英国目前使用的禁毒法律是1971年颁布的《毒品滥用惩治法》和1985年颁布的实施规则，以及先后设立的多重立法。一系列的立法颁布充分地体现了英国立法思维的转变。20世纪60年代开始，英国的吸毒人数开始增多[①]，特别是年轻人的数量增多。1967年，英国政府颁布《危险药品法》，开始严格控制医生的处方权。

20世纪90年代后期，打击毒品犯罪再次成为重点工作。1997年颁布的《犯罪量刑法》对贩毒走私行为进行了明确规定。大麻一直是英国最为广泛的毒品，但是英国政府在对待大麻毒品分类等级的问题上一直摇摆不定，这是英国执行禁毒工作的重点内容。伦敦是世界重要的金融中心，为了有效地防止洗钱行为的发生，英国颁布了一系列的法律来打击贩毒、打击洗钱行为，如1986年颁布的《毒品交易犯罪法令》、1988年《刑事司法法》、1990年《刑事司法(国际合作)法》等。[②]

从20世纪20年代至今，英国的毒品控制政策发生了较大的变化，从最初的保护个人权利到维护公共秩序，再到今天形成了“伤害最小化”政策。英国在最初的时候认为，滥用毒品是个人行为，而非社会行为、公共行为。此时的英国政府对于涉毒行为的态度是宽容的，允许医生根据实际情况开具毒品处方，这种态度延续到二战以后。二战以后，英国社会当中的毒品滥用情况日趋严重，英国政府不得不将毒品滥用视为威胁社会公共卫生安全的重大问题，在立法及政策上逐渐调整并开始管控。90年代以来，英国政府对于涉毒问题日趋重视，加大管控力度以及处罚力度。英国政府总是伴随着社会毒情的发展情况而不断地调整国家的毒品政策。时至今日，英国政府又在联合国公约内容中确定的“减少供给、减少需求和减少伤害”的基础上，进一步确立了英国政府的“伤害最小化”的毒品政策，这是英国最具特色的毒品政策，是英国结合自身的经济文化特点所确立的毒品政策。[③]

---

① 参见王磊:《当代英国禁毒政策探析》,《欧洲研究》2004年第5期。

② 参见李效兰:《国际禁毒公约视角下我国惩治毒品犯罪的法律研究》,河北经贸大学硕士学位论文,2016年。

③ 参见包涵:《英国毒品政策:“伤害最小化”之下的困惑》,《中国禁毒报》2017年6月9日。

英国的毒品政策具体体现在：一是目标多元化，二是注重减害，三是分时分段加大毒品犯罪打击力度，四是采用强制戒毒。

英国毒品政策的多元化体现在目标的多元性，多元的目标又分高低层次、分轻重缓急、分先后顺序。在目标多元化的宏观目标之下，英国又将具体的目标进行了排序。英国的《毒品滥用与依赖：英国临床指南》指出，所有的目标中，排在第一位的是降低毒品滥用所衍生的危害。正如英国政府的毒品政策转变的原因一样，毒品不仅仅会伤害个体的身心健康，更重要的是对整个社会带来了直接伤害。第二位的目标是减少因毒品滥用而间接造成的社会或其他问题。毒品问题严重影响了社会公共卫生安全，导致吸毒者精神恍惚、道德沦丧，是社会不安定的重要因素。减少毒品滥用问题，的确会间接减少其对于社会的不良影响。排在第三位的就是毒品问题对于个体的伤害，包括个体的身心健康以及艾滋病传染等各方面问题。政府的职责在于给予关注，确保个人的安全。排在第四位的是非依赖性毒品的使用安全及禁绝问题。由于在毒品戒治的过程当中，会用到美沙酮、钠曲酮等药物，对于此类药物的使用，英国政府认为应逐渐地从允许到禁绝，直到所有毒品的禁绝。

同时，英国毒品政策在“注重减害”的同时，也分时期、分阶段针对毒品问题实施打击活动。在英国吸毒者戒治中，他们并不排斥使用强制戒毒，即采用强制戒毒和自愿戒毒相结合的戒治模式。由此可见，英国毒品政策既有宏大的目标，也有眼前务实的毒品戒治路径；既关注社会的秩序安定，也关注吸毒者自身的安全。

从英国的毒品政策可以发现，其虽变化较大，在不同的时期政府都有不同的侧重，但政策主轴一直未变，政府始终都是积极推动一切社会资源参与毒品戒治工作。如对于吸毒者的处遇，其中最为出名的是“毒品处遇与考察令”政策，这个政策与美国毒品法庭的制度异曲同工。该政策是主动调动多元因素参与毒品滥用方案策略的最有力体现，接受处遇的吸毒者，需要在法庭的监督下进行社区内的监督，在社区内参与毒品筛查检测、团体治疗以及行为康复等活动。

在具体的司法制度当中，英国不断收紧对毒品犯罪的容忍度，加大对毒品犯罪的打击力度。1971 年《滥用毒品法》确立了英国毒品分级管理制度，将毒品分为 A、B、C 三个等级，对应不同级别的法律惩罚。1994

年《禁止毒品贩用法》以没收扣押等方式治理毒品犯罪，着重对毒品犯罪进行经济上的打击，切断其再犯网络，削弱再犯能力。而1997年《刑事审判法》规定，对于第三次走私A级毒品者，最低应当判处7年监禁。1998年的《犯罪和骚乱法则》规定了定期尿检制度和法庭监控下的强制性治疗。2005年的《毒品法》允许警察进入吸毒者场所，进行取缔和执法，也赋予警务人员在征得同意的前提下，利用X光扫看身体的权力。

在吸毒行为的认定上，英国的1971年《滥用毒品法》将吸毒规定为犯罪行为。但是，《拘留变更执行令》规定，吸毒者可以选择拘留变更执行方式，到戒毒机构接受治疗。《吸毒治疗与测试令》规定，将强制违法者进行为期6个月到3年的戒毒治疗。①

英国政府非常重视毒品问题的治理。从各国立法上来看，脱欧之前，英国在欧盟诸国中对于毒品问题的打击力度是最为严厉的。虽对毒品犯罪打击力度非常严厉，但在具体的措施上，英国仍以人道主义手段为首要考虑因素，雷声大雨点儿小，故在实践当中毒品政策的收效甚微。对2014～2015年英格兰和威尔士16～59岁的犯罪行为人调查数据显示，占总数34.7%的人仍然有吸毒行为。显然，英国的毒品政策在一定程度上反而放纵了毒品的扩散，英国的毒品问题并没有得到显著改善。

（二）英国戒毒法治评析

英国禁毒政策法治的不足。第一，禁毒政策未能触及毒品滥用的根源。毒品滥用的原因错综复杂，然而英国禁毒戒毒政策并没有触及这些深层次的原因，因此也就不能彻底解决毒品滥用的问题。第二，各项禁戒毒政策之间比例失衡。首先，在英国禁戒毒法治政策中，刑罚的比重大大高于治疗的比重。② 这导致了戒毒治疗的发展严重滞后，严重影响了禁毒效果。其次，在刑罚政策中存在着一刀切的现象。政府对一切毒品犯罪都予以严厉打击，对海洛因等“硬性”毒品的打击有利于社会的健康和稳定，然而对吸食大麻、摇头丸等“软性”毒品的青少年也进行过于严厉的惩罚反而削弱了政府的禁毒效果。再次，对青少年的毒品教育和毒品预防举措不力。禁毒教育过于偏重学校内的教育，而忽视了其他因

---

① 参见邹涛：《毒品犯罪预防体系研究》，大连海事大学博士学位论文，2012年。

② 参见王丹：《中外社区戒毒模式比较研究》，《云南警官学院学报》2010年第5期。

素对青少年的影响，毒品教育和毒品预防本身及其教育方式也存在着很多的不足。最后，政策未能涉及吸毒者重新融入社会的衔接问题。禁毒政策只是停留在禁毒和治疗上，对于已戒毒者怎么再重新融入社会却没有任何的举措，复吸率居高不下。

当然，英国的禁戒毒政策也为各国提供了经验。首先，坚持发展公共卫生体系，为毒品上瘾者提供治疗。英国完善的毒瘾治疗服务体系有利于减少毒品对社会的危害。其次，禁戒毒政策注重实际，随势而变。在抗击艾滋病的斗争中，英国政府果断将禁戒毒政策从以禁绝毒品为目标转移到发展公共卫生上，并且取得了显著的成效。

三、荷兰戒毒法治

荷兰政府的禁毒政策总体而言相对宽松，并随着禁毒社会效果的变化而适时调整。在最近的几十年里，少数西方国家已将持有大麻“去犯罪化”，荷兰是走在最前面的国家之一。在主张个性自由的社会历史背景下，以“公共卫生”为导向的毒品政策在荷兰确立，其试图通过“容忍”和“宽松”的政策理念，来维持社会毒品问题的平衡。从20世纪70年代起，荷兰就对“软毒品”大麻采取了较为宽松的政策，允许持有执照的咖啡馆向成年人售卖小剂量大麻，本国人可在咖啡馆或私人住所吸食大麻，这就是荷兰特有的“咖啡馆模式”。荷兰此举并非鼓励或支持毒品合法，其主要目的在于将大麻与非法渠道隔离，从而减少人们接触“硬毒品”的机会。

“咖啡馆模式”遭到了欧洲邻国的不断抗议，但是其也取得了一定的效果。长期以来，荷兰一直是欧洲“瘾君子”最少的国家。大麻也为荷兰带来了收益，约占国民生产总值的2%。但荷兰以“咖啡馆模式”为核心的麻醉品管制政策仍然存在诸多问题，目前未能成为国际社会解决毒品问题的主流模式。

（一）荷兰毒品政策概述

荷兰政府在毒品戒治方面采取较为温和的态度，认为将吸毒者纳入监狱管控，并不能缓解毒品滥用的严峻形势。在这样的理念引领下，荷兰政府更多关注的是吸毒者作为病人需要救治的身份。荷兰采用的是治疗代替监禁，致力于戒毒人员的再社会化。[1] 荷兰政府自20世纪90年代开始，逐渐使成瘾治疗体系化，其治疗机构设置多样，包括荷兰政府的公共卫生服务中心、成瘾戒毒机构、精神病医院等，宗教组织或私人开设的诊所也接受戒治治疗。目前荷兰的戒治机构已初具规模。在荷兰，戒治的费用来自公立资助和以商业保险为主的私立救济两种，狱内戒治的费用则需要由荷兰政府部门承担。

荷兰采取以门诊戒毒为主的诊疗模式。戒毒门诊主要提供戒毒疗法、干预服务和戒毒社会化项目，戒治项目特色鲜明。一是“身心合一”，将心理戒治和身体戒治相结合。二是“知行合一”，将认知障碍恢复和实际机体障碍恢复相结合。三是“家庭社区相结合”的治疗方案。具体方案上，则有美沙酮维持治疗和海洛因处方治疗，这是荷兰门诊戒毒的官方项目。[2]

荷兰最具特色的禁毒政策是“咖啡馆模式”。该模式源于荷兰对麻醉品差异化的管制政策，可以上溯到20世纪70年代。自1976年起，荷兰政府就把毒品分类为“硬毒品”和“软毒品”。对海洛因、可卡因这些严重危害公众身体健康的“硬毒品”实行严厉打击。而像大麻这样不易上瘾、通过控制后对身体危害不大的所谓“软毒品”，则允许公开买卖。其政策核心是将大麻类“软毒品”和其他麻醉毒品“硬毒品”作区别处理的“咖啡馆模式”。但是荷兰政府在咖啡馆麻醉品供应销售行动中的管理缺失，使得该国的麻醉毒品管制一度陷入僵局。

国际社会针对麻醉品市场监管的主要方式是司法严惩体制，司法严惩体制的实施在实践中对麻醉品管制成效不大。同时，该体制也增加了国家各个部门的管理成本。在这样的国际背景下，荷兰政府推行了“咖啡馆模式”，为麻醉品的管制提供了新的策略方向。

(二)荷兰禁毒模式下的“咖啡馆模式”

荷兰将毒品分为“风险不可接受”的硬毒品和“风险可接受”的软毒品，一方面加大对硬毒品的打击力度，另一方面放开对软毒品的管制。

---

① 参见袁家韵：《荷兰毒品政策及对我国禁毒工作的启示》，中国人民公安大学硕士学位论文，2018年。

② 参见袁家韵：《荷兰毒品政策及对我国禁毒工作的启示》，中国人民公安大学硕士学位论文，2018年。

荷兰政府试图通过隔断软毒品与硬毒品之间的市场联系，限制青少年吸食硬毒品，减少吸食毒品的风险，该管制方式逐渐演变成为荷兰的“咖啡馆模式”。以大麻为例，荷兰政府允许吸毒人员购买一定数量的大麻，可在大麻咖啡馆或者是私人场所吸食。荷兰咖啡馆对出售大麻有严格的数量控制，每人每天出售不超过 5 克；而对于出售对象，也明确将 18 岁以下的未成年人排除在外。[①] 可见，大麻在荷兰法律中依然处于非常严格的管控之中。

1. 荷兰“咖啡馆模式”的推行

“咖啡馆模式”是从餐馆经营的体制演变而来的，是荷兰政府最具特色的毒品政策的代表。社会历史背景下，司法惩治体制下的禁毒战略的失效是荷兰采纳和推行“咖啡馆模式”的催化剂。荷兰政府设立了两个专门的麻醉品政策专家指导委员会，目的是讨论起草更为系统翔实的麻醉品管制法案，其最终结果为原则上同意毒品成瘾患者应该得到相应的救助和治疗，并不再将其视为司法严惩的目标对象。同时荷兰政府认为，毒品政策的核心在于减少毒品的危害。政府细化了毒品的软硬分类，根据不同的毒品分类制定了不同的管制策略，将大麻类毒品的新政策宽松化，严惩毒性危害大的硬毒品。设立大麻咖啡馆，并且在区域内密集设立多个咖啡馆，减少咖啡馆以外毒品交易的可能性。司法部门不再对大麻持有者进行司法起诉。以上举措保证了大麻制品的质量和剂量，降低了硬毒品的吸食率，使吸食大麻规范化。

2.“咖啡馆模式”的进一步完善

随着“咖啡馆模式”的推行，截至 80 年代末，咖啡馆已经成为荷兰大麻类毒品主要的销售渠道，大麻市场需求也逐渐增大。荷兰政府对此进行了针对性的管制，于 1991 年出台了一系列针对“咖啡馆模式”的管制措施，1995 年又颁布了《荷兰毒品政策》白皮书。同时，荷兰政府继续坚持以“减毒”为核心的原则，继续实施硬毒品和软毒品相区分的麻醉品管制政策。随着政策的推行，荷兰政府日益意识到对于庞大的“咖啡馆模式”进行强化管制的必要性，于是逐渐推行咖啡馆销售毒品的准入制度，严

---

① 参见马斯托禁毒政策研究中心：《荷兰禁毒政策的源起与流变》，2018 年 4 月 16 日，https://mp.weixin.qq.com/s/ih_9I5KTs9J8wwWI_LLEzA。

控市场准入。

3.“咖啡馆模式”存在的问题

“咖啡馆模式”的蓬勃发展也引起了诸多的弊端。一是由于获取大麻的途径合法化，导致大麻滥用率增高，大麻滥种植现象严重。二是引起了大麻旅游热，引发他国毒品问题。由于欧盟成员国居民间的跨国流动便利，咖啡馆凭借出售的大麻质量有保障，吸引了数百万的旅游者借机购买走私大麻。三是催生了咖啡馆背后利益链。大量经过走私的大麻通过咖啡馆合法出售。针对以上问题，荷兰政府也采取了措施。2011年5月，荷兰国家司法安全部制定加强境内咖啡店销售大麻类毒品管理的措施，其中就包括禁止向非荷裔公民出售软毒品。[①] 自2012年起，荷兰境内咖啡馆实行会员制，对大麻类毒品供应和销售对象进行了限制，其中部分咖啡馆因为不符合会员条件已被陆续停业。

(三)荷兰戒毒法治评析

荷兰的毒品政策在国际社会上独具特色，其“咖啡馆模式”也是近些年学界研究的重点。可以说，荷兰政府的公共卫生导向型毒品政策的理念和思路以及“咖啡馆模式”的应用为国际社会提供了新的方向，但其同时也存在着诸多的弊端。

1.荷兰的戒治理念和实施特色鲜明

荷兰政府在戒治理念上更加注重戒治人员的病人身份，因此在戒治政策上相对温和。戒治的机构较为健全，戒治的方案也较为合理。从实践来看，戒治机构可针对不同吸毒者的成瘾严重程度来采取不同的戒治方案，接受住院治疗的一般是严重成瘾患者。诊疗方法方案多样，其中海洛因处方疗法得到了荷兰市民的充分肯定。[②]

2.荷兰宽容的毒品政策整体而言达到了预设效果

欧洲毒品和成瘾监测中心的跟踪调查数据表明，1999～2015年间，荷兰整体的吸毒趋势有所下降，吸食大麻的人数整体下降，同时与毒品相关的刑事犯罪整体比例也有所下降。

---

① 参见马斯托禁毒政策研究中心：《荷兰禁毒政策的源起与流变》，2018年4月16日，https://mp.weixin.qq.com/s/ih_9I5KTs9J8wwWI_LLEzA。

② 参见袁家韵：《荷兰毒品政策及对我国禁毒工作的启示》，中国人民公安大学硕士学位论文，2018年。

3.毒品戒治的长效效果难以维持

这主要表现在毒品政策的宽松使思想放松的吸食者重蹈覆辙，很多患者接受戒治之后立即复吸，复吸率居高不下，戒治效果难以维持。

4.加重了周边国家毒品治理形势

由于毒品治理政策宽松，导致荷兰境内各种与毒品相关的行业丛生。荷兰毒品政策与周边国家的毒品政策不同步，使得毒品以荷兰为中心向周边国家辐射，引发了周边国家的毒品风险，也加重了周边国家毒品治理的难度。

5.“咖啡馆模式”弊端依然存在

荷兰以“咖啡馆模式”为核心的麻醉品管制政策仍然存在诸多问题，其中麻醉品市场并未有效监管，麻醉品旅游等政策弊端依旧突出。“咖啡馆模式”试图改变“司法惩治”为核心的禁毒战略，打破荷兰原有的温和宽容的毒品政策，但推行之后最终引起了大麻吸食者以及国际社会的强烈不满，反映出荷兰政府在制定毒品政策时，并未充分考虑到社会影响和效果。

毒品问题不仅仅是一个国家的内部问题，而是涉及世界范围的整个公共卫生、健康以及刑事犯罪的国际社会综合问题。一个国家的毒品政策应该具有全球观、全局观，同时也应该具有连续性和前瞻性，应根据国内外的实际情况，采取宽严相济的管控措施。

四、德国戒毒法治

德国对吸毒行为采取严厉的惩治态度，直至2000年后逐渐宽松。除了立法管控，德国重视毒品问题的预防和宣传教育，并通过各种大众媒体，有效开展涉毒教育宣传警示工作。德国通过立法确立了吸毒者可以自由选择去监狱或者是戒毒中心进行戒毒治疗的自愿戒毒模式。专业的戒毒机构有戒毒中心、康复治疗机构、戒毒治疗社区，治疗分为四阶段。戒毒机构遍及各州，戒毒技术专业，流程科学严谨，戒毒团队成员来自各行各业。德国的戒毒个案管理方案是戒毒工作的特色，个案管理是以患者个人需求为导向，与患者共同制定综合性的个性化的治疗方案，可为我国毒瘾戒治工作提供参考。

（一）德国控毒立法概述

德国于1920年12月制定了第一个《麻醉品法》，并于1924年3月进行了修改。1929年制定了《鸦片法》,1931年12月立法生效。1972年1月颁布了《麻醉品法》。1981年7月制定了新的《麻醉品法》,并于1982年1月生效,1984年9月进行了第一次修改,后于1986年8月进行了第二次修改,又于1987年1月再次进行了修改和完善。特别重要的刑罚规定体现在1994年颁布的《革新麻醉品法》中,该法扩大了业已存在的犯罪构成要件,加重了对严重麻醉品犯罪的处罚力度。由于1992年7月《与有组织犯罪斗争法》的颁布,德国对于以有组织形式出现的麻醉品犯罪的处罚进一步加重。德国理论界和司法界关于禁毒立法及措施,一直存在较大的争议,特别是对于禁毒刑事立法,争议尤其突出。①

德国对吸毒行为采取严厉的惩治态度。《德国刑法》规定:凡非法持有毒品,一律规定为犯罪,并处以刑罚,不问非法持有者的动机如何。凡吸食毒品者,酌情判处两年上下的徒刑;对吸毒成瘾人员则判处监狱服刑或者强制治疗中心强制治疗。2000年以后,德国对待吸毒行为的态度有所变化,对吸毒行为表现得更加宽容。②

除了立法管控,德国重视毒品问题的预防和宣传教育,利用各种大众媒体,广泛开展打击毒品的警示教育,并通过典型的案例,使人们充分认识到毒品的危害性,从而提高对毒品交易抵制的自觉性,使吸毒者逐渐地降低对毒品的需求和依赖性。③

(二)德国戒毒模式

在德国,应对毒品滥用的措施是多元化的,有戒毒治疗医院、康复治疗机构、戒毒治疗社区(TC),如锡南浓村的国际组织在德国就设有分支机构;当然,德国也设有政府在无奈之下认可的供吸毒者公开吸毒的吸毒者俱乐部。政府采取的戒毒措施主要是将吸毒成瘾者送到戒毒中心或康复治疗机构进行戒毒治疗。

德国的戒毒模式是自愿型矫治模式。吸毒者可选择入狱服刑或去戒毒中心戒治,两者必择其一,选择戒毒中心的吸毒者即可体验如下戒毒服务。

---

① 参见《德国的禁毒立法》,2019年3月17日,https://www.tsu.tw/edu/12941.html。

② 参见涂玉儿、费晖:《各国禁毒之法律规定》,《人民法院报》2012年6月29日。

③ 参见胡文锋:《我国戒毒康复矫治模式探析》,西南交通大学硕士学位论文,2014年。

1.建立戒毒中心用以提供免费戒毒治疗

德国联邦政府在全国各地已经设有1000多家咨询站,为帮助吸食大麻成瘾者研究方案,法律上吸毒者有得到援助的法律权利。① 德国的戒毒费用主要由政府保障,通常是由负责社会保障的机构,比如医疗保险基金、养老保险、社会救助机构、市政当局等提供资金保障。吸毒人员进入医院康复中心治疗,在保险公司批准后,由社会养老保险和社会医疗保险来支付费用。

2.建立高质量和个性化的戒毒治疗援助体系

戒毒治疗从前期的戒毒前咨询到中期的治疗过程以及后期的护理,形成规范统一精细的体系。其中,中期的治疗包括治疗方案的制定、保守疗法的标准、患者住院的治疗流程以及戒毒方案的调整和循环治疗方案。后期治疗包括门诊患者的复原、特殊的家庭护理、再就业项目、职业复原计划以及继续新的护理和自助组织。对于鸦片成瘾患者,除上述的疗法之外,还有以药物辅助为内容的门诊治疗体系作为补充。

3.戒毒治疗分步实施

德国的戒毒治疗可以分为三大阶段:一是接触和激励阶段。在此阶段,专业戒毒人员组成的团队和治疗者进行接触,在接触过程当中进行激励。接触和激励的场所是咨询中心、戒毒中心或者是戒毒医院。接触激励的时间一般持续2～6周不等。二是戒毒与康复阶段。这个阶段为治疗者控制毒瘾,克服戒毒的不良反应,并提供一段时间的康复治疗。戒毒与康复阶段的实施对象是门诊患者和住院患者。康复治疗通常是在专门诊所进行,或在精神病治疗医院的专门部门进行。治疗的时间一般需要至少6个月。三是继续治疗和后续照顾阶段。继续治疗和后续照顾通常是在调整阶段之后进行,目的是让患者走出医疗机构,融入工作和社会当中。德国非常重视通过工作和有偿雇佣来帮助毒品成瘾者重新融入社会,就业部门的专家和养老项目的提供者会支持他们。②

① 参见黄海华:《强制隔离戒毒运行模式在华东Z省的实践研究》,南昌大学硕士学位论文,2015年;姜波:《毒品在德国》,《人民公安》2007年第4期。

② 参见王玮、肇恒伟:《论国外戒毒模式对我国社区戒毒的借鉴》,《中国刑警学院学报》2012年第4期。

（三）德国戒毒法治评析

进入21世纪以来，德国戒毒立法管控较为温和宽松。德国的立法规定体现了其管控的方向，即在“治疗代替处罚”的口号下，对吸毒者只处罚两年以下自由刑，以重新回到有利于行为人康复治疗的方向上来。或者在长期治疗的情况下，完全放弃刑事追诉。[①] 2000年修改《麻醉品法》，允许各州建立毒品消费场所，在这里那些毒品成瘾者有机会获得非医生处方的毒品。可见，德国对于吸毒人员的措施是比较缓和的，其认为吸毒人员首先是受害者，其次才是可能应受惩罚者。

温和宽容的戒毒立法下戒毒效果不佳。按照《德国刑法》规定，吸毒者可选择入狱服刑或去戒毒中心戒治，两者必择其一。据数据统计，只有40%的吸毒者愿意去戒毒中心治疗，其余的宁可坐牢。而在戒毒中心治疗的吸毒者中有60%的人坚持不到两个月就回家了，只有40%的戒毒者能坚持两年半的治疗和劳动改造并加以反思，但彻底戒断、不再吸毒人数的比例只占所有戒治者的5%。可见，这种态度是否能够真正有效地缓解毒品问题对社会以及吸毒者本身的伤害，的确有待商榷。[②]

德国的戒毒个案管理方案是戒毒工作的特色，值得借鉴。个案管理是以患者个人需求为导向，与患者共同制定综合性的个性化的治疗方案[③]，对门诊患者实施相应护理，并和长期吸毒者保持联系，协调各种医疗和社会援助共同戒治。该项目由德国卫生部资助并与社会各部门合作，加强了地区合作和服务的网络化发展，其成果和经验已经被成功应用于实施和评估海洛因戒毒工作。

第三节　大洋洲戒毒法治

大洋洲戒毒法治的典型代表国家为新西兰和澳大利亚，其禁戒毒工作的共同特点是：禁毒法律比较完整，政府高度重视，法治化程度高，戒

---

① 参见德国《麻醉品法》第37条。

② 参见《德国的禁毒立法》，2019年3月17日，https://www.tsu.tw/edu/12941.html。

③ 参见周臻瑶：《“四位一体”戒毒模式下戒毒矫正官制度初探》，华东政法大学硕士学位论文，2015年。

毒由毒品法庭决定，社会化程度高。

一、大洋洲毒品政策概述

澳大利亚和新西兰两国对毒品禁绝的政策相似，目前两国的毒品政策都是根据毒品不同的种类、不同的用途、不同的领域实施不同的管控策略。

新西兰毒品主要是以海洛因为主，合成毒品逐渐上升，毒品成瘾人员有增多趋势。新西兰高度重视毒品治理。在法律方面，生产制造、供应使用的环节都有完善的法律法规；对贩毒行为进行严厉打击，最高刑期 25 年。但对吸毒行为采取"非罪化"的处理方式，对吸食大麻、可卡因等致瘾性毒品的行为，只要不危害社会、触犯法律，政府并不打击。当前，新西兰政府对吸食大麻合法性的规定发生了质的变化。2017 年 12 月，新西兰宣布有限医用大麻"合法化"，为患有"末期疾病或慢性疼痛"的人减轻痛苦。直至 2018 年年末，新西兰政府通过了《滥用药物(医用大麻)修正法》，该法允许绝症患者使用大麻，并允许当地的大麻公司生产医用大麻产品，促进医用大麻产业发展。此外，政府宣布在全国范围内举行一次关于个人使用大麻合法性的全面公民投票，该投票将作为 2020 年大选的一部分举行。

澳大利亚逐渐对大麻分地域、分领域有限制地放开。2016 年 10 月 14 日，澳大利亚政府推出了《麻醉药物法规》，允许就种植及生产医用或研究用大麻进行持证申请，让大麻种植和生产走向合法化。2017 年 2 月初，AusCann Group(ASX：AC8)公司获批政府首个大麻种植许可。同时，政府发表声明，将全力推动大麻的供给并放宽大麻进口相关的法规。澳大利亚维多利亚州药用大麻合法化提案获批，维州成为全澳第一个药用大麻合法化的州。自 2017 年起，维州已经生产、供应及销售药用大麻产品，患有严重癫痫病的儿童将成为该州第一批可使用大麻治疗疾病的患者。

澳大利亚和新西兰两国的戒毒方法有药物治疗(美沙酮、精神病药等)、心理辅导等。戒毒方式主要有：一是自愿性医疗戒毒。自愿性医疗戒毒是政府设立的，医院开设戒毒门诊与病房，吸毒者自愿前往进行美沙酮替代治疗以及精神康复，一般为两周时间，主要是缓解毒品对身体的伤害,费用纳入政府医疗保障体系。二是社区戒毒。如吸毒人员本人有意愿戒毒,在家人、社会支持下,可参加社区戒毒。社区戒毒组织有匿名戒毒协会等。三是强制戒毒。因为吸毒易引发交通事故和盗窃抢劫等违法行为,故法庭会结合违法犯罪案件事实裁定是否对行为人采取强制戒毒,一般强制戒毒期限为 1 年 6 个月至 3 年。

戒毒预防方面,新西兰开展从预防到拒毒全过程的教育。针对 13～18 岁青少年,每学期安排 25 课时进行卫生知识、辨认毒品和拒毒相关学习,每两周在大礼堂宣讲毒品相关知识,某些高校还设立专门的戒毒专业。在财政保障上,澳大利亚和新西兰两国戒毒经费均由政府拨款支付。在治疗方法上,两国的戒毒机构会邀请医生、心理咨询人员等对戒毒人员的需求进行全面评估,确定治疗方案,做到一人一方案,对部分难以戒断的人员,均开展了药物治疗,包括美沙酮和大曲酮维持治疗项目等。此外,新西兰的戒毒人员可选择专业医院接受心理治疗,亦可进入专业戒毒所接受行为矫治和心理治疗。在澳大利亚,为保证戒毒人员能自食其力,政府组织各种培训,使其可以得到一定的劳动报酬。澳大利亚新南威尔士州强制戒毒所的戒毒人员,大多是因与吸毒有关而被逮捕的人员,或者是因其他的犯罪行为而被逮捕的吸毒人员,还有少部分自愿戒毒人员。[①] 该强制戒毒所配备 4 名心理咨询医生,同时每天保证 6 名全职护士、专业医师在岗,当戒毒人员出现急性戒毒症状时,能得到及时有效的救治。

二、大洋洲戒毒法治评析

大洋洲在针对吸毒者戒治的过程中逐渐形成的毒品法庭制度、分级分阶分工管理模式以及注重个体的人文关怀的理念都是值得借鉴的特色之处。

(一)建立毒品法庭引入转介项目以利戒治康复

独立法庭是澳大利亚治理吸毒问题的特色做法之一。建立毒品法庭的目标是通过降低被告人对毒品的依赖,促进毒品依赖者回归社区,

---

① 参见陈兴友、王洪儒:《澳大利亚减少毒品危害情况的考察》,《中国药物依赖性杂志》2005 年第 4 期。

成为守法公民，由此减少因吸毒引发的犯罪[1]，维护社会治安。1992年，澳大利亚设立了毒品法庭，行使地方和区域法院司法管辖权，符合所列条件的被告人将从其他的法庭移送过来，进入该项目后，就意味着开始了戒毒和评估的羁押候审阶段。评估工作之后，被告人认罪，然后获得缓刑、判决。澳大利亚对暴力型或者是因为吸毒引发的交通事故、盗窃和抢劫等违法行为，由法院在诉讼审理中裁定判刑并强制戒毒。强制戒毒期限为1年6个月至3年。澳大利亚对吸毒及其引发的犯罪，主要贯彻以治疗手段为主的治理思想，认为刑罚作用对吸毒者有限，所以设立了一系列的司法转处制度。

除了毒品法庭之外，法官早期转介项目发挥着较为积极的作用。转介项目是地方法院针对使用毒品的被告人设置的庭前答辩前防范项目，主要目的是通过对被告人的治疗，打破因毒品引发犯罪的恶性循环，是被告人庭审答辩前的程序，不取决于被告人是否认罪或者最终是否被定罪。[2] 转介项目与毒品法庭处置的对象不同，前者不论被告人是否确定有罪，后者针对的则是确定有罪的吸毒人员，新南威尔士州有近一半的地方法院开展转介项目，88%的相关被告人有参加转介项目的机会。2000年以来，该州还运作了青少年毒品和酒精法庭，这些法庭在少年法庭的控制下发挥作用，通过提供保护、保健和教育等措施，预防青少年的再次犯罪。

（二）实行分级管理模式分段分工细化

澳大利亚新南威尔士州强制戒毒所的分级管理模式为轻度戒备监狱模式和强制戒毒所中度戒备模式。

1. 轻度戒备监狱模式

轻度戒备监狱戒毒项目为期6～8个月，管理分三级。其最大的待遇区别是戒毒人员根据不同的级别，可以在监狱内和监狱周围社区活动。

该模式第一阶段目标：培养自我管理能力，做到诚实不说谎，时间为2个月左右。教育内容主要有认字、网上教育、职业技术培训，每周参加社区会议，互相交流相关问题，表现好的戒毒人员可以获得奖励。同时，

---

① 参见金莲：《澳大利亚毒品法庭研究》，《云南警官学院学报》2015年第2期。

② 参见金莲：《澳大利亚毒品法庭研究》，《云南警官学院学报》2015年第2期。

定期开展心理咨询，可以预约指定的医生、心理咨询师、社会志愿者、法官等会见交谈。

该模式第二阶段目标：自我反省，达到认知改变和人性重塑目标，时间为3个月左右。主要内容为撰写个人吸毒史、戒毒体验，并组织每周的交流、反思，其他项目同第一阶段。

该模式第三阶段目标：回归社会，参加社区活动，每周回监狱报到、尿检，在社区执行余下的刑期。

2. 强制戒毒所中度戒备模式

监狱服刑与社区戒毒相结合模式，时间为3年以内，人员的进出由毒品法庭决定，须经司法部、卫生部的鉴定。戒毒模式为三个阶段、三个区域，每个戒毒人员都有法医、心理医生、专业人员，每周沟通、见面，每两周与法官沟通，刑期在3年以内不劳动。

（三）人文关怀的管理理念注重个体需求

澳大利亚和新西兰两国政府认为吸毒成瘾是一种脑病，吸毒成瘾人员和其他病人一样需要治疗和人道主义关怀，注重对戒毒人员自身成长的引导和戒毒医院的培养。两国工作人员对戒毒人员强调的是："我不告诉你该怎么做，而更关心你需要寻得怎样的帮助。"澳大利亚新南威尔士州强制戒毒所在硬件设施上，也充分考虑到戒毒者的个人喜好。如在第一区域，戒毒者配有15平方米的单人间，除了一张单人床、一张书桌标配外，体现戒毒者个人兴趣爱好的物品如吉他、海报、电脑等都可以带入使用，所里还设有影音制作室、健身房、游戏室，充分考虑了戒毒者的个人需求。

第四节　"金三角""银三角""金新月"地区戒毒法治

"金三角""银三角""金新月"并称为世界三大毒品原产地，这里的毒品种植、加工和提纯成批量、成规模，产量之大令世界震惊。三个地区虽有政府制定相应的禁毒戒毒政策的干预，但是由于各方利益的驱动、制毒基地的隐蔽、制毒技艺高超，各种类的毒品管控效果非常有限。

一、“金三角”戒毒法治

“金三角”位于东南亚缅甸、老挝和泰国三国边境地区的“三不管”地带。该地区丛林密布、道路崎岖，聚居着泰、缅、老等各国的少数民族。由于与外界联系不多，这里生产方式落后、民风剽悍。“金三角”地区是世界闻名的毒品发源地，面积大概在20万平方公里，海拔为1500～3000米，土壤肥沃，雨量充足。该地区非常适合罂粟生长。近年来，该地区合成毒品的产量呈现出逐渐上升的趋势。

（一）缅甸戒毒法治

缅甸是继阿富汗之后世界第二大鸦片生产国，是“金三角”地区罂粟种植最多的国家，并且该国通过种植罂粟来获取暴利已经有100多年的历史。该国大多数鸦片种植在撣邦和克钦邦山区。这些地区将鸦片作为常规的商品作物，并且罂粟在当地人心中的地位非常高，并不逊色于粮食。在20世纪90年代，苯丙胺类毒品出现在泰国，之后便迅速扩散到缅甸及邻国。

缅甸毒品交易的特点是各利益方相互勾结。外籍毒贩以及国内武装团体在毒品交易中相互勾结，造成这种局面的主要原因就是缅甸的法律制度不完善，政局不稳定，以及缅军自保为上的治军原则。同时，该国政府也默许各种民兵组织参与到毒品交易中来，政府也会在其中获得利益，不再致力于解决民族和政治冲突来构建和谐的社会环境，甚至很多高官都参与到毒品生意中，和毒枭一起从中获取暴利。

1963年6月29日，缅甸成为联合国《麻醉品单一公约》的正式成员国。1974年，缅甸通过了《麻醉药品及危险药物控制法》，1975年成立药品中央控制委员会。① 1993年1月27日，缅甸通过了《麻醉药品和精神药物控制法》，对禁毒法律进行了修改和完善，是当前该国禁毒法的主体。2006年，缅甸罂粟的种植面积在1996年大幅下降之后再次出现了上升的趋势。2010年，生产鸦片的农户平均54%的收入源于鸦片，有60%的农民表示种植罂粟是为了维持生存。

---

① 参见王娇、普艳梅：《缅甸禁毒执法现状及国际合作（编译）》，《云南警官学院学报》2011年第1期。

就缅甸的毒品现状，缅甸采取了以下一些策略来实现对毒品的控制。第一，寻求其他谋生渠道。缅甸的禁毒改革工作重点为帮助鸦片生产者寻找其他合法谋生渠道，并为吸毒者提供相应的服务。第二，管控军方参毒。为了能够达到可持续和平的发展目标，政府结束了民兵组织计划。一旦这些缅甸军队参与到毒品生产中会严重影响和平的进程，造成更多的冲突。第三，立法约束毒品使用。政府还制定了合法使用毒品的法律，进而实现对涉毒者的惩罚。第四，积极制定禁毒政策。政府开展对吸毒趋势和模式等方面的调查，从而制定出更加适合当今社会的禁毒政策。

(二)泰国戒毒法治

泰国是“金三角”中非常重要的一个国家。据联合国毒品与犯罪办公室估计，泰国每年消耗海洛因达0.5～1吨。泰国是一个比较重要的海洛因中转站，来自缅甸、巴基斯坦的海洛因或者安非他命都会通过泰国运往东南亚不同的国家。泰国加入了联合国《麻醉品单一公约》《精神药物公约》和《禁止非法贩运麻醉药品和精神药物公约》。泰国先后颁发了《精神药物法案》及修正案、《麻醉药品控制法案》及修正案、《麻醉药品法案》及修正案、《麻醉药品相关犯罪遏制法案》等法律条文，构建了非常严密的法律禁毒体系。《麻醉药品法案》及修正案将麻醉药品分为五个级别，并实施分级管理。[①] 任何人生产、出口或进口第一级麻醉药品，如海洛因等将会被判处终身监禁。根据《麻醉药品相关犯罪遏制法案》，泰国还建立了麻醉药品控制基金，用于麻醉药品的控制工作。

(三)老挝戒毒法治

老挝位于中南半岛北部，是东南亚唯一的内陆国家，毗邻中国、缅甸、越南、泰国和菲律宾。在老挝宣布废除君主制之前的1972年，就已经禁止种植罂粟。老挝还加入了《1998年禁止非法贩运麻醉药品和精神药物公约》。[②] 1999年，老挝政府和联合国毒品与犯罪办公室联合启动了“平衡消除鸦片计划”，希望通过替代种植、减少需求、加强监管等方法来

---

① 参见靳澜涛：《毒品概念界定的立法模式比较与选择》，《甘肃理论学刊》2017年第3期。

② 参见黄太云：《谈对国际犯罪的普遍管辖权》，《法学杂志》1990年第4期。

有效地减少鸦片生产与毒品滥用。随着国际合作以及替代种植策略的开展，老挝的罂粟种植面积在1998～2005年期间减少了93%。2006年2月，老挝政府宣布结束了该国200年的罂粟种植历史。1990年，老挝颁布刑法，经过2001年和2005年的两次修改，对毒品相关的犯罪行为进行了明确的规定，情节不同，刑罚轻重不同。

（四）越南戒毒法治

越南在20世纪90年代就强调，毒品犯罪活动危害社会安定，败坏传统道德，毁灭家庭幸福，遗祸子孙后代，关乎民族存亡，要求各级党组织必须把禁毒作为一项经常性的任务，采取特殊措施，制止青少年吸毒贩毒，彻底铲除毒品种植，大力缉查毒品的生产、买卖、运输和使用。越南政府成立了由一名副总理牵头的国家禁毒委员会，协调和指导各项禁毒措施的落实。

第一，改变种植罂粟的经济结构。越南部分边远偏僻的山区少数民族历史上素有种植罂粟、大麻的陋习。各级政府为从源头把控、制止毒品种植，制定计划帮助当地居民改变原有的经济结构和种植品种。1992～1997年间，北部安沛省已铲除罂粟累计2500多公顷，并将这些土地改为种植玉米、水稻、果树和药材等经济作物。

第二，政府加强边境禁戒毒协作。越南政府外部与他国合作，内部公安、边防、海关等协同作战，成果斐然，破获了多起跨国贩毒大案，摧毁了一些跨国贩毒的秘密通道，缴获大量海洛因、鸦片。①

第三，越南政府为严惩毒犯，立法上逐渐完善禁戒毒立法体系。1997年5月，越南国会修改的刑法中，确定了包括种植毒品作物，非法生产、储存、运输、买卖和使用毒品，强制或引诱他人非法使用毒品等13项毒品犯罪行为，并且加重了对毒品犯罪的量刑。凡涉及1000克鸦片或100克海洛因或可卡因的毒品犯罪即可判处死刑。② 1997年，越南法庭根据新的刑法，对25名毒品犯罪首恶分子判处死刑，对19名毒犯判处无期徒刑。

第四，越南政府注重吸毒者的戒治工作的开展。一方面，政府大力

① 参见《阻击毒品的世界之战》，《法律与生活》2014年第14期。

② 参见李江：《论国际贩毒集团对国家安全的挑战》，武汉大学硕士学位论文，2005年。

加强关于戒毒的宣传教育。根据越南党和政府的部署，社会各界包括群众组织、工厂、学校尤其是大众传媒都必须经常性地进行禁毒、戒毒的宣传教育工作，宣传毒品对家庭、社会和个人的严重危害，提升大众认知和防范意识。将禁毒防毒教育贯穿于学校教育之中，教育部门计划早日将禁毒防毒的相关内容融入大中小学和幼儿园的基本课程。另一方面，政府建立戒毒机构戒治毒瘾。据统计，越南已建立了50多个戒毒中心，同时提倡家庭和社区联合，同步加强对吸毒者的管理、教育和监督。[①]

除了"金三角"各个国家国内的禁毒立法外，加强国际合作来遏制毒品在"金三角"及周边国家的流动也非常重要。为此，各个国家均签订了一系列的国际合作协议，并且积极地召开一些和国际联合禁毒相关的国际禁毒会议，从而有效地增加国际合作，共同打击毒品犯罪，为净化国家环境作出贡献。

二、"银三角"戒毒法治

"银三角"是与"金三角"相似的一片地区，不同的是"银三角"位于拉丁美洲，处于秘鲁、哥伦比亚和玻利维亚的夹缝当中。与"金三角"和"金新月"盛产海洛因有所不同的是，这里的主要产品以可卡因和大麻为主，也是美国毒品市场的主要供应商。"银三角"涉及的几个毒品生产国中以哥伦比亚贩毒最为猖獗。

（一）哥伦比亚戒毒法治

从20世纪70年代开始，哥伦比亚的各大武装组织与政府军之间的冲突越来越激烈，这些非法武装组织的存在为大规模毒品的生产、加工提供了组织上的基础。20世纪末，哥伦比亚在立法方面开始制裁毒品，成立相应的法律体系。这标志着其从原来的凌乱局面转变为对毒品交易的全面制裁，包括制造、贩卖、运输以及消费。在过去的十几年时间里，哥伦比亚的毒品法律进行了改革，体现了两种完全不同的价值观念，立法机构主张消费毒品依然入刑，但是宪法等法律却坚持对其去犯罪化。现阶段，哥伦比亚和毒品相关的法律是1986年颁布的30号法案。该法案规定禁止消费毒品。2009年7月，哥伦比亚高等法院维护了1994

① 参见李江：《论国际贩毒集团对国家安全的挑战》，武汉大学硕士学位论文，2005年。

年宪法法院的判决规定，认为个人持有仅为个人使用的毒品不属于犯罪行为。随后哥伦比亚政府出台并通过了宪法修订案，禁止麻醉及精神药品的持有或者使用，除非是药物处方用途。2011 年 6 月，政府通过了法案(1453)，也被称为《公民安全法》。2012 年 6 月，哥伦比亚众议院通过了法案(1566)。该法案进一步对毒品问题的实质进行了阐述，认为毒品问题其实就是危害公共健康的问题。

近几十年来，哥伦比亚的毒品贸易日益猖獗，安全局势逐渐恶化，走私毒品为游击队和非法私人武装等所利用，是其重要的经济来源。游击队和非法私人武装控制着哥伦比亚大量的领土，借助涉毒活动所带来的巨额资金，力量不断扩张。同时其通过购买很多新的土地来洗钱，成为融入和改变社会经济的动力，对哥伦比亚的安全局势造成了非常严峻的考验，使得政府和哥伦比亚革命武装力量不得不停止武装冲突，进行协商。

在监督机制方面，到目前为止，缴获毒资的分配与使用一直在参与这些资源分配的政治集团中内部消化，其中主要由保守势力财务暗箱操作来完成。这就导致了分配过程中涉及的政府贪污官员以及贩毒分子之间形成了相互勾结的现象。因此，建立完善的公民社会参与的监督机制，健全国家主导的毒品管理模式是哥伦比亚甚至是整个拉美地区都需要解决的重大问题。

哥伦比亚在毒品管理上的缺陷直接表现在：首先，哥伦比亚政府并没有制定直接打击毒品犯罪的新政策。在实际的操作层面还是通过迫使农民根除非法毒品作物，来达到换取政府所承诺的替代方案的优惠条件。其次，哥伦比亚政府的禁毒行为并没有充分考虑到该地区的复杂情况，仅仅将政策的重点放在了非法的古柯贸易打击上。再次，乡村地区内部的体制性孱弱以及外部频发的武装暴力冲突为非法贸易创造了条件。最后，现有的毒品状况背后体现的是为贩毒者提供庇护的游击队的利益。

哥伦比亚的毒品贸易系统链条非常完善，包括从毒品的加工、国内的运输到出口至中转站或者消费市场的各个阶段。犯罪集团为了能够满足他们对原料的需求，未来可能调整他们的供应链，秘鲁和玻利维亚或许会成为新的原料供给地。

（二）阿根廷戒毒法治

在当今的国际毒品市场中，阿根廷是可卡因贩运过程中重要的中转站。近几十年来，阿根廷国内的毒品消费也呈现出增长的趋势。现阶段阿根廷的禁毒法律改革已经取得了一定的成效，呈现出“去犯罪化”的趋势。1924 年，阿根廷在法案（11309）中第一次提到麻醉品以及生物碱的概念，并对相应的违法行为按照法律规定作出制裁。1968 年，在法案（17517）中第一次引入麻醉药品的概念，并对不同的涉毒行为作出了明确的规定和区分。自 20 世纪 70 年代开始，阿根廷逐渐加大了对毒品的管控力度。1973 年的法案（20509）使得当时阿根廷对毒品的管控立法比较严苛，禁毒形势良好。

阿根廷现行的禁毒法律是 1989 年颁布的法案（23737）。该法案在原来的立法基础上加重了对毒品走私犯罪的刑罚，并对一些毒品犯罪行为的刑罚标准作出了明确的规定。2009 年，阿根廷最高法院举行听证，作出了广为人知的“阿瑞拉决定”，随后关于个人使用毒品的去犯罪化议案在 2010 年被正式提交。通过阿根廷在毒品方面的立法能够发现，阿根廷的最高法院所生成的判例法与国家毒品刑事立法存在着严重的不一致性，有关于毒品持有的去犯罪化发展将会是一种必要的选择。

三、“金新月”戒毒法治

“新月”一直是伊斯兰教的标志性图案，而“金新月”也恰好是位于一群伊斯兰国家夹缝中的地区。在伊朗、阿富汗和巴基斯坦的交界处有一片形似新月的狭长地带，因为盛产鸦片而为世人瞩目，这就是著名的“金新月”。因为人烟稀少、交通不便，这里与外界长期处于半隔离的状态，但是该地区气候干燥、环境适宜，特别适合鸦片种植。随着大批先进设备的入驻，“金新月”虽然表面上是国际毒品市场的后来者，然而却“一鸣惊人”，大有与“金三角”分庭抗礼之势。

（一）阿富汗戒毒法治

阿富汗是“金新月”地区最主要的鸦片制剂生产国，也是世界上最大的海洛因生产源。阿富汗加入了联合国《麻醉品单一公约》《精神药物公约》和《禁止非法贩运麻醉药品和精神药物公约》。① 2005 年，阿富汗通过了《反麻醉药品法》。该法案从麻醉药品分级、授权、毒品交易罪及刑罚等几个方面构建了一个预防毒品生产、交易的完整法律框架。该法案将麻醉药品分为四级，并且为了更好地对毒品进行管制，阿富汗政府成立了由 5 个人组成的毒品管制委员会。麻醉药品的种植、生产、交易和使用是需要经过严格授权的，并且任何人未经授权不得建造、管理或者服务于生产加工毒品的实验室。阿富汗的反麻醉药品部是禁毒工作的主要部门，但是现实中阿富汗反麻醉药品部掌控资源和执行能力是非常有限的。

（二）伊朗戒毒法治

在伊朗，吸毒问题是长期存在的社会问题。1920 年，政府才采取限制罂粟种植的措施，非鸦片贸易得到了快速的发展。1955 年，伊朗颁布了关于罂粟种植和鸦片吸食的法律。

伊朗伊斯兰共和国成立于 1979 年，东部是阿富汗和巴基斯坦，长约 1900 公里的边境线给该国的禁毒工作带来了巨大的挑战。1988 年，伊朗通过了《反麻醉品法》并于次年生效。同时，该法案设置了一个禁毒的主管机构——毒品控制指挥部，对多种毒品犯罪的内容和刑罚作出了规定，并且在改革派总统哈塔米上任之后对该法案进行了重新的修正，详细地规定了各种不同贩毒行为所受到的刑罚。

毒品给伊朗带来的影响是巨大的，主要表现在以下几个方面：首先，毒品问题造成了重罪和安全隐患的增加。在很多国家，毒品走私被视为非常严重的刑事犯罪。随着共和国革命的胜利，伊朗地区的社会结构发生了很多的变化，毒品走私刑事犯罪时有发生，毒品问题引发的重罪和安全隐患也随之增加。其次，毒品问题造成了对经济产业结构的破坏。毒品走私比其他的犯罪活动更加暴力，非法的毒品贩运商业非常兴旺，从生产地到消费地，毒品价格的差异能够高达 1500%，比军火贸易还要赚钱，因而其严重破坏了该国原有的经济结构。再次，边境线过长导致了边境控制成本的增加。伊朗和阿富汗、巴基斯坦长约 1900 公里的边境

① 参见周立民等：《中亚独联体国家毒品滥用现状》，《中国药物滥用防治杂志》2015 年第 1 期。

线以及伊朗海上边境都受到了毒贩的威胁和侵入，为了能够有效地控制毒品的输入，伊朗只能靠扩大支出来实现对边境的控制。另外，国内外反对派的活动频繁发生。在伊朗国内，很多臭名远播的毒贩开始有自己的政治诉求，试图争取他们的行动在国内外合法化。最后，毒品贩卖问题造成了内部事件国际化。很多地方性事件能够对全球的国际社会造成非常严重的影响，事件的国际化态势难以控制。毒品贩卖问题就是如此，很多国家开始对伊朗进行抵制。

2010 年，伊朗再次修改《反麻醉品法》，并于 2011 年 1 月生效。该法案规定持有或者交易毒品超过 30 克就会被判处死刑，一共设置了 17 项毒品犯罪的死刑。2011 年 3 月，伊朗政府和联合国毒品与犯罪办公室联合启动了新的国家计划，以有效地增强伊朗在禁毒方面的能力，并且取得了一定的成效。

有研究者建议，要实现对伊朗南部毒品走私的控制，第一要做到精准地侦查毒品贩卖路径，第二要加强边境控制，第三要阻止走私货物在伊朗南部售出。文化共性可以促进波斯湾沿岸国家更好地实现合作，进而有效地抵制毒品泛滥活动。毒品的走私给国家带来的消极影响是巨大的，毒品走私不仅会引起边境的封锁，同时还会引发战争以及边境巡逻成本的增加，导致国际交流困难。结合以上事实，打击毒品犯罪，伊朗要从以下两个方面严抓：第一，要对国内的毒品交易和使用进行严厉的打击；第二，打击向国外运送毒品的毒贩。

（三）巴基斯坦戒毒法治

巴基斯坦位于阿富汗的东南方，长约 2400 公里的边境线为毒品走私创造了极大的方便。巴基斯坦在 1965 年加入了《1961 年麻醉药品单边公约》，随后还加入了《精神药物公约》和《禁止非法贩运麻醉药品和精神药物公约》。巴基斯坦的《海关法》对走私毒品的刑罚进行了明确的规定。[①] 法律规定除非用于医疗、科研或者产业用途之外，未得到政府许可不得种植大麻、古柯、罂粟。政府可以设立一定数量的特别法庭来审核毒品犯罪问题，符合条件的政府官员也可以在没有授权的情况下对涉毒

---

① 参见杜晓：《跨国贩毒现三大新特点　需强化国际打击力度》，《法制日报》2011 年 7 月 6 日。

者进行拘留、搜查。此外,巴基斯坦的禁毒工作主要是内政部和麻醉药品控制委员会共同负责的。为了能够更好地解决日益复杂的毒品问题,1989 年巴基斯坦在内政部下设麻醉药品控制局,用来专门处理毒品问题。1997 年,巴基斯坦通过了《反麻醉药品行动组法案》,将麻醉品控制委员会以及反麻醉药品任务行动组合二为一,成为该国最有力量、最重要的禁毒执行力量。

各个国家和地区根据不同种类毒品的成瘾性、滥用性和社会危害性的不同,已设置了不同的行政、刑事处遇①,同时也在探寻不同的戒毒方案用以科学戒治毒瘾。当前,国际毒情有了新发展和新特点,这给各个国家和地区提出了新的要求和挑战。各国唯有认真审视自身的戒毒法治现状及其多维成因,逐渐形成科学的戒毒法治理念,全面完善戒毒法治建设,使戒毒法治步入良性轨道,才能真正发挥其禁毒控毒的预期作用。

---

① 参见靳澜涛:《〈禁毒法〉修订背景下强制隔离戒毒制度的完善(下)——基于境外戒毒立法经验的考量与借鉴》,《中国药物滥用防治杂志》2017 年第 4 期。

第四章　戒毒法律规范

当前，全球范围内毒品持续泛滥，对经济社会发展的危害日趋严重，毒品治理已成为一个世界难题。法是维护经济和社会秩序的工具，也必然是治理毒品问题的根本性、实效性、长远性手段。我国戒毒工作发展史上所经历的一系列重大变革，无一不与戒毒工作领域法律规范的颁布、修订、完善相伴而生。随着我国法治建设的不断进步，戒毒工作立法进程明显加快，推动了从有法可依到良法善治的转变，既为建立完善戒毒工作体制机制提供了明确的法律依据，也为实现毒品问题治理法治化铺平了道路。在近年来的戒毒执法管理实践中，我国现有戒毒法律规范的统领、支撑和保障性作用优势得以充分发挥，进步意义明显，但也还存在一些规则制度设计方面的短板和不足，有必要从整体上进行全方位的审视分析，有针对性地提出修订完善的合理化建议。

第一节　《禁毒法》

《禁毒法》于 2007 年 12 月 29 日经十届全国人大常委会第三十一次会议审议通过并颁布，这是在当时世界范围内毒品日益泛滥、我国毒品违法犯罪形势严峻、国内毒情呈加速蔓延趋势的情况下，国家首次以法律形式全面规范禁毒和戒毒工作，意义重大而深远。

一、《禁毒法》出台的历史由来

《禁毒法》全面总结了我国多年来禁毒斗争的实践经验，认真吸收了国内外已有法律规定，广泛听取了社会各方面的意见，确立了社区戒毒、自愿戒毒、强制隔离戒毒、社区康复“四位一体”的戒毒体系，是指导我国禁毒和戒毒工作的基本法。它的颁布实施，充分彰显了中国政府恪尽国际责任、积极推进全球毒品问题治理的坚定决心，完善了中国预防和惩治毒品违法犯罪的法律体系，对于依法全面推进我国禁毒戒毒事业具有重要的里程碑意义。

纵观新中国成立后禁毒戒毒工作近70年的发展历程，我国戒毒法律是随着国内毒品形势和禁毒斗争实践的起伏跌宕而递次发展起来的，大体可以分为以下四个阶段：

第一阶段：新中国成立伊始至20世纪70年代末。1950年2月，针对近代以来中华民族深受鸦片毒害、旧中国吸食鸦片者众多、国人被蔑称为“东亚病夫”的惨痛状况，中央人民政府政务院发布《关于严禁鸦片烟毒的通令》，规定贩运、制造和售卖、吸食鸦片烟土的，均从严治罪。我国开展了声势浩大的禁烟运动，短短3年时间，就禁绝了为患百余年的鸦片烟毒，创造了世界禁毒史上的奇迹。20世纪50～70年代，我国以“无毒国”享誉世界近30年。

第二阶段：1978～1998年。随着我国国门的打开和商品经济的发展，受国际上毒品泛滥问题的严重影响，外国的一些制毒贩毒团伙盯上了我国，从南方部分靠近世界闻名的制毒贩毒地域“金三角”的省份开始，毒品逐渐向内地渗透并蔓延开来。1990年12月，中央政治局常委会专题研究禁毒工作，全国人大常委会颁布了《关于禁毒的决定》，我国禁毒工作开始走上有法可依的道路。决定颁布后，中共中央、国务院于1991年2月印发了关于加强禁毒工作的五号文件，对全社会各方面切实做好禁毒工作、最大限度地消除毒品危害提出明确要求。国务院成立全国禁毒工作领导小组，对外称“国家禁毒委员会”，并于1991年6月召开了第一次全国禁毒工作会议，部署在全国范围内深入开展禁毒斗争，努力为经济建设和改革开放顺利进行创造安全稳定的环境。

第三阶段：1998～2007年。1998年5月，新中国成立以来最大规模的一次“珍爱生命，拒绝毒品”主题展览在北京的中国军事博物馆举行。当时，全世界每年约有10万人死于吸毒，有近1000万人因吸毒而丧失了劳动能力。尽管毒品危害巨大，但国际上毒品贸易居高不下，仅次于军火贸易，高于钢铁和汽车的贸易额。在我国，1997年毒品问题专项斗争中登记吸毒人员54万人,80%为青少年,实际吸毒人数远远超过这个数字。中共中央政治局时任七位常委出席观看全国禁毒展览,面对越来越严峻的毒品泛滥形势,全国上下震惊之余,禁毒工作摆上了党和国家更为重要的议事日程,这极大地推动了我国禁毒工作进程。1998年,国务院批准在公安部成立了禁毒局,新一届国家禁毒委员会于1999年组建成立,当年8月在包头召开了第三次全国禁毒工作会议。2000年,国务院发表了《中国的禁毒》白皮书,我国禁毒工作在社会主义市场经济条件下进入一个新阶段。

第四阶段:2008年至今。经过多年深入扎实地开展禁毒人民战争,我国禁毒战略实施取得了明显的阶段性成效。但是,由于国际、国内、地缘以及历史、政治、经济等诸多复杂原因,我国毒品问题发展蔓延的总体趋势尚未得到根本扭转,毒品违法犯罪活动仍日趋严重,禁毒工作面临的形势十分严峻。在此情况下,2007年12月,全国人大常委会审议通过《禁毒法》,为在新形势下全面加强禁毒戒毒工作"一体化"建设提供了有力的法律保障,标志着我国禁毒戒毒工作被依法纳入经济社会协调发展的大局,进入全面发展的新历史阶段。

二、戒毒法律规定的发展轨迹

经过以上四个阶段的发展,我国的戒毒工作日益紧密地融入禁毒工作全局,成为禁毒工作链条中不可或缺的重要一环,法律规范逐步明确完善,形成了独具特色的戒毒工作框架体系。从戒毒工作发展的历史脉络里,我们可以清晰地看到多个戒毒法律渊源蕴含其中的逻辑和轨迹。

(一)公安强制戒毒

1995年1月,国务院颁布《强制戒毒办法》,规定对吸食、注射毒品成瘾人员,在一定时期内通过行政措施对其强制进行药物治疗、心理治疗和法制教育、道德教育,使其戒除毒瘾。强制戒毒工作由公安机关主管,强制戒毒所的设置由省、自治区、直辖市人民政府根据本行政区域内实施强制戒毒实际需要统一规划,由县级以上人民政府公安机关提出方案,报同级人民政府批准。对需要送入强制戒毒所的吸食、注射毒品的成瘾人员(以下简称"戒毒人员")实施强制戒毒,由县级人民政府公安机关决定。强制戒毒期限为3～6个月,自入所之日起计算。对强制戒毒期满仍未戒除毒瘾的戒毒人员，强制戒毒所可以提出意见，报原作出决定的公安机关批准，延长强制戒毒期限，但实际执行的强制戒毒期限连续计算不超过1年。

2000年4月，公安部颁布《强制戒毒所管理办法》，进一步将强制戒毒工作纳入法制化、规范化轨道。该办法规定，强制戒毒所应当坚持戒毒治疗与教育相结合的方针，遵循依法、严格、科学、文明管理的原则，达到管理规范化、治疗医院化、教育学校化、康复劳动化、环境园林化。该办法共分为7章，其规范的对象涵盖了戒毒所的设置和管理体制以及戒毒人员从入所到出所管理、教育、医疗、康复、生活卫生等各个环节，戒毒工作由此开始奠定法治化运行的基础。强制戒毒所是公安机关的组成部分，受各省、市、自治区公安机关领导和管辖。这是当时戒毒工作管理体制的一个显著特点。

(二)劳动教养戒毒

这是指通过劳动教养方式，帮助经过强制戒毒后又吸食、注射毒品的吸毒人员戒除毒瘾。关于这种戒毒方式的法律规定可以追溯到1990年全国人大常委会《关于禁毒的决定》。这部法律赋予了劳动教养工作收容、矫治戒毒劳动教养人员的历史职责，其中规定，吸食、注射毒品成瘾的，除依照前款规定处罚外，予以强制戒除，进行治疗、教育；强制戒毒后又吸食、注射毒品的，可以实行劳动教养，并在劳动教养中强制戒除，明确了劳教戒毒适用的对象。1999年，司法部颁布《劳动教养戒毒工作管理办法(试行)》。经过几年的探索实践，结合劳动教养戒毒工作实际，根据戒毒劳动教养人员的生理和心理特点，总结全国管理矫治戒毒劳动教养人员的实践经验，借鉴国内外戒毒医疗工作的有益经验，2003年6月，司法部又制定印发《劳动教养戒毒工作规定》。这部法律规章共分为总则、管理、治疗、教育、附则5章，从对戒毒劳动教养人员的管理、治疗、教育等方面，全面系统地规范了劳动教养戒毒工作，有力地推动了劳动教养戒毒工作的法治化建设，对全国劳动教养机关充分发挥自身职能优势，进一步做好对戒毒劳动教养人员的教育挽救工作具有重要的指导意义。

三、戒毒法律规定中值得商榷的问题

现在，我们穿越历史来认真审视原强制戒毒工作管理体制和机制运行的整个过程，不难发现其在功能定位等方面存在的不足和短板。

（一）关于强制戒毒模式中对戒毒期限的设置，法律规定不够科学严密

国务院《强制戒毒办法》第6条规定，强制戒毒的期限为3～6个月，特殊情况下延期的，实际执行强制戒毒期限连续计算不得超过1年。而在实际工作中，所谓的“特殊情况下延期执行1年”基本上未采用，强制戒毒的期限一般只有3个月，有些地方的公安强制戒毒所在执行中还缩短治疗期限为1～2个月，主观随意性较大。关于劳教戒毒的期限，未见有专门的规范性文件作出明确规定，只是参照一般劳动教养期限为1～3年，最长不超过4年。这一制度设计，忽略了吸毒人员染上毒瘾的身心特点，对戒毒人员教育矫治手段技术科学化、专业化等的探索应用不足，反映出戒毒工作者对戒毒工作一般规律的认识和把握还不够到位。

根据国际上的戒毒工作经验和卫生部1993年发布的《阿片类成瘾常用戒毒疗法的指导原则》规定，完整的戒毒过程应包括生理脱毒、心理脱毒和善后辅导三个阶段。第一个阶段需要3～6个月，重点解决吸毒人员生理上对毒品的依赖；第二阶段则需要3～5年时间，用于巩固生理脱毒的成果，解决好吸毒人员对毒品的心理依赖问题。由此可见，我国原戒毒体制所设置的戒毒期限，只能解决吸毒人员的生理脱瘾问题，而真正关键的心理脱瘾和第三阶段后续的照管帮扶基本无从谈起。

（二）关于强制戒毒决定权行使，法律规定的合法合理性有待商榷

原有的两种强制戒毒模式，都涉及对公民人身自由的限制。公安强制戒毒作为一种行政强制措施，对吸毒者人身自由的限制短则3～6个月，长则达1年之久。劳教强制戒毒作为一种行政处罚措施，其剥夺吸毒人员人身自由的时间更长，短则1年，长则达4年之久。如前文所述，在我国原戒毒体制中，公安强制戒毒和劳动教养戒毒均是基于全国人大常委会《关于禁毒的决定》授权而作出的。该决定明确要求，吸食、注射毒品成瘾的，除依照前款规定处罚外，予以强制戒除，进行治疗、教育。强制戒除后又吸食、注射毒品的，可以实行劳动教养，并在劳动教养中强制戒除。而依据该决定制定颁布的国务院《强制戒毒办法》和1957年出台的《国务院关于劳动教养工作的决定》，实际规定了对公民人身自由进行限制的期限，这与我国《宪法》《立法法》和《行政处罚法》关于尊重保障人权的立法精神和原则规定是相抵触的。除此之外，原强制戒毒的制度设计还存在重强制与处罚、轻人文管理与科学治疗，戒毒过程中重生理脱瘾、轻后续康复治疗，以及对社区康复工作重视不够等问题。此外，对戒毒维持治疗尚处于探索阶段，维持治疗模式尚未正式构建。

四、《禁毒法》颁行的现实意义

作为我国第一部全面规范禁毒工作的法律，《禁毒法》是开展戒毒工作的法律依据，这为我国戒毒工作顺利发展提供了有力的法律保障。新体制中的戒毒工作是以社区为基础、家庭为依托，采取社区戒毒、自愿戒毒、强制隔离戒毒、社区康复等多种措施，建立起戒毒治疗、康复指导、救助服务等功能兼备、有机融合、互为补充的工作体系。

《禁毒法》坚持以人为本的理念，立足吸毒人员具有病人、违法者、受害者三重属性，强调对其既要惩罚、更要教育和救治，有效降低复吸频率，对戒毒工作作出了重大改革。该法规定国家采取各种措施帮助吸毒人员戒除毒瘾，教育和挽救吸毒人员；废除了强制戒毒、劳教戒毒制度，将二者整合为强制隔离戒毒；将社区戒毒、社区康复、自愿戒毒、戒毒药物维持治疗纳入法律调整范围，增设了戒毒康复场所等相关内容。

这些改革的实质意义在于：一是遵循科学戒毒原则和戒毒疗程规律，从法律层面保障了戒毒治疗必经的生理脱毒、身心康复、融入社会三个阶段，健全了戒毒康复制度，为建立集生理脱毒、身心康复和融入社会于一体的戒毒康复模式提供了法律保障。二是适应戒毒疗程需要，延长法定戒毒期限，规定社区戒毒期限不超过 3 年；强制隔离戒毒期限为 2 年，期满后仍未戒除毒瘾的，可以延长 1 年；社区康复期限不超过 3 年。特别是将社区戒毒、社区康复纳入法定戒毒期限，有利于帮助吸毒成瘾人员戒除毒瘾，巩固戒毒效果。三是规定社区戒毒、强制隔离戒毒、社区康复三项措施紧密衔接，使戒毒人员始终受到法定戒毒措施的管束；对拒绝接受社区戒毒、严重违反社区戒毒协议和脱管失控的，可以直接实行强制隔离戒毒。这些制度保障了对戒毒人员的有效管理，有助于解决吸毒人员屡戒屡吸和脱管失控的问题。四是确立了政府主导、部门协同、社会参与的戒毒工作格局，对城市街道办事处、乡镇人民政府和公安机关、司法行政、卫生行政、民政、人力资源、劳动保障等部门以及企业事业单位、戒毒人员家庭、社会工作者、禁毒志愿者等社会力量开展戒毒工作作出了规定，有利于从法律上保障各项戒毒措施的落实。这部法律针对戒毒工作的重要实践意义具体表现在以下三个方面：

（一）统一了强制隔离戒毒模式

随着《禁毒法》的颁布实施，全国人大常委会《关于禁毒的决定》和国务院《强制戒毒办法》随之废止。《禁者法》第38条明确规定了强制隔离戒毒的适用对象及决定机关，公安强制戒毒转称为“强制隔离戒毒”，做到了于法有据，逐步实现法治化、规范化发展。当此之时，司法行政机关负责管理的劳动教养戒毒则处于一个非常尴尬的境地。一方面是《关于禁毒的决定》废止后，法律授权随之取消，本身劳动教养戒毒的执行师出无名。另一方面，社会上尤其是理论界对劳动教养制度的质疑越来越多，废止劳教制度的呼声也日显强烈，劳动教养戒毒就在这样一种制度夹缝中艰难地存续。直至2011年6月《戒毒条例》出台并赋予司法行政机关管理强制隔离戒毒所的职权后，这一较为尴尬的状况才得以消除。《禁毒法》充分考虑了吸毒人员的身心特点和戒毒治疗过程延续性的需要，吸纳了禁毒戒毒工作取得的实践经验，克服了原有体制对戒毒期限设置的弊端，体现了对戒毒工作规律的深刻把握和一体遵循。这一制度设计将强制隔离戒毒期限统一规定为2年，其间经集综合管理、教育、医疗、康复等多种手段于一体的诊断评估，对于戒毒情况良好的戒毒人员可以提出提前解除强制隔离戒毒；对于戒治效果不好或严重违反管理规定等特殊情况下的戒毒人员，则可以延长不超过1年的期限。这种最多3年的隔离戒毒期限，兼顾了戒毒治疗的科学性、专业性要求，保证了戒毒治疗的顺利进行及脱瘾治疗效果的巩固，制度设计更为科学合理。

（二）首次确立了社区戒毒（康复）模式

社区戒毒是《禁毒法》规定的新的戒毒措施，主要是借鉴吸纳了国际上的社区戒毒制度设计的优点，在我国属首次提出。具体实践中，对吸毒成瘾者的治疗康复仅靠急性脱毒的生理康复是远远不够的。急性的生理脱毒是一个相对简单、容易的过程，一般在不到1个月的时间便可完成，有的甚至半个月就能从生理上完全脱毒，难度更大的、更重要的是帮助吸毒者祛除对毒品的心理依赖也即“心瘾”，实现身心的彻底康复和顺利回归社会。而完成这一阶段任务的理想场所，便是吸毒人员日常生活所在的各个社区。人的本质毕竟是其赖以生存的社会关系的总和，在社区里既不脱离其所熟悉的生活环境和社会关系，又能得到友好监督和照顾帮扶，更有利于其摆脱对毒品的渴求和依赖。《禁毒法》立足于吸毒者具有病人、违法者、受害者三重属性，规定对吸毒人员既要惩罚，更要教育和救治，这是对原有戒毒体制的重大改革和创新，即不仅仅将戒毒者看作是强制对象、惩罚对象、打击对象，而是认真贯彻了以人为本、关怀救助、以教育矫治人为宗旨的工作理念。另外，根据《禁毒法》规定，我国的社区戒毒模式适用于初次发现、尚未接受过强制性戒毒治疗的吸毒成瘾人员。而对于被提前解除强制隔离戒毒的吸毒人员，则采取社区康复的模式，以此帮助实现生理戒断和一定程度心里脱毒、顺利回归社会的吸毒人员巩固戒治效果，最大限度地延长保持操守的期限，实现彻底戒除毒瘾。

（三）新设维持治疗制度

《禁毒法》在明确规定了四种戒毒方式的同时，还顺应毒品戒断的一般规律，针对吸毒人员戒除毒瘾过程中易出现反复的情况特点，规定了维持治疗的措施和手段。《禁毒法》第 51 条规定："省、自治区、直辖市人民政府卫生行政部门会同公安机关、药品监督管理部门依照国家有关规定，根据巩固戒毒成果的需要和本行政区域艾滋病流行情况，可以组织开展戒毒药物维持治疗工作。"这里所指的戒毒药物维持治疗主要是指美沙酮维持治疗。这一规定正式确立了维持治疗制度在我国戒毒体系中的地位，对于彰显以人民为中心的发展理念、推动毒品问题治理不断走深走实具有重要意义。

五、《禁毒法》立法理念创新

《禁毒法》在立法中主要遵循了以下三个原则：

一是专群结合原则。《禁毒法》规定，禁毒工作实行政府统一领导，有关部门各负其责，社会广泛参与的工作机制；国家鼓励志愿人员参与禁毒宣传教育和戒毒社会服务工作。地方各级人民政府应当对志愿人员进行指导、培训，并提供必要的工作条件；飞机场、火车站、长途汽车站、码头以及旅店、娱乐场所等公共场所的经营者、管理者，负责本场所的禁毒宣传教育，落实禁毒防范措施，预防毒品违法犯罪行为在本场所内发生。这是因为禁毒工作涉及面广、社会性强，是一项系统工程，既需要公安、检察、法院等专门机关严格执法，严厉打击毒品违法犯罪活动，还需要卫生健康、司法行政、人社、民政等部门协同配合，坚持标本兼治，切实筑牢维护社会安全稳定的防线，更需要紧紧依靠广大人民群众，动员社会力量广泛参与，坚决打赢禁毒人民战争。

二是预防与惩治相结合原则。毒瘾易染难戒，加强源头预防工作尤为必要。《禁毒法》对加强禁毒宣传教育规定得非常具体详细：国家采取各种形式开展全民禁毒宣传教育，普及毒品预防知识，增强公民的禁毒意识，提高公民自觉抵制毒品的能力；国家鼓励公民、组织开展公益性的禁毒宣传活动；工会、共产主义青年团、妇女联合会应当结合各自工作对象的特点，组织开展禁毒宣传教育；教育行政部门、学校应当将禁毒知识纳入教育、教学内容，对学生进行禁毒宣传教育；公安机关、司法行政部门和卫生行政部门应当予以协助；新闻、出版、文化、广播、电影、电视等有关单位，应当有针对性地面向社会进行禁毒宣传教育。同时，《禁毒法》也强调，既要动员全社会加强禁毒宣传教育，严格麻醉药品、精神药品和易制毒化学品的管制，积极落实各项防范措施，特别是要预防青少年沾染毒品，更有必要加大对毒品违法犯罪行为的惩治力度，使禁毒工作获得国家强制力的法律保障。

三是教育与救治相结合原则。吸毒人员既是违法者，又是病人和受害者，这三重身份定位，主要是考虑到吸毒人员违反了国家关于毒品管制和禁止滥用的法律法规。同时，吸毒人员又是受制毒贩毒等违法犯罪行为侵害和不良社会环境影响的个体，毒品滥用导致的毒瘾反复发作严重损伤吸毒人员的身体健康，吸毒人员无一幸免都存在某种疾病，需要投入必要的医疗资源来救治他们。因此，《禁毒法》的立法原则较好地体现了人道主义精神，即对吸毒违法行为要依法处罚，但对吸毒人员则重在教育和救治，为的是帮助他们尽快恢复身心健康，顺利回归社会，成为对社会有益的合格公民。这就需要大力推进社区戒毒、自愿戒毒、强制隔离戒毒和社区康复有机结合的多元化戒毒模式，教育引导吸毒人员重返正常的社会生活状态，从根本上预防和减少社会不稳定因素，推进国家和社会治理体系不断完善。

六、《禁毒法》的主要架构

《禁毒法》共 7 章 71 条，主要规定了禁毒工作的方针和工作机制、禁毒宣传教育、毒品管制、戒毒措施、禁毒国际合作以及法律责任等。

第一章“总则”(1～10条)。主要内容包括:禁毒法立法目的;毒品的定义;禁毒的社会责任;禁毒工作方针和工作机制;禁毒委员会的设立及其职责;禁毒工作保障;鼓励对禁毒工作的社会捐赠;鼓励禁毒科学技术研究;鼓励举报毒品违法犯罪行为;鼓励志愿人员参与禁毒工作;等等。

第二章“禁毒宣传教育”(11～18条)。主要内容包括:国家开展全民禁毒宣传教育;各级政府和有关社会团体组织开展禁毒宣传教育;教育行政部门、学校对学生进行禁毒宣传教育;各宣传单位面向社会进行禁毒宣传教育;公共场所落实禁毒宣传和防范措施责任;单位对内部人员进行禁毒宣传教育;基层组织的禁毒现场教育义务;监护人对未成年人禁毒教育防范义务;等等。

第三章“毒品管制”(19～30条)。主要内容包括:毒品原植物的管制;麻醉药品、精神药品、易制毒化学品的管制和许可、查验制度;毒品流入非法渠道的控制;禁止非法传授制毒方法;公安、海关、邮政等部门查缉毒品的职权;娱乐场所的禁毒防范职责;涉毒案件财物的收缴和处理;涉毒资金的反洗钱调查;毒品监测和禁毒信息系统;等等。

第四章“戒毒措施”(31～52条)。主要内容包括:涉嫌吸毒人员的检测及登记;社区戒毒的程序与期限、工作机制及义务;戒毒医疗机构的设置;戒毒医疗机构的职责;强制隔离戒毒的适用条件、决定程序及决定机关;强制隔离戒毒的场所设置、职责、管理规定;社区康复的期限和规定;戒毒康复场所的规定;被限制人身自由的吸毒人员的戒毒治疗;药物维持治疗工作;戒毒人员的权利;等等。

第五章“禁毒国际合作”(53～58条)。主要内容包括:开展禁毒国际合作原则、参与主体、毒品犯罪、信息交流等。

第六章“法律责任”(59～70条)。主要内容包括:毒品违法犯罪行为的法律责任;违反麻醉药品、精神药品或者麻醉药品药用原植物管制、易制毒化学品管制的法律责任;娱乐场所涉毒违法犯罪行为的法律责任;非法从事戒毒治疗业务,违规使用麻醉药品、精神药品的法律责任;禁毒工作人员违法犯罪行为的法律责任;等等。

第七章“附则”(71条)。主要内容是关于本法施行日期及法律效力的规定。

七、《禁毒法》确立戒毒措施的具体适用

《禁毒法》确立了四种戒毒方式。其中自愿戒毒是吸毒者可自行选择到社会上的戒毒医疗机构接受治疗的非强制性戒毒方式；社区戒毒是带有一定强制手段、规定吸毒人员要定期到社区报到并自觉接受管理监督和毒品检测但没有限制人身自由内容的戒毒方式；强制隔离戒毒是经公安机关决定、送公安或司法行政强制隔离戒毒所执行、以完全限制人身自由和警察强制性约束管理为内容的戒毒方式；社区康复是解除强制隔离后戒毒措施向社会延伸跟踪的阶段性方式和手段，意在进一步巩固戒毒人员的戒治效果。这四种方式相互衔接、协同配合、互为补充，共同构成具有中国特色的戒毒工作模式和框架体系。其中个别程序和环节之间还有特别紧密的衔接关系。

（一）自愿戒毒与其他戒毒方式的衔接

《禁毒法》规定，吸毒人员可以自行到具有戒毒治疗资质的医疗机构接受戒毒治疗；吸食、注射毒品的，依法给予治安管理处罚；吸毒人员主动到公安机关登记或者到有资质的医疗机构接受戒毒治疗的，不予处罚；对自愿戒毒人员在治疗期间吸食、注射毒品的，要求医疗机构应当及时向公安机关报告。公安机关对吸毒成瘾人员，可以责令其接受为期3年的社区戒毒。对于吸毒成瘾严重，通过社区戒毒难以戒除毒瘾的人员，公安机关可以直接作出强制隔离戒毒的决定。这样三种层次递进的戒毒方式，充分考虑了吸毒人员的个人意愿和毒瘾反复严重情况下需要外力介入的必要性，既是尊重和保障人权的具体体现，也是本着对戒毒人员身心健康负责的原则而采取的合理手段。

（二）社区康复与强制隔离戒毒的衔接

《禁毒法》规定，对于被解除强制隔离戒毒的人员，强制隔离戒毒的决定机关可以责令其接受不超过3年的社区康复；社区康复参照社区戒毒的规定实施。《禁毒法》同时规定，县级以上地方各级人民政府根据戒毒工作的需要，可以开办戒毒康复场所；对社会力量依法开办的公益性戒毒康复场所应当给予扶持，提供必要的便利和帮助；戒毒人员可以自愿在戒毒康复场所生活、劳动。戒毒康复场所组织戒毒人员参加生产劳动的，应当参照国家劳动用工制度的规定支付劳动报酬。设立社区康复

制度，是强制隔离戒毒工作向社会延伸、巩固所内戒治成果的需要，是加强对戒毒人员的后续照管帮扶、帮助其彻底祛除毒瘾的需要。从强制戒毒工作的实践运行情况来看，戒毒人员回归社会后，如果没有后续监管措施及时跟上，他们很容易放弃操守，再次吸食毒品。如此循环往复，成为打不破的毒品魔咒，那么强制隔离戒毒的制度设计就失去了意义所在。因此，社区康复处在整个戒毒流程的最后阶段，对于巩固强制隔离戒毒成果非常关键。

八、《禁毒法》的缺憾及改进空间

《禁毒法》是我国禁毒戒毒工作领域中带有统领性作用的法律，它重构了我国的戒毒制度，形成了社区戒毒、强制隔离戒毒、社区康复、自愿戒毒四大戒毒制度，确认了药物维持治疗工作的合法性。《禁毒法》对戒毒制度设计的理念是科学、先进且有创新意义的。但任何法律的产生都离不开当时特定的社会条件和环境，以今天的眼光来审视，其也不可避免地会受到当时社会发展水平和法治化程度等客观条件的制约。现在看来，这一法律的缺憾和不足主要表现为以下三个方面：

（一）公安机关作出强制隔离戒毒的决定在实践中具有较大随意性

《禁毒法》第 38 条规定："县级以上人民政府公安机关有权作出强制隔离戒毒决定。对于吸毒成瘾严重，通过社区戒毒难以戒除毒瘾的人员，公安机关可以直接作出强制隔离戒毒的决定。"强制隔离戒毒虽然只是行政强制措施，但其毕竟可以限制人身自由，期限最长可达 3 年。实践中如何认定成瘾严重、谁是有权认定的主体等并无统一明确的规定。在此情况下，即使公安机关并无私心，但仍难免落下有程序瑕疵等为人诟病的口实。因此，在启动《禁毒法》修订程序后，有必要纳入吸毒成瘾检测认定的相关规定，同时配套出台吸毒成瘾认定办法与检测标准、程序等法规规章，使得相关机构对吸毒成瘾的检测认定与维持治疗、强制隔离戒毒决定等强制措施有明确的标准和操作程序，以有效制约公安机关决定权的不恰当适用，保障和维护吸毒人员的合法权益。

（二）社区戒毒在吸毒者权利保护方面存在不足

《禁毒法》规定，城市街道办事处、乡镇人民政府负责社区戒毒工作，可以指定有关基层组织，根据戒毒人员本人和家庭情况，与戒毒人员签订社区戒毒协议，落实有针对性的社区戒毒措施；对无职业且缺乏就业能力的戒毒人员，应当提供必要的职业技能培训、就业指导和就业援助。而实际工作中，许多基层政府限于精力、财力不足等因素制约，根本不重视也并未开展这项工作，即使部分开展较好的地方也缺乏足够的社区戒毒资源。同时，随着我国经济社会的快速发展，人口流动日趋频繁，很多吸毒者在居住地的频繁变动中由于地域限制而不能得到有效的社区戒毒治疗。这一制度规定还忽视和限制了吸毒人员的基本迁徙自由，对其追求个人发展空间的权利也有一定程度上的剥夺。针对这一情况，有必要配套制定社区戒毒办法，明确这一措施适用过程中吸毒人员应有的权利、义务、责任，确保落实好《禁毒法》中关于社区戒毒的规定。

（三）社会歧视对吸毒者权利保护造成不利影响

《禁毒法》第52条规定："戒毒人员在入学、就业、享受社会保障等方面不受歧视。有关部门、组织和人员应当在入学、就业、享受社会保障等方面对戒毒人员给予必要的指导和帮助。"第70条规定："有关单位及其工作人员在入学、就业、享受社会保障等方面歧视戒毒人员的，由教育行政部门、劳动行政部门责令改正；给当事人造成损失的，依法承担赔偿责任。"这两条规定在实际工作中执行不力，最突出的问题是吸毒者在社会保障领域所受到的歧视，易让吸毒人员产生被遗弃的感觉，从而激起他们破罐子破摔的逆反心理，循环走上复吸的老路。因此，制定出台吸毒人员在入学、就业、享受社会保障等方面权利保护的具体办法就显得尤为必要。特别是要建立完善社会救济制度体系，拓宽救济途径，畅通救济渠道，把党和政府的关爱温暖送到吸毒人员及其家庭身边。

《禁毒法》施行至今已十多年，作为禁毒戒毒领域的权威性法律，总的来看，其虽然存在个别不尽如人意的地方，但仍然不失为我国禁毒戒毒法治建设史上的重要里程碑，对于预防和惩治毒品犯罪、促进戒毒工作健康发展、保护公民身心健康、维护社会和谐稳定具有十分重要的意义。目前，我国的社会治理方式，正在由行政主导型向社会共治型转变，这一点在目前的禁毒和戒毒工作中已有很好的体现。例如，有的政府文件对社区戒毒社区康复执行率、戒毒康复人员管控率和就业安置率提出了详尽具体的要求。已经实施多年的禁毒戒毒系统工程也鼓励社会主体多元参与，社会工作者、志愿者等群体参与禁毒宣传教育和戒毒工作已经成为政策指向、大势所趋，实践当中也已经渐成规模。但是其参与的地位、保障、资质、介入范围等问题，都没有相应的法律定位，而只是停留在机制和政策层面。在戒毒措施的设定上，提出整合基层资源，依靠人民群众，帮助吸毒成瘾人员戒除毒瘾、融入社会；在戒毒的社会力量上要求广泛动员各方面社会力量，统筹利用各方面社会资源，全面推进社区戒毒社区康复工作，建立集生理脱毒、心理康复、就业扶持、回归社会于一体的戒毒康复模式。这些实际工作中的有益做法，都有必要纳入《禁毒法》修订的范畴，这对于《禁毒法》顺应新时代社会形态和落实全面依法治国方略要求，面对日趋多元的民众需求和期待以及急剧变化的毒品态势，承续往日荣光，实现与时俱进，无疑具有十分积极的现实意义和深远的历史意义。

第二节 《戒毒条例》

《禁毒法》的颁布实施，为我国戒毒工作顺利开展提供了法律依据，但社区戒毒、强制隔离戒毒、社区康复的实践操作中还有一些不规范、不到位、不作为的问题，急需出台配套的行政法规予以规范引导和解决。在此背景下，2011 年 6 月，国务院第 160 次常务会议审议通过了《戒毒条例》，这也是我国禁毒戒毒工作发展历程中的一件大事，对于保障和促进戒毒事业特别是强制隔离戒毒工作科学发展具有十分重要的意义。

一、《戒毒条例》立法的主要内容

《戒毒条例》明确规定了戒毒工作的原则，即“以人为本、科学戒毒、综合矫治、关怀救助”，既体现了《禁毒法》的“专群结合”“教育与救治结合”立法原则，又特别强调了科学施策、综合矫治和人文关怀，无疑是社会文明进步的具体体现，贯穿着以人为中心的理念和情怀。这一原则的确立，为戒毒工作的深入扎实顺利开展提供了基本遵循。

《戒毒条例》共分 7 章 46 条，主要包括以下几个方面的基本内容：一是建立起戒毒工作保障机制。《禁毒法》规定，我国的禁毒工作机制是“政府统一领导、有关部门各负其责、社会广泛参与”。《戒毒条例》进一步明确指出,"政府统一领导"是指县级以上人民政府的领导,重申了禁毒委员会的组织、协调、指导职责,规定了公安机关、司法行政部门、卫生行政部门的职责,同时要求民政、人力资源和社会保障以及教育等部门在社区戒毒、社区康复、职业技能培训中承担指导和支持的职责。此外,《戒毒条例》第5条还规定了社区戒毒和社区康复工作的责任主体,即乡(镇)人民政府和城市街道办事处。在财政支持方面,《戒毒条例》第3条明确要求县级以上人民政府将戒毒工作所需经费列入本级财政预算;场所保障方面,规定了戒毒场所的设置应当报省、自治区、直辖市人民政府批准,而戒毒场所的建设标准则由国务院建设部门、发展改革部门等另行制定。二是健全完善了戒毒工作链条体系。《戒毒条例》第2条明确我国的戒毒工作体系是"戒毒治疗、康复指导、救助服务兼备",详细规定了自愿戒毒、社区戒毒、强制隔离戒毒和社区康复等四种戒毒措施,它们相互衔接、互为补充,是对《禁毒法》规定的戒毒措施的配套细化规定。三是明确了戒毒工作各类责任主体。《戒毒条例》第43～45条规定戒毒工作的责任主体分别为:公安、司法行政、卫生行政等有关部门的工作人员;乡(镇)人民政府、城市街道办事处负责社区戒毒、社区康复工作的人员;强制隔离戒毒场所的工作人员。

二、《戒毒条例》规定的戒毒措施种类

《戒毒条例》规定了社区戒毒、自愿戒毒、强制隔离戒毒和社区康复四种措施,共同构成我国的戒毒工作链条体系。

(一)关于社区戒毒

《禁毒法》规定社区戒毒的决定机关是公安机关,但具体是哪一级公安机关则语焉不详。《戒毒条例》则对此进行了明确,即县级、设区的市级人民政府公安机关。对于"严重违反社区戒毒协议"的标准,《禁毒法》并未规定。《戒毒条例》则明确规定,"严重违反社区戒毒协议"是指社区戒毒人员在社区戒毒期间,逃避或者拒绝接受检测3次以上,擅自离开社区戒毒执行地所在县(市、区)3次以下或者累计超过30日。《禁毒法》规定公安机关可以责令吸毒成瘾人员接受社区戒毒,但对具体如何操作和执行则没有规定。《戒毒条例》第14条明确要求,戒毒人员应当自收到责令社区戒毒决定书之日起15日内到社区戒毒执行地报到。《禁毒法》虽

然规定了社区戒毒协议，但并没有细化签订主体和内容，只是规定“可以”指定有关基层组织签订，《戒毒条例》则明确要求乡（镇）人民政府和城市街道办事处与社区戒毒人员签订社区戒毒协议，签订协议的时间是在社区戒毒人员报到后，协议的内容包括社区戒毒的具体措施、社区戒毒人员应当遵守的规定以及违反社区戒毒协议应承担的责任等。条例还明确规定接收社区戒毒的人员离开执行地所在县（市、区）3 日以上的需书面报告。这些规定可操作性很强，能够确保社区戒毒措施落实。对于社区戒毒的责任主体，《戒毒条例》明确规定了乡（镇）人民政府、城市街道办事处等机构和社区戒毒专职工作人员等的具体职责，要求成立社区戒毒工作领导小组并配备戒毒专职工作人员，社区戒毒的具体实施由社区戒毒工作小组承担。该小组的组成人员包括社区戒毒专职工作人员、社区民警、社区医务人员、社区戒毒人员的家庭成员和禁毒志愿者等。在社区戒毒的变更上，条例规定：对于无正当理由逾期不报到的，公安机关可以作出强制隔离戒毒的决定；社区戒毒人员的户籍所在地或者现居住地发生变化，须在变更之日起 15 日内前往新的社区戒毒执行地报到；社区戒毒期限届满即可解除。若社区戒毒人员被依法收监执行刑罚或者被采取强制性教育措施，则社区戒毒得以中止。

（二）关于自愿戒毒

《戒毒条例》明确规定自愿戒毒需要签订自愿戒毒协议，协议双方分别是戒毒医疗机构和吸毒人员或者其监护人，协议内容包括戒毒方法、戒毒期限、吸毒人员的个人信息保密、吸毒人员应当遵守的规章制度等，还应包括戒毒疗效和戒毒治疗风险。这充分体现了法律对吸毒人员权利保护和救济的强制性要求，能够激发吸毒人员及其家庭主动配合戒毒治疗的意愿，从而调动起方方面面的积极性，促进戒毒效果的最大化。条例还明确规定了戒毒医疗机构的四项义务，包括对吸毒人员开展艾滋病等传染病的预防、咨询教育，这主要是考虑到戒毒治疗不仅仅着眼于吸毒行为，还应该关注吸毒人员的病人身份，积极帮助他们治疗所患的疾病等。与此相适应，条例还规定了药物维持治疗措施，要求对于符合条件的戒毒人员，经由本人申请和登记，可以参加戒毒药物维持治疗，这是对自愿戒毒人员权益的极大尊重和有力维护。

（三）关于强制隔离戒毒

这一措施涉及对戒毒人员自由权利的限制，其由原有的公安强制戒毒和劳动教养戒毒整合而来。《戒毒条例》对强制隔离戒毒措施作的规定比较完善，主要包括以下几个方面内容：

一是明确了责任主体，规定县级以上公安机关行使强制隔离戒毒的决定权，这与《禁毒法》的规定一脉相承。但是，对于直接决定强制隔离戒毒和自愿强制隔离戒毒，《禁毒法》只规定由公安机关决定或者同意。《戒毒条例》则明确规定，对于吸毒成瘾严重，通过社区戒毒难以戒除毒瘾的人员，县级、设区的市级人民政府公安机关可以直接作出强制隔离戒毒的决定。而对于吸毒成瘾人员自愿接受强制隔离戒毒的，《戒毒条例》则规定经强制隔离戒毒场所所在地县级、设区的市级人民政府公安机关同意，可以进入强制隔离戒毒场所戒毒。

二是重点就强制隔离戒毒场所的职责，包括强制隔离戒毒决定的执行、日常管理、解除等具体程序都作了明确的规定。《戒毒条例》规定，公安机关的强制隔离戒毒场所执行强制隔离戒毒3～6个月后，转至司法行政部门的强制隔离戒毒场所继续执行强制隔离戒毒。对于延长强制隔离戒毒的时间，条例规定强制隔离戒毒决定机关应当自收到意见之日起7日内作出是否批准的决定。若强制隔离戒毒人员患严重疾病，不出所治疗可能危及生命，条例针对此项内容创设了所外就医制度。所外就医的决定由强制隔离戒毒场所主管机关批准，并报强制隔离戒毒决定机关备案，所外就医期间强制隔离戒毒期限连续计算，所外就医产生的费用由戒毒人员本人承担。对于健康状况不再适宜回所执行强制隔离戒毒的，强制隔离戒毒场所应当向强制隔离戒毒决定机关提出变更为社区戒毒的建议，强制隔离戒毒决定机关应当自收到建议之日起7日内，作出是否批准的决定，已执行的强制隔离戒毒期限折抵社区戒毒期限。关于戒毒人员在强制隔离期间脱逃问题的处理，条例规定，强制隔离戒毒场所发现戒毒人员脱逃，应当立即通知所在地县级人民政府公安机关，并配合公安机关追回脱逃人员。戒毒人员在被追回后应当继续执行强制隔离戒毒，脱逃期间不计入强制隔离戒毒期限，而且不得提前解除强制隔离戒毒。

（四）关于社区康复

《禁毒法》规定社区康复参照社区戒毒实施，《戒毒条例》关于社区康复的规定也与社区戒毒的规定有诸多相似之处，同时也增加了不少新的内容。一是规定社区康复人员如果拒绝接受社区康复或者严重违反社区康复协议，并因为再次吸毒被强制隔离戒毒的，不得提前解除强制隔离戒毒。这是因为社区康复是在强制隔离戒毒解除之后的一种戒毒措施，如果社区康复人员在此期间不遵守协议甚至再次吸毒，表明此前的强制隔离戒毒并未达到应有的效果，因而需要在新的强制隔离戒毒过程中予以严格管理。二是规定社区康复的执行场所既可以是当事人的户籍所在地、居住地，也可以是戒毒康复场所，其前提条件是需要当事人同意。条例规定，戒毒康复场所是县级以上地方人民政府依法设立或者社会力量所开办，社区康复人员在这里生活劳动，是一种非常人性化的后续照管帮扶措施，有助于持续巩固强制隔离戒毒的成果。

三、《戒毒条例》立法体现的进步意义

《戒毒条例》是根据《禁毒法》制定的，既承续了《禁毒法》所体现的社会文明进步精神，又坚持与时俱进，将更多创新理念吸纳进来，其中最为突出的就是对吸毒人员自身权益的尊重和保护，法律层面的“意思自治”原则得到充分体现。

条例规定，我国戒毒工作坚持以人为本、科学戒毒、综合矫治、关怀救助的原则，采取自愿戒毒、社区戒毒、强制隔离戒毒、社区康复等多种措施，建立戒毒治疗、康复指导、救助服务兼备的工作体系。国家鼓励吸毒成瘾人员自行戒除毒瘾，吸毒人员可以自行到戒毒医疗机构接受戒毒治疗。对自愿接受戒毒治疗的吸毒人员，公安机关对其原吸毒行为不予处罚。为了进一步保障戒毒人员的合法权益，条例还规定，戒毒人员在入学、就业、享受社会保障等方面不受歧视；对戒毒人员的个人信息应当依法予以保密；戒毒人员参加戒毒康复场所组织的生产劳动应给予劳动报酬等。条例还规定，对吸毒成瘾人员，公安机关可以责令其接受社区戒毒，社区戒毒的期限为 3 年；吸毒成瘾人员符合《禁毒法》规定情形的，公安机关可作出强制隔离戒毒的决定，强制隔离戒毒的期限为 2 年；对解除强制隔离戒毒的人员，强制隔离戒毒的决定机关可以责令其接受不超过 3 年的社区康复；自愿戒毒、社区戒毒、社区康复的人员可以自愿与戒毒康复场所签订协议，到戒毒康复场所戒毒康复、生活和劳动。条例还强调，负责社区康复工作的人员应当为社区康复人员提供必要的心理治

疗和辅导、职业技能培训、职业指导以及就学、就业、就医援助。戒毒康复场所应当配备必要的管理人员和医务人员，为戒毒人员提供戒毒康复、职业技能培训和生产劳动条件。

在《戒毒条例》施行前，我国被公安强制戒毒、劳动教养戒毒的吸毒人员中有许多都被戒断难、巩固难、高复吸的问题所困扰。理论研究和实务界过去把复吸率高、戒断巩固率低更多地归于吸毒者本人或毒品本身，认为吸毒人员意志力不够坚定是关键因素。条例回应了吸毒现象的存在更多是一种社会问题，戒毒工作是一项社会系统工程，必须在社会化上下功夫，对科学戒毒倾注更多的精力。条例规定的四种戒毒措施紧密衔接、互为补充，延长了戒毒的周期，为戒毒人员提供了一个全程的法律保障，有助于他们持续巩固戒毒成果，避免半途而废，最终彻底戒断毒瘾，实现顺利回归社会。这些规定本身就是对戒毒工作规律的科学把握，都是"以人为本"理念的充分体现。

四、《戒毒条例》的立法缺憾和不足

受限于当时的理论研究不足和决策层面的不同考量，《戒毒条例》也存在一些需要改进的短板和问题。

（一）戒毒措施决定权与执行权的配置应相对统一

条例规定，公安机关享有对涉嫌吸毒人员的检测权，对吸毒人员的登记与动态管控权，责令社区戒毒权，决定强制隔离戒毒权，责令社区康复权，公安强制隔离场所与戒毒康复场所的管理权；司法行政部门享有强制隔离戒毒场所与戒毒康复场所的管理权；卫生行政部门享有戒毒医疗机构的监督管理权；乡（镇）人民政府、城市街道办事处享有社区戒毒、社区康复执行权。可以看出，所有强制性戒毒措施的决定权均统一由公安机关行使，但是其执行权分别由基层政府、公安机关、司法行政部门行使。这种权力配置方式，不仅与党和国家机构改革的原则要求不符合，与决定权和执行权分离的程序正当性要求有差距，也不适应戒毒工作科学化、专业化的要求。比较合理的方案是，将社区戒毒、强制隔离戒毒、社区康复的决定权与执行权彻底分离，决定权归于公安机关，执行权均交给司法行政部门负责；而对于戒毒医疗机构、戒毒康复场所的管理及强制隔离戒毒场所医疗业务的指导监督，则由卫生健康行政部门负责。

(二)戒毒人员的权利保障措施应进一步明确

条例规定,戒毒人员在入学、就业、享受社会保障等方面不受歧视,对戒毒人员戒毒的个人信息应当依法予以保密,对戒断3年未复吸的人员不再实行动态管控。这一条款可概括为三个原则:一是规定了戒毒人员的非歧视性原则,二是规定了戒毒人员的信息保密原则,三是规定了戒断人员解除动态管控原则。此外,还有多个条款强调了对戒毒人员知情权、劳动权、受教育权等权利的保障,这有助于维护社会和谐稳定目标的实现。这些规定不应仅仅是一种权利宣告,而应着眼于具体执行和落实到位,有待于在实践中不断探索和完善。

(三)社区戒毒协议的签订和履行存在不足

条例规定,乡(镇)人民政府、城市街道办事处应当在社区戒毒人员报到后及时与其签订社区戒毒协议,明确社区戒毒的具体措施、社区戒毒人员应当遵守的规定以及违反社区戒毒协议应承担的责任。但条例并未明确戒毒人员拒绝签订戒毒协议的法律后果。实践中常出现社区戒毒人员报到后拒绝签订戒毒协议的情形,社区戒毒工作人员无所适从。社区戒毒协议不同于一般的民事契约,如果拒绝签订戒毒协议且经劝说无效的,可以视为拒绝社区戒毒,应该作为决定强制隔离戒毒的情形之一。

第三节　专项法律法规

毒品与麻醉药品和精神药品类似,一般是指使人形成瘾癖的药物,具有依赖性、耐受性、非法性和危害性等四个特征,其中后两种特性是作为医疗药品的麻醉药品和精神药品所不具备的。同时,毒品滥用多与滥性行为伴生,严重危害人的身心健康,导致吸食者免疫力低下,极易感染艾滋病、肝炎、肺结核等传染病。因此,国家出台的几部专项法律法规,有许多涉及毒品问题的规定,也成为戒毒法律的重要渊源。

一、《麻醉药品和精神药品管理条例》

《麻醉药品和精神药品管理条例》是在2005年7月26日,由国务院第100次常务会议通过,自2005年11月1日起施行。其目的是为了加强麻醉药品和精神药品的管理，保证麻醉药品和精神药品的合法、安全、合理使用，防止其流入非法渠道。

毒品作为麻醉药品的一部分，与用于戒毒维持治疗的药物一起，共同受到条例的严格管控。《戒毒条例》中，有多处规定适用于《麻醉药品和精神药品管理条例》。《戒毒条例》第 11 条第 4 款规定："依法加强药品管理，防止麻醉药品、精神药品流失滥用。"第 12 条规定："符合参加戒毒药物维持治疗条件的戒毒人员，由本人申请，并经登记，可以参加戒毒药物维持治疗。登记参加戒毒药物维持治疗的戒毒人员的信息应当及时报公安机关备案。戒毒药物维持治疗的管理办法，由国务院卫生行政部门会同国务院公安部门、药品监督管理部门制定。"第 45 条第 4 款规定："强制隔离戒毒场所的工作人员有为强制隔离戒毒人员提供麻醉药品、精神药品的，依法给予处分；构成犯罪的，依法追究刑事责任。"

2006 年，国家食品药品监督局依据《麻醉药品和精神药品管理条例》下发《关于戒毒治疗中使用麻醉药品和精神药品有关规定的通知》，对戒毒治疗中使用麻醉药品和精神药品的申请与购买、药物维持治疗中美沙酮口服溶液的管理都作了详细规定。

为规范公安机关强制隔离戒毒所采购、使用和管理麻醉药品和精神药品，根据《禁毒法》《麻醉药品和精神药品管理条例》的有关规定，2009 年公安部和卫生部联合下发《关于公安机关戒毒所使用美沙酮等麻醉药品和精神药品的通知》，对强制隔离戒毒所取得印鉴卡应当具备的条件、工作程序、工作要求作出了详细规定。

二、《传染病防治法》

《中华人民共和国传染病防治法》（以下简称《传染病防治法》），自 2004 年 12 月 1 日起施行。吸毒人员因毒品侵害和不健康的生活环境，多数患有肝炎、性病、艾滋病等传染性疾病。因此戒毒机构特别是强制隔离戒毒所，应当依据《传染病防治法》相关规定，做好传染病预防和治疗工作，组织开展群众性卫生活动，进行预防传染病的健康教育，倡导文明健康的生活方式，提高戒毒人员对传染病的防治意识和应对能力，加强环境卫生建设，消除鼠害和蚊蝇等病媒生物的危害；做好戒毒人员传染性疾病的筛查治疗工作，对戒毒场所内筛查出的患者或携带者及时做好隔离治疗；

制定传染性疾病的应急预案，对出现的突发事件进行及时有效处置。

三、《艾滋病防治条例》

《艾滋病防治条例》是为了预防、控制艾滋病的发生与流行，保障人体健康和公共卫生，根据《传染病防治法》制定的条例。该条例经2006年1月18日国务院第122次常务会议通过，自2006年3月1日起施行。我国新HIV感染者中约70%是吸毒者，滥用毒品特别是静脉注射和共用不洁注射器无疑是造成吸毒者感染HIV的最主要和直接的因素。在实际的戒毒工作中，戒毒机构和戒毒场所中艾滋病的患者也占有相当大的比例，因此戒毒工作中关于《艾滋病防治条例》的适用也尤为突出。

《戒毒条例》第11条规定："戒毒医疗机构应当对戒毒人员开展艾滋病等传染病的预防、咨询教育。"戒毒机构及强制隔离戒毒所应当根据《艾滋病防治条例》第10条、第11条等的相关规定，做好戒毒人员的艾滋病宣传教育工作，及时组织艾滋病戒毒人员的筛查、预防、咨询和治疗工作。应当在戒毒机构和强制隔离戒毒所中普及艾滋病知识，做好艾滋病防治以及关怀和不歧视艾滋病病毒感染者、艾滋病病人的宣传教育工作，组织戒毒机构工作人员和戒毒所干警学习有关艾滋病防治的法律、法规、政策和知识；场所医务人员在开展艾滋病、性病等相关疾病咨询、诊断和治疗过程中，应当做好对就诊者进行艾滋病防治的宣传教育。戒毒机构及强制隔离戒毒所应适用《艾滋病防治条例》第22、27条的相关规定，做好戒毒人员关于艾滋病的筛查监测工作，并协调有关组织和部门，落实艾滋病防治预案及措施；适用第31条和《戒毒条例》第30条的相关规定，对戒毒人员中艾滋病的感染者实行隔离管理，落实防治措施，防止艾滋病的传播；适用第41条的相关规定，为感染艾滋病病毒和患有艾滋病的戒毒人员提供艾滋病防治咨询、诊断和治疗服务。

第四节　部颁规章

《戒毒条例》赋予司法行政机关从事强制隔离戒毒的职责，要求以提高戒毒人员的教育戒治质量为中心任务，在严格依法管理、维护正常的管戒秩序的同时，坚持以人为本，探索把握规律，充分调动戒毒人员投入戒治生活的积极性。在此情况下，《强制隔离戒毒诊断评估办法》等法律法规就应运而生。

一、《司法行政机关强制隔离戒毒工作规定》

司法行政机关履行戒毒职责自1990年全国人大常委会《关于禁毒的决定》颁布开始，这一决定赋予了劳动教养工作收容矫治戒毒劳动教养人员的职责任务。在此基础上，司法部1999年颁布《劳动教养戒毒工作管理办法(试行)》，2003年6月又制定印发《劳动教养戒毒工作规定》。而真正意义上的司法行政强制隔离戒毒则是从《禁毒法》《戒毒条例》颁行开始。2013年3月22日，司法部部务会议审议通过《司法行政机关强制隔离戒毒工作规定》，明确指出根据《禁毒法》《戒毒条例》等法律法规和相关规定，制定本规定。《禁毒法》《戒毒条例》将吸毒成瘾人员定位为既是违法者，也是毒品受害者和成瘾病人的三重属性，区别于之前的劳教戒毒，也不同于公安机关的强制戒毒，必须着眼于教育和挽救吸毒成瘾人员，遵循以人为本、科学戒毒、综合矫治、关怀救助的原则，综合运用管理学、医学、心理学、社会学、运动学等技术手段，帮助戒毒人员矫正恶习、修复身心、戒除毒瘾、顺利回归。《司法行政机关强制隔离戒毒工作规定》就是与《禁毒法》《戒毒条例》等上位法配套的规章制度，目的是确保上位法的法律精神和条文得到有效贯彻落实。

(一)《司法行政机关强制隔离戒毒工作规定》主要架构及内容

本规定共9章69条，主要规定了场所设置、接收、管理、治疗康复、教育、生活卫生、解除等。

第一章“总则”(1～5条)，主要内容包括：制定依据、制定原则、适用情形、工作要求、经费保障等。

第二章“场所设置”(6～10条)，主要内容包括：场所建设条件、命名要求、机构设置等。

第三章“接收”(11～15条)，主要内容包括：接受依据、健康检查、身体和物品检查、建立档案、告知事项等。

第四章“管理”(16～33条)，主要内容包括：管理依据、安全检查、安全警戒、通信、通话、探访、探视、违纪处分、工作责任等。

第五章“治疗康复”(34～44条),主要内容包括:生理治疗、所外就医、心理治疗、医疗合作共建、身体康复训练、安全生产管理等。

第六章“教育”(45～51条),主要内容包括:入所教育、课堂教学、个别教育、文化建设、社会帮戒、回归教育等。

第七章“生活卫生”(52～57条),主要内容包括:生活环境、被服管理、伙食标准、饮食安全、疾病预防控制等。

第八章“解除”(58～63条),主要内容包括:按期解除、提前解除、延长期限,接领程序,发放证明,返还财物,所内死亡,档案保存等。

第九章“附则”(64～65条),主要内容包括:自愿戒毒、关于本办法施行日期及法律效力的规定。

(二)该规定制定出台的现实意义

首先,作为全国第一部司法行政机关强制隔离戒毒工作规定,它对强制隔离戒毒场所设置、接收、管理、治疗康复、教育、生活卫生、解除等工作环节进行了统一明确规定,便于戒毒所基层一线警察的实际操作执行。该规定明确了戒毒人民警察的执法管理职责,确认了从事强制隔离戒毒的工作人员的警察身份,有效破解了戒毒所警察关于身份问题的困惑,在执法管理中自觉遵守法律法规,充分体现法治理念和法治精神。

其次,它的一些具体规定充分体现了以人为本的戒毒理念。比如书面告知义务,明确了强制隔离戒毒人员入所戒毒后通知家属的方式和时间,尊重和保护戒毒人员家属的知情权,也保护了戒毒人员的合法权利,为戒毒人员家属日后参与社会帮教、巩固戒毒成效提供了一条便捷通道。比如对女性戒毒人员进行妊娠检测,禁止以强制隔离戒毒人员为对象进行戒毒药物试验。高度重视食品安全,要求戒毒人员食堂炊事人员、管理人员必须拥有健康证明,对食堂食品留样待查时间从24小时延长到48小时等措施,保护了戒毒人员的生命权和健康权,体现了对戒毒人员人格的尊重和对生命的关爱。

再次,它严格规范了执法管理关键环节的适用程序。该规定严格规范单独管理措施适用的范围、批准的程序、执行的主体等,规范简化所外就医程序,界定了强制隔离戒毒执行期限,明确了戒毒人员触犯刑法被收监执行又依法释放后强制隔离戒毒措施尚未期满的,应当继续执行等,有利于戒毒警察在日常执法中依法操作和准确把握适用情形,及时采取相应措施，使强制隔离戒毒执法工作更具科学性、完整性、可操作性。

最后，它鼓励引进社会公益力量进行合作共建。比如允许戒毒场所与社会医疗机构开展医疗合作，及时了解戒毒治疗信息，采取先进戒治手段，运用科学治疗方法，这对于戒毒工作坚持走科学化专业化之路、不断提升戒治效果具有重要意义。

(三)该规定的缺憾及改进空间

该规定实行至今，总体而言其充分提供了强制隔离戒毒工作法律依据，较好地满足了基层执法管理的需要，但实际工作层面还有个别制约因素。

一是不予接收的条件和标准有待明确。该规定对于不予接收的情形唯一明确为怀孕或者正在哺乳自己不满1周岁婴儿的妇女，而对于未成年人、高龄老人、精神障碍患者、残疾人员、严重疾病患者等均未明确要求是否接收。由于当前的司法行政戒毒所多从劳教所转型而来，系统上下各个层级都不可避免还带有传统的劳教工作思维影响，对于戒毒人员既是违法者也是受害者和病人的角色定位没有真切的认识和体会，因此在场所建设、硬件配备等方面对戒毒医疗工作重视不够，在执法管理和教育矫治方面采取分类管理、分别矫治等方法手段不理想。戒毒所限于所内条件不达标，从确保场所持续安全稳定、预先防范一切不安全不稳定因素的角度思考和谋划工作，出现了公安机关决定强制隔离戒毒后，戒毒所对部分患有严重疾病、虽不至于危及生命但所内医疗条件满足不了医治需求的戒毒人员有不予接收的现象。这对公安禁毒一线办案警察的积极性产生挫伤，同时对禁毒工作大局造成一定影响。

二是未明确规定强制隔离戒毒执法的外部监督。既然是一项严肃的执法工作，就必须保证整个执法过程的严格规范公正文明。虽然规定中明确了对警察执法行为监督和违纪行为的处理程序，但更多的是一种自我监督，缺乏外部监督力量，需要全面加强所务公开，积极邀请人大、政协机关和新闻媒体等来所监督，同时争取检察机关的检查监督，让戒毒执法始终在阳光下运行。

二、《强制隔离戒毒诊断评估办法》

对于在强制隔离戒毒场所内接受戒治的吸毒人员，在两年的隔离期限内，其生理脱毒、身心康复、行为表现、社会环境与回归适应能力等方面的状态如何，需要作出全面、完整、科学、公正的综合评估，以作为决定是否提前解除或延长强制隔离戒毒期限的依据，其目的是充分调动戒毒人员投入戒治的积极性，最大限度地巩固戒毒效果，保障戒毒人员的合法权益。因此，公安部、司法部、国家卫生计生委三部门联合于 2013 年 9 月制定印发《强制隔离戒毒诊断评估办法》(以下简称《评估办法》)。强制隔离戒毒诊断评估是《禁毒法》第 47 条规定所作的制度设计，随后《戒毒条例》第 35 条作了进一步明确授权：强制隔离戒毒诊断评估办法由国务院公安部门、司法行政部门会同国务院卫生行政部门制定。《评估办法》第 1 条即明确指出，根据《禁毒法》《戒毒条例》及相关规定，制定本办法。第 4 条更提出，强制隔离戒毒诊断评估应当坚持依法、科学、公正、公开的原则。

(一)《评估办法》出台的现实必要性

1.强制隔离戒毒诊断评估标准和实际操作不统一

自《戒毒条例》颁行以来，由于强制隔离戒毒执行二元管理体制和分段式的原因，公安机关强制隔离戒毒所、司法行政机关强制隔离戒毒所并存，分别执行各自系统内的诊断评估办法，诊断评估的内容、标准、方式存在较大区别，不能保证诊断评估工作的科学性，对强制隔离戒毒法律规定的统一性、权威性也会造成一定程度的影响，因此制定科学统一的诊断评估办法就显得尤为必要。

2.戒毒场所医务人员的参与有利于保证诊断评估的科学性专业性

《禁毒法》规定，对吸毒成瘾人员应当进行戒毒治疗，从法律层面界定了吸毒人员是成瘾病人的属性；《戒毒条例》规定，强制隔离戒毒场所设立戒毒医疗机构应当经卫生行政部门批准，卫生行政部门对戒毒所内的医疗工作负有指导监督职责。毒品特别是合成毒品具有的极大腐蚀性，会对吸食者的健康肌体造成严重损害。吸毒人员由于长期吸食毒品，其身心极易出现各种严重疾病，既有生理方面的，也有精神方面的。戒毒场所需要不断加大医疗资源和力量投入，持续改善医疗条件以满足医疗戒治的需要，而卫生健康部门所管理的医疗技术力量是不可或缺的支持因素。诊断评估中生理脱毒、身体康复等方面的科学性、专业性评估，也需要卫生健康专业技术力量的权威评价来支撑和证明。

(二)《评估办法》的主要架构及内容

《强制隔离戒毒诊断评估办法》共4章28条,主要规定了诊断评估内容和标准、诊断评估程序等。

第一章"总则"(1～5条),主要包括:制定依据、诊断评估定义、诊断评估结果适用、诊断评估原则、部门职责等。

第二章"诊断评估内容和标准"(6～17条),主要包括:诊断评估内容及结果分类,生理脱毒评估标准,身心康复评估标准,行为表现评估标准,社会环境与适应能力评估标准,可以提前解除、从严控制提前解除、不得提前解除的情形,严重违纪行为的处理情形,期满前诊断评估,责令社区康复建议的提出,继续执行强制隔离戒毒余期的诊断评估情形。

第三章"诊断评估程序"(18～25条),主要包括:建立、移交诊断评估手册的时间及情形,诊断评估工作人员组成,阶段性评价时间及结果运用,诊断评估结果公示及异议申诉程序,制作诊断评估材料,决定机关对诊断评估结果的反馈。

第四章"附则"(26～28条),主要包括:关于本办法施行日期及法律效力的规定。

(三)《评估办法》的进步意义

一是该办法首次在全国范围内统一明确了强制隔离戒毒诊断评估内容与标准,规定在两段式执行体制中,戒毒人员从公安戒毒所向司法行政戒毒所移交后,对其后续的戒毒情况应当继续在公安机关移交的戒毒人员诊断评估手册上进行记载,这较好解决了长期以来公安机关、司法行政部门强制隔离戒毒所执行诊断评估不一致、不统一进而导致公正性权威性不足、戒毒人员及其家属认可度满意度不高的问题。

二是该办法从科学角度规定了诊断评估应采取定性考核与定量考核相结合的形式,将戒毒人员的生理脱毒评估、身心康复评估、行为表现评估结果设定为肯定或否定指标,将社会环境与适应能力评估结果分为"良好""一般"两类。其中明确规定行为表现评估可以将考核内容分解量化,采取日积累、月考核、逐月累计的计分方式进行动态考核,既方便了基层一线戒毒警察操作和执行,也为警察依法严格管理、维护良好的戒治秩序提供了非常得力的抓手。

三是该办法特别强调发挥好卫生部门的职能作用,加强了卫生行政部门对戒毒场所执业医师的业务指导和监督管理，不仅提高了诊断评估关于生理、心理等各项指征的专业评价水平，有利于诊断评估结果的科学性、有效性，而且卫生部门医疗资源力量进入戒毒工作，可以有效提高戒毒场所医疗戒治水平，预防和减少戒毒人员危重病情致死致残现象的发生，维护好戒毒场所正常的戒治秩序。

（四）《评估办法》存在的遗憾及改进空间

一是执行模式和工作机制有待统一。我国劳教制度废除之前，强制戒毒由公安机关承担，劳动教养由司法行政机关承担。随着吸毒人数的迅猛增长，司法行政机关逐渐开始承担劳教戒毒职能。2013 年 12 月十二届全国人大常委会第六次会议通过废除劳教制度决定，全国大部分省市区劳教场所改革转型为强制隔离戒毒场所。客观来讲，由于从事劳教工作的历史较公安戒毒要更长一些，司法行政戒毒机关无论是执法管理警察的业务素质、专业能力、教育矫治经验，还是场所设施条件，都有一整套的保障机制，强制隔离戒毒职能若合并由司法行政戒毒机关行使，形成全国统一的戒毒工作模式和机制，诊断评估也合并统一，则有利于充分发挥其独特优势，更好地保障戒毒工作质量和效果。关于这一设想和思路，本书后半部分其他章节有更为翔实全面周到的论述，此处不再展开。

二是关于诊断评估结果使用的审批权有待规范。实际工作中，对戒毒人员诊断评估的具体实施由执行机关负责，但是根据评估结果作出提前解除强制隔离戒毒或延长强制隔离戒毒期限的批准权统一归于公安机关，这就出现了公安机关不了解、不掌握执行的具体情况但又负责行使审批决定权的现象。戒毒人员的日常表现和戒治成效如何，执行机关具体负责管理教育的警察最清楚，而决定机关只在文来文往审核书面材料的基础上来作判断，实践中对于执行机关的正常解除申请还有许多基于主观印象和判断随意不予批准的情况，难免会失之于客观公正，既影响执法的统一和权威，又容易对戒毒场所的正常执法和安全管理造成一定程度的混乱。基于此，似应该将解除强制隔离戒毒的批准权限赋予执行机关——强制隔离戒毒所的主管部门，这样形成"审执分离体制模式"，合乎法理精神和时代潮流。

三是诊断评估的标准有待于统一规范。在当前的"两段式"强制隔离戒毒体制中，公安戒毒期限一般为3～6个月，司法行政戒毒为18～21个月。对不同期段的戒毒人员诊断评估材料，由于各方面对评估标准的认知和掌握程度不同，往往出现诊断评估尺度不一的现象。这就容易造成两个期段流转之间执法和管理的混乱，不利于稳定和规范所内的戒治秩序。因此，为了营造公正、稳定、可预期的强制隔离戒毒执行环境和氛围，促进戒毒人员积极接受教育矫治，有必要对"两段式"戒毒执行体制下的诊断评估办法和标准进行梳理，统一规范，尽快形成统一的诊断评估标准。

第五章　戒毒法定措施及实施

《禁毒法》第四章明确规定了开展戒毒的四种措施，即自愿戒毒、社区戒毒、强制隔离戒毒和社区康复。《戒毒条例》据此对四种戒毒措施的责任主体、执行机构、工作规范、保障机制以及戒毒人员的权利义务等，作出了较为详细具体的规定，为指导和规范戒毒工作、有效解决吸毒问题提供了重要的法律依据。

第一节　自愿戒毒

自愿戒毒是出于戒毒人员个人意愿，主动采取和实施的一种戒毒措施。

一、自愿戒毒的概念

自愿戒毒，即吸毒人员自行到具有戒毒治疗资质的医疗机构接受戒毒治疗。自愿戒毒场所大部分以医院化的规范医疗为主，有较强的医疗和科研力量，采用先进的医疗设备和戒毒手段，实行全封闭的病房管理模式，吸毒人员在这种规范化的戒毒场所可以收到良好的戒毒效果。吸毒人员经公安机关批准，并与强制隔离戒毒所签订戒毒协议，也可到强制隔离戒毒所接受强制隔离戒毒。

内因对事物的发展起决定性作用。吸毒人员进行自愿戒毒治疗，表明自己有戒除毒瘾的愿望和决心，由此易于获得较好的戒毒效果。同时，吸毒人员到自愿戒毒场所戒毒，不仅可以缓解强制隔离戒毒场所的戒治压力，而且能够在一定程度上缓解国家为禁毒、戒毒投入巨大人力、物力的压力。

二、自愿戒毒的对象

自愿戒毒的对象包括未被公安机关发现的吸毒人员、在社区戒毒的吸毒人员以及出于保护隐私而异地治疗的吸毒人员。对自愿接受戒毒治疗的吸毒人员,公安机关对其原吸毒行为不予处罚。

但从现实情况来看,由于种种原因,目前自愿到戒毒医疗机构戒毒的吸毒人员相对较少,自愿到强制隔离戒毒所接受强制隔离戒毒的吸毒人员更少。

三、自愿戒毒的相关规定

(一)关于自愿戒毒协议的规定

《戒毒条例》第 10 条规定,戒毒医疗机构应当与自愿戒毒人员或者其监护人签订自愿戒毒协议,就戒毒方法、戒毒期限、戒毒个人信息保密、戒毒人员应当遵守的规章制度、终止戒毒治疗的情形等作出约定,并应当载明戒毒疗效、戒毒治疗风险。由此规定可知,自愿戒毒协议是实施自愿戒毒措施的依据,明确戒毒医疗机构和戒毒人员的权利义务,促使戒毒人员及其监护人积极配合治疗,督促戒毒医疗机构认真科学戒治,保障戒毒效果。

《戒毒条例》第 25 条第 3 款规定,吸毒成瘾人员自愿接受强制隔离戒毒的,经强制隔离戒毒场所所在地县级、设区的市级人民政府公安机关同意,可以进入强制隔离戒毒场所戒毒。强制隔离戒毒场所应当与其就戒毒治疗期限、戒毒治疗措施等作出约定。

(二)关于戒毒医疗机构的规定

《禁毒法》第 37 条规定,戒毒医疗机构根据戒毒治疗的需要,可以对接受戒毒治疗的戒毒人员进行身体和所携带物品的检查;对在治疗期间有人身危险的,可以采取必要的临时保护性约束措施;发现接受戒毒治疗的戒毒人员在治疗期间吸食、注射毒品的,医疗机构应当及时向公安机关报告。

《戒毒条例》第 11 条明确规定,戒毒医疗机构应当履行下列义务:对自愿戒毒人员开展艾滋病等传染病的预防、咨询教育;对自愿戒毒人员采取脱毒治疗、心理康复、行为矫治等多种治疗措施,并应当符合国务院卫生行政部门制定的戒毒治疗规范；采用科学、规范的诊疗技术和方法，使用的药物、医院制剂、医疗器械应当符合国家有关规定；依法加强药品管理，防止麻醉药品、精神药品流失滥用。

（三）关于戒毒药物维持治疗的规定

戒毒药物维持治疗是指在符合条件的医疗机构，选用适宜的药品对阿片类物质成瘾者进行长期维持治疗，以减轻他们对阿片类物质的依赖，促进身体康复的戒毒医疗活动。《戒毒条例》第12条规定，符合参加戒毒药物维持治疗条件的戒毒人员，由本人申请，并经登记，可以参加戒毒药物维持治疗。登记参加戒毒药物维持治疗的戒毒人员的信息应当及时报公安机关备案。2014年12月31日，国家卫生计生委、公安部、国家食品药品监管总局联合下发了《戒毒药物维持治疗工作管理办法》。

四、自愿戒毒的方法

在自愿戒毒实践中，戒毒医疗机构在学习借鉴国内外先进戒毒经验的基础上，不断研究、探索、总结，形成了各具特色多种多样的自愿戒毒模式，在开展生理脱毒、药物治疗的同时，力求使自愿戒毒人员在思想、心理、行为上实现“脱毒”，防止复吸，收到了良好的效果。如山东省戒毒监测治疗所戒毒康复中心实施的戒毒康复预防复吸十步训练法，就是其中的先进典型。

第一步：毒害识别法——认识毒瘾。通过学习毒瘾的定义，了解吸毒对人的身体健康、情绪、性格、社会关系的影响及成瘾的原因，让自愿戒毒人员知道毒品的危害、成瘾的原理、戒毒的难点和消除毒瘾的途径。此步训练通过直观教育（观看戒毒电视片或戒毒成功者的亲身表述等）、引导自愿戒毒人员广泛讨论（比较吸毒的好处与坏处）、角色扮演（吸毒与受害者）、自主倾诉等，来提高戒毒者的认知水平。

第二步：立志戒毒法——改变现状。改变模式有五个阶段，即考虑前、正在考虑、准备、行动、维持阶段。考虑前：并没有认识到毒品的危害，感到被迫进入戒毒所，除了违反法律受处罚外，没有其他的问题。正在考虑：已在想是否要戒毒；考虑使用毒品如何影响他人；也许正在尝试作出一点改变，例如减少使用量。准备：已打算要戒毒；或许已经减少使用量，已清楚知道吸毒的坏处多于好处。行动：已经不再使用；避免会引起使用毒品的环境和情况；寻求支持与帮助以维护禁绝。维持：已经很久没有使用毒品；改变了生活方式而变得更负责任；帮助其他人停止使用毒品。康复中心让每一位戒毒者自我比较，确认自己正处于哪一个改变阶段，并进行自我检讨。通过教育引导，使自愿戒毒人员认识戒毒是个长期的治疗过程，而认识改变的各个阶段有助于戒毒人员相信吸毒的确是一个严重的问题，需要改变并立即行动；同时确信毒瘾能够戒除，但当中会经历反复的过程，只要有坚定的信念，最终会取得胜利。此步训练能增强自愿戒毒人员的戒毒信心，为下一步改变生活方式做准备。

第三步：个性修复法——列出清单。这个步骤包括个人清单的含义、写出个人清单的意义、如何写清单、清单的使用方法、个人缺陷与情绪、行为的关联等学习内容。列出个人清单是自我帮助的一项重要举动，主要是列出一些可能的吸毒（复吸）关联因素及其引发出来的问题：与朋友、家人或同事之间关系上的问题，个人情绪上的问题，个性缺陷问题，不良行为问题等等。列出个人清单，勇于面对自己的过去，找出自己的痛处和缺点是帮助自我戒毒的关键一步。此步训练在辅导员的启发和带领下，让自愿戒毒人员学会自我检讨，确认个性与行为方面需要改变的地方，在尊重个人隐私的前提下，把它写成一份个人清单。

第四步：寻求他人帮助法——谈个人清单。鼓励自愿戒毒者大胆向一个值得自己依赖的人谈论个人的清单，并学会寻求帮助，以利于坚定自己完善自身的信心和坚定戒毒的信心。训练的方式采用自愿讨论或写信或打电话的方式进行。如让每位自愿戒毒人员在一张纸上写下自己的缺陷，并写出它是如何导致自己使用毒品（戒毒人员无须写下自己的名字），把写好的纸放入袋子或纸箱中，随意抽出一张，让自愿戒毒人员大声念出。此步训练可以改变一些自愿戒毒人员的性情，使他们变得更为开朗，有助于他们面对现实，在有困难（戒毒方面）的时候，大胆求助他人。

第五步：伤害他人补偿法——忏悔道歉。这一步中主要学习补偿的意义、内容、方式。补偿的意义：吸毒的人一旦上瘾后，就以毒品为中心，以自己为中心，不顾全他人，更不想去帮助别人，改变这种不良心态的办法就是让自愿戒毒人员重新学习帮助别人，在帮助别人当中帮助自己。

第六步：改变生活方式法——制定计划。从毒瘾中复原需要 180 度的转变。一个人要几乎完全改变绝非易事，而制定一项改变生活方式的计划并长期按照计划认真地做，这是一个转变的过程，是自愿吸毒人员康复的必经之路。因此，这步训练法是本训练法最为关键的一步。改变生活方式的计划及相关内容主要是：每日进行一到两次的放松训练；寻找赞助者以获得支持；寻找伙伴以相互促进；寻找新朋友以改变交友环境；改变或更换生活环境；培养新的兴趣爱好；每日反省以求自新；工作劳动以求自食其力。

第七步：毒瘾复发感知法——提高警觉。通常接受治疗而戒断毒品的人中，有2/3的人在之后的90天内复吸，复吸率相当高，特别是一个人在面临困难、压力、诱惑时极易再度使用毒品。在这步训练中，介绍毒瘾复发的整个过程，让自愿戒毒人员懂得哪些是复发的初期警戒信号，哪些是复发的高度危险状况，并结合自己复发时的整个过程，把有关联的问题列出来，从而感知自己在什么情况下可能再次复吸。

第八步：高危状况避免法——巧妙回避。与复吸有关联、容易使戒毒者陷入复吸高危状况的约有七个方面的问题，即无工作的烦恼、不良环境的问题、交友上的问题、情绪上的问题、人际关系上的问题、疾病的问题及其他的问题。让自愿吸毒人员掌握应对这七个方面问题的方式方法，可以做到预防在先，巧妙避免陷入复吸高危状况而导致复吸。

第九步：毒品拒绝法——果断避开。这主要是让自愿吸毒人员扮演角色（戒毒者与提供毒品者）反复进行练习，学会向提供毒品者说“不”和避免接触吸毒人员的30秒拒绝原则，掌握产生强烈复吸欲望时的应对办法。

第十步：团体互助法——后续照管。让自愿戒毒人员根据自己的情况各自制定一份总的戒毒康复计划，鼓励他们找到戒毒“赞助者”并召开一次赞助者座谈会，向自愿戒毒人员的家属或朋友介绍自愿戒毒人员的进步表现和赞助者应该如何帮助戒毒者的方法，让他们掌握戒毒基本知识等，充分发挥赞助者的后续帮教、照管作用。同时在自愿戒毒人员中建立起自愿戒毒小团体，定期进行小团体式的集会，让他们相互勉励，相互监督，共同戒毒。

十步训练法训练时间约为3个月，每期设若干个训练活动小组，每个小组8～10人，由1名辅导员负责。十步训练法强调自愿戒毒人员之间、辅导员与自愿戒毒人员之间的相互交流。辅导员虽然辅导，但主要是组织自愿戒毒人员开展讨论、训练。在辅导过程中，辅导员遵循七项工作原则，即激励原则、回避原则、聆听原则、情感原则、引导原则、平等原则、保密原则。实践证明，十步训练法是切实有效的。

第二节　社区戒毒

社区戒毒是目前广泛使用的一种戒毒措施，其整合家庭、社区、公安、民政以及卫生等部门力量和资源，使戒毒人员在社区实现戒毒。

一、社区戒毒的概念

社区戒毒是指将吸毒人员置于其生活社区内，由政府和有关机构进行戒毒管理的一种戒毒措施。其特点是以社区为运行平台，由政府机关主导，多元社会力量联合参与，共同协助吸毒人员戒毒。目的是充分利用社区资源，最大程度地教育挽救那些吸毒成瘾时间不长、程度不深、本人有戒毒意愿且有家庭监护的吸毒人员。

二、社区戒毒的法律属性

虽然学术界对社区戒毒的定义不一，但关于其性质的观点则较为一致，即社区戒毒是一项带有约束性的行政措施。社区戒毒紧紧围绕戒毒人员的戒毒治疗需求开展工作，在监督挽救戒毒人员的同时，为戒毒人员提供相应的服务，是“在服务中实现管理，在管理中体现服务”社会管理理念的具体体现。因此，社区戒毒是一项带有约束性的教育、帮助、挽救、监督和矫治吸毒人员的行政措施。

三、社区戒毒的意义

社区戒毒的意义主要体现在以下三个方面：

（一）转变戒毒理念的重要体现

《禁毒法》规定，国家采取各种措施帮助吸毒人员戒除毒瘾，教育和挽救吸毒人员。该法《草案说明》明确指出：“戒毒人员是违法者，也是病人和受害者，对吸毒人员要惩罚，更要教育和救治。”这改变了过去对吸毒人员以惩罚为主的观念和做法，社区戒毒措施的确立，正是戒毒理念转变的具体体现。

（二）转变戒毒方式的重要体现

戒毒工作是一项复杂的系统工程、世界性难题。以往我国主要依靠个别部门来承担戒毒职责，但是面对严峻的毒品蔓延形势，单靠个别部门的力量已难以胜任。社区戒毒措施就是将戒毒工作由个别部门职责改变提升为政府各部门职责乃至全社会共同责任的具体戒毒方式，形成了全社会共同支持参与戒毒的宏大格局，必将对戒毒工作产生巨大的推动作用。唯有依托社区资源，调动多方力量，充分发挥社区、家庭等多方面的作用，才能更有效地提升戒毒效果。

（三）落实全民责任的重要体现

帮助吸毒人员戒除毒品，离不开家庭的温暖、亲人的关爱、社区的包容与关怀。实行社区戒毒，正是要创造一个社会包容接纳吸毒人员的氛围，动员社会、社区及家庭力量参与教育和挽救吸毒人员，帮助吸毒人员消除自我孤立、与社会对立的消极情绪，树立和坚定戒毒信心，回归正常生活。社区戒毒既有利于提高吸毒人员的归属感和社会融入度，也有利于社会更好地认识戒毒工作和了解、接纳、帮助戒毒人员，共建无毒社会。

四、社区戒毒执行的相关规定

（一）社区戒毒对象

根据有关法律法规的规定，被公安机关查获的吸毒成瘾人员，具有下列条件之一的，可以责令其接受社区戒毒：

1. 因吸毒首次被公安机关查获，有固定住所和稳定的生活来源，具备家庭监护条件的；

2. 怀孕或者正在哺乳自己不满 1 周岁婴儿的；

3. 不满 16 周岁的未成年人；

4. 因患有严重疾病或残疾生活不能自理，不适用强制隔离戒毒的。

需要注意的是，接受社区戒毒的人员必须是吸毒成瘾者，对一些初次吸毒没有形成毒瘾的人员，可以给予治安管理处罚，不责令进行社区戒毒。

（二）社区戒毒执行地点

社区戒毒人员应当在户籍所在地或者现居住地接受社区戒毒。社区戒毒执行地点的确定，由有权作出责令社区戒毒决定的公安机关，与相关的乡（镇）人民政府、城市街道办事处沟通后，根据社区戒毒人员及其家庭的实际情况，遵照有利于戒毒人员就医、就学、就业，有利于戒毒人员与其家庭的联系，有利于对社区戒毒人员监护的原则而确定。

（三）社区戒毒期限

社区戒毒的期限为3年，这是根据科学戒毒的规律和我国长期以来的戒毒实践确定的。研究表明，在戒毒人员消除生理依赖和戒除心理依赖后，继续对吸毒人员进行必要的约束可以有效预防复吸。需要注意的是，《禁毒法》和《戒毒条例》没有规定提前解除或者延期解除社区戒毒的法定情形。

（四）社区戒毒执行机关

城市街道办事处、乡（镇）人民政府负责社区戒毒工作。《戒毒条例》规定，乡（镇）人民政府、城市街道办事处应当根据工作需要成立社区戒毒工作领导小组，配备社区戒毒专职工作人员，制定社区戒毒工作计划，落实社区戒毒措施。社区戒毒是一项综合性的、需要多元社会力量共同参与的戒毒措施。除社区戒毒专职工作人员外，社区民警、社区医务人员、社区戒毒人员的家庭成员以及禁毒志愿者应共同组成社区戒毒工作小组具体实施社区戒毒。乡（镇）人民政府、城市街道办事处负责协调和保障社区戒毒工作顺利开展，县级以上地方人民政府公安机关、设区的市级以上地方人民政府司法行政部门对社区戒毒工作提供指导和支持。

（五）社区戒毒人员义务

《戒毒条例》明确规定社区戒毒人员有三项义务：一是履行社区戒毒协议；二是根据公安机关的要求，定期接受检测；三是离开社区戒毒执行地所在县（市、区）3日以上的，须书面报告。为了便于执法管理，相对应地规定了严重违反社区戒毒协议的情形：一是在社区戒毒期间逃避或者拒绝接受检测3次以上的，二是擅自离开社区戒毒执行地所在县（市、区）3次以上或者累计超过30日的。在现实工作中，对社区戒毒人员在检测过程中提供虚假检材、干扰检测结果的行为，均可视为逃避检测。

（六）社区戒毒工作措施

乡（镇）人民政府、城市街道办事处，应当在社区戒毒人员报到后及时与其签订社区戒毒协议，明确社区戒毒的具体措施、社区戒毒人员应当遵守的规定以及违反社区戒毒协议应承担的责任。日常工作措施主要有四项：一是戒毒知识辅导；二是教育、劝诫；三是职业技能培训，职业指导，就学、就业、就医援助；四是帮助戒毒人员戒除毒瘾的其他措施。前三项措施都有很强的针对性，如戒毒知识辅导有利于提高戒毒人员对戒毒治疗的依从性，教育劝诫有利于其消除侥幸心理，防止其复吸，职业技能培训等有利于其提高谋生和融入社会的能力。而第四项则是授权各地根据本地实际，创造性地开展相关工作。

（七）社区戒毒变更、解除、终止和中止

社区戒毒人员需要变更社区戒毒执行地的，社区戒毒执行地乡（镇）人民政府、城市街道办事处应当将有关材料转送至变更后的乡（镇）人民政府、城市街道办事处，并签订新的社区戒毒协议，继续执行社区戒毒。

社区戒毒自期满之日起解除。社区戒毒执行地公安机关应当出具解除社区戒毒通知书送达社区戒毒人员本人及其家属，并在 7 日内通知社区戒毒执行地乡（镇）人民政府、城市街道办事处。

社区戒毒人员被依法收监执行刑罚、采取强制性教育措施的，社区戒毒终止。

社区戒毒人员被依法拘留、逮捕的，社区戒毒中止，由羁押场所给予必要的戒毒治疗，释放后继续接受社区戒毒。

第三节　强制隔离戒毒

强制隔离戒毒是目前最为系统、最为规范的一种戒毒措施。

一、强制隔离戒毒的概念及特点

根据我国《禁毒法》《戒毒条例》等相关法律法规的规定，强制隔离戒毒是指公安机关和司法行政机关依据法定的条件和程序，将吸毒成瘾人员置于与社会隔离的场所，采取以教育矫治为核心的综合戒治措施，对其进行强制性戒毒的行政强制措施。其具有如下特点：

（一）强制戒毒

这主要是对戒毒意愿和戒毒行为的强制。不论强制隔离戒毒对象是否有戒毒意愿，都必须接受戒毒；不论强制隔离戒毒对象是否同意，都必须接受和服从戒毒管理；不论强制隔离戒毒对象是否乐意，都必须接受和参加戒治。强制隔离戒毒对象没有选择的余地。

(二)隔离戒毒

隔离是强制戒毒的保障，通过将其限定在封闭场所的措施，使戒毒人员与社会物理隔离，有效切断其毒品来源，防止其继续吸毒；同时对其实施全天24小时的有效监管，可以确保戒毒措施的系统实施，最大可能地帮其戒毒。因为大多数吸毒人员自制力较差，特别是吸毒成瘾或有违反社区戒毒协议行为的吸毒人员，如果不及时采取隔离的方式，不仅其自身难以戒毒，而且会给社会带来巨大的危害。

(三)教育矫治

吸毒人员是违法者，是毒品的受害者，同时也是病人，大部分吸毒人员的身心和人格都有不同程度的改变。因此，在强制隔离戒毒期间，主要任务是通过生理脱毒、疾病诊治、行为养成、教育矫治、心理矫正、康复训练、技能培训等多种措施，康复其身体，端正其思想，提升其道德观念，提高其文化素质，培养其良好习惯，使其认知毒品危害，坚定戒毒信心，掌握拒毒技能，获得谋生本领，顺利回归社会。

(四)目标戒毒

强制隔离戒毒的目标是帮助吸毒成瘾人员戒毒，重点不在于惩罚，而在于通过强制手段、隔离方式，集中一段时间，采取综合措施，坚定其戒毒信心，提升其认知力、意志力、自控力，促使其回归社会后戒断毒品，不再吸毒。

二、强制隔离戒毒的法定属性

(一)强制隔离戒毒是一种行政强制措施

强制隔离戒毒不是行政强制执行行为，而是具体的行政强制措施，旨在通过采取强制和隔离措施，对戒毒人员产生实体意义的影响。其行政性主要体现在三个方面：一是吸毒行为违反的主要是行政管理方面的法律法规；二是戒毒强制措施是由具有戒毒强制措施实施权的公安机关作出的，不需向司法行政机关申请即可执行；三是强制隔离戒毒所的管理部门是行政机关，由公安机关和司法行政机关负责领导和管理。其强制性主要体现在被强制隔离戒毒的吸毒者的人身自由在一定时期受到限制，其间强制隔离戒毒人员毒瘾发作，可能发生自残或伤害他人的行为，因此，法律规定允许强制隔离戒毒所采取必要的保护性措施，防止意外事故发生。

(二)强制隔离戒毒不是行政处罚

强制隔离戒毒与对吸毒成瘾人员行政拘留相比，虽然都限制了吸毒者的人身自由，但二者有本质的区别。强制隔离戒毒目的在于通过强制性的戒毒程序，采取教育矫治、身心康复、心理辅导等多种方法并用的综合性戒毒措施，帮助吸毒成瘾人员戒除毒瘾，既有强制性又体现了国家对吸毒人员的关怀救助。而行政处罚是通过处罚手段对吸毒人员产生威慑和教育，以惩罚手段达到禁止吸毒的目的。一般来说，这种方法对于没有上瘾的吸毒者的吸毒行为会产生效果，而对于吸毒严重成瘾者，再严厉的处罚也作用甚微，难以达到促使其彻底戒断毒品的目的。

三、强制隔离戒毒执行的相关规定

(一)强制隔离戒毒条件

县级以上人民政府公安机关对吸毒成瘾人员作出强制隔离戒毒决定，需要符合四项法定条件之一：一是拒绝接受社区戒毒的；二是在社区戒毒期间吸食、注射毒品的；三是严重违反社区戒毒协议的；四是经社区戒毒、强制隔离戒毒后再次吸食、注射毒品的。在实际工作中，对于初次发现的吸毒成瘾人员，一般先责令社区戒毒，对拒绝接受社区戒毒或社区戒毒期间吸食、注射毒品的，再作出强制隔离戒毒决定。但对于吸毒成瘾严重、通过社区戒毒难以戒除毒瘾的人员，可直接作出强制隔离戒毒决定。

吸毒成瘾人员自愿接受强制隔离戒毒，希望通过强有力的外力监督和约束来达到戒毒目的的，经公安机关同意，可以进入强制隔离戒毒所戒毒。

(二)强制隔离戒毒的对象

强制隔离戒毒的对象是经公安机关作出强制隔离戒毒决定的吸毒成瘾人员。《禁毒法》同时规定了两种特殊情况：一是怀孕或者正在哺乳自己不满1周岁婴儿的妇女吸毒成瘾的，不适用强制隔离戒毒。因强制隔离戒毒限制人身自由期限较长，妇女在怀孕前和哺乳期需特殊保护，为体现人本关怀，不适用强制隔离戒毒。二是不满 16 周岁的未成年人吸毒成瘾的，可以不适用强制隔离戒毒。通常情况下对不满 16 周岁的未成年人不适用，但对父母等监护人无力帮助其戒毒、采取社区戒毒也无效的未成年人，可以对其进行强制隔离戒毒。

（三）强制隔离戒毒的场所

强制隔离戒毒场所是各省、区、市设置的强制隔离戒毒所，目前多数省、区、市公安机关和司法行政机关均有强制隔离戒毒所。强制隔离戒毒所的设置、管理体制和经费保障由国务院根据《禁毒法》和实际情况作出具体规定。《戒毒条例》规范了强制隔离戒毒场所的内部管理，对入所检查、分类分级管理、所外就医、诊断评估、戒毒人员脱逃、解除等具体程序都作了明确的规定。

（四）强制隔离戒毒决定、执行机关

强制隔离戒毒的决定机关是县级以上人民政府公安机关。公安派出所在执法活动中发现有吸毒成瘾人员符合强制隔离戒毒条件的，应当报县级以上人民政府公安机关作出强制隔离戒毒的决定。根据《戒毒条例》的规定，强制隔离戒毒执行机关有两个：一是县级以上地方人民政府公安机关，负责管理公安机关的强制隔离戒毒场所；二是设区的市级以上地方人民政府司法行政部门，负责管理司法行政部门的强制隔离戒毒场所。

（五）强制隔离戒毒期限

强制隔离戒毒的期限为 2 年，起始日期自作出强制隔离戒毒决定之日算起。强制隔离戒毒人员被依法收监执行刑罚、采取强制性教育措施或者被依法拘留、逮捕的，由监管场所、羁押场所给予必要的戒毒治疗，强制隔离戒毒的时间连续计算；刑罚执行完毕时、解除强制性教育措施时或者释放时强制隔离戒毒尚未期满的，继续执行强制隔离戒毒。

《禁毒法》明确了提前解除和延长强制隔离戒毒期限的规定：执行强制隔离戒毒 1 年后，经诊断评估，对于戒毒情况良好的戒毒人员，强制隔离戒毒场所可以提出提前解除强制隔离戒毒的意见，报强制隔离戒毒的决定机关批准。强制隔离戒毒期满前，经诊断评估，对于需要延长戒毒期限的戒毒人员，由强制隔离戒毒场所提出延长戒毒期限的意见，报强制隔离戒毒的决定机关批准。强制隔离戒毒的期限最长可以延长 1 年。

第四节 社区康复

社区康复是巩固戒毒成效的重要途径和形式。

一、社区康复的概念

社区康复是将解除强制隔离戒毒的人员重新纳入社区环境，由政府和有关机构进行戒毒管理的戒毒措施。完整的强制隔离戒毒过程包括生理脱毒、身心康复、重返社会三个不可或缺的阶段，这是国内外戒毒界的共识。《禁毒法》之前，我国所有的禁毒法律法规都没有对强制隔离戒毒后重返社会这一阶段进行规定。《禁毒法》规定了社区康复这一措施，从法律上确定了集生理脱毒、身心康复、重返社会功能于一体的戒毒康复新模式（这一模式最早是在2006年国家禁毒委员会深入推动禁毒人民战争电视电话会议上提出的）。

二、社区康复的性质

社区康复和社区戒毒一样，都是带有约束性的行政措施。《禁毒法》第48条第2款规定："社区康复参照本法关于社区戒毒的规定实施。"根据这一规定，社区康复与社区戒毒在执行主体、目的及方法上基本是相同的，即作出决定的机关为县级以上人民政府公安机关；社区康复执行地乡（镇）人民政府、城市街道办事处同样应当成立社区康复工作小组，与社区康复人员签订社区康复协议，根据戒毒人员本人及家庭的情况，落实有针对性的社区康复措施。

三、社区康复的对象及期限

从《禁毒法》的立法本意看，并非要求公安机关责令所有被解除强制隔离戒毒的人员接受社区康复，只是规定强制隔离戒毒决定机关"可以"责令被解除强制隔离戒毒的人员接受不超过3年的社区康复，实际上是授权公安机关根据不同情况，责令需要接受社区康复的被解除强制隔离戒毒的人员接受社区康复。关于责令戒毒人员接受社区康复措施的条件，目前全国还没有形成统一的标准。从目前各地的执法实践情况看，多数地方公安机关一般责令吸食、注射阿片类毒品的戒毒人员解除强制隔离戒毒措施后接受社区康复。

社区康复的期限是“不超过3年”。具体到每一名戒毒人员，公安机关通常根据其强制隔离戒毒诊断评估结果和出所后所处社会环境等各种因素综合考量，决定其社区康复的期限。同社区戒毒一样，社区康复期满即解除，不需要进行审批。

四、社区康复场所有关规定

《禁毒法》规定，县级以上地方各级人民政府根据戒毒工作的需要，可以开办戒毒康复场所；对社会力量依法开办的公益性戒毒康复场所应当给予扶持，提供必要的便利和帮助。早在2006年，国家禁毒委员会和公安部开始部署试点建设戒毒康复场所。戒毒康复机构对经过强制隔离戒毒之后的戒毒人员进行康复治疗，既可以巩固强制隔离戒毒的成效，又可以提供就业机会，为戒毒人员顺利回归社会进行过渡。

需要注意的是，戒毒康复场所的戒毒康复同样不是一种处罚，也不属于行政强制措施，是否进入戒毒康复场所劳动，由戒毒人员自愿选择。因此，不能强制或者责令戒毒人员到戒毒康复场所进行生活和劳动。

戒毒康复场所最早由云南、海南等省份依托强制隔离戒毒所开办。戒毒康复场所以自愿为前提、康复为中心、生产为平台、教育为手段、医疗为保障、回归社会为目标，通过为强制隔离戒毒期满后自愿留所和返所人员提供就业岗位的方式，最大程度地帮助戒毒人员巩固戒毒成果，有效地降低了复吸率，受到了戒毒人员及其家属的欢迎，也得到了社会的认可。但由于种种原因，全国戒毒康复场所建设较少，尚未能发挥出其应有的功能作用。

第五节　戒毒措施的有效实施

《禁毒法》《戒毒条例》立足于吸毒人员兼有违法者、受害者、病人三重身份的属性，坚持以人为本的理念，在总结我国禁毒工作经验的基础上，对戒毒措施作出了重大改革，实施以来取得了重大阶段性成果；但从实践层面来看，仍存在着诸多问题和不足，在一定程度上影响和制约了禁毒戒毒工作的更好发展，需要加以改进和完善。

一、自愿戒毒、社区戒毒、社区康复存在的问题及原因分析

（一）自愿戒毒存在的问题及原因

为贯彻落实《禁毒法》《戒毒医疗服务管理暂行办法》等规定，进一步加强戒毒医疗服务管理，推动禁吸戒毒工作深入开展，2011年卫生部办公厅下发了《关于印发全国自愿戒毒医疗机构名单的通知》，当时审核批准了全国126家医疗机构开展自愿戒毒工作。但从调查的几家自愿戒毒医疗机构的收治情况看，效果并不理想，主要是人数较少。究其原因，主要表现在以下几个方面：

一是自愿戒毒的积极性不高。吸毒者或对毒品危害性认识不足，觉得无所谓，不想去主动戒毒；或者担心因自愿戒毒被他人知晓其吸毒，对其工作生活带来不利影响，不敢到自愿戒毒场所戒毒；或者毒瘾严重，缺乏戒毒信心，放弃自愿戒毒；或者遭遇重大挫折生活无望，自暴自弃，自我麻醉。目前，自愿戒毒者多是家庭成员强迫的，而非其本人自愿。

二是自愿戒毒费用相对较高。自愿戒毒的时间一般为3个月以上，费用通常在2万元以上。虽然钱数对一般家庭而言不算多，但对于吸毒人员而言却是个不小的数目。从山东省的情况来看，农村籍吸毒人员已超过城镇籍吸毒人员，农民收入相对较低，绝大多数吸毒人员家庭本就不富裕，再加上长期吸毒购买毒品，许多人已陷入贫困或债台高筑，无力支付自愿戒毒费用。这种情况在全国具有普遍性。目前，自愿戒毒的多数是家庭经济条件相对较好的。

三是戒治效果有局限性。戒毒是一个极为艰难的过程，不仅要实现生理脱毒，更要提升自愿戒毒人员辨别是非的认知能力，增强其自警自律的自控能力，强化其戒断毒品的意志能力。但由于毒瘾顽固性强、自愿戒毒人员文化素质普遍较低（绝大多数为高中以下学历）、戒治时间较短且戒治手段有限等多种因素的制约，自愿戒毒的效果受到一定程度的影响。

（二）社区戒毒存在的问题及原因

社区戒毒是动员社会力量参与戒毒的重要戒毒措施。然而，从实践

层面看，这项措施并未得到全面有效的落实，发挥其应有的作用。主要表现在以下几个方面：

一是缺乏专门社区戒毒执行机构。按《禁毒法》规定，社区戒毒由乡（镇）人民政府、城市街道办事处负责。但是，许多地方尤其是经济欠发达地区，乡（镇）人民政府、城市街道办事处未设立专门机构，多是交由其他部门代管、监管，如许多地方将监督社区戒毒协议履行情况的任务放在社区民警身上，而社区民警的日常任务繁重，亦难以有效监督戒毒协议的执行。

二是缺少专职人员、专业队伍。戒毒是一项复杂且专业性较强的工作，需要专职人员管理、专业人员戒治。由于缺乏专门机构，缺少专职、专业人员，对戒毒人员的帮助教育、心理咨询和辅导、日常监管等工作难以有效开展。

三是协作配合难落实。根据《禁毒法》的规定，公安机关和司法行政、卫生行政、民政等部门应当对社区戒毒工作提供指导和协助。但由于缺乏专门机构或专职人员，各部门的协作配合也就无从落地。

四是缺乏有效的监督考核。多数地方尚未建立起规范统一的社区戒毒管理办法、社区戒毒考核办法以及相关的奖惩办法，缺乏相应的制度，政府监管不到位，导致许多地方的社区戒毒机构建设不规范，工作开展参差不齐甚至形同虚设。

从调研掌握的情况看，存在上述问题的原因主要有三个方面：一是一些县、乡（镇）人民政府、城市街道办事处尤其是其主要负责人对毒品的严峻形势和社会危害性认识不足、重视不够，对社区戒毒工作应付走过场；二是县级以上人民政府对这项工作缺乏必要的指导、支持、监督，乡（镇）政府、街道办事处对这项工作积极性不高、随意性大，甚至不管不问；三是受客观条件制约，如人力、物力、财力不足或匮乏，缺少充分开展社区戒毒工作应有的资源。

社区康复工作存在的问题和原因类同于社区戒毒，不再赘述。

二、有效实施戒毒措施的对策建议

（一）强化责任意识，增强戒毒动力

《戒毒条例》第2条规定，县级以上人民政府应当建立政府统一领导，

禁毒委员会组织、协调、指导，有关部门各负其责，社会力量广泛参与的戒毒工作体制，建立戒毒治疗、康复指导、救助服务兼备的工作体系。第3条又规定，县级以上人民政府应当按照国家有关规定将戒毒工作所需经费列入本级财政预算。由此可知，戒毒工作是政府的一项重要职责，是禁毒委员会和各职能部门的重要任务，而且负有发动、引导、组织社会力量广泛参与戒毒工作的责任。

2015年6月25日，习近平总书记在北京会见全国禁毒工作先进集体代表和先进个人时强调，禁绝毒品，功在当代，利在千秋。禁毒工作事关国家安危、民族兴衰、人民福祉，厉行禁毒是党和政府的一贯立场和主张。要求各地区各有关部门要切实增强做好禁毒工作的政治责任感，以更加坚定的决心、更加有力的措施、更加扎实的工作，坚持严打方针不动摇，坚持多策并举、综合治理，坚持部门协同、社会共治，保持对毒品的"零容忍"，锲而不舍，常抓不懈，坚定不移打赢禁毒人民战争，不获全胜决不收兵。习总书记把禁毒工作的重要性提升到了前所未有的高度，对各地各部门提出了具体明确的要求，并确立了坚定的禁毒目标——坚定不移打赢禁毒人民战争。各地各部门自当全面深刻认知禁毒工作重大而深远的意义，清醒地认识我国当前面临的严峻的毒品形势，遵循习总书记的重要指示要求，求真务实地做好禁毒工作。能否认真贯彻落实习近平总书记的重要指示要求，业已成为衡量各地各部门尤其是其领导班子和成员政治意识、大局意识、核心意识、看齐意识强不强的重要指标。同时，在强化全面依法治国的今天，各地各部门能否认真履行《禁毒法》《戒毒条例》规定的职责和义务，也是衡量其能否运用法治思维和法治方式治理社会毒品问题、落实全面依法治国要求的重要尺度。因此，各地各部门应当从讲政治的高度，提高政治站位，从依法治国的高度，提升法治意识，不断增强做好戒毒工作的内在动力，克服各种困难和阻力，创造性地开展自愿戒毒、社区戒毒、强制隔离戒毒和社区康复的相关工作，尽到各自的政治责任、法律责任和工作职责，不辱使命。

（二）坚持多措并举，发挥综合效能

正确认识和把握戒毒规律，充分发挥自愿戒毒、社区戒毒、强制隔离戒毒、社区康复的独特优势和综合效能。从戒毒规律分析，四种戒毒措施有其内在的递进的逻辑关系。首先，自愿戒毒是最理想的戒毒措施，因为内因起决定作用。吸毒人员深刻认知毒品危害,自愿到戒毒医疗机构戒毒,戒毒就有了良好的思想基础和开端。通过一段时间的积极戒治,他们就能够坚定戒断毒品的信心,复吸率就会大大降低。其次是社区戒毒,这是一种干预性的戒毒措施。吸毒人员有戒毒愿望,而由于种种原因不主动到戒毒医疗机构戒毒,或者没有戒毒愿望而又涉毒未深,就需要政府部门和社会力量帮助、督促其戒毒。再次是强制隔离戒毒,此为最严厉、不得已、强制性的戒毒措施。目的是对那些毒瘾深重、难以自拔的吸毒人员,通过隔离方式强迫其进行生理脱毒和思想、心理、行为矫治,提升其认知力、自控力、意志力,实现"强迫我戒毒"到"我自愿戒毒"的转变,并赋予其拒断毒品的技能,最终达到戒断毒品的目的。最后是社区康复,此为巩固性戒毒措施。对于精神、心理深度依赖毒品的吸毒人员而言,要想彻底戒毒是极为困难的,极易受外界影响而复吸,这也是国际上戒毒复吸率居高不下的原因所在。因此,在解除强制隔离戒毒后,对那些在强制隔离戒毒期间表现不够好的出所人员,需要继续给予一定时间的监管、教育和帮助,促使其保持操守,力争不再沾染毒品。

从上述分析可知,四种戒毒措施构成了我国科学有机的戒毒体系,必须协同推进,不可顾此失彼、有所偏废。同时,自愿戒毒、社区戒毒在实现戒毒目标上更具有基础性作用,戒毒人员涉毒未深,通过戒治更容易彻底戒断毒品。而在现实实践中恰恰是这两种戒毒措施较为薄弱,政府和社会各界应当倾注更多的人力、物力、财力补齐短板,全面提升我国戒毒能力和水平,收获事半功倍的效果。

(三)创新制度措施,激发自愿戒毒

自愿戒毒关键在于"自愿"。针对存在的问题,宜应采取以下措施:一是进一步加大宣传教育力度。从对强制隔离戒毒人员的调查可知,绝大多数吸毒者初次吸毒是因"无知"(好奇、寻刺激)而导致的,因此政府应通过广泛的、有针对性的宣传教育,使涉毒未深的吸毒者及早认知毒品的危害性,及时觉醒,主动尽快戒断毒品。同时,应宣传教育社会公众容忍、接纳吸毒者,原谅他们因"无知"导致的吸毒行为,消除憎恶、排斥情绪,形成鼓励、支持、帮助吸毒者自愿戒毒的社会氛围,打消自愿戒毒者的顾虑。二是加大优惠政策扶持力度。一方面加大对戒毒医疗机构的扶持力度,完善戒毒条件,丰富戒治手段,开展自愿戒毒研究等,不断提升戒毒能力和水平；另一方面加大戒毒经费投入，规定较为低廉的自愿戒毒收费标准或提供免费自愿戒毒，甚至在此基础上给予生活困难自愿戒毒人员一定的生活救济，以鼓励、支持吸毒者自愿戒毒。三是维护戒毒人员合法权益。监督落实保障吸毒人员合法权益的有关法律、法规和制度，切实维护其合法权益，进而坚定其自愿戒毒的信心和决心。

（四）加强社区戒毒建设，发挥社会戒毒优势

社区戒毒（含社区康复）是在政府的主导下发动社会力量共同开展戒毒的一项重要制度，也是四种戒毒措施中最为基础的一项戒毒措施，必须充分发挥其职能作用。首先，建立健全社区戒毒专门机构。独立设置机构，配备专职人员，明确职责任务，健全工作制度，保障工作经费，否则社区戒毒将无从谈起。其次，建立专业队伍。在配备专职人员的基础上，依据法律规定，在社区内和社会上选聘各类兼职专业人才，招聘社会志愿者，组建稳定的社区戒毒专业队伍，遵循戒毒规律，依法规范地开展社区戒毒。再次，落实协作配合机制。一方面，公安、司法行政、卫计委等部门，根据社区戒毒工作的实际需求，充分发挥各自职能优势，依法积极主动地指导、支持、帮助社区戒毒机构科学、规范、高效地开展社区戒毒；另一方面，社区戒毒机构应广泛动员、吸纳、指导社区群众参与社区戒毒，辅助做好对社区戒毒人员的教育、帮助、监管工作，落实“坚决打赢禁毒人民战争”的要求。最后，加强考核监督。缺乏监督就意味着放任和放纵，社区戒毒实践中的一些现象也充分证明了这一点。因此，省、市、县政府职能部门应结合当地社区戒毒工作实际，建立健全相应的考核监督制度，明确规定考核监督的项目、标准、要求、奖惩等，并经常检查、勤于督导，定期考核、落实奖惩，确保社区戒毒工作务实推进、取得成效。

（五）兴建戒毒康复场所，提供良好的戒毒环境

《禁毒法》《戒毒条例》对兴建戒毒康复场所有着明确具体的规定，如县级以上地方各级人民政府根据戒毒工作的需要，可以开办戒毒康复场所，并纳入当地国民经济和社会发展规划；对社会力量依法开办的公益性戒毒康复场所应当给予扶持，提供必要的便利和帮助。要求戒毒康复场所配备必要的管理人员和医务人员，为戒毒人员提供戒毒康复、职业技能培训和生产劳动条件；加强管理，严禁毒品流入，并建立戒毒康复人员自我管理、自我教育、自我服务的机制；组织戒毒人员参加生产劳动，参照国家劳动用工制度的规定支付劳动报酬。自愿戒毒人员和社区戒毒、社区康复人员均可自愿与戒毒康复场所签订协议，到戒毒康复场所戒毒康复、生活和劳动。

从对被解除强制隔离戒毒回归社会人员的调查情况看，复吸率仍然较高。而分析复吸的主要原因，家庭成员排斥占第一位，无业可就占第二位，社会不良人员拉拢占第三位。不仅如此，自愿戒毒人员、社区戒毒和社区康复人员复吸的主要原因，与被解除强制隔离戒毒回归社会人员复吸也有着惊人的相似。这就不单单是戒毒措施和戒毒手段的问题了，而是与戒毒环境有着直接的关系，因此需要通过兴建戒毒康复场所，为戒毒人员创造一个相对自由舒适的戒毒环境，帮助其坚定戒毒信心，促使其戒毒，并提升拒毒防毒能力，最终以成功的戒毒者融入家庭、回归社会。

戒毒康复场所应当发挥以下主要功能：一是为戒毒人员提供住所，避免其因无住所或与家人不和而无处栖身、四处流浪。二是安排其在戒毒康复场所劳动，或帮助其在社会上联系工作岗位，使其有业可就，能够自食其力、衣食无忧。三是开展戒毒治疗和康复训练，以康复其身体，强健其体魄，锻炼其意志。四是开展思想教育、文化教育、心理矫治，以提升其心智，坚定其戒毒信心。五是开展职业技能培训，不断提升其就业技能。六是帮助其修复、改善家庭关系，争取家庭成员接纳并支持、帮助、监督其戒毒。七是监督其思想变化和行为表现，及时纠正不良倾向，并防止社会不良人员的拉拢。八是组织开展自我管理，提高其自律意识、自我管理能力。

江苏省太湖戒毒康复所的实践已取得了初步成效，值得各省、区、市学习借鉴。然而，由于兴建戒毒康复场所需要较大的人力、物力、财力投入，目前全国建立的戒毒康复场所甚少。但为了打赢禁毒人民战争，维护社会安全稳定，挽救吸毒者及其家庭，兴建戒毒康复场所是必需的，也是法定的，投入也是值得的。每个省、区、市宜至少兴建一处戒毒康复场所，以满足戒毒人员的戒毒需求。

第六章　强制隔离戒毒决定

强制隔离戒毒决定权的主体是公安机关。现行立法对公安机关和司法行政部门在强制隔离戒毒决定权和执行权的配比上失衡，造成公安机关有权无责、司法行政部门有责无权等诸多问题。强制隔离戒毒决定程序的合法性缺失不仅会侵害行政相对人的合法权益，也不利于我国法治建设。[①] 从强制隔离戒毒决定的视角研究强制隔离戒毒决定的现状和不足，分析公安机关和司法行政部门在强制隔离戒毒决定方面的合作、共赢和分歧，具有重要的理论价值和实践意义。

第一节　强制隔离戒毒决定的模式

《禁毒法》构建了以强制隔离戒毒为主、其他戒毒措施为辅的戒毒体系，形成我国特有的公安、司法强制戒毒“双轨制”模式。“双轨制”模式兼顾了公安、司法两部门的配置与利益诉求，具有一定的合理性，但也存在执行主体分割、权力机构层级配置不协调、法律监督缺失等缺陷。宜改进公安、司法强制戒毒“双轨制”模式，实现强制隔离戒毒决定权与执行权分离，统合强制隔离戒毒决定权与执行权全面移交给司法行政机关，消弭公安机关和司法行政部门的职能交叉重叠，力求化解这一模式难题。

---

① 参见张海亮:《我国强制隔离戒毒决定程序的合法性缺失及其矫正》，山东大学硕士学位论文，2017 年。

一、《禁毒法》《戒毒条例》对强制隔离戒毒决定的规定

《禁毒法》规定了六种戒毒措施：在户籍所在地或居住地的街道办事处、乡镇人民政府接受社区戒毒，在有戒毒治疗资质的医疗机构接受戒毒治疗，由县级以上公安机关作出的强制隔离戒毒，由县级以上公安机关责令解除强制隔离戒毒的人员参加不少于3年的社区康复活动，在县级以上人民政府或社会开办的戒毒康复场所自愿接受戒毒康复治疗活动，省级人民政府会同公安、药监机关开展的戒毒药物维持治疗。根据《禁毒法》第38条以及《戒毒条例》的规定，吸毒成瘾的人员应当进行戒毒治疗。公安机关可以责令吸毒成瘾人员接受社区戒毒。不接受社区戒毒或在社区戒毒期间复吸、再次注射毒品的，在接受社区戒毒或强制隔离戒毒后复吸、再次注射毒品的，严重违反社区戒毒协议的，以上人员由县级以上公安机关直接作出强制隔离戒毒的决定。通过社区戒毒难以戒除毒瘾的毒瘾严重人员，县级以上公安机关可以直接决定其接受强制隔离戒毒。自愿接受强制隔离戒毒的吸毒成瘾人员，如自愿进入强制隔离戒毒场所戒毒，需经公安机关同意。县级以上公安机关可责令解除强制隔离戒毒的人员参加不少于3年的社区康复活动。根据《戒毒条例》的规定，县级以上公安机关负有以下职责：对嫌疑人员是否吸毒进行检测甄别；登记、动态管控已吸毒人员；根据吸毒人员的具体情况分别决定实行强制隔离戒毒，依法责令社区戒毒、社区康复；管理公安机关的强制隔离戒毒所、戒毒康复场所；指导街道办事处、乡镇人民政府的社区戒毒、社区康复工作。

综上可见，《禁毒法》《戒毒条例》构建了以强制隔离戒毒为主、其他戒毒措施为辅的戒毒体系，县级以上公安机关行使强制隔离戒毒决定权。

二、"双轨制"模式的合理性及缺陷

（一）公安、司法强制戒毒"双轨制"模式

1995年12月30日，《强制戒毒办法》由国务院公布实施，正式定义了"强制戒毒"。《强制戒毒办法》第2条规定，强制戒毒是指在一定时期内对毒品成瘾人员采取行政措施强制其进行药物、心理治疗和法制、道

德教育，使其戒除毒瘾。《强制戒毒办法》第3条规定，强制戒毒的主管机关是公安机关，县级以上政府的卫生、民政部门应配合本级公安机关做好强制戒毒工作。强制戒毒是行政强制措施的一种，基于国家公权力而实施，具有法律强制力。2003年8月，《劳动教养戒毒工作规定》由司法部发布施行。其第2条规定，劳动教养管理所戒毒的实施机关是劳动教养管理所，实施对象是戒毒劳动教养人员——因吸食、注射毒品被决定劳教的人员以及因其他罪错被决定劳动教养但兼有吸毒行为尚未戒除毒瘾的劳教人员。戒毒劳动教养的主管机关是司法行政部门。《禁毒法》2008年6月1日起施行，构建了以强制隔离戒毒为中心，以其他戒毒措施为辅助的戒毒体系。其第4章规定的戒毒措施包括社区戒毒、自愿医疗机构戒毒治疗、强制隔离戒毒、社区康复等。第38条规定了强制隔离戒毒的认定情形，强制隔离戒毒由公安机关决定，公安机关和司法行政机关共同执行，属于行政强制措施。这统一（取代）了《强制戒毒办法》规定的由公安机关负责的强制戒毒以及《劳动教养戒毒工作规定》规定的由司法行政机关负责的戒毒劳动教养。《戒毒条例》于2011年6月由国务院公布施行，其根据《禁毒法》制定，总结以往经验，全面规范戒毒工作，明确了强制隔离戒毒的场所设置程序、管理体制、经费保障等。

从上述有关“强制戒毒”“强制隔离戒毒”的规范性法律文件的变迁可以看出，对于吸毒人员、吸毒成瘾人员，分别由公安机关、司法行政机关施以不同的行政处置方式，形成了中国独有的公安、司法强制戒毒“双轨制”模式。虽然《禁毒法》形式上统一了戒毒体系，但是并未改变公安、司法“双轨制”的思维定式。《禁毒法》第38条规定，依据吸毒成瘾人员的不同情形，由县级以上公安机关决定采取强制隔离戒毒措施。第40条规定，对公安机关作出的强制隔离戒毒规定不服的，公安机关同时是复议机关或诉讼对象。这些规定都确立了公安机关在强制隔离戒毒体系中的主导地位。《禁毒法》第50条规定，公安机关、司法行政部门对被拘留、逮捕、收监、采取强制教育措施的吸毒人员，应当给予必要的戒毒治疗。这一规定也赋予了司法行政部门强制隔离戒毒措施的决定权。造成这一现象的原因是劳动教养制度被废止之前，原有的强制戒毒与戒毒劳动教养已经常态运行，公安机关和司法行政部门依据当时的法律规范已建立各自的戒毒场所和配置，若统一由公安机关负责强制隔离戒毒决定实施的全面工作，可能会涉及浩大的工程，造成资源浪费。在大多数劳教场所中，有 2/3 以上为吸毒型劳教，若《禁毒法》将强制隔离戒毒措施统一交由公安机关负责，那么 2007～2013 年的劳教场所的劳教人员、基础设施、司法资源都面临闲置。[①] 因此，《戒毒条例》第 4 条对公安机关与司法行政部门在强制隔离戒毒中的工作进行了分工，公安机关是强制隔离戒毒的决定、执行机关，司法行政部门仅为强制隔离戒毒的执行机关。《戒毒条例》第 27 条规定，强制隔离戒毒的年限为 2 年(最长可达 3 年)，戒毒人员先在公安机关的强制隔离戒毒场所执行 3～6 个月(最长不得超过 12 个月)"急性脱瘾期"的强制隔离戒毒，后转移至司法行政部门的强制隔离戒毒场所继续执行戒毒。为了规范强制隔离戒毒工作制度的运行，保障强制隔离戒毒工作的正常实施，公安部和司法部各自颁布了所设强制隔离戒毒所管理办法，以衔接和规范各自负责的强制隔离戒毒工作。2011 年 9 月 28 日，公安部发布了《公安机关强制隔离戒毒所管理办法》，规范隶属于公安机关的强制戒毒所管理运行。2013 年 4 月 3 日，司法部发布了《司法行政机关强制隔离戒毒工作规定》，规范隶属于司法行政部门的强制戒毒所管理运行。这便是中国所特有的公安、司法强制戒毒"双轨制"模式。

(二)"双轨制"模式的合理性

公安、司法强制戒毒"双轨制"模式兼顾了公安、司法两部门的配置与利益诉求。公安机关作为禁毒、戒毒工作的主导机关，对戒毒工作投入了大量的人、财、物[②]，县级以上人民政府均设有公安机关管理的强制隔离戒毒所，分布面广，便于办案部门投送，可以提高执法效率，减少成本。劳教制度废止之前，全国 350 余家劳动教养场所大都悬挂两块牌子，同时承担劳动教养和劳教戒毒工作。2013 年《中共中央关于全面深化改革若干重大问题的决定》废止劳动教养制度，原劳教所面临何去何从的问题。面对大众对劳教所是否"换个面目卷土重来"的质疑，原劳教所经

---

① 参见包涵:《中国强制隔离戒毒的法律定位及制度完善》,《北京社会科学》2015 年第 5 期。

② 参见靳澜涛:《消除双轨制:强制隔离戒毒制度改革的应然选择》,《中共南京市委党校学报》2017 年第 3 期。

培训顺利转型为强制隔离戒毒所，承担强制隔离戒毒职能，这在一定程度上合理利用了现有资源，符合我国国情。有学者认为，公安机关从发现查获吸毒成瘾人员到投送司法强制隔离戒毒所需要一段时间，而这段时间恰恰是吸毒成瘾人员毒瘾发作、急需治疗的最关键时期。由于司法强制隔离戒毒所都设在地、市，而办案单位主要是各县(市)公安派出所，投送戒毒人员往往用时长，损耗大，安全风险高，所需警力多。吸毒成瘾人员被查获后的前 10 天，戒断反应强烈，自伤、自残及生命危险最大，最需要得到生理脱毒治疗，公安机关假设新建临时羁押场所也不可能具备这样的医疗条件，死人和跑人的事故不可避免。[①] 公安机关、司法行政部门分别设置、管理各自的强制隔离戒毒场所，一项职能割裂为两个机构承担，确实存在执法不便、职能重叠等许多问题。

(三)“双轨制”模式的缺陷

1.执行主体分割，不利于优化配置国家戒毒资源

《禁毒法》规定公安机关掌管强制隔离戒毒决定权，《戒毒条例》规范了强制隔离戒毒场所的设置、管理体制和经费保障，又规定公安机关负责对其所属强制隔离戒毒场所进行管理。这种分段式强制隔离戒毒方式下，戒毒人员在公安机关收治的 3～6 个月所谓“急性强制脱毒期”，基本达不到戒毒的目的。转移到司法行政部门的戒毒所后，受制于戒毒环境、戒毒模式、戒毒手段等客观因素的影响，前期戒治和后期戒治难以有效衔接，治疗效果大打折扣，一定程度上是对现有戒毒资源的浪费。政府职能转变要求行政决定权和行政执行权分离，是行政机关依法行政的体现。

2.权力机构层级配置不协调

《禁毒法》第 38 条规定，对吸毒成瘾人员实施强制隔离戒毒由县级以上公安机关决定。实践中，绝大多数强制隔离戒毒决定由县一级公安机关审批，县级以上公安机关几乎不开展这项工作。规定县级以上的公安机关都有强制隔离戒毒审批的决定权有画蛇添足之嫌，不仅不利于执法环节的权责统一，反而会产生不同级别公安机关对同一吸毒人员认定结

---

① 参见代敏:《也谈强制隔离戒毒工作存在的问题及改进建议》，2014 年 8 月 19 日，http://jiansuo.cpd.com.cn/n2698304/n2698495/c24704782/content_1.html。

论不一致的隐患。吸毒成瘾的认定标准非常关键,决定着公安机关能否决定其抓获的吸毒人员接受强制隔离戒毒,因此统一标准非常重要。2001 年 4 月,公安部、卫生部制定出台《吸毒成瘾认定办法》,2017 年此办法由公安部修改后重新公布。《吸毒成瘾认定办法》明确了吸毒成瘾的认定标准、条件和程序,对进一步规范和加强吸毒成瘾认定工作具有重要的意义。

3. 强制隔离戒毒的两段式期限带来权责不一致

山东、湖南、云南等少数省份未设置公安机关所属强制隔离戒毒场所,强制隔离戒毒的 2 年期限都在司法行政部门所属的强制隔离戒毒所执行完成。其他大多数省份强制隔离戒毒期限的执行都是遵循《戒毒条例》的规定,即先在公安机关的强制隔离戒毒所执行 3～6 个月(最长不超过 12 个月)的期限,再转入司法行政部门的强制隔离戒毒所继续执行。这一期限的人为割裂令人费解。不论是强制隔离戒毒执行由公安机关、司法行政部门共同管理的省份,还是由司法行政部门统一管理的省份,司法行政部门的强制隔离戒毒所都承担着对吸毒成瘾人员进行教育矫治、生理心理脱毒、康复评估等主要职责。虽然在法律规定、资源利用、机构设置的意义上,公安机关掌握强制隔离戒毒决定权有一定的合理性,但由于执行强制隔离戒毒的绝大多数甚至是全部期限都在司法强制隔离戒毒所进行,戒治人员的生理、心理、治疗等具体情况掌握在监所机关手中,因此强制隔离戒毒的解除、提前解除、延长等决定权由司法行政部门掌握比较合适。这种“独特”的权力配置模式导致公安机关有权无责、司法行政部门有责无权的权责不一乱象,不利于司法行政部门开展教育矫治、心理康复的戒毒工作。由于缺乏约束力,执行中可能引发戒毒人员抗拒矫治,也必然挫伤戒毒民警和工作人员的积极性。①

(四)改进公安、司法强制戒毒“双轨制”模式

1. 实现强制隔离戒毒决定权与执行权的分离

根据《禁毒法》《戒毒条例》的规定,强制隔离戒毒的决定权归属于公安机关,大多数省份强制隔离戒毒的执行权由公安机关和司法行政机关

① 参见靳澜涛:《消除双轨制:强制隔离戒毒制度改革的应然选择》,《中共南京市委党校学报》2017 年第 3 期。

共同行使。公安机关集"运动员"和"裁判员"于一身,既决定又执行,在利益面前难免有违公平正义,这种制度设计广受诟病。建议全国统一强制隔离戒毒的决定权由公安机关行使,执行权分离给司法行政部门行使,已有不少省份开始探索实践这一模式。2009 年 3 月,广州市决定将全市公安强制隔离戒毒的管理职能移交给司法行政部门。2010 年 12 月,云南省的强制隔离戒毒的管理职能从公安机关移交给司法行政部门。山东、重庆、青海、湖南等省市的强制隔离戒毒的管理职能也全部交由司法行政部门行使。这样一来,强制隔离戒毒的决定权由公安机关行使,强制隔离戒毒的执行权由司法行政部门行使,强制隔离戒毒所由司法行政部门管理,实现了强制隔离戒毒决定权与执行权的分离。两权分离能够合理配置禁毒、戒毒资源,充分发挥公安机关、司法行政部门在禁毒、戒毒领域的各自优势,加强公安机关和司法行政部门的合作和对接。公安机关方面的工作重心专注于禁毒及加强对吸毒人员的排查、评估和及时移送,从而提高禁毒工作的科学化、系统化。然而不容忽视的是,2018 年 2 月 9 日,昆明市公安强制隔离戒毒所挂牌成立,加挂昆明市病残吸毒人员救治中心,着眼于病残吸毒人员的戒断、救治工作。山东也有意重建公安机关所属的强制隔离戒毒场所。应该认识到,这不是历史的倒退,一味讲求强制隔离戒毒管理职能归属公安机关好还是归属于司法行政部门更合适是不科学的,应鼓励因地制宜、因时制宜,适合当地需求才是硬道理。司法行政改革应服务于全面依法治国、建设新时代中国特色社会主义法治体系的宏伟目标,在动态中前行,无惧试错,寻求最优。

2. 统合强制隔离戒毒决定权与执行权,全面移交给司法行政机关

有学者认为,在强制隔离戒毒的决定权与执行权相分离的基础上,强制隔离戒毒工作应逐渐整体移交给司法行政部门,即强制隔离戒毒的决定权和执行权全部交由司法行政部门行使。[①] 习近平总书记指出,新时代公安机关的职责使命是维护国家政治安全,确保社会大局稳定,促

---

① 参见刘仁文、王栋:《强制隔离戒毒工作存在的问题及改进建议》,《人民法院报》2014 年 8 月 8 日。

进社会公平正义,保障人民安居乐业。[①] 公安机关职能覆盖面广、警力有限,任务繁重,危险性大。新中国成立以来,公安机关机构设置经过数次大调整,维护国家安全的职能、劳动教养职能、移民管理、消防管理等职能相继移交或废止,如果公安机关职能改革的下一步是将强制隔离戒毒的决定及执行工作全面移交给司法行政部门,可以大大减轻基层公安机关工作负担,使其集中力量打击刑事犯罪,维护社会治安,保卫新时期中国特色社会主义建设。

司法行政部门在戒毒工作中的职责包括管理司法行政部门所属强制隔离戒毒场所、戒毒康复场所,对戒毒人员的管理、教育、职业技能培训等方面。可以考虑将公安机关负责的吸毒人员检测、登记、动态管控,决定其是否接受强制隔离戒毒、是否提前解除强制隔离戒毒、延长强制隔离戒毒期限等强制隔离戒毒决定方面的职责交由司法行政部门。我国司法行政戒毒工作成绩突出,成效显著。截至 2018 年中期,全国已建立隶属司法行政部门的强制戒毒所 361 个,收容能力达 32 万人。[②] 新时代司法行政戒毒模式建立了比较完善的工作制度,打造起一支专业素质比例合理、正规科学的戒毒干警队伍,形成了新时期司法行政戒毒工作体系。对比之下,公安机关的强制隔离戒毒工作机制尚未形成统一模式,禁毒队伍职业化、专业化、正规化建设也有待提高。将强制隔离戒毒的决定、执行全面交由司法行政部门接管,能够更好顺应强制隔离戒毒工作的运行规律,有效整合戒毒资源,发挥司法行政部门在戒毒工作中的优势作用,避免强制隔离戒毒所重复建设,化解公安机关和司法行政部门的职能交叉重叠,解决公安、司法强制戒毒"双轨制"模式的难题。

---

① 参见《人民日报》评论员:《履行好党和人民赋予的新时代职责使命——论学习贯彻习近平总书记全国公安工作会议重要讲话精神》,2019 年 5 月 10 日,http://opinion.people.com.cn/n1/2019/0510/c1003-31076625.html。

② 参见《国新办举行司法行政戒毒工作成果新闻发布会》,2018 年 6 月 25 日,http://www.scio.gov.cn/xwfbh/xwbfbh/wqfbh/37601/38493/wz38495/Document/1631856/1631856.htm。

第二节 强制隔离戒毒决定权的司法裁决机制

强制隔离戒毒限制戒治人员人身自由最长可达3年，这一特殊的行政强制措施强度大、见效慢，且公安机关的决定程序过于简单，容易引发权力滥用，引入强制隔离戒毒的司法裁判机制势在必行。可借鉴“司法化模式”“准司法化模式”，强调强制隔离戒毒决定作出的中立性。

一、引入司法裁判权的合理性

引入强制隔离戒毒的司法裁判机制势在必行。当前，全球毒品犯罪态势严峻，大多数国家和地区制定有类似我们的强制隔离戒毒制度。以我国台湾地区为例，其《毒品危害防治条例》将毒品按性质分为四类，将使用(吸食)、持有毒品符合法定级别和数量的行为定性为犯罪。例如，使用第一、第二级毒品者均需判处有期徒刑，检察官先申请法院或少年法院裁定被告入勒戒所接受不超过2个月的勒戒。勒戒完成后，如无继续使用毒品的倾向，立即释放并作不起诉决定；如有继续使用毒品的倾向，检察院申请法院裁定被告入戒治所接受6个月至1年的强制戒治。如强制戒治5年内重新使用、持有毒品的，由检察院申请法院判决其有期徒刑的刑事处罚。我国台湾地区对毒品犯罪行为的勒戒、强制戒治直至有期徒刑的刑罚，俱是由检察院申请法院裁定判决，全程置于司法裁判程序之中。台湾地区12个观察勒戒处所全都设置于“法务部”，下设看守所或少年关护所，7所强制戒治所有3所与监狱合署办公，4所独立，并且所有上述场所全都独立于警察机构。我国香港特别行政区的处理方式也较为类似。香港特区《危险药物条例》第8条规定，吸食、吸服、服食或注射危险药物，均可能被处以罚款和监禁刑。但法庭只能在行为人在同一法律程序被定罪且由于其他罪行被判处监禁9个月以上时，才能判处“非拘留性判决”之外的刑罚。若行为人接受治疗及康复处理，戒毒所也存有空位，那么就以在戒毒所接受戒毒措施取代刑事处罚。是否对行为人实施限制一定程度人身自由的戒毒措施，仍由法官作出司法裁决来决定。[①]

单纯吸毒成瘾行为在我国不是犯罪，强制隔离戒毒措施也不是刑罚而是行政强制措施，但其长达2年的期限显然超过了某些刑罚，“法无明文规定不为罪、不处罚”的理念已深入人心，刑罚的适用与否、适用程序需严格按照《刑法》《刑事诉讼法》等法律规定。强制隔离戒毒措施实行封闭式管理长期限制人身自由，只需要公安机关的决定就能实施，这就与刑罚的严格适用形成鲜明对比，难以令社会公众接受。将司法裁判引入强制隔离戒毒决定权的适用，可以消减大众对强制隔离戒毒制度限制人身自由正当性及合理性的质疑。

二、引入司法裁判权的可行性

“准司法化模式”。有学者认为，根据我国禁毒戒毒工作形势，有效利用禁毒戒毒资源，不排除仍由公安机关行使强制隔离戒毒的决定权，但强调作出决定机关的相对中立性，或者提升享有决定权的公安机关的层级，或者由公安机关通过行政听证程序来进行，并辅之以行政诉讼作为救济手段。实践中，公安机关集强制隔离戒毒的决定权和执行权于一身，将其执行权分离出去交由司法行政部门不啻为保持中立性的手段之一。现行法律规定强制隔离戒毒的决定权由县级以上公安机关掌握，实践中绝大多数强制隔离戒毒的决定都是由县级公安机关作出，尚有使强制隔离戒毒决定权陷入多头管理、权责不一之嫌，因此提升强制隔离戒毒决定权层级没有必要。相较而言，引入听证程序具有可行性。

“司法化模式”。参考美国、澳大利亚的毒品法院（法庭）模式，由司法行政机关决定强制性戒毒措施的适用。在人民法院内设毒品法庭（或者治安法庭），决定强制性戒毒必须经由法院裁定。借鉴刑事案件速裁程序，优化司法资源配置。[②] 美国很多州都设有毒品法院（毒品法庭）专门审理毒品滥用的案件，对于非暴力性毒品犯罪，美国设有专门的毒品法庭，包括联邦毒品法庭、成人毒品法庭、青少年毒品法庭等。对于吸食

---

① 参见包涵：《中国强制隔离戒毒的法律定位及制度完善》，《北京社会科学》2015年第5期。

② 参见靳澜涛：《〈禁毒法〉修订背景下强制隔离戒毒制度的完善（下）——基于境外戒毒立法经验的考量与借鉴》，《中国药物滥用防治杂志》2017年第4期。

毒品、少量持有毒品等非暴力性毒品犯罪，不同于美国普通刑事法庭激烈的对抗制法庭审理模式，美国的毒品法庭采取温和的妥协合作制，毒品法庭更像是一个由法官、律师、医师、检察官组成的帮助被告戒除毒瘾的特定治疗团队，对被告开展为期12～18个月的戒毒治疗而不是审判定罪。治疗结束之后，表现好的将被颁发毕业证书并删除违法记录；表现不好的有可能转回普通刑事法院定罪量刑，但不得加重最初的刑罚。

不论“司法化模式”还是“准司法化模式”，都强调强制隔离戒毒决定作出的中立性，强调作出强制隔离戒毒决定不容忽视的程序正义。引入司法裁决机制，司法裁决的权威性和正当性可以保障吸毒人员的权益，赋予吸毒人员充分的法律救济；也可以消解对公安机关“一家独大”的疑虑，从而最大程度地保障强制隔离戒毒的实体正当性。然而中国在司法裁判介入强制隔离戒毒决定的程序规定上，依然存在一些难以克服的困难。台湾地区与香港特别行政区以及美国等都将吸食毒品、持有一定量毒品的行为定性为犯罪。我国法律将单纯的吸毒认定为违法行为，不是犯罪，将强制隔离戒毒定性为行政强制措施，在行政行为的框架内设置司法裁判规则略微尴尬，具体规则需进一步讨论。

第三节　强制隔离戒毒决定程序及完善

强制隔离戒毒决定程序可分为两个部分，吸毒成瘾认定程序和强制隔离戒毒决定作出程序。现行法律对强制隔离戒毒决定程序性规定不够严谨科学。在强制隔离戒毒决定程序中引入听证程序，注重公民权利的参与，建立第三方诊断评估机构，以免公安机关权力过于集中导致权力滥用，是现有条件下完善强制隔离戒毒决定程序的建议。

一、吸毒成瘾认定程序及其完善

（一）吸毒成瘾认定程序现状及不足

1. 吸毒成瘾认定程序现状

根据《禁毒法》的规定，强制隔离戒毒这一行政强制措施的适用对象是“吸毒成瘾人员”。吸毒≠吸毒成瘾，公安机关对查获的吸毒人员并不能直接作出强制隔离戒毒的决定。因此，吸毒成瘾的调查、认定是适用强制隔离戒毒的关键。吸毒成瘾认定的法律依据是公安部和卫生部在2010年联合制定的《吸毒成瘾认定办法》。《吸毒成瘾认定办法》规定，吸毒人员同时具备经检测证明其体内含有毒品成分、有证据证明其有使用毒品行为、有戒断症状或者有证据证明吸毒史等情形的，由公安机关认定其吸毒成瘾。公安机关在吸毒成瘾认定过程中进行人体生物样本检测的程序，依照2010年施行的公安部制定的《吸毒检测程序规定》执行。根据《吸毒检测程序规定》，吸毒检测有三种形式，分别是县级以上公安机关或其派出机构进行的现场检测、县级以上公安机关指定的取得检验鉴定机构资格的实验室或者有资质的医疗机构进行的实验室检测、县级以上公安机关指定的取得检验鉴定机构资格的实验室进行的实验室复检。现场检测的一般程序是，公安机关对于抓获的涉嫌吸毒人员，通常采集尿样进行现场检测，经人体生物样本检测后证明其体内含有毒品成分，同时结合《吸毒成瘾认定办法》规定的有证据证明的吸毒行为、戒断症状或戒毒史等情形，公安机关应认定其吸毒成瘾。

通常毒品摄入人体的方式有口鼻吸入、注射等，毒品一经吸食，会相应地在尿液、血液、唾液等生物检材中留下痕迹，成为认定吸毒违法行为的证据。排出的毒品代谢物均存在于尿液、血液、唾液和毛发中，不同种类的检材具有不同的吸毒追溯期，只是具体的代谢时间因人而异。例如，毒品在尿液中的追溯期一般不超过3～7天，一旦尿检呈阳性，通常表明被检测人员在7天内使用过毒品。血液检测毒品呈阳性，表明被检测人员在几小时（一般不超过24小时）内使用过毒品。一旦超过期限，血液、尿液中便检测不到毒品成分。唾液检测吸毒和血液检测时效基本一样，一般不超过24小时，错过检测时间也是无法追溯的。与其他检材相比，毛发样品最显著的优势体现在延长了吸毒追溯期，可以挖掘更长时间内的吸毒信息，几十厘米长的发丝甚至可以反映几年内的涉毒情况。根据公安部2018年颁发的《涉毒人员毛发样本检测规范》，发根端3厘米以内的头发样本检测结果为阳性的，表明被检测人员在毛发样本提取之日前6个月以内摄入过毒品。毛发包括头发、腋毛、阴毛、腿毛等，基本都是头发优先。毛发追溯吸毒时长，检测毒品种类多，能够二次采集，易保存且不受染发剂或试剂的干扰，是目前检测吸毒最好的方式之一。[①]

2. 吸毒成瘾认定程序不足之处

吸毒成瘾认定程序的缺憾在于缺乏对行政相对人权利的保障。根据《吸毒检测程序规定》第10条，被检测人对现场检测结果有异议的，可以在被告知检测结果之日起的3日内，向现场检测的公安机关提出实验室检测申请。公安机关应当在接到实验室检测申请后的3日内作出是否同意进行实验室检测的决定，并将结果告知被检测人，是否同意复检由作出检测的公安机关决定。在这里，公安机关又陷入自己监督自己的怪圈。如公安机关不同意作出复检，《吸毒检测程序规定》并没有规定对于被检测人的救济措施。此为吸毒检测程序的不合理性。

（二）保障行政相对人权利，完善吸毒成瘾认定程序

公安机关应当同意现场检测为阳性的涉嫌吸毒人员关于实验室检测的申请，并在实验室检测期间停止行政强制措施的执行。被检测人在食用含有吗啡、阿片等成分的药物包括中药之后也可能致使其毒品检测呈阳性。若被检测人对现场检测结果有异议，提出实验室检测的申请但办案机关并未同意，被检测人便陷入申诉无门的境地。二次检测结果较一次检测结果更为可靠，更有利于保障行政相对人的权利。公安人员在办理吸毒案件时，尿检结果不是认定吸毒的唯一证据，不具有唯一性，还要查明行为人吸毒的时间、地点、同案人、吸毒方式、毒品来源等，综合判断行为人是否有吸毒行为。[②] 若被检测人对实验室检测的结果仍有异议，可提出实验室复检的申请。对于实验室复检的申请，公安机关可作出是否同意的决定。即使公安机关不同意行为人的复检申请，也应保障行为人控告、申诉的权利，其具体步骤和程序都应在有关吸毒成瘾检测程序的法律规定中加以体现。

---

① 参见《吸毒一次就能检测出来吗？多久会测不出来?》，2019年4月9日，http://www.sohu.com/a/306766824_120027166。

② 参见《尿检呈阳性，不一定是吸毒?!》，2015年8月19日，https://www.jianke.com/jdpd/2058738.html。

二、强制隔离戒毒决定程序及其完善

（一）强制隔离戒毒决定程序现状及不足

1. 强制隔离戒毒决定程序现状

强制隔离戒毒措施设定了人身自由的限制，但缺乏有效监督及救济。根据禁毒法律法规的规定，县级以上人民政府公安机关是唯一有权决定是否对吸毒人员采取强制隔离戒毒措施的行政机关。依据《禁毒法》第40条的规定，公安机关决定对吸毒人员采取强制隔离戒毒的，在执行前制作强制隔离戒毒决定书并送达被决定人即可。被决定强制隔离戒毒人员不服此决定的，可以申请行政复议或者提起行政诉讼作为救济。依据《行政复议法》《行政诉讼法》的规定，非因法定除外情形，行政复议期间、行政诉讼期间不停止执行具体行政行为，即如果被决定强制隔离戒毒的人员不服并申请行政复议或提起行政诉讼的，在行政复议期间、行政诉讼期间必须接受强制隔离戒毒行政措施的执行。不停止执行原则是我国行政法律的一项特有原则，反映了立法对公共利益和行政效率的倾斜。对强制隔离戒毒的法律救济程序符合我国行政法律规定的框架。已有学者对不停止执行原则的合理性提出质疑，认为从当前社会转型、公民权利意识增强、建设服务型政府的角度出发，应考虑将不停止执行原则修改为停止执行原则，或增加在法定例外情况下行政复议或行政诉讼期间停止执行的情形比例。①

强制隔离戒毒作为一项长时间限制人身自由的行政强制措施，决定程序失于简单。程序简洁虽使行政强制措施的作出便捷高效，但其忽视公民权利，不符合当下打造服务型政府公民本位、社会本位的理念。公安机关掌握强制隔离戒毒的决定权、减期权、延期权和复议纠正权，在强制隔离戒毒决定上的权力过于集中，有权力滥用、贪腐之嫌。权力行使缺乏必要的外在监督，此为强制隔离戒毒制度设计上的极大缺陷。

2. 强制隔离戒毒决定程序的不足

第一，公安机关的审批程序过于单一。根据《公安部关于执行〈中华

---

① 参见黄若琳：《行政复议或行政诉讼期间具体行政行为应否不停止执行》，《法律实务》2014年第1期。

人民共和国禁毒法〉有关问题的批复》，吸毒行为是违反《治安管理处罚法》的违法行为。《禁毒法》规定的强制隔离戒毒措施不是刑事处罚、行政处罚，而是强制性的戒毒治疗措施，其性质应属《行政强制法》第9条规定的限制人身自由的行政强制措施。根据《行政强制法》的规定，行政强制措施是指行政机关在依法执行公务的过程中，为制止违法行为、防止损害发生等情形，对公民的人身自由或公民、法人、其他组织的财物实行暂时性控制的行为。行政强制措施属于暂时性的行政强制行为，而强制隔离戒毒最长可达3年的期限“放大”了这一暂时性，其既不属于行政处罚又不属于刑事处罚的属性导致其不能适用行政处罚、刑事处罚程序。《禁毒法》规定的公安机关的审批程序过于简单，虽有利于基层公安机关提高工作效率，但强制隔离戒毒作为一种长期限制人身自由的行政强制措施，需要以严格程序确保其规范运行，否则权力就可能被滥用。

第二，强制隔离戒毒决定程序中的法律监督不到位。法律监督主要包括两个方面：

一是对强制隔离戒毒决定权的行使。一切有权力的人都有可能滥用权力为自己谋求私利。要防止滥用权力，用权力制约权力不是有效的解决办法，关键是加强对权力行使的监督。强制隔离戒毒调查权、决定权和执行权高度集中于公安机关。公安机关既是“裁判员”，又是“运动员”，这既不符合国际惯例，也不符合我国的法治精神和司法体制改革的方向。公安机关对强制隔离戒毒按期(提前)解除、期限延长也具有决定权。权力的过于集中容易导致权力滥用、管理混乱、侵害被强制隔离戒毒人员合法权益等不良后果，易导致强制隔离戒毒决定及变更的随意和失范。同时，为行政权力的扩张和滥用大开方便之门，不利于责任的落实和追究，可能滋生腐败渎职、超期羁押、监管失控等执法风险。①

二是强制隔离戒毒执行过程中的法律监督缺失。《禁毒法》规定的强制隔离戒毒的期限为2年，属于较长时间限制人身自由的行政强制措施。受戒治环境、戒治人员生理心理特点及保护戒治人员隐私权等因素的制约，强制隔离戒毒实行封闭式管理，难以接受社会大众的监督，因此

① 参见刘仁文、王栋：《强制隔离戒毒工作存在的问题及改进建议》，《人民法院报》2014年8月8日。

十分必要引入强制隔离戒毒检查监督机制。

（二）引入强制隔离戒毒检察监督机制，完善强制隔离戒毒决定程序

虽然在强制隔离戒毒决定程序中引入司法裁决机制尚需时日，但引入检察监督机制实属可行。人民检察院是我国的检察机关，行使检察监督权。实践中检察院因缺乏明确的法律依据，无法有效行使对强制戒毒领域的检察监督。随着劳动教养制度的废止，各劳教场所的检察监督机构都已经撤离。《人民检察院组织法》《禁毒法》《戒毒条例》等相关法律法规对于强制隔离戒毒的法律监督并无明确规定，致使强制隔离戒毒目前处于法律监督的空白状态。[①] 建议修改《人民检察院组织法》，明确检察院对强制戒毒工作的检察监督权。

山东省司法厅自 2018 年 5 月率先在全国展开司法强制隔离戒毒检查监督试点工作，选取数家强制隔离戒毒所与当地检察院合作，成立驻强制隔离戒毒所检察官办公室，开展驻所检查监督工作，建立起司法—执法协作交流机制。山东省司法厅要求试点戒毒所自觉接受检查监督，认真配合驻所检察官开展检查监督工作，主动通报戒毒所重大责任事故，使交流座谈常态化，及时落实整改检察中发现的问题。

（三）引入听证程序，完善强制隔离戒毒决定程序

行政听证程序是指行政机关在作出影响行政相对人重大权利义务的行政行为前，通过公开、民主、公正的方式给予当事人发表意见的机会，听取当事人申辩和质证，根据听证核实的材料作出行政决定的程序。行政听证程序使得行政行为的作出公开透明，具有公信力。各国行政立法一般将听证程序置于行政相对人不利的行政行为作出之前。有必要引入听证程序，完善强制隔离戒毒调查程序，弥补强制隔离戒毒决定权行使中正当程序的缺失。我国的行政法律中，《行政处罚法》《行政复议法》《治安管理处罚法》都设有行政听证程序。考虑到行政成本和收益，公共利益和个人利益的关系，不可能所有的行政行为都前置听证程序。

引入听证程序符合正当法律程序的要求。行政强制措施如短时限制人身自由、查封、冻结、划拨、扣押等措施，具有时间性和急迫性，故《行

---

① 参见《农工党中央：明确检察机关对强制隔离戒毒所法律监督权》，2016 年 3 月 10 日，http://news.southcn.com/sj/content/2016-03/10/content_143812164.htm。

政强制法》没有规定行政听证程序。而强制隔离戒毒措施不同于一般的行政强制措施,其长期限制戒治人员人身自由,戒治时间长、见效慢、手段复杂,短平快的行政程序运用其上并不合适。引入听证程序是保障人权的需要。行政听证制度反映了现代国家重视人权保障,现行简陋的强制隔离戒毒决定过程疏忽了对公民权利的考量,没有体现公民权利的参与其中。行政听证程序能够保证行政相对人的权益免受侵犯。引入听证程序是转变服务型行政理念的需要。党的十九大报告提出,要转变政府职能,深化简政放权,创新监管方式,增强政府公信力和执行力,建设人民满意的服务型政府。① 相对于管制型政府,服务型政府真正体现为人民服务。建设服务型政府要求行政机关转变行政理念,尊重行政相对人的意见表达。在强制隔离戒毒决定的过程中引入听证程序,加强行政机关和行政相对人之间的沟通和交流,不再是强硬的"命令—服从"式运作模式。在中国行政权行使越来越走向公开、透明、当事人参与的时候,强制隔离戒毒的审批程序却仍然沿用了书面的、单方面的、间接的、不透明的审查制度和救济方式,显然与日趋法治化的行政程序背道而驰。②

(四)建立第三方诊断评估机构

在大多数采取强制性戒毒措施的区域,一般都是通过社会化或者第三方中立机构实施强制隔离戒毒的诊断和评估,以缓解警察权力过于集中。这一经验值得我们借鉴。例如我国台湾地区的观察勒戒措施,是由公共卫生部门邀请相关专家、学者共同制定《有无继续施用毒品倾向评估标准》,并以此评估观察勒戒效果。在强制戒治阶段,戒治所需要聘请专业教师,而且每年还需要评估教师的教学能力才能决定下一年度是否续聘,从而提高和强化戒治成效。事实上,引入第三方评估和监督的最大意义在于使得强制隔离戒毒措施的实施过程透明化和公开化,以最大限度地避免在强制隔离戒毒措施实施过程中可能存在的行政机关权力寻租现象,保障戒毒人员的合法权益,同时使戒毒效果的评估尽可能专业化和科学化,从而实现戒治毒瘾的效果。

---

① 参见《建设人民满意的服务型政府》,2018 年 9 月 9 日,http://opinion.people.com.cn/n1/2018/0909/c1003-30281187.html。

② 参见卞隽旦:《对强制隔离戒毒的思考——以〈禁毒法〉为文本对象》,苏州大学硕士学位论文,2009 年。

2013年9月，由公安部、司法部、国家卫计委共同印发了《强制隔离戒毒诊断评估办法》(以下简称《办法》)。在《办法》中，制定者已经认识到第三方评估和监督的重要性，也针对性地作了相应的规定，但仍显得进展不足。《办法》第5条规定，县级以上公安机关、司法行政部门、卫生计生行政部门应当监督和指导强制隔离戒毒诊断评估。卫生计生行政部门必要时可派专业医师参与诊断评估工作。第20条规定，强制隔离戒毒所应当成立由管理、教育、医疗等多行业人员参加的诊断评估办公室，可以邀请行政工作人员、社会工作者以及所外执业医师参与诊断评估。从上述规定可以看出，立法部门比较重视强制隔离戒毒诊断评估社会化力量的作用，但仍由公安机关、司法行政机关和卫生计生行政部门承担主要职责。《办法》第5条规定，由公安机关、司法行政部门分别设立的强制隔离戒毒诊断评估工作指导委员会负责指导、监督所辖强制隔离戒毒所的诊断评估工作。

当前，整体上的诊断评估仍由公安机关和司法行政部门负责，而第三方介入的力度、广度有待加强，且社会力量对诊断评估的介入需依附于强制隔离戒毒诊断评估工作指导委员会，其所提出的意见仅作参考，且是否能提出相对中立客观的评估意见有待商榷。可见，引入第三方诊断评估机构在我国仍处于理念设计阶段，距离制度建设仍有较大差距。① 现有的诊断评估体系是从生理脱毒、身心康复、行为表现和社会环境与适应能力等四个方面进行层级递进式的评估，对于各个方面的规定比较笼统，缺乏具备实际操作性的、科学的、细化的评估标准。对戒毒人员的诊断评估仅止于本次的戒毒评估，无法体现戒治评估工作的连续性，戒毒评估出现断层。

引入戒毒诊断评估第三方机构，应以其专业性、科学化、职业化为前提。我国尚且没有一个专门从事戒毒评估诊断的专业社会机构。现有的社会力量参与的诊断评估办公室大都是医疗教育部门的工作人员兼职从事，某些方面形同虚设。未来有必要由政府牵头，融合教育、卫生、医疗等专业力量成立专门的民间戒毒诊断评估机构，以政府采购的方式使其提供专业中立的诊断评估。

---

① 参见包涵:《中国强制隔离戒毒的法律定位及制度完善》,《北京社会科学》2015年第5期。

第七章　强制隔离戒毒执行

《禁毒法》第31条规定，国家采取各种措施帮助吸毒人员戒除毒瘾，教育和挽救吸毒人员。同时明确规定了四种戒毒措施，即自愿戒毒、社区戒毒、强制隔离戒毒、社区康复。强制隔离戒毒措施作为最为严厉的法定戒毒措施，其在执行方面也有着极为严格而明确的具体要求。2018年5月，司法部印发《关于建立全国统一的司法行政戒毒工作基本模式的意见》(司发〔2018〕3号)，对强制隔离戒毒执行工作作了进一步的统一和规范。本章在对强制隔离戒毒执行概述的基础上，选取执行过程中的重要执法措施和重要执法环节予以详述，并对进一步完善强制隔离戒毒执行工作机制进行探讨。

第一节　概　述

强制隔离戒毒措施的执行涵盖了从接收到解除强制隔离的整个戒毒隔离期的执法全过程，其执法内容必须体现《禁毒法》赋予的使命和责任，即预防和惩治毒品违法犯罪行为，帮助戒毒人员戒除毒瘾，保护公民身心健康，维护社会秩序，实施规范、严格、公正、文明的执法行为。本节主要从执行主体、执行原则、执行期限、执行流程、执行内容等五个方面对强制隔离戒毒执行作简要概述。

一、强制隔离戒毒执行主体

《禁毒法》对强制隔离戒毒执行规定得较为原则，而《戒毒条例》则较为具体明确。其第27条第2款规定："被强制隔离戒毒的人员在公安机关的强制隔离戒毒场所执行强制隔离戒毒3～6个月后，转至司法行政部门的强制隔离戒毒场所继续执行强制隔离戒毒。”第3款又规定：“执行前款规定不具备条件的省、自治区、直辖市，由公安机关和司法行政部门共同提出意见报省、自治区、直辖市人民政府决定具体执行方案，但在公安机关的强制隔离戒毒场所执行强制隔离戒毒的时间不得超过12个月。”根据此规定，强制隔离戒毒作为一项行政强制执法措施，明确了由国家公安机关、司法行政强制隔离戒毒场所及其工作人员根据法律授权，依法对强制隔离戒毒人员执行强制隔离戒毒。虽然执法主体具有复合性，但执法对象明确，执法场所明晰，无论是公安机关还是司法行政机关，均作为执行主体依法对强制隔离戒毒人员实施强制隔离戒毒。

如此设定强制隔离戒毒执行主体，一定程度上源于《禁毒法》《戒毒条例》出台的历史背景和当时的禁毒工作格局。《禁毒法》实施前，公安机关是禁毒斗争和戒毒工作的主力军，多数省区市公安机关建有数量不等的强制戒毒场所。而在全国绝大多数劳教场所劳教戒毒只占很小的分量。至《戒毒条例》公布施行前，一些劳教场所陆续加挂强制隔离戒毒场所牌子，承担强制隔离戒毒执行职能。《戒毒条例》制定出台的过程中，尊重戒毒执行工作实际，同时从充分利用两部门的警力和场所角度，将强制隔离戒毒执行职能赋予公安机关和司法行政机关分段执行，大幅降低了条例施行的难度，为劳教制度废止后劳教场所职能转型提供了法律依据。2013年劳教制度废止后，绝大多数劳教场所即转型为强制隔离戒毒场所。

但在执行实践中，具体情况更为复杂一些，从全国情况看，大致可分为三类：一是“一段式”执行体制，即由公安机关决定、司法行政机关执行，也就是通常说的“直送”，包括安徽、山东、青海、重庆、云南、西藏等省区。二是“两段式”执行体制，即由公安机关执行强制隔离戒毒一定时间后，再由司法行政机关强制隔离戒毒所执行，也就是通常说的“转送”，如北京、天津、上海、陕西、福建等省市。三是混合式执行体制，即“一段式”和“两段式”并存。除上述省区市外的其他省份，多因公安强制隔离戒毒所布局还不完善或收治能力不足，呈“直送”“转送”并存的局面，且“直送”的占比较高。由此可知，司法行政机关已成为强制隔离戒毒执行的主要主体。

二、强制隔离戒毒执行原则

《戒毒条例》第2条第2款规定，戒毒工作坚持以人为本、科学戒毒、综合矫治、关怀救助的原则。吸毒不仅仅是吸毒者自身受害的问题，更是伤害家庭、影响社会稳定、危及公共安全的严重社会问题；吸毒人员既是违法者，同时也是病人，需要医治。因此，吸毒人员需要政府、社会、家庭和公众广泛关注和爱护，采取各种措施包括强制隔离戒毒，帮助他们科学戒毒，戒断毒品，回归正常生活。

（一）以人为本

以人为本是强制隔离戒毒执行的根本目标。首先是树立以人民为中心的思想，通过做好强制隔离戒毒执行工作，减少毒品对社会带来的危害，维护社会和谐稳定，实现好、维护好、发展好最广大人民群众的根本利益。其次是帮助戒毒人员戒断毒品，教育、挽救戒毒人员，恢复身心健康，使他们重新回归正常社会生活，成为对家庭和社会有用之人。

（二）科学戒毒

科学戒毒是做好强制隔离戒毒执行的根本理念。树立科学的戒毒理念，探索、认识、把握、遵循强制隔离戒毒执行规律，构建和完善科学、系统、完整的强制隔离戒毒执行模式，将先进的科学方法、技术和手段贯穿于强制隔离戒毒执行的全过程。吸毒成瘾是吸毒人员因反复使用毒品而导致的慢性复发性脑病，吸毒人员不顾不良后果、强迫性寻求及使用毒品的渴求，是由生理和心理多方面复杂的原因所致，通常仅靠吸毒人员主观意志难以控制，戒断毒品的难度相当大。因此，在立足做好强制隔离戒毒所内戒治的同时，我们还需要从戒毒是一项社会系统工程的角度，主动与其他戒毒措施有效协作配合，更需要着眼于戒毒人员回归社会的需要，做好后续戒毒措施的衔接工作。

（三）综合矫治

综合矫治是强制隔离戒毒执行的根本路径。综合运用各学科的戒毒研究成果，对戒毒人员开展多方面的戒毒治疗。对于吸毒成瘾的机理，不同学科都作了积极不懈的探讨，也得出了不同的结论和矫治方法。如生物学认为吸毒成瘾是一种反复发作的脑疾病，如何研制既可以阻断“快乐机制”产生，又可以恢复大脑功能的药物，就成为治疗吸毒成瘾的关键。心理学则认为，吸毒成瘾是一种精神疾病，需要设计和使用心理治疗方法去摆脱心理依赖。而社会学则认为，吸毒者是社会化失败者，通过再社会化的训练，可以帮助吸毒成瘾者回归正常生活。在实践中，至今尚没有一种有效的方法可以成功解决吸毒成瘾问题，戒毒依然是世界难题。目前，国际普遍认为，在医学尚未找到彻底戒除毒瘾的方法前，对戒毒人员进行生理、心理治疗、行为矫治和社会扶助，开展综合矫治，是提高戒毒人员操守、减少复吸的最佳方法。近几年来，司法行政机关强制隔离戒毒所在这方面进行了大量的探索和尝试，并取得了初步的成效。应当特别指出的是，强制隔离戒毒所内部资源有限，需要广泛争取社会各界的支持、配合，充分开展合作、协作，以满足实施综合矫治的实际需求。

（四）关怀救助

关怀救助是强制隔离戒毒执行的“根本情怀”。就是秉持以人民为中心的思想，不歧视、不放弃戒毒人员，积极探索、实施切实有效的措施，真诚关心、教育帮扶戒毒人员，促使其戒断毒品、获得新生。具体来讲，就是用真情感化其冰封的情感，用知识开化其蒙蔽的心智，用教育纠正其错误的认知，用矫治康复其病态的心理，用严管矫正其不良的言行，用医药治疗其病痛的身躯，用训练强健其虚弱的体魄，用技能增强其就业的本领，用各种方法帮助其解决困难。总之，倾注真情，采取一切有效措施，真诚地教育帮助戒毒人员实现身心康复，坚定戒断毒品的信心和决心，顺利回归家庭、回归社会，开启健康向上的人生新旅途。

三、强制隔离戒毒执行期限

《戒毒条例》第 27 条第 1 款明确规定了强制隔离戒毒执行期限，即“强制隔离戒毒的期限为 2 年，自作出强制隔离戒毒决定之日起计算”。该条例同时对执行过程中涉及执行期限的具体情况作出了规定，如第 31 条第 2 款规定，强制隔离戒毒人员所外就医期间，强制隔离戒毒期限连续计算。第 32 条规定，因逃脱被追回的强制隔离戒毒人员应当继续执行强制隔离戒毒，脱逃期间不计入强制隔离戒毒期限。第 36 条规定，强制隔离戒毒人员被依法收监执行刑罚、采取强制性教育措施或者被依法拘留、逮捕的，由监管场所、羁押场所给予必要的戒毒治疗，强制隔离戒毒的时间连续计算；刑罚执行完毕时、解除强制性教育措施时或者释放时强制隔离戒毒尚未期满的，继续执行强制隔离戒毒。

《禁毒法》第 47 条第 2 款规定，执行强制隔离戒毒 1 年后，经诊断评估，对于戒毒情况良好的戒毒人员，强制隔离戒毒场所可以提出提前解除强制隔离戒毒的意见，报强制隔离戒毒的决定机关批准。但没有具体规定最长可以提前多长时间，各省区市规定的时限也不统一，山东省规定提前解除强制隔离解毒的时间不超过 6 个月。第 3 款又规定，强制隔离戒毒期满前，经诊断评估，对于需要延长戒毒期限的戒毒人员，由强制隔离戒毒场所提出延长戒毒期限的意见，报强制隔离戒毒的决定机关批准。强制隔离戒毒的期限最长可以延长 1 年。据此规定，在执行过程中，对于具体的强制隔离戒毒人员，实际执行的强制隔离戒毒期限可能少于或多于 2 年的时间。

四、强制隔离戒毒执行流程

2018 年 5 月，司法部在总结 2013 年以来强制隔离戒毒执行实践的基础上，制定印发了《关于建立全国统一的司法行政戒毒工作基本模式的意见》(司发〔2018〕3 号)，明确要求建立以分期分区为基础、以专业中心为支撑、以科学戒治为核心、以衔接帮扶为延伸的全国统一的司法行政戒毒工作基本模式。根据该戒毒模式的要求，强制隔离戒毒执法流程分为四个阶段。

第一阶段：生理脱毒期，时间为 7～15 天。对应生理脱毒期设置生理脱毒区，对新收戒毒人员进行生理脱毒治疗。工作目标主要是对生理脱毒情况进行观察，消除急性戒断症状，确保戒毒人员安全脱毒。此阶段的主要工作职责是：制定完善生理脱毒总方案；接收新入所戒毒人员并查收法律文书；开展入所安检、入所体检；实施病房式管理，设置、配备有关设施，安排专职人员管理、治疗，防范戒毒人员因毒瘾发作引发的意外事件，确保戒毒人员本人和他人人身安全；采集吸毒史信息；开展疾病筛查、急性脱毒治疗和戒毒专科检查，建立健康档案；开展教育矫治；提供营养膳食。

第二阶段：教育适应期，时间不少于 1 个月。对应教育适应期设置教育适应区，对经生理脱毒合格后流转来的戒毒人员进行适应性教育。主要工作目标是帮助戒毒人员熟悉场所环境，完成行为养成，适应戒治生活。主要工作职责是制定完善教育适应总方案；采取军营式管理，严格管理，集中教育，强化养成，规范行为；治疗稽延性症状，开展疾病诊治和预防；开展入所教育、心理矫治、康复训练、技能培训调查；提供营养膳食。

第三阶段：康复巩固期，至戒毒人员戒毒期满 1 个月前（包括提前或延长戒毒期限的情况）。对应康复巩固期，设置康复巩固区，对经教育适应合格后流转来的戒毒人员进行综合戒治。该阶段时间较长，是执行强制隔离戒毒的重要、核心阶段。主要工作目标是实施综合戒治，帮助戒毒人员实现身心康复。主要工作职责是：制定完善康复巩固总方案；综合运用戒毒医疗、心理矫治、教育矫正、身体康复训练、习艺劳动和职业技能培训等戒治手段，帮助戒毒人员实现身心康复；实行校园式管理，实施课堂化教学、综合性戒治、差别化处遇、军事化训练、团队式生活、职业化培训、意志力培养、规范化管理；开展戒毒医疗，重点是开展日常诊疗、疾病防控、吸毒专科疾病诊治和定期健康体检；开展教育矫正，重点是开展课堂化的常规教育、系统化的文化教育、针对性的个案矫治和社会化的帮教活动，明确戒毒目标，强化戒毒动机，培养正确的价值观念；开展心理矫治，重点是开展心理健康教育、团体心理辅导、个案化心理矫治，开展适应场所主题座谈及各类身心放松训练并适时对全体戒毒人员开展标准化心理（诊断）评估，根据诊断评估结果逐人制定心理矫治对策并实施；开展康复训练，重点是通过康复训练，帮助戒毒人员减轻或降低因吸毒带来的身体损伤，改善体质，提高抗病能力，增强戒毒人员意志力，恢复和改善身体机能，提高戒毒成效；开展技能培训，重点是通过组织戒毒人员参加以职业技能培训为核心的习艺劳动，恢复劳动能力，培养劳动习惯，学得一技之长；提供营养膳食，针对康复巩固期戒毒人员体质特征、病症和季节变化等情况，合理配置饮食；开展戒毒期满 1 年后诊断评估和戒毒期满前诊断评估，对戒毒人员生理脱毒、身心康复、行为表现、社会环境与适应能力等情况进行综合考核评价，以进一步调整完善戒治措施。

第四阶段：回归指导期，时间为戒毒人员戒毒期限的最后 1 个月。对应回归指导期设置回归指导区，对戒毒人员进行回归适应性教育。主要工作目标是帮助戒毒人员重建生活信心，顺利回归社会。主要工作职责是：制定完善回归指导总方案；实行社区式管理，模拟社区环境，实行宽松管理；落实社会衔接，体验戒毒康复，促进戒毒人员顺利实现回归社会；开展出所防复吸医学教育和出所体检；开展形势政策教育、后续照管政策宣讲、拒毒技巧讲解等，并进一步完善社会帮教、亲情帮戒等社会支持系统；开展心理矫治，重点是开展心理健康讲座、团体心理辅导、个案化心理矫治，巩固戒毒人员的行为习惯、身心机能、拒毒意念和技能价值观念，降低出所焦虑，为其保持操守奠定心理基础；开展康复训练，重点是按照康复训练规定，开展大众健身、拓展训练等，巩固康复训练成果，并对每次测试数据进行梳理、对比、分析；开展就业创业教育培训和就业推介活动，帮助戒毒人员就业；提供营养膳食，针对回归指导期戒毒人员体质特征、病症和季节，合理配置饮食；按照有关规定和要求办理解除强制隔离戒毒手续。

五、强制隔离戒毒执行内容

关于强制隔离戒毒执行内容，大致可分为以下三类：

（一）戒治

这方面的内容在介绍执行流程时从“主要工作职责”的角度已进行了较为详细的介绍，不再赘述。

（二）管理

这主要包括场所安全管理，生产安全管理，对戒毒人员的通信、通话、探访、探视管理，违纪处理，单独管理，约束性保护性措施，所外就医，诊断评估，变更戒毒措施，突发事件处置，脱逃及死亡处理，警戒具管理及使用等内容。

（三）权利保障

执行过程中涉及戒毒人员许多法定实体权利，如《戒毒条例》第 29 条规定，强制隔离戒毒所应当配备设施设备及必要的管理人员，依法为强制隔离戒毒人员提供科学规范的戒毒治疗、心理治疗、身体康复训练和卫生、道德、法治教育，开展职业技能培训。第 45 条规定，强制隔离戒毒场所的工作人员有下列行为之一的，依法给予处分；构成犯罪的，依法追究刑事责任：侮辱、虐待、体罚强制隔离戒毒人员的；收受、索要财物的；

擅自使用、损毁、处理没收或者代为保管的财物的；为强制隔离戒毒人员提供麻醉药品、精神药品或者违反规定传递其他物品的；在强制隔离戒毒诊断评估工作中弄虚作假的；私放强制隔离戒毒人员的；其他徇私舞弊、玩忽职守、不履行法定职责的行为。《司法行政强制隔离戒毒工作规定》第32条规定，戒毒人员提出申诉、检举、揭发、控告的，强制隔离戒毒所应当及时依法处理等。

具体分析，强制隔离戒毒执行中涉及的戒毒人员的法定实体权利主要包括：人身权、财产权、健康权、受教育权、康复训练权、劳动及获取报酬权、医疗救治权、经济救助权、法律救济权等，这充分彰显了强制隔离戒毒执行的法治精神和人文精神。强制隔离戒毒所应依法维护和保障戒毒人员的合法权益。

第二节　接　收

《禁毒法》第41条规定："对被决定予以强制隔离戒毒的人员，由作出决定的公安机关送强制隔离戒毒场所执行。"送交执行是实施强制隔离戒毒措施的实质性执法环节，公安机关为法定的强制隔离戒毒决定机关，强制隔离戒毒场所为法定的执行场所。强制隔离戒毒人员由强制隔离戒毒决定机关移交到强制隔离戒毒场所，强制隔离戒毒场所依法予以接收。本节主要阐述接收戒毒人员的类别和接收的法定程序。

一、接收的戒毒人员类别

以是否自愿为标准，强制隔离戒毒所接收的戒毒人员有两类：一是由县级以上人民政府公安机关依法作出强制隔离戒毒决定的吸毒成瘾人员；二是自愿接受强制隔离戒毒，并经强制隔离戒毒场所所在地县级、设区的市级人民政府公安机关同意的戒毒人员，且强制隔离戒毒场所应当与其就戒毒治疗期限、戒毒治疗措施等作出约定，但实践中这类戒毒人员极少。

以执行期限为标准来划分，司法行政机关强制隔离戒毒所接收的戒毒人员又分为两类：一是由公安机关决定强制隔离戒毒后直接"送交"的戒毒人员;二是在公安机关强制隔离戒毒所执行一定时间后"转送"的戒毒人员。

二、接收的法定程序

接收的法定程序包括审核法律文书、核对身份、身体健康检查、安全检查、办理接收手续、采集信息建档、权利义务告知等环节。

(一)审核法律文书

一是审核强制隔离戒毒决定书是否发生法律效力,强制隔离戒毒期限和执行期限是否吻合等。强制隔离戒毒决定书应为原件,若是复印件须加盖强制隔离戒毒决定机关公章。二是根据有关规定查收吸毒成瘾认定意见书、吸毒人员动态管控情况表以及戒毒人员在公安机关强制隔离戒毒所执行强制隔离戒毒期间的相关材料等。戒毒人员 HIV 病毒检测呈阳性的,还应检查移送机关提供的 HIV 抗体确认报告单(原件)、近期 CD4 检测单、告知记录和抗病毒治疗病历资料等。三是接收执行剩余强制隔离戒毒期限戒毒人员时,除审查原强制隔离戒毒决定书外,还应查收执行剩余期限的情况说明和具体执行期限的材料。

(二)核对身份

《司法行政机关强制隔离戒毒工作规定》要求:"强制隔离戒毒所接收戒毒人员时,应当核对戒毒人员身份。"即按照强制隔离戒毒决定书及相关材料对戒毒人员进行询问,审核记载的姓名、身份证号码、家庭住址、戒毒期限、执行起止日期等信息。信息有误的,应及时提交移送机关核对、更正。接收对象与强制隔离戒毒决定书情况不符的,可以不予接收。

(三)身体健康检查

《司法行政机关强制隔离戒毒工作规定》第 12 条规定:"强制隔离戒毒所接收戒毒人员时,应当核对戒毒人员身份,进行必要的健康检查,填写强制隔离戒毒人员入所健康状况检查表。戒毒人员有伤的,强制隔离戒毒所应当予以记录,由移送的公安机关工作人员和戒毒人员本人签字确认。对女性戒毒人员应当进行妊娠检测。对怀孕或者正在哺乳自己不满一周岁婴儿的妇女,不予接收。"

决定机关在送交前,应当在具有一定资质的社会医院或具备条件的强制隔离戒毒所医院对戒毒人员进行身体健康检查，检查项目包括常规检查、心电图、B超检查、X光透视、女性戒毒人员的妇科及妊娠检查、HIV病毒检测等。接收时，强制隔离戒毒所应当审查检查报告，询问戒毒人员目前的身体状况、既往病史、药物过敏史、家族病史等，对戒毒人员进行吸毒检测，必要时做精神检查。医生根据检查结果如实填写强制隔离戒毒人员入所健康状况检查表。经检查发现戒毒人员有伤的，应当如实记录、固定证据，由移送的公安机关民警和戒毒人员共同签字确认。

《禁毒法》第39条第1款规定："怀孕或者正在哺乳自己不满一周岁婴儿的妇女吸毒成瘾的，不适用强制隔离戒毒。"发现怀孕或者哺乳自己不满一周岁婴儿的女性戒毒人员，强制隔离戒毒所应当依法不予接收并建议强制隔离戒毒决定机关变更戒毒措施。

国家禁毒委员会等部门印发的《关于加强病残吸毒人员收治工作的意见》中规定，对吞食异物、自伤自残的吸毒成瘾人员，办案单位应当先将其送至医院进行必要的治疗，再送强制隔离戒毒所执行。强制隔离戒毒所收治戒毒人员时，应当对其身体进行检查，除出现病情伤情危及生命需要立即送医疗机构救治，或者日常生活中起床、用餐、行走等不能自理的戒毒人员外，应当一律依法收治。对患有传染性疾病、其他严重疾病或者残疾的戒毒人员，应当按照不同病种设立病区（房）分类管理，依法采取必要的隔离、治疗措施。

（四）安全检查

《戒毒条例》第28条规定："强制隔离戒毒场所对强制隔离戒毒人员的身体和携带物品进行检查时发现的毒品等违禁品，应当依法处理；对生活必需品以外的其他物品，由强制隔离戒毒场所代为保管。女性强制隔离戒毒人员的身体检查，应当由女性工作人员进行。"《司法行政机关强制隔离戒毒工作规定》第13条第1款规定："强制隔离戒毒所应当对接收的戒毒人员的身体和携带物品进行检查，依法处理违禁品，对生活必需品以外的其他物品进行登记并由戒毒人员本人签字，由其指定的近亲属领回或者由强制隔离戒毒所代为保管。检查时应当有两名以上人民警察在场。"

2015年3月司法部颁布的《关于切实加强监狱、强制隔离戒毒所违禁物品管理的若干规定》第8条规定，违禁物品主要是：警械、枪支、弹药、雷管、炸药等物品;手机、对讲机及相关附属配件和其他具有移动通信功能的电子设备;各种货币现钞、金融卡和有价证券;鸦片、海洛因、冰毒、吗啡、大麻、可卡因以及国家规定管制的其他能够使人形成瘾癖的麻醉药品和精神药品;管制刀具和刃器具;军警制服、便服、假发;危害国家安全宣传制品和淫秽物品;其他可能影响监所安全稳定的物品。

安全检查包括对强制隔离戒毒人员身体安全和物品安全的检查。身体安全检查不同于身体健康检查,主要检查强制隔离戒毒人员身体和身着衣服等是否私藏违禁物品,接收时可由民警组织戒毒人员进行洗浴,既保持卫生,又避免戒毒人员身体外部夹带违禁物品。

安全检查时发现违禁物品,应予以没收。收缴、移交、销毁违禁物品时应当专门登记。对需要代为保管的物品,民警应填写强制隔离戒毒人员财务代管登记表,详细记载物品的名称、数量、规格、特征等,由负责检查的民警和戒毒人员本人签字确认。

(五)办理接收手续

对符合接收条件的戒毒人员,强制隔离戒毒所与移送的公安机关工作人员办理接收手续,出具接收回执。负责接收戒毒人员的警察应及时到指定地点领取戒毒人员相关材料,带领戒毒人员到大队指定位置,按照管理规定安排学习、就寝、就餐、康复戒治等日常事务,发放相关物品。警察现场组织理发、整理卫生等内务活动。

(六)采集信息建档

接收戒毒人员后,负责接收的戒毒大队应当在24小时以内对戒毒人员开展个别谈话,全面了解核实戒毒人员基本信息、健康状况、家庭社会关系、吸毒违法经历、现实思想状况等有关情况。戒毒大队在3个工作日内填写强制隔离戒毒人员入所登记表,并将相关信息录入信息管理系统。

(七)权利义务告知

强制隔离戒毒所在正式接收戒毒人员后,一方面应由责任警察负责向戒毒人员告知接收决定、在所期间权利义务及其他相关事项的管理规定,体现执法的严肃性。告知内容主要包括:强制隔离戒毒执行依据;在所期间必须遵守法律法规规章、规定、所规所纪,服从警察指挥,自觉接受戒毒治疗、教育矫治、康复训练等义务;在所期间享有的通信、探访、探视、购物、就医等权利；复议、诉讼、申诉、控告等救济权利及渠道；通信地址等其他场所必要信息。另一方面应及时通知戒毒人员家属，保障家属知情权和探访权。《司法行政机关强制隔离戒毒工作规定》第15条规定："戒毒人员入所后，强制隔离戒毒所应书面通知其家属，通知书应当自戒毒人员入所之日起五日内发出。"

三、接收工作流程图示(见图7-1)

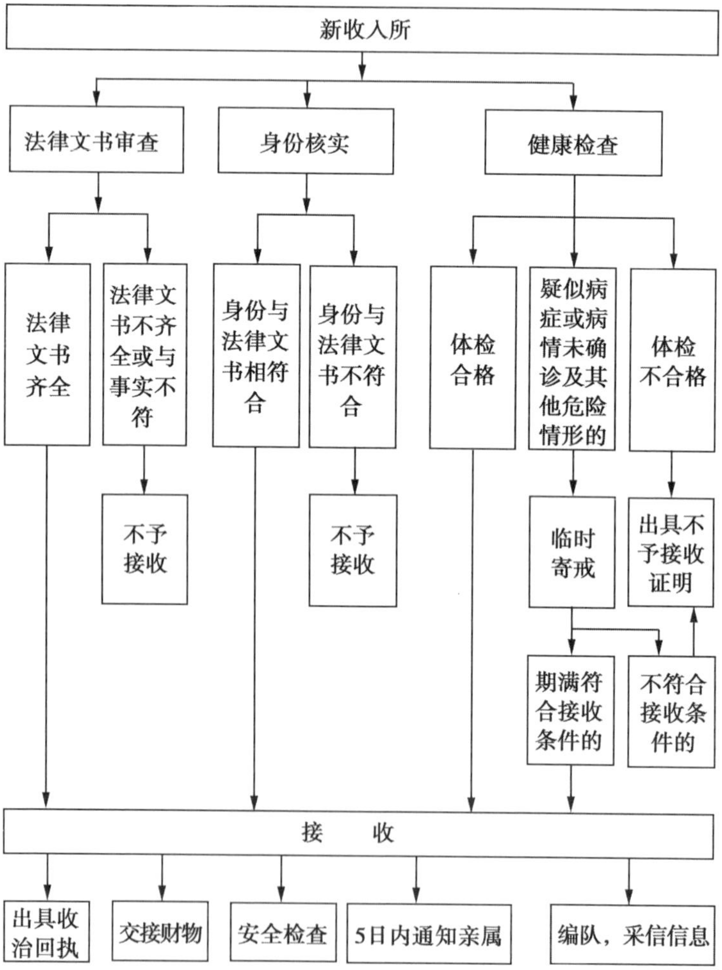

图7-1　接收工作流程

第三节 执法管理

对戒毒人员实施科学规范的管理，是有序有效开展戒毒工作的前提和基础，而日常执法管理是通过实施一系列的法定管理措施来进行的。本节主要从日常管理措施介绍强制隔离戒毒执行。

一、分别、分期、分级管理

《禁毒法》第44条规定："强制隔离戒毒所应当根据戒毒人员的性别、年龄、患病等情况，对戒毒人员实行分别管理。"《戒毒条例》第30条规定："强制隔离戒毒所应当根据强制隔离戒毒人员的性别、年龄、患病等情况对强制隔离戒毒人员实行分别管理；对吸食不同种类毒品的，应当有针对性地采取必要的治疗措施；根据戒毒治疗的不同阶段和强制隔离戒毒人员的表现，实行逐步适应社会的分级管理。"《司法行政机关强制隔离戒毒工作规定》进一步明确："强制隔离戒毒所应当根据性别、年龄、患病等情况，对戒毒人员实行分别管理；根据戒毒治疗情况，对戒毒人员实行分期管理；根据戒毒人员表现，实行逐步适应社会的分级管理。"据此，从法律、法规、规章逐步对分别、分期、分级管理作出了明确、具体的规定。

（一）分别管理

分别管理主要有三类情况：一是根据性别分别管理，女性戒毒人员统一在女子强制隔离戒毒所执行，由女性人民警察直接管理；二是根据患病情况分别管理，重点对确诊为艾滋病毒感染的病人以及患严重传染性疾病的戒毒人员实施专所或专区管理；三是根据年龄分别管理，重点对未成年戒毒人员实施专所或单独编队管理，为未成年戒毒人员提供适合其特点的戒治措施方法。

（二）分期管理

根据全国统一戒毒基本模式要求，遵循戒毒规律，将戒毒过程划分为四个期段，并对应设立四个专区进行分别戒治管理。此内容在第一节第三部分"强制隔离戒毒执法流程"中已有详述。

(三)分级管理

根据戒毒人员在分期管理期间的综合表现和戒治效果,实行动态分级管理,在管理处遇、生活待遇等方面区别对待,宽严有度,逐级晋升,从而激发和督促戒毒人员增强戒治信心和戒治能力,进一步帮助戒毒人员逐步戒除毒瘾、康复身心、提升适应回归社会的能力。实施分级管理,遵循公平公正、文明管理、区别对待的原则。目前,司法行政机关强制隔离戒毒系统对戒毒人员实施严管、普管、宽管三等级管理。生理脱毒期和教育适应期的戒毒人员一般对应为严管级别,身心康复期的戒毒人员一般对应为普管级别,回归适应期的戒毒人员一般对应为宽管级别,各级别实行动态流转。

二、探视探访

《禁毒法》第46条规定:"戒毒人员的亲属和所在单位或者就读学校的工作人员,可以按照有关规定探访戒毒人员。戒毒人员经强制隔离戒毒所批准,可以外出探视配偶、直系亲属。"探视探访既是法律赋予戒毒人员及其亲属等的基本权益,也是充分吸纳社会资源开展社会帮戒的重要措施。

(一)探视

1.探视的适用类型

《司法行政机关强制隔离戒毒工作规定》对适用探视的情形作出了明确规定:一是因故型外出探视,即戒毒人员因配偶、直系亲属病危、死亡或者家庭有其他重大变故,可以申请外出探视。二是奖励型外出探视,即戒毒人员在强制隔离戒毒所内戒治效果好的,强制隔离戒毒所可以批准其外出探视其配偶、直系亲属。

2.探视需提供的要件

对于因故型外出探视的戒毒人员,申请外出探视须提供医疗单位、戒毒人员户籍所在地或者现居住地公安派出所、原单位或者街道(乡、镇)的证明材料。奖励型外出探视,除具备基本条件外,一般要求戒毒人员家庭关系较好,具备帮教条件,配偶或直系亲属愿意签订担保书等。

3.探视办理程序

一是戒毒人员提出书面申请；二是戒毒人员亲属或其所在单位、学校提供相应证明材料及担保手续；三是经强制隔离戒毒所批准，并报上一级戒毒管理部门备案。

4.探视执行要求

强制隔离戒毒所批准戒毒人员探视，由其发放强制隔离戒毒人员外出探视证明书。探视期间戒毒人员应随身携带探视证明。戒毒人员一次外出探视时间不得超过10日（包含路途时间），外出探视费用自理。戒毒人员外出探视按期回所的，强制隔离戒毒所应当对其身体和携带物品进行安全检查、身体健康检查和毒品检测；逾期不归或毒品检测呈阳性的，按照相关规定处理。

（二）探访

1.探访人员范围

戒毒人员的亲属（包括配偶、父母、子女、同胞兄弟姐妹和戒毒人员的监护人）和戒毒人员所在单位或就读学校的工作人员，可以按照规定探访戒毒人员。其他人员要求探访的，应当经强制隔离戒毒所负责人批准。

2.探访应提供的证明

一是戒毒人员亲属探访时，应持本人居民身份证（护照）、居民户口簿或者结婚证等证明本人与被探访戒毒人员关系的有效证件。二是戒毒人员所在单位或者就读学校的工作人员探访时，应当持本人居民身份证和单位出具的介绍信等证明本人与被探访人关系的证明。

3.探访执行要求

一是探访应当在强制隔离戒毒所探访室以隔离通话的方式进行，并有人民警察在场。一次探访人数不得超过3人，时间不得超过30分钟。强制隔离戒毒所应按规定填写强制隔离戒毒人员探访情况登记表。二是强制隔离戒毒所对正在接受保护性约束措施或者单独管理期间的强制隔离戒毒人员，不得安排探访。因特殊情况确需探访的，应当经强制隔离戒毒所负责人批准。三是探访人员应当遵守探访规定，服从民警管理。对违反规定经劝阻无效的，应当终止探访。探访人员不得为戒毒人员带送违禁品、违规品。探访人员为戒毒人员传递毒品的，强制隔离戒毒所应当将其移送公安机关依法处理。四是探访人员交给戒毒人员现金的，应当存入戒毒人员所内个人账户，强制隔离戒毒所出具相关收据。

三、单独管理

单独管理是指强制隔离戒毒所对具有一定危险性的戒毒人员采取的一种与他人隔离的管控措施。目的是防止更大危险发生，维护所内正常戒治秩序，体现安全管理、预防为先的工作要求。需要说明的是，单独管理的性质是一项管理手段，而非惩罚性措施。

（一）单独管理适用情形

根据《司法行政机关强制隔离戒毒工作规定》，戒毒人员有下列情形之一的，强制隔离戒毒所应当采取单独管理措施：严重扰乱所内秩序的；私藏或者吸食、注射毒品的；预谋或者实施脱逃、行凶、自杀、自伤、自残等行为的；涉嫌犯罪应当移送司法行政机关处理的；有其他危险行为的。

（二）单独管理办理程序

对强制隔离戒毒人员进行单独管理的，应当由戒毒大队填写强制隔离戒毒人员单独管理审批表，经强制隔离戒毒所管理部门审核，报强制隔离戒毒所负责人审批。紧急情况下，口头请示负责人同意后，可先行采取单独管理措施，并在 24 小时内补办审批手续。

（三）单独管理执行要求

单独管理应当在单独管理室实施，由民警专门负责。戒毒人员进入单独管理室前，警察应对其进行人身和物品检查，防止将违禁品带入单独管理室。强制隔离戒毒所应当按照规定标准向被单独管理戒毒人员提供饮食，每日室外活动时间不得少于 1 小时，患有疾病的应当及时给予治疗；对单独管理的戒毒人员提出的申诉、控告等材料应当及时转递，不得扣压；对被单独管理的戒毒人员应当及时进行审查和教育疏导，问题已经查清或者现实危险已经消除的，应当及时解除单独管理。

一次单独管理时间不得超过 5 日，且不得连续使用。对单独管理超过 5 日但危险尚未消除的戒毒人员，可采取其他确保安全的防范措施。执行或解除单独管理应有 2 名民警在场。执行或解除单独管理措施时，由责任民警在强制隔离戒毒人员单独管理审批表上签字,并注明执行和解除时间。

四、所内死亡处理

所内死亡处理是强制隔离戒毒执行中较为棘手的一项工作,一方面涉及戒毒人员权益保障问题,另一方面涉及责任认定和处分的问题,稍有不妥就可能引发或激化矛盾,影响社会和谐稳定。根据《禁毒法》《赔偿法》《戒毒条例》等有关法律法规的规定,2015 年 7 月,国家禁毒委员会办公室、公安部、司法部、国家卫生和计划生育委员会、民政部联合制定了《强制隔离戒毒人员死亡处理规定》,对妥善处理所内死亡作出了具体明确的规定。

(一)所内死亡的类别

《强制隔离戒毒人员死亡处理规定》第 2 条将戒毒人员死亡分为正常死亡和非正常死亡两种情况。正常死亡是指戒毒人员因人体衰老或者疾病等原因导致的自然死亡。非正常死亡是指自杀死亡、自伤自残导致死亡,或者由于自然灾害、意外事故、故意伤害、体罚虐待、他杀、击毙等外部原因作用于人体造成的死亡。

(二)所内死亡处理原则

戒毒人员死亡处理,公安机关、检察机关、司法行政部门、卫生计生部门、民政部门分工负责,加强协作,坚持依法、公正、及时、人道的原则。

(三)所内死亡处理事项

1. 死亡报告、通知

戒毒人员死亡的,由医疗机构或者公安机关出具死亡证明书。一是通知。强制隔离戒毒所应当立即通知其近亲属。死亡的戒毒人员无近亲属或者无法通知其近亲属的,强制隔离戒毒所应当通知死亡戒毒人员户籍所在地或者居住地的村(居)民委员会或者公安派出所。二是报告。戒毒人员死亡后,强制隔离戒毒所应当第一时间向上级主管机关报告,事态进展情况随时报告。属于正常死亡的,事件发生 8 小时内书面报告,属于非正常死亡的,事故发生 3 小时内书面报告。公安机关、司法行政机关应按照有关规定分别报公安部、司法部。三是通报。戒毒人员死亡后，强制隔离戒毒所应立即通报原决定机关和当地人民检察院；戒毒人员因传染性疾病死亡的，应当立即通报当地疾病预防控制机构。

2.死亡调查

戒毒人员死亡后，强制隔离戒毒所应当立即开展调查工作，调查情况及时报告上级主管机关。死亡调查包括以下几项内容：封存、查看戒毒人员死亡前15日内原始监控录像，对死亡现场进行保护、勘验并拍照、录像；对收治、巡视、监控、管教等岗位可能了解死亡戒毒人员相关情况的民警以及医生等进行询问调查，分散管理同室戒毒人员并进行询问；封存、查阅收治登记、入所健康和体表检查登记，管教民警谈话教育记录，单独管理、保护性约束措施或者械具使用审批表，就医记录，诊断评估手册等与死亡有关的台账、记录等；登记、封存死亡戒毒人员的遗物；查验尸表，对尸体进行拍照并录像；组织医学诊断；对非正常死亡的，组织对死亡原因进行鉴定，作出调查结论，立即报告上一级主管机关并书面告知死亡戒毒人员的近亲属；调查结论复核，死亡戒毒人员的近亲属对调查结论有异议的，可以在接到调查结论告知书之日起3个工作日内，向上一级公安机关或者司法行政部门申请复核。上一级公安机关或者司法行政部门应当在收到申请之日起5个工作日内作出复核决定，并书面告知申请人和作出原调查结论的公安机关或者司法行政部门。

3.尸体、遗物处理

死亡戒毒人员的近亲属对死亡调查结论无异议的，应当在调查结论告知书上签字确认，公安机关或者司法行政部门应当及时火化尸体。有下列情形之一的，经强制隔离戒毒所上一级主管部门审核批准后，公安机关或者司法行政部门可以按照规定火化死亡戒毒人员尸体，并做好证据固定工作：死亡戒毒人员没有近亲属的；经上一级公安机关或者司法行政部门复核后，死亡戒毒人员近亲属仍不同意火化尸体的；在调查结论、复核决定作出后3个工作日内无法通知死亡戒毒人员近亲属的；通知死亡戒毒人员近亲属后3个工作日内，其无正当理由拒不回复的。

死亡戒毒人员的遗物由其近亲属领回或者由强制隔离戒毒所寄回。死亡戒毒人员近亲属接到通知后12个月内不领取或无法投寄的，按照规定处理。

4.法律责任

强制隔离戒毒所及其工作人员在行使职权时侵犯戒毒人员合法权益,致其死亡,属于国家赔偿范围的,由主管的司法行政部门按照《中华人民共和国赔偿法》的规定予以赔偿。对有故意或者重大过失的责任人员,依法给予处分;构成犯罪的,依法追究刑事责任。

(四)注意事项

1.死亡调查应及时高效

戒毒人员死亡处理的核心关键是死亡原因的调查。戒毒人员发生死亡事故后,司法行政强制隔离戒毒机关或者公安机关要迅速启动调查程序,组织专门人员进行深入细致的调查。调查报告及结论应客观公正、真实可靠,作为死亡处理的直接证明具有法定效力。

2.信息通报应及时畅通

戒毒人员在所内发生死亡的,属于所内重大事件,处理不当极易引起社会不良反应。因此,强制隔离戒毒所应按照报告制度第一时间向有关部门进行报告和通报,不得隐瞒不报或不据实上报。

3.舆情管控应及时高效

司法行政强制隔离戒毒机关或者公安机关在戒毒人员发生死亡事故后,应关注舆情动态,根据死亡事故处理的实际需要,及时向社会进行通报,发布信息,引导舆论。

4.警戒措施应及时管用

戒毒人员发生死亡事故后,其近亲属或社会人员因各种原因容易出现冲击戒毒场所等扰乱正常秩序的行为,强制隔离戒毒所内戒毒人员也会因个别戒毒人员死亡造成心理或行为上的不良反应。因此,戒毒所应加强内外警戒,及时与公安机关进行联防联控,确保不发生其他次生事故。

(五)所内死亡处理流程图示(见图 7-2)

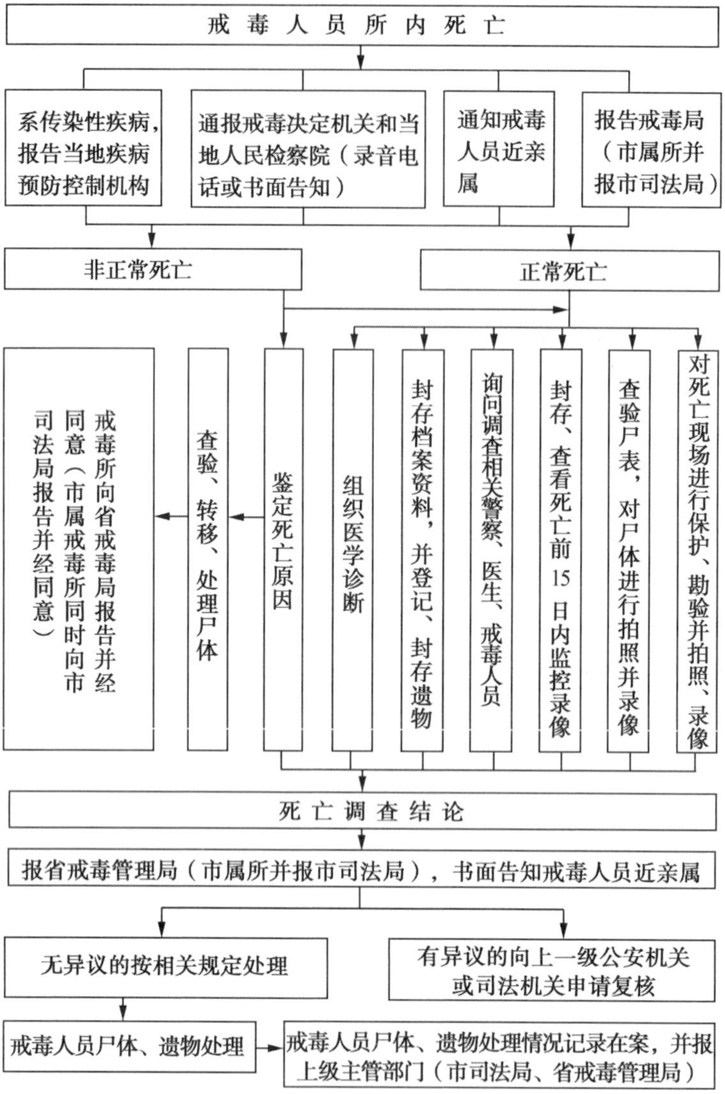

图 7-2　所内死亡处理流程

第四节　诊断评估

诊断评估是对戒毒人员戒毒成效的考核和评价，也是对戒毒方法措施科学性、针对性、实效性的检视。本节主要从诊断评估概述、组织机构和原则、类别和基本程序、内容及标准、结果应用等方面，对戒毒人员诊断评估制度进行阐述。

一、诊断评估概述

（一）诊断评估的概念

强制隔离戒毒诊断评估，是指强制隔离戒毒所对戒毒人员在强制隔离戒毒期间的生理脱毒、身心康复、行为表现、社会环境与适应能力等情况进行综合考核、客观评价。全国人大法工委将强制隔离戒毒诊断评估释义为，综合考虑多方面的因素，包括戒毒人员本人的状况、吸毒和戒毒的动机、人格状况、家庭环境条件、戒毒人员以前吸毒和戒毒的经历以及戒毒人员在接受强制隔离戒毒期间的表现等。对戒毒人员进行诊断评估涉及管理学、心理学、社会学、医学等多学科知识，是一个综合性、系统性、科学性较强的执法环节。

（二）诊断评估的依据

《禁毒法》第 47 条第 2、第 3 款规定，在执行强制隔离戒毒一年后和强制隔离戒毒期满前，对戒毒人员进行诊断评估。《戒毒条例》第 35 条又规定："强制隔离戒毒诊断评估办法由国务院公安部门、司法行政部门会同国务院卫生行政部门制定。"2013 年 9 月，公安部、司法部、国家卫生计生委联合制定《强制隔离戒毒诊断评估办法》，对诊断评估作出了全面具体的规定。根据该办法授权，各省区市结合本地实际，相继制定出台了更便于实践层面操作的实施细则。

（三）诊断评估的价值

价值主要体现在三个方面：一是激励价值。《强制隔离戒毒诊断评估办法》第 3 条明确指出，强制隔离戒毒诊断评估结果，是强制隔离戒毒所对戒毒人员按期解除强制隔离戒毒、提出提前解除强制隔离戒毒或者延长强制隔离戒毒期限意见以及责令社区康复建议的直接依据。这将激励戒毒人员积极戒治,争取好的评价结果。二是指引价值。《强制隔离戒毒诊断评估办法》规定的诊断评估标准,既为强制隔离戒毒执行工作指明了方向和目标,同时也为戒毒人员指明了努力的方向和目标,是指导引领戒毒人员积极参加戒治活动的重要指南和标尺。三是反馈价值。诊断评估既是对戒毒人员进行综合评价的过程,也是强制隔离戒毒所通过对每名戒毒人员进行综合评价、检验戒治成效、总结工作经验、发现存在问题的过程,有利于强制隔离戒毒所更新戒治理念,创新改进方法措施,不断提升戒治成效。

二、诊断评估组织机构和诊断评估原则

(一)诊断评估组织机构

诊断评估机构主要有三个:一是诊断评估工作指导委员会。《强制隔离戒毒诊断评估办法》第5条规定:"公安机关和司法行政部门应当分别设立强制隔离戒毒诊断评估工作指导委员会,负责指导、监督所辖强制隔离戒毒所的诊断评估工作。"按照规定要求,诊断评估工作指导委员会一般设立在强制隔离戒毒所上级主管机关。二是所级诊断评估委员会。强制隔离戒毒所在诊断评估工作指导委员会的指导下,成立由所领导、管理、教育、医疗、康复劳动等多岗位工作人员组成的诊断评估委员会,具体负责诊断评估的组织、协调、管理工作。三是诊断评估中心。由从医师、心理咨询师、教师、康复训练专业指导员和大队民警中选拔的专兼职诊断评估人员组成,具体组织协调戒毒医疗中心、康复训练中心、心理矫治中心和教育矫正中心开展诊断评估工作,通过诊断评估会商,出具诊断评估报告。

(二)诊断评估的原则

诊断评估的原则主要有四项:一是依法原则。根据《禁毒法》《戒毒条例》《强制隔离戒毒诊断评估办法》等法律法规和规章,依法对戒毒人员开展诊断评估工作。二是科学原则。遵循强制隔离戒毒的客观规律,

科学设定诊断评估内容和标准，运用科学有效的诊断评估测试方式，形成有科学依据的诊断评估结论。三是公正原则。以客观事实、考核数据为依据，以诊断评估标准为准绳，以科学的方式方法为手段，严格遵循诊断评估程序，确保诊断评估结果的依法公正性。四是公开原则。诊断评估应做到程序公开、标准公开、结果公开、规范公示，自觉接受监督。

三、诊断评估的类别和基本程序

（一）诊断评估的类别

戒毒人员的诊断评估有两类：一是阶段性评价。如《强制隔离戒毒诊断评估办法》第21条规定，执行强制隔离戒毒3个月后，强制隔离戒毒所应当参照生理脱毒评估标准对戒毒人员生理脱毒情况进行阶段性评价，评价结果应当作为一年后和期满前生理脱毒诊断评估的重要依据。二是综合性诊断评估。综合性诊断评估分为执行期满一年后综合诊断评估和期满前综合诊断评估。《强制隔离戒毒诊断评估办法》第22条规定，执行强制隔离戒毒一年后，强制隔离戒毒所应当对戒毒人员进行综合诊断评估。第15条规定，强制隔离戒毒期满前，强制隔离戒毒所应当对戒毒人员进行综合诊断评估。

（二）诊断评估基本程序

一是建立诊断评估手册。戒毒人员入所7天内，强制隔离戒毒所为其建立诊断评估手册，记载其生理脱毒、身心康复、行为表现、社会环境与适应能力等情况，作为诊断评估依据。二是阶段性评价。包括生理脱毒、教育适应、康复巩固、回归指导四个戒治期的阶段性评价，评价结果作为一年后和期满前生理脱毒诊断评估的重要依据。三是审查评估对象资格，由戒毒管理大队向诊断评估中心提交待评估戒毒人员资料，由诊断评估中心审核确认。四是诊断评估中心制定综合性诊断评估实施方案，报请诊断评估指导委员会审核批准。五是诊断评估中心组织专业人员对参加诊断评估的戒毒人员进行生理脱毒、身心康复、行为表现、社会环境与适应能力的考核、考评、测试、调查，确定各方面专业诊断评估评测成绩，并经会商出具诊断评估报告。诊断评估过程可以邀请政府有关部门工作人员、社会工作者以及本所外的执业医师参加诊断评估工作。六是诊断评估委员会对诊断评估报告进行审议，形成诊断评估结果。七是向戒毒人员书面公示诊断评估结果，公示期为3个工作日。戒毒人员本人或者他人向强制隔离戒毒所提出异议的，诊断评估中心应当给予解释或者答复。对解释或者答复仍有异议的，7日内可以向强制隔离戒毒所所属机关的强制隔离戒毒诊断评估指导委员会提出复核要求，强制隔离戒毒诊断评估指导委员会应在接到复核要求7日以内复核并答复。

四、诊断评估内容及标准

（一）生理脱毒评估标准

该标准共有五项：一是毒品检测结果呈阴性；二是停止使用控制或者缓解戒断症状的药物；三是急性戒断症状完全消除；四是未出现明显稽延性戒断症状；五是未出现因吸毒导致的明显精神症状或者原有精神障碍得到有效控制。

生理脱毒评估由戒毒医疗中心组织专业医务人员通过查阅健康档案、诊疗记录、医学检测结果等方式，对戒毒人员强制隔离戒毒期限内的生理脱毒情况进行调查分析，出具专业性诊断评估结论，必要时可邀请所外医疗专家协助专业测评。戒毒人员同时达到上述五项标准的，生理脱毒评估为“合格”，否则为“不合格”。

（二）身心康复评估标准

该标准共有五项：一是身体相关机能有所改善；二是体能测试有所提高；三是戒毒动机明确，信心增强，掌握防止复吸的方法；四是未出现严重心理问题或者精神症状；五是有改善与家庭、社会关系的愿望和行动。

身心康复评估由教育矫正中心、心理矫治中心和康复训练中心组织专业人员通过调阅心理测试记录、查阅体疗档案、在所期间健康档案、向戒毒人员亲属问卷调查、戒毒人员与家庭成员通信通话情况记录、身心评估项目的评测等方式进行调查分析，出具诊断评估结论。戒毒人员同时达到上述五项标准的，身心康复评估为“合格”，否则为“不合格”。

（三）行为表现评估标准

该标准共有五项：一是服从管理教育，遵守所规所纪；二是接受戒毒治疗，参加康复训练；三是参加教育矫治活动；四是参加康复劳动；五是坦白、检举违法犯罪活动。

戒毒人员行为表现诊断评估，由诊断评估中心评估人员根据计分考核的规定，审核分析戒毒人员在每一诊断评估周期内日考核、季考评、逐月累计的考核分值及相关材料，出具诊断评估结论。戒毒人员达到规定考核分值的为“合格”，否则为“不合格”。

（四）社会环境与适应能力评估标准

该标准共有五项：一是与有关部门签订社会帮教协议或者有明确意向；二是家属或者所在社区支持配合其戒毒；三是有主动接受社会监督和援助的意愿；四是掌握一定的就业谋生技能；五是有稳定的生活来源或者固定居所。社会环境与适应能力评估，由教育矫正中心评估人员通过查阅戒毒人员签订帮教协议、参加帮教活动、接受社会援助，以及与家属、街道和社区沟通等情况，调阅职业技能证书、了解家庭住所和收入情况等方式进行调查分析，出具诊断评估结论。戒毒人员同时达到上述五项标准中三项以上的，其社会环境与适应能力评估为“良好”，否则评估为“一般”。

五、诊断评估结果应用

（一）生理脱毒评估结果应用

执行强制隔离戒毒 3 个月后，强制隔离戒毒所应当参照生理脱毒评估标准对戒毒人员生理脱毒情况进行阶段性评价，评价结果应当作为一年后和期满前生理脱毒诊断评估的重要依据。

（二）一年后诊断评估结果应用

诊断评估结果被作为提出提前解除强制隔离戒毒或延长强制隔离戒毒期限的直接依据。对生理脱毒评估、身心康复评估、行为表现评估均达到“合格”，社会环境与适应能力评估结果为“良好”的，强制隔离戒毒所可以提出提前解除强制隔离戒毒的意见，但对被两次以上强制隔离戒毒的，应当从严控制提前解除强制隔离戒毒的期限。对行为表现评估为“不合格”的，强制隔离戒毒所可以提出延长强制隔离戒毒期限的意见。

根据《强制隔离戒毒诊断评估办法》第13条规定，对具有下列情形之一的戒毒人员，不得提出提前解除强制隔离戒毒的意见：一是拒不交代真实身份和住址的；二是脱逃被追回或者有自伤自残行为的；三是所外就医、探视、请假外出等期间或者回所时毒品检测结果呈阳性或者拒绝接受毒品检测的；四是被责令接受社区康复的人员拒绝接受社区康复或者严重违反社区康复协议，因再次吸食、注射毒品被决定强制隔离戒毒的；五是其他不宜提前解除强制隔离戒毒的。

（三）期满前诊断评估结果应用

一是按期解除强制隔离戒毒。对生理脱毒、身心康复、行为表现评估结果均达到“合格”的戒毒人员，强制隔离戒毒所应当依法按期解除强制隔离戒毒。二是提出延长强制隔离戒毒期限的意见。对生理脱毒、身心康复评估结果中有一项以上为“不合格”的，强制隔离戒毒所可以提出延长强制隔离戒毒期限3～6个月的意见；对行为表现评估结果尚未达到“合格”的，强制隔离戒毒所根据其情况，可以提出延长强制隔离戒毒期限的意见，延长时间不得超过12个月。三是提出责令社区康复的建议。强制隔离戒毒所对即将解除强制隔离戒毒的人员，根据其综合诊断评估情况，可以向原决定机关提出责令社区康复的建议；对社会环境与适应能力评估结果为“一般”的，强制隔离戒毒所应当对其提出责令社区康复的建议。

（四）其他情况

强制隔离戒毒所提出提前解除强制隔离戒毒的意见后，戒毒人员有脱逃、自伤自残或者殴打其他戒毒人员等严重违反所规所纪行为的，强制隔离戒毒所应当撤回提前解除强制隔离戒毒的意见。强制隔离戒毒决定机关已批准的，强制隔离戒毒所应当建议强制隔离戒毒决定机关撤销该决定。

六、诊断评估工作流程图示(见图 7-3)

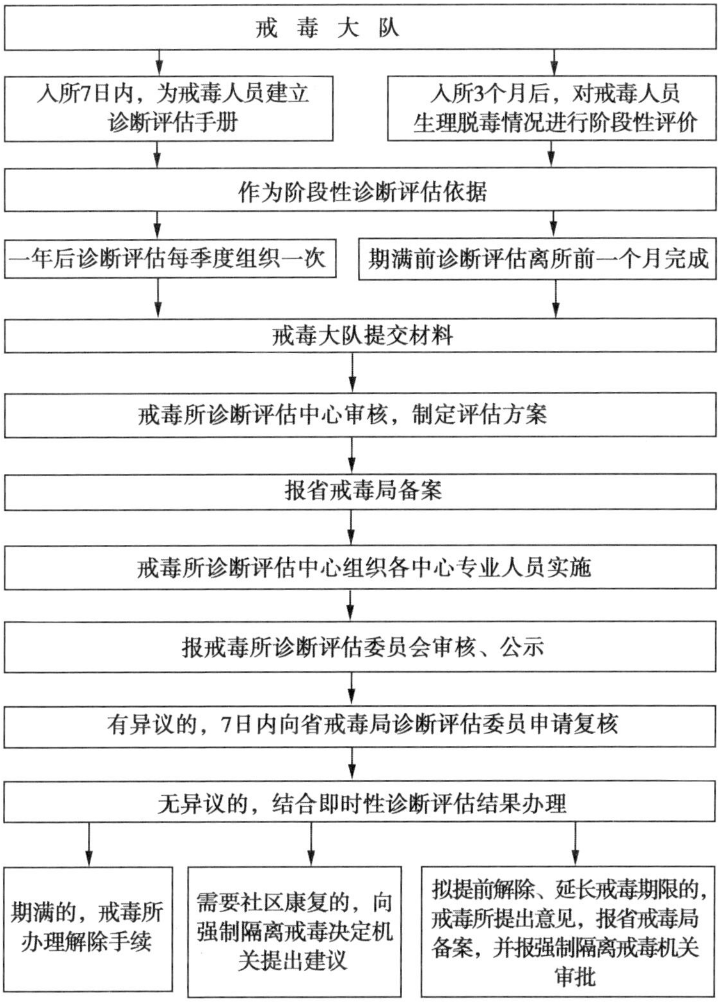

图 7-3　诊断评估工作流程

第五节　解　除

解除强制隔离戒毒即对强制隔离戒毒期限届满且经诊断评估达到规定标准的戒毒人员，终止强制隔离戒毒执行，解除强制隔离戒毒所和戒毒人员之间执行与被执行法律关系。本节从解除的类型、依据和程序加以阐述。

一、解除强制隔离戒毒的基本类型

解除强制隔离戒毒的基本类型有三类：

（一）按期解除

公安机关在强制隔离戒毒决定书中对戒毒人员的强制隔离戒毒期限作出了具体的决定，总的时间为两年。戒毒人员经过两年的强制隔离戒毒期限届满，且经期满前综合诊断评估符合解除强制隔离戒毒的标准，即行解除强制隔离戒毒。

（二）提前解除

根据强制隔离戒毒执行一年后诊断评估结果，强制隔离戒毒所对戒毒良好的戒毒人员提出提前解除的意见，经强制隔离戒毒决定机关批准后，强制隔离戒毒所按照提前的期限执行。执行期限届满，且经期满前综合诊断评估符合解除强制隔离戒毒标准的，予以解除强制隔离戒毒。

（三）延期解除

根据强制隔离戒毒执行一年后诊断评估结果，或者强制隔离戒毒期满前综合诊断评估结果，强制隔离戒毒所对符合延长强制隔离戒毒期限标准的戒毒人员提出延期解除的意见，经强制隔离戒毒决定机关批准后，强制隔离戒毒所按照延长的期限执行。执行期限届满，且经期满前综合诊断评估符合解除强制隔离戒毒条件的，即行解除强制隔离戒毒。

二、解除强制隔离的依据

解除强制隔离戒毒的依据主要有三个：一是诊断评估结果，二是强制隔离决定机关对提前解除强制隔离戒毒或延长强制隔离戒毒期限的批复，三是经核算的实际执行届满日期。

（一）诊断评估结果

根据公安部、司法部、卫计委共同制定的《强制隔离戒毒诊断评估办法》规定，强制隔离戒毒所对戒毒人员在强制隔离戒毒期间的生理脱毒、身心康复、行为表现、社会环境与适应能力等情况进行综合考核、客观评价。强制隔离戒毒诊断评估结果，是强制隔离戒毒所对戒毒人员按期解除强制隔离戒毒、提出提前解除强制隔离戒毒或者延长强制隔离戒毒期限意见以及责令社区康复建议的直接依据。

(二)决定机关的批复

根据《禁毒法》《强制隔离戒毒诊断评估办法》《司法行政机关强制隔离戒毒工作规定》的有关规定,对符合规定条件的戒毒人员,强制隔离戒毒所可以提出提前解除强制隔离戒毒的意见或者延长强制隔离戒毒期限的意见,并按规定程序报强制隔离戒毒决定机关批准。强制隔离戒毒决定机关应当自收到意见之日起 7 日内,作出是否批准的决定。如果强制隔离戒毒决定机关批准提前解除强制隔离戒毒或者延长强制隔离戒毒期限,则需变更强制隔离戒毒决定书载明的强制隔离戒毒期限,执行批复的期限。

(三)执行届满日期

执行期届满之日方能解除,而强制隔离戒毒实际执行届满的日期通常并不是强制隔离戒毒决定书载明的届满日期,除因提前解除强制隔离戒毒和延长强制隔离戒毒期限而有所变化外,还有一些特别规定也涉及期满日期的核算结果,因此需根据实际情况核算执行届满日期。涉及执行期满日期计算的特别规定主要有:一是戒毒人员外出探视(含路途)期间,强制隔离戒毒期限连续计算;外出探视逾期未归期间,不计入强制隔离戒毒期限。二是戒毒人员所外就医期间,强制隔离戒毒期限连续计算;所外就医条件消失的,回所继续执行剩余的强制隔离戒毒期限;所外就医期间强制隔离戒毒期满的,视为强制隔离戒毒执行完毕。三是戒毒人员脱逃期间,不计入强制隔离戒毒期限。四是戒毒人员被依法收监执行刑罚、采取强制性教育措施或者被依法拘留、逮捕的,强制隔离戒毒的时间连续计算;刑罚执行完毕时、解除强制性教育措施时或者释放时强制隔离戒毒尚未期满的,继续执行剩余的强制隔离戒毒期限。

三、解除强制隔离戒毒程序

解除强制隔离戒毒程序主要包括三个环节。

(一)通知有关单位和个人

强制隔离戒毒所填写解除强制隔离戒毒通知书,于强制隔离戒毒人员解除强制隔离戒毒 3 日前通知强制隔离戒毒决定机关,同时通知戒毒人员家属、所在单位、户籍所在地或者现居住地公安机关派出所将其按期领回。戒毒人员出所时无人领回，自行离所的，强制隔离戒毒所应当及时通知强制隔离戒毒决定机关。对解除强制隔离戒毒的所外就医人员，强制隔离戒毒所应当及时通知其来所办理解除强制隔离戒毒手续。

（二）发放解除强制隔离戒毒证明书

强制隔离戒毒所对被解除强制隔离戒毒的人员发放解除强制隔离戒毒证明书，同时发还代管财物，结清账目，办理出所手续。

（三）整理保管戒毒人员档案

强制隔离戒毒所应当在戒毒人员离所后及时整理其戒毒档案，按规定归档并妥善保管。除法律明确规定外，强制隔离戒毒所不得对外提供戒毒人员档案信息。

四、解除工作流程图示（见图 7-4）

图 7-4　解除工作流程

第六节　改进强制隔离戒毒执行

经过公安机关、司法行政机关多年不懈的探索总结、创新创造、磨合协调、研究提高，强制隔离戒毒执行总体上已经步入了规范顺畅、富有成效的发展轨道，为我国戒毒、禁毒事业作出了突出贡献。但在个别执行环节暴露的问题仍然比较突出，需要在发展中研究解决，以进一步提升强制隔离戒毒执行效能。本节就接收和解除、教育矫治两个方面存在的问题及对策进行探讨。

一、接收和解除存在的问题及对策

（一）存在问题

存在的问题主要是：强制隔离戒毒所拒收病残严重的戒毒人员；强制隔离戒毒决定机关对强制隔离戒毒前有恶劣表现的戒毒人员不予批准提前解除。这类情况在全国具有普遍性，且在有些省份表现较为突出，不仅在一定程度上影响了强制隔离戒毒决定机关与强制隔离戒毒所的和谐关系，而且在一定程度上阻碍了强制隔离戒毒工作的正常进行。

（二）原因分析

强制隔离戒毒所何以拒绝接收病残严重的戒毒人员呢？国家禁毒委要求强制隔离戒毒所按照罪犯保外就医疾病伤残范围规定的标准执行，即戒毒人员达到此范围规定的病残标准的，强制隔离戒毒所可以拒收，对其他病残吸毒人员应当依法接收。这看似合理的规定，但在目前实践中是难以落实的。首先，医疗条件有限。强制隔离戒毒系统的医疗条件与监狱系统的医疗条件不可同日而语，既缺少专门收治病残严重的戒毒人员的强制隔离戒毒所，又缺少医务人员、医疗设备，常备的也只是一些常规药物。并且戒毒人员不像罪犯，其本身就是病人，因长期吸毒不同程度地患有生理疾病、心理疾病、精神疾病，甚至还有相当一部分患有传染病。强制隔离戒毒所现有的医疗条件本就难堪重负，更无力再接收医治病残严重的戒毒人员。其次，警力不足。警力不足是强制隔离戒毒所普遍而现实的问题，而日常看护病残严重的戒毒人员和频繁的所外就诊,需要牵涉许多警力,强制隔离戒毒所难以承受。再次,死亡案件处理干扰正常工作。病残严重的戒毒人员无疑是发生所内死亡的高危人群。前文对所内死亡处理已作介绍,程序相当烦琐,且实践中许多死亡戒毒人员的近亲属常常提出一些无理要求,不予配合,致使死亡处理更为复杂、耗时更长,有的甚至长达一年之久,严重干扰强制隔离戒毒所正常工作。最后,责任风险很大。对强制隔离戒毒所而言,所内死亡是重大事件,需要严格调查有关民警在看护、诊治、抢救过程中是否完善地履行了职责。在严格追责的当代背景下,民警履职稍有瑕疵就可能受到严厉的处分,心理压力非常大。

强制隔离戒毒决定机关又何以对强制隔离戒毒前有恶劣表现的戒毒人员不予批准提前解除呢?一是社会治安方面的考虑。由于这类戒毒人员过去有违反社会治安管理的种种劣迹,且经过多次教育和处罚。公安机关担心其仍不思悔改,难以戒断毒品,被提前解除强制隔离戒毒后依然危害社会,因此宁愿使其待在强制隔离戒毒所直至两年的戒毒期限届满。二是工作价值方面的考量。为了抓获一名强制隔离戒毒人员,公安机关不仅需要耗费大量的人力、物力、财力,而且公安警察要与其反侦察斗智斗勇,无论酷暑严寒,长时间跟踪、蹲守,甚至面临生命危险。因此,公安机关普遍认为,对过多的戒毒人员尤其是以往劣迹斑斑的戒毒人员提前解除强制隔离戒毒,在一定意义上是对其工作的不尊重,对其工作价值的轻视。三是对戒毒成效的质疑。公安机关认为,戒毒本就是世界性难题,即使经过两年的严格教育和戒治,仍有许多戒毒人员难以戒断毒品,一般不应当提前解除强制隔离戒毒,尤其是对有两次(含两次)以上强制隔离戒毒经历的戒毒人员,更不应提前解除其强制隔离戒毒。

从上述分析可知,无论是拒收病残严重的戒毒人员,还是不予批准提前解除曾有恶劣表现的戒毒人员的强制隔离戒毒,其结果都是不正确的,但从原因上看,也都有其合理性。

(三)对策建议

总的建议是:省级禁毒委、禁毒办、公安厅、司法厅、卫计委等部门应依法充分发挥指导、监督作用;省级、市级有关部门和强制隔离戒毒决定机关与强制隔离戒毒所应建立健全沟通协调机制,定期通报情况,交流意见，增进理解与互信；发现问题，研究措施，完善制度，确保强制隔离戒毒执行顺畅、高效。具体建议如下：

1. 建立“专所”

接收病残严重的戒毒人员，防止其危害社会，并对其进行戒治，帮助其戒断毒品，是强制隔离戒毒所的法定职责和义务，必须做到应收尽收。但要从根本上解决病残严重戒毒人员的收治问题，最理想的办法是建立专门收治病残严重戒毒人员的强制隔离戒毒所，即每个省区市根据实际需要，建立1～2个集中收治病残严重戒毒人员的“专所”，包括收治病残严重和患有传染病的戒毒人员，配强医疗、管理、教育戒治队伍，配足医疗器械和相关药物。这样既可以使病残严重戒毒人员得到应收尽收，提供良好的看护、医疗、戒治条件，降低所内死亡风险，又能够消除其他强制隔离戒毒所的收治压力，集中有限的警力，专注、专心开展科学专业戒毒，提升戒治效能。而建立“专所”投入巨大，涉及方方面面，需要中央和省级禁毒委统一部署，公安、司法行政、卫计委等部门通力合作，人社、发改委、财政等部门大力支持。

2. 严格精准执法

依法批准提前解除强制隔离戒毒，同样是强制隔离戒毒决定机关的法定职责和义务，必须做到应批即批。但要从根本上畅通提前解除强制隔离戒毒的渠道，必须做到严格精准执法。

一是严格执行法定期限。《禁毒法》《戒毒条例》关于戒毒时限的规定都是基于遵循戒毒规律而设定的，应当严格执行，除特殊情况外，一般不应变更。强制隔离戒毒作为最为严厉的戒毒措施，其戒毒时限更应当得到严格执行，绝大多数戒毒人员应当戒毒满两年。

二是正确使用激励措施。《禁毒法》规定，强制隔离戒毒所对经诊断评估、戒毒情况良好的戒毒人员，可以提出提前解除强制隔离戒毒的意见。而目前强制隔离戒毒所把提前解除强制隔离戒毒作为激励戒毒人员戒毒的一项主要措施，在评价“戒毒情况良好”的标准上也放得较宽，以至于多数戒毒人员经诊断评估后都符合提前解除强制隔离解毒的条件，这在一度程度上偏离了两年强制隔离戒毒期限的法律规定，也难怪强制隔离戒毒决定机关有意见。因此，强制隔离戒毒所应纠正过度使用这一激励措施的思想，把执行满两年强制隔离戒毒期限作为常态，把提前解除强制隔离和延长强制隔离戒毒期限并行作为激励措施，严格标准，适度使用。中央禁毒、戒毒部门宜应对提前解除强制隔离和延长强制隔离戒毒期限的情形和评价标准作出更为详细具体的规定，以落实统一执法标准，严格规范执法的要求。

三是依法履行审批手续。既然法律有明确规定，强制隔离戒毒决定机关就应当按照规定的条件批准提前解除强制隔离戒毒，而不应以规定以外的理由如以前表现不好等不予批准。在考虑自身工作价值的时候，也应顾及强制隔离戒毒执行工作的顺畅有效进行，尊重强制隔离戒毒所的工作价值。如果对诊断评估结果有异议，可以核查；如果认为涉及审批的有关规定不明确，可以请求制定该制度的上级机关作出具体明确的规定，但不得自作主张，自定标准，任性执法。

二、教育矫治存在的问题及对策

（一）面临的问题

教育矫治是强制隔离戒毒的核心任务，也是强制隔离戒毒成效的决定因素。从全国情况来看，公安机关强制隔离戒毒所尤其是自劳教所转型而来的司法行政机关强制隔离戒毒所，在教育矫治方面进行了广泛而深入的探索，并积极学习借鉴国内外各学科尤其是心理学方面的研究成果为我所用，呈现出百家争鸣、各具特色的发展局面，为拓展丰富我国强制隔离戒毒教育矫治的内容和措施奠定了基础。然而，从科学规范戒毒的角度讲，教育矫治当前面临三个方面的问题：一是内容缺乏系统规范性，二是项目研究与推广不足，三是缺乏项目实操标准。

（二）原因分析

存在上述问题的根本原因在于强制隔离戒毒工作处于初创阶段和探索、摸索时期。细加分析，概有以下四个方面的原因：一是经验不足。司法行政机关强制隔离戒毒所由劳教所转型而来，面对的是一项全新的工作领域，不仅缺乏经验积累，而且无成功模式可遵循，要靠自身边实践边探索，边创新边总结，因而在此过程中还谈不上教育矫治内容的系统规范化。二是各自创新发展。各地强制隔离戒毒所依据有关法律和制度的原则性、指导性规定，根据各自对教育矫治工作的认知和理解，积极探索实践，摸着石头过河，跟着感觉走，难免会形成“各吹各的号、各唱各的调”的格局。三是专业人才专业知识不足。开展教育矫治项目研究，是教育矫治工作在拓展丰富内容的同时，在教育矫治方法措施上向专业化、深层次发展的标志。然而由于强制隔离戒毒所普遍缺乏专业人才、专业知识，研究开发项目少、推广难度大。四是研究总结的实践基础不够充分。项目实操标准是对项目成熟实践的模式化总结，由于前期的教育矫治工作始终处在实践探索阶段，只是先干起来、做出来进行尝试，许多做法在实践层面尚不够成熟，因而许多项目建立实操标准的火候还不到。

（三）对策建议

在强制隔离戒毒过程中，公安机关强制隔离戒毒所主要承担生理脱毒和行为养成两个方面的任务，教育矫治任务主要由司法行政机关强制隔离戒毒所承担。2018 年 5 月，司法部部署建立全国统一戒毒基本模式，开启了新时代科学戒毒、规范执法的大幕。建立全国统一戒毒基本模式，不仅是在戒毒形式上要统一，更要求执法内容、方式、标准上的统一。教育矫治作为强制隔离戒毒的核心任务，必然是统一规范的首要内容，且经过近十年的探索发展，现在对其进行规范统一、解决现实问题的条件已基本成熟。总的设想是，从顶层设计的角度构建教育矫治工作体系，包括建立教育矫治内容体系、教育矫治项目体系、教育矫治项目实操标准体系，并以法律或制度的形式固定下来予以推行，从整体上提升我国强制隔离戒毒教育矫治水平。

1. 构建教育矫治内容体系

通过对全国各地开展的教育矫治内容的全面系统调研，进行归纳分类，并核查、论证其效能，精选出戒治效果好、教育矫治必备的内容，进行有机分类组合，形成教育矫治内容体系，并在全国统一落实。

2. 建立教育矫治项目体系

为把教育矫治内容以科学的方式方法施加于戒毒人员，应有针对性地研发相应的教育矫治项目，构成教育矫治内容项下的项目体系，以提高教育矫治效能。一是总结评估以往开展的教育矫治项目，在研究论证的基础上精选优质可推广的项目。二是统筹科研力量研发项目。部局、省局统筹戒毒系统的研发力量，加强与社会科研力量的合作、协作，针对戒毒实际需求，有计划、有步骤地开发新的教育矫治项目。三是推广、完善项目。对确定的教育戒治项目,部局应统一编印项目实操指南,必要时省局组织推广培训。对部局确定的推广项目,强制隔离戒毒所必须实施,且在实施过程中,充分发挥各专业中心的指导作用,并在实践中不断进行改进完善,使其更具科学有效性。

3.构建项目实操标准体系

每个教育矫治项目都应当具有固定的模式和可复制性,这既是项目自身的特点,也是开发项目以便推广应用的价值所在。而固化和呈现项目模式的外在形式就是项目实操标准,包括实施项目的目标、流程、标准、要求及应达到的效果指标。

第八章　强制隔离戒毒执行体制

党的十八届四中全会从全面推进依法治国的战略高度，提出了“完善司法管理体制和司法权力运行机制”的改革要求，这是党中央在新形势下对深化司法体制改革提出的新的重大任务。司法部提出到2020年初步建立统一的司法行政执行体制，这是贯彻党的十八届四中全会精神、推进司法行政体制改革的重要举措。司法行政戒毒执行体制是司法权力运行机制和司法行政执行体制的重要组成部分，是中国特色毒品治理体系的重要内容。随着中国特色法治体系的不断完善和人民群众司法需求的日益增长，我国现行司法行政戒毒执行体制仍然存在一些不适应、不协调的问题，需要不断改革完善。

本章主要介绍强制隔离戒毒执行体制涉及的相关法律问题及形成的背景，分析强制隔离戒毒执行体制运行现状、存在的问题以及两种执行体制的对比，阐述改革现行强制隔离戒毒执行体制的必要性、可行性和迫切性，提出改革强制隔离戒毒执行体制的总体思路、基本原则、主要举措、保障机制等，积极构建统一规范、科学完善的强制隔离戒毒执行体制。

第一节　概　述

强制隔离戒毒是根据特定行政机关的决定，通过强制隔离的方式，对符合法定条件的吸毒成瘾人员进行戒毒治疗的一种戒毒措施。2008年6月1日正式实施的《禁毒法》将原来戒毒模式中公安机关承担的强制戒毒职能和司法行政机关承担的劳教戒毒职能合并为强制隔离戒毒，不是对吸毒人员的行政处罚，而是一种挽救吸毒人员的行政措施，是一种限制人身自由的强制性戒毒措施。

一、强制隔离戒毒执行体制的法律规定

关于强制隔离戒毒执行体制，需从《禁毒法》的颁布实施说起。改革开放以后，中国主要有强制戒毒、劳教戒毒、自愿戒毒三种戒毒措施。为了整合戒毒资源、提高戒毒效果，《禁毒法》将强制戒毒和劳教戒毒统一为强制隔离戒毒，并对其适用条件、决定程序、执行方式、期限等作了规定。《禁毒法》第40条规定："公安机关对吸毒成瘾人员决定予以强制隔离戒毒的，应当制作强制隔离戒毒决定书。"第41条规定："对被决定予以强制隔离戒毒的人员，由作出决定的公安机关送强制隔离戒毒场所执行。强制隔离戒毒场所的设置、管理体制和经费保障，由国务院规定。"这是在《禁毒法》中唯一关于强制隔离戒毒决定和执行的表述，但至于实行什么样的体制和方式、由哪个部门执行、执行的程序等内容没有具体阐述。

《禁毒法》出台后，有些法律规定是政策性、指导性的，不具有可操作性，而且在实施后也遇到了不少问题，其中一个就是强制隔离戒毒管理执行机关不明确，这给基层实践带来了困难，所以急需配套的法规细化、量化、具体化，使之具有可操作性。2011年6月26日《戒毒条例》的颁布实施，不仅规定了自愿戒毒、社区戒毒、强制隔离戒毒、社区康复四种戒毒措施，而且对强制隔离戒毒场所的设置、管理体制和经费保障作出了规定，首次对强制隔离戒毒执行体制作出了具体规定。

《戒毒条例》依照《禁毒法》的授权，对强制隔离戒毒决定和执行作出了规定。其第4条规定："县级以上地方人民政府公安机关依法决定强制隔离戒毒，管理公安机关的强制隔离戒毒场所；设区的市级以上地方人民政府司法行政部门负责管理司法行政部门的强制隔离戒毒场所、戒毒康复场所。"这一规定明确了强制隔离戒毒场所分别由县级以上地方政府人民机关、设区的市级以上地方人民政府司法行政部门管理，即由公安机关、司法行政部门分段执行强制隔离戒毒的体制，也即后来俗称的"二元制"或"两段式"。

《戒毒条例》第27条对“两段式”强制隔离戒毒的时间作出了具体规定：“被强制隔离戒毒的人员在公安机关的强制隔离戒毒场所执行强制隔离戒毒3～6个月后，转至司法行政部门的强制隔离戒毒场所继续执行强制隔离戒毒。”至此，强制隔离戒毒所执行体制正式明确，进入到实质性操作阶段。

以上是《禁毒法》和《戒毒条例》对强制隔离戒毒执行体制的法律规定。《禁毒法》提供了强制隔离戒毒的法律遵循和总体架构，而《戒毒条例》则标志着具有中国特色的禁毒法律制度体系已经建立。[①] 但是，“两段式”强制隔离戒毒执行体制在实践中的现实矛盾和问题逐步显现出来。

二、强制隔离戒毒执行体制的形成背景

国家的一项执法权力应由一个部门行使。强制隔离戒毒作为《禁毒法》规定的一种戒毒措施，公安机关承担决定权，而执行权由公安机关和司法行政部门共同承担，这显然不符合法治原则和法治精神。那么，为什么会出现“两段式”执行体制，还要看《禁毒法》出台的历史背景和当时的禁毒形势。

20世纪80年代，毒品问题在我国死灰复燃，毒情形势严峻复杂，呈快速蔓延之势。厉行禁毒是我国政府的一贯立场和主张。《禁毒法》第4条第1款规定：“禁毒工作实行预防为主，综合治理，禁种、禁制、禁贩、禁吸并举的方针。”戒毒工作是我国禁毒体系的重要组成部分，是与禁毒斗争相伴而生的。1990年12月28日颁布实施的《关于禁毒的决定》第8条规定：“吸食、注射毒品成瘾的，除依照前款规定处罚外，予以强制戒除，进行治疗、教育。强制戒除后又吸食、注射毒品的，可以实行劳动教养，并在劳动教养中强制戒除。”从这一规定可以看出，公安机关开展戒毒工作早于司法行政部门，这也是司法行政部门从事戒毒工作的法律依据，后来称之为“劳动教养戒毒”。

从20世纪90年代到《禁毒法》出台前，公安机关是禁毒斗争的主力

---

① 参见《人民日报》评论员：《彰显以人为本　实施科学戒毒》，《人民日报》2011年6月26日。

军、是戒毒工作的主战场，各省市公安机关都建有数量不等的强制戒毒场所，是禁毒戒毒的重要力量，在场所设施、机构编制、经费保障等方面有着公安机关的特点和优势，保证了禁毒戒毒工作的顺利开展。对于劳动教养戒毒来讲，2003 年 5 月 20 日，司法部曾制定《劳动教养戒毒工作规定》，对劳动教养戒毒工作进行了规范。但是，由于劳动教养的历史局限和当时环境的制约，劳动教养戒毒的戒治效果并不理想。

我国禁毒立法工作在法治建设不断完善、毒情形势日趋复杂的情况下逐步提上了议事日程。1999 年，我国禁毒政策出现了重大调整，由原来的“三禁并举”，调整为禁吸、禁贩、禁种、禁制“四禁并举”。2004 年 4 月15 日，时任中共中央总书记胡锦涛提出：“禁毒工作必须全社会共同参与，各部门通力合作，综合治理。首先要抓教育，第二要抓戒毒，第三要抓打击，第四要抓管理，最后要抓法制，加强立法。”当时国家就把戒毒工作摆在了一个很重要的位置，放到了“教育”之后、“打击”之前。2004 年6 月，时任国务院总理温家宝在湖北考察禁毒工作时提出：“他们吸毒是违法者，但他们又是病人、是受害者，对他们要给予更多的关爱和帮助。要以科学的方法进行治疗，既要借鉴国外成功的经验，又要结合我国实际，研究适合我国国情、中西医结合的科学戒毒方法，帮助吸毒人员脱离毒海。要坚持以人为本，加强对戒毒所的管理，增加人文关怀。”①

第二节　强制隔离戒毒执行体制现状

从全国情况看，强制隔离戒毒执行体制一般为“一段式”和“分段式”两大类。

一、强制隔离戒毒执行体制基本情况

（一）现行体制产生的历史背景

自 1990 年全国人大常委会公布《关于禁毒的决定》至 2008 年《禁毒法》实施之前，“劳教戒毒”与“强制戒毒”两种方式并存。1995 年，国务院

① 转引自褚宸舸：《中国禁毒法治论》，中国民主法制出版社 2016 年版，第 46～47 页。

《强制戒毒办法》规定，强制戒毒工作由公安机关主管，期限为3～6个月。2008年国家颁布《禁毒法》，将两种戒毒方式整合为“强制隔离戒毒”。在《禁毒法》出台前，公安机关的戒毒场所数量要多于司法行政机关的戒毒场所，司法行政机关主要依靠劳教所，专门的戒毒所较少，因此立法考虑到戒毒场所实际及相关客观原因，形成了公安机关与司法行政机关分段执行的状况。2011年国务院《戒毒条例》规定，被强制隔离戒毒的人员在公安戒毒所执行3～6个月后，转至司法行政戒毒所继续执行，由此从立法上确立了强制隔离戒毒由公安机关和司法行政机关共同承担的执行体制（以下简称“分段式”）。

（二）全国强制隔离戒毒执行体制现状

《禁毒法》和《戒毒条例》颁布实施后，各省市在执行过程中，由于各地情况不同、历史背景不同、机构沿革不同，强制隔离戒毒执行体制分为两大类，即“一段式”和“分段式”。“一段式”体制实行决定权与执行权分离，即公安机关决定、司法行政机关执行，包括云南、重庆、山东、青海、安徽等地。“分段式”体制即由公安机关执行3～6个月后，转入司法行政机关执行。

一是“一段式”执行情况。除山东因公安戒毒所建设相对滞后实行“一段式”体制外，其他实行“一段式”体制的省份多源于2005年之后劳教场所收容人数下降，存在场所空置现象。与此同时，禁毒形势日益严峻，公安戒毒场所收治压力加大，为整合资源开展禁毒斗争，公安机关遂将强制隔离戒毒执行权全部移交司法行政机关。从工作实践看，实行“一段式”体制的省份积极主动适应禁毒斗争需要，加大工作力度，优化司法行政戒毒场所布局，根据戒毒工作需要完善场所设施设备，普遍建立了从生理脱毒到教育适应、从康复巩固到回归指导的比较完整的戒毒工作体系，大力推行科学有效的戒毒方法，有效承担起了强制隔离戒毒执行职能，取得了良好的戒治效果。

二是“分段式”执行情况。根据《禁毒法》《戒毒条例》的规定，大部分省份实行“分段式”执行体制，公安机关与司法行政机关形成了比较顺畅的“转送”工作机制，戒毒人员在公安机关戒毒所进行生理脱毒后，转送司法行政机关戒毒所接受规范化、专业化的管理戒治和康复训练。在“分段式”执行体制下，公安机关能够腾出警力、精力深挖涉毒违法犯罪线索，打击毒品犯罪，同时有利于司法行政戒毒机关专注于科学化、专业化戒治。由于各地情况差别较大，或执行不到位的原因，执行过程也存在转送时间不一、转送方式不一等问题。据司法部预防犯罪研究所2017年集中调研数据显示，执行“分段式”体制的地区，有3个月内转送、3～6个月转送、6～12个月转送、1年以上转送等多种情况，还有对戒毒人员不进行转送、在公安机关戒毒所完成全部执行过程的现象。

二、“分段式”执行体制运行情况

（一）基本运行情况

在实际执行中，《戒毒条例》没有得到严格有效的执行，戒毒执行体制在“分段式”基础上，又分为“两段式”“混合式”等情况。“两段式”体制是指严格执行《戒毒条例》，在公安机关执行3～6个月后全部转入司法行政机关。而“混合式”体制是指在一个省市内，既有执行“两段式”的，也有没有经过公安机关而直接送司法行政机关执行的。而公安机关转送过程又出现了多种情况，有3个月后转送的，有6个月后转送的，还有9个月后转送的，也有一直在公安机关全部执行的，这与《戒毒条例》规定大相径庭，也给执行工作带来了一些不必要的麻烦，造成了执法的随意性。

（二）公安机关的戒治工作情况

由于禁毒工作是公安机关的主业，公安戒毒所警力十分紧张。从收治总量看，公安戒毒所收治人数远低于司法行政戒毒所。从戒毒成效看，公安戒毒所承担了生理脱毒任务，主要采取美沙酮替代脱毒法，戒毒方法比较单一，由于收治时间较短且警力有限，戒毒教育、心理矫治、医疗服务、康复训练、技能培训等专业戒毒工作难以开展，医疗、心理等专业人员十分匮乏。

（三）司法行政机关的戒治工作情况

目前，全国各省（区、市）和新疆生产建设兵团均成立了戒毒管理局。截至2019年6月，全国共有370个强制隔离戒毒所，累计收治强制隔离戒毒人员144.4万余人，在所戒毒人员20.7万余人；有73个戒毒康复场所，累计收治戒毒康复人员10.6万人。各地在当地政府的支持下开展支持指导社区戒毒（康复）工作，建立了一批社区戒毒（康复）指导站，管理服务社区戒毒、社区康复人员5.5万余人，为社区（村居）培训了大批戒毒工作人员。[①]《禁毒法》和《戒毒条例》颁布实施以来，全国司法行政戒毒机关主动适应禁毒形势要求，坚持“以人为本、科学戒毒、综合矫治、关怀救助”的工作原则，积极探索推行统一的戒毒模式、科学的戒毒方法、规范的执法体系、完善的保障机制，特别是在心理脱毒、心理戒毒、医疗康复等方面形成了可推广、可复制的成功经验，成为司法行政戒毒工作的特色和优势。

三、“一段式”执行体制运行情况

（一）改革背景

部分地区实行“一段式”体制的主要原因是公安戒毒所收治规模小、警察和医护力量缺乏、基础设施条件差、财政保障不足，难以满足戒毒人员收治需求；而司法行政劳教所由于收容人数下降，场所空置现象严重，出现了“公安吃不下，司法吃不饱”的客观情况。为适应禁毒形势需要，整合戒毒资源，一些地区相继将“分段式”执行体制改革成“一段式”。大体的改革背景是如此，但也不完全一样，如山东的情况有自己的特点。山东在2000年以前，吸毒人员总量比较少，以至公安机关一直没有建立戒毒所，少数吸毒人数被送到当时的劳教所戒毒治疗。因此在《禁毒法》颁布实施后，经省委、省政府研究同意，将强制隔离戒毒所职能全部移交给司法行政机关承担，从而形成了有山东特色的戒毒执行体制。

（二）运行情况

从实际工作看，“一段式”执行体制在戒毒效果、执行周期上有着自身的特点和优势，特别是近年来探索总结了一系列成熟成功的戒毒方法，受到了戒毒人员的欢迎和社会各界的肯定。但是在公安机关看来，“一段式”体制违反《禁毒法》《戒毒条例》规定，有执法不到位之嫌。从2017年开始，山东等省公安机关开始制定戒毒所建设规划，并着手建设公安机关戒毒所。从实际效果看，大部分司法行政部门认可“一段式”的合理性和优势，但公安只是移交职能，依然保留场所。而从法定职能看，

---

① 参见《司法部发布〈中国司法行政戒毒工作发展报告〉》，2019年6月26日，http://www.moj.gov.cn/Department/content/2019-06/26/608_3226639.html。

只要《禁毒法》保持不变,"一段式"执行体制随时可能反复。

四、强制隔离戒毒执行体制运行中存在的问题

《禁毒法》的颁布实施,是我国法治建设加快发展的一个重要标志。随着我国禁毒形势发展,强制隔离戒毒执行所涉及的法律规定及工作实践中存在的问题也逐渐暴露出来,主要是"分段式"执行体制所带来的公安机关和司法行政机关衔接配合问题。从实际运行情况看,"一段式"执行面临的主要问题有:公安机关反映送戒难、提审难,不利于深挖犯罪线索,对病残吸毒人员选择性收治,很多地方存在拒收现象等。有的地方戒毒所存在"以戒代拘,以戒代捕"现象,有的司法行政戒毒所承担了"看守所"的职责。"分段式"执行体制也存在一些突出问题,下面分四个方面加以分析。

一是执行标准的多样化影响了执法公信力。在同一法律制定框架下,应有同一标准的执行体系。而"分段式"戒毒执行体制容易导致政出多门、各自为战的现象,大体表现为四个方面的不统一:转送时间不统一,没有严格按照法律规定的时间和方式办理,有的地方突破法律关于转送时限的规定甚至不转送,有的转送手续不齐全、材料不完备;管理规定不统一,公安和司法行政戒毒所在管理制度和工作流程方面执行的是两种模式,标准差异性大,容易造成戒毒人员转送后较长时间的不适应;考核评估不统一,目前公安和司法行政戒毒所执行的是不同标准的考核评估办法,在日常考核和诊断评估的内容、方式、法律文书等方面有差别,经常出现互不认可的情况;执法标准不统一,所外就医、所外执行、提前解除等制度规定和程序要求有很大的不同,直接影响了执法的权威和公信力。

二是戒毒链条的碎片化制约了戒治成效。戒毒工作是一项系统性工程,是一个全链条、持续化的过程,环环相扣、相互支撑才能取得良好的戒毒效果。而实行"分段式"执行体制,将戒治过程划分为两个难以有效接续的阶段,而且是由两个不同的部门来执行,大大影响了戒治工作效能。公安戒毒所面临场所规模小、专业设施及专业人员配备不齐等问题,侧重于行为管控和安全管理,特别是执行期限较短,系统性的专业戒治工作开展少。司法行政戒毒所推进以分期分区为基础、以专业中心为

支撑、以科学戒治为核心、以衔接帮扶为延伸的全国统一戒毒工作模式，各项工作紧紧围绕提高戒毒人员戒治质量展开，但由于戒毒人员转送入所的时间不一，很难实施系统性的戒治措施，难以实现对吸毒人员全过程、完整性的戒治。

三是戒毒场所建设的重复化造成了资源浪费。戒毒场所的重复建设是实行“分段式”的一个必然结果。拿中学教育来说，如果前半年在一个学校，剩余的学期在另一个学校，管理同样的学生，那就需要在土地、资金、师资方面成倍投入。收治戒毒人员也是如此。如某市有1000人的戒治任务，建一个收治1000人的戒毒场所，与建两个收治能力之和为1000人的戒毒场所相比，后者在办公用房辅助用房建设投入、后勤人员支出、安防设施及人员投入等方面要远大于前者。就实际收治能力而言，司法行政戒毒场所床位利用率不高，存在“吃不饱”的现象，如果双方继续加大场所建设投入，势必导致国家资源的浪费。

四是执法主体的多元化不利于后续照管。《戒毒条例》第4条规定，公安机关和司法行政机关都具有对社区戒毒、社区康复提供指导和支持的职责。但戒毒人员有的仅仅在公安机关戒毒所执行，有的只在司法行政戒毒所执行，有的需要在公安和司法行政戒毒所两个场所执行，这就导致多个执法主体行使同一项执法权，使得戒毒人员解除出所情况多样、信息交叉，且公安和司法行政戒毒所管理方式、工作模式不同，一定程度上造成了对解除出所人员“两家都管但都管不到位”的现象。此外，公安机关和司法行政机关都在各地设立社区戒毒、社区康复办公室（指导站）、后续照管工作站等，造成了工作的重复交叉，形成了“九龙治水，各管一段”的现象，不利于后续照管的有序开展。

第三节　改革强制隔离戒毒执行体制的必要性

党的十八届四中全会从优化司法职权配置的高度，明确提出公安机关、检察机关、审判机关、司法行政机关各司其职，侦查权、检察权、审判权、执行权相互配合、相互制约。建立统一的戒毒执行体制，将戒毒的决定权与执行权分离，由公安机关决定，由司法行政机关执行，符合深化司法体制改革要求，符合“审执分离，裁执分离”的现代法学理念，有利于整合现有戒毒资源，提高戒毒矫治质量。目前，分段执行的戒毒体制带来了戒毒执行工作职能重叠、多头管理、重复建设、标准不一、衔接不畅等问题，不仅增加了收治成本，而且影响了戒毒效果。建立统一的戒毒执行体制，是提高戒治工作科学化、专业化水平的前提和基础，是戒毒工作规范运行和长远发展的重要保障，因此推进强制隔离戒毒执行体制改革势在必行。

一、改革强制隔离戒毒执行体制是推进社会主义法治建设的需要

在当前社会依法治国的大背景之下，建设法治政府、法治社会已经是我国当下社会主义法治建设的题中之义。建设法治政府是我国行政体制改革的重要目标，也是贯彻落实以法治国基本方略，加强政府自身建设，维护群众根本利益的必要要求。

一是贯彻社会主义法治理念的需要。现代法学要求，无论是法院审判还是行政裁决，都应当遵循“审执分离，裁执分离”的理念，即作出裁决的机关与执行裁决的机关应当分离，不能由同一机关既行使裁决权又行使执行权，从而体现权力的监督与制约，防止权力的滥用侵害相对人合法权益。强制隔离戒毒是对吸毒成瘾人员实施的行政强制措施，限制人身自由长达两年，戒毒人员面临的是工作和生活的巨大改变以及被贴上“违法者”标签的境遇。为确保公民的合法权益不受到侵犯，强戒的决定与执行应当遵循“裁执分离”原则。在现行的“分段式”戒毒执行体制下，公安机关既拥有决定权，又承担执行职能，难免出现有悖于公平正义之举，从而影响公众对法治的信任。建立统一的强制隔离戒毒执行体制，将强制隔离戒毒的决定权与执行权分离，由公安机关决定强制隔离戒毒，由司法行政机关执行强制隔离戒毒，契合深化司法体制改革要求，是践行社会主义法治理念的举措。将强戒的决定权与执行权分离，公安机关不会因执行难而“不作为”，其会受到执行机关的监督制约，大大提升其作为决定机关的中立性和公正性。同时，公安机关不再承担繁重的执行任务，可以集中精力打击吸毒违法行为，合理配置的权力必将产生更大的法治效益和社会效益。

二是推进法治政府建设的需要。中共中央、国务院印发的《法治政府建设实施纲要（2015～2020 年）》明确要求：“大力推行权力清单、责任清单、

负面清单制度并实行动态管理。在全面梳理、清理调整、审核确认、优化流程的基础上,将政府职能、法律依据、实施主体、职责权限、管理流程、监督方式等事项以权力清单的形式向社会公开,逐一理清与行政权力相对应的责任事项、责任主体、责任方式。"推进法治政府建设必然需要完善行政组织和行政程序法律制度,优化政府机构设置、职能配置、工作流程,理顺部门职责关系,司法戒毒执行体制改革也就成为必然。

三是推进依法行政的需要。依法行政是依法治国基本方略的重要内容,行政机关必须根据法律法规的规定设立,并依法取得和行使其行政权力,对其行政行为的后果承担相应的责任。在"分段式"戒毒执行体制下,公安机关运动式、阶段性、指标化以及"选择性"转送戒毒人员的情况普遍,导致司法强制隔离戒毒所收治人数波动较大。再者,公安机关因办案时限等限制,普遍采取"先送后审""先送后捕"的做法,司法强制隔离戒毒所成了变相的"看守所"。另外,地方公安机关与司法行政机关执行标准不统一。要使每一个执法环节都能体现公平正义,必须严格执法程序,将各个执法岗位、执法环节的执法行为都纳入制度和规范之中。因此,要推进依法行政,司法戒毒执行体制必须改革。

二、改革强制隔离戒毒执行体制是打赢禁毒人民战争的需要

习近平总书记强调,禁毒工作事关国家安危、民族兴衰、人民福祉,毒品一日不除,禁毒斗争就一日不能松懈。要打赢新时代禁毒人民战争,必须坚决贯彻落实习近平总书记的要求,充分发挥政治优势和制度优势,完善毒品治理体系,走中国特色的毒品问题治理之路。

一是有利于维护社会和谐稳定。当前,毒品犯罪与恐怖主义、黑社会犯罪一并列为"世界三大犯罪灾难",对国家安全形成严重威胁。面对日趋严峻的毒品犯罪势头,公安机关担负着禁毒、禁种、铲毒,以及麻醉药品、精神药品安全管理和易制毒化学药品的管制工作,在预防和惩治毒品违法犯罪行为、保护公民身心健康、维护社会秩序等方面发挥了重要的作用。但在分段式戒毒执行体制下,公安机关在承担艰巨的打击毒品犯罪任务的同时,还要分散警力去担负强制隔离戒毒任务,势必造成工作疲于应付,不利于更好发挥公安机关打击犯罪、维护公共安全之职能。

二是有利于更好地执行强制隔离戒毒措施。戒毒工作专业性、技术性很强，只有运用科学的理论知识、方法措施，才能为破解戒毒这一世界性难题创造无限的可能性。“分段式”戒毒执行体制不利于戒毒矫治质量，已经成为一个不争的事实。宜通过改革戒毒执行体制，坚持以提高教育戒治质量为核心任务，建立全国统一的、符合戒毒基本规律的戒毒工作模式，建立一支集医疗、教育、心理、法律、社会等多种专业能力于一体的警察队伍，在戒毒场所设置生理脱毒、教育适应、康复巩固、回归指导“四个功能区”，建立戒毒医疗、心理矫治、康复训练、教育矫正、诊断评估“五个专业中心”。建立“一段式”执行体制，有利于专业人干专业事，有利于更好地帮助戒毒人员科学戒毒、成功脱毒。

三是有利于推进戒毒工作集约化。2018 年《深化党和国家机构改革方案》提出，要坚持优化、协同、高效的原则。根据国务院机构改革精神，整合公安机关和司法行政机关现有的戒毒资源，发挥各自优势势在必行。全国公安机关戒毒场所具有场所多、规模小、分布广的特点，司法行政机关戒毒场所规模大、位置相对集中。为解决场所收治能力不足的问题，许多省份公安机关和司法行政机关都在对场所进行改扩建或者规划建设新的场所，但是缺乏全省乃至全国一盘棋的统筹规划。从场所建设来看，公安机关戒毒场所功能设置单一，缺乏医疗、教育、康复训练等功能区设置；司法戒毒场所由原劳教所转型而来，功能设置较为成熟，普遍设有戒毒医疗、心理矫治、康复训练、教育矫正、诊断评估等专门场所，安防设施更为完善。统一戒毒执行体制，有利于将现有戒毒资源整合利用，统筹场所规划建设和专业人员的配备，避免分而治之导致的重复建设和资源浪费，使戒毒资源利用效率最大化，确保戒治成效。

三、改革强制隔离戒毒执行体制是提升教育戒治质量的需要

戒毒工作的中心任务是对戒毒人员进行教育戒治，使其从生理和心理上戒断毒瘾，恢复身心健康。对戒毒人员的教育戒治质量如何，是衡量戒毒工作成败的基本标准。强制隔离戒毒执行体制改革的目标是完善体制机制，进而提升教育戒治质量，达到最佳教育戒治效果。

一是提升教育戒治质量需要统一的戒毒模式和标准体系。目前，公安戒毒所与司法行政戒毒所在戒毒模式、戒毒标准、戒治手段及方法等

方面都有所不同。戒毒人员在公安戒毒所执行期间，要按照公安戒毒所的要求进行生理脱毒、入所教育等；移交到司法行政戒毒所后，还要按照司法行政戒毒所的要求再进行生理脱毒、入所教育等。转送时间的不确定性以及戒毒职能重叠产生的重复工作，导致戒毒工作实践中很难科学、合理地统筹安排和充分利用两年的强制隔离戒毒时间，降低了戒毒工作效率，教育戒治质量难以保证。同时，公安戒毒所与司法行政戒毒所在戒毒人员管理方式、执法标准上的不同，造成出所衔接不到位，使得戒毒人员出所后漏管率较高，复吸的可能性增加。

二是提升教育戒治质量需要巩固戒治效果。在戒毒所通过物理隔离，可以帮助戒毒人员暂时戒除生理依赖，而对毒品的心理依赖需要长期的监测和杜绝。强制隔离戒毒只是诸多禁毒戒毒措施中的一个环节，其他戒毒措施主要有社区戒毒、戒毒康复、社区康复等。戒毒人员解除出所后，需要社区戒毒、社区康复，其中任何一个环节脱节或失控，都可能导致戒毒人员再次复吸。为有效防范戒毒人员的复吸行为，许多省份都规定了戒毒人员解戒出所时，戒毒场所与地方公安机关及家属要必接必送、无缝对接。但在实际操作中，戒毒场所由于警力紧张和经费不足，无法实现“必送”。“无缝对接”难以全部落实，存在着很大的复吸风险。正是由于戒毒措施衔接不到位，司法行政强制隔离戒毒场所内往往戒断率都能实现100%，但戒毒人员回归社会后，由于后续照管不到位，缺乏有效的监管帮扶，随着时间推移，其很容易复吸，大大削弱了所内戒毒效果。

四、改革强制隔离戒毒执行体制是提高戒毒执法公信力的需要

在目前“分段式”执行体制下，权力配置的不合理导致实践中出现诸多问题。实践证明，公安机关既是决定机关，又是执行机关，在作出强制隔离戒毒决定的时候很容易受到作为执行机关的立场和观点的影响，破坏其作为决定机关所应有的中立性，甚至滥用权力，造成执法不公正，降低执法公信力。改革强制隔离戒毒执行体制是提高戒毒执法公信力的必然要求。

一是有利于改变多头执法局面。由于我国现行戒毒执行体制制度设计的自相矛盾和强制隔离戒毒执法权配置的混乱，直接导致强制隔离

戒毒执行过程中执行力的削弱，不利于保证准确、公正、有效的强制隔离戒毒。公安机关对吸毒成瘾人员作出强制隔离戒毒决定，强制隔离戒毒由公安机关和司法行政机关共同执行，公安机关对于强制隔离戒毒既有决定权，又有执行权。这种决定权与执行权混为一体，把行为主体与行为的评价、制约主体融为一体，违背了分工负责、互相配合、互相制约的原则。强制隔离戒毒的决定权与执行权集中在同一机关，不仅容易产生独断与腐败，而且会导致司法公信力的下降和社会公平正义价值的破坏。要改变这种局面，强制隔离戒毒执行体制改革势在必行。

二是有利于解决执法存在的突出问题。只有统一强制隔离戒毒执行体制，才能有效推动决定权、执行权、监督权相互配合、相互制约，实现司法权的良性运行。在执法层面，强制隔离戒毒执行和管理教育都需要以法律为基石，执行主体的多元和政策依据的不统一会使得执法尺度不同，冲击戒毒执法的公正性和制度适用的标准化，导致同一国度内强制隔离戒毒执行标准多元，轻则引致戒毒执法的公正性下降，重则损害国家司法的完整性和权威性。因此，唯有统一强制隔离戒毒执行体制，才能有效实现戒毒执法公正。

三是有利于维护群众切身利益，满足群众对美好生活的向往。推进法治国家、法治政府、法治社会一体建设，司法戒毒机关法治化建设不能缺席，必须深入践行全面依法治国要求，不断提升公正文明规范执法水平。司法是公平正义的实现方式，而组成司法的部门所行使的权力，其实体、程序和执行都有赖于权能实施的法定性、公正性和完全性。从权能的实现看，无论哪一道权能程序，没有完全实现法定性，都会失去执法的公信力。戒毒执行模式改革，应筑起司法公信的坚实防线，体现人民群众的法治远景。

五、“一段式”执行的成功经验表明统一强制隔离戒毒执行体制具有可行性

在毒品形势日趋严峻、公安机关戒毒所难以满足收治需求、司法行政机关戒毒所却严重空置的大背景下，为了应对禁毒戒毒压力和整合戒毒资源，重庆、山东、云南、青海、安徽和广州等省市于2008～2012年间相继进行改革，将强戒由公安机关、司法行政机关“分段式”执行改为由公安机关决定、司法行政机关执行的“一段式”执行体制。

改革初期，司法行政机关戒毒所面临诸多困难和问题，各地积极采取应对措施，实施集中收治，加强沟通协调，完善设施配置，充分发挥执法环境、工作机制、管理经验、戒治专业等方面的优势，戒治质量稳步提升。几年来，上述省市在收治戒毒人员人数持续增长的情况下，连续多年实现场所安全无事故，较好地服务了禁毒工作和社会大局稳定，同时也探索形成了许多成功经验。

下面以山东为例，介绍“一段式”执行体制运行情况。山东司法行政戒毒系统坚持“高起点，强规范，建机制，抓保障”的工作要求，积极探索、创新实践，推动戒毒工作科学发展取得了显著成效，为建立全国统一戒毒工作模式奠定了坚实基础。

一是深化对戒毒工作职能作用的认识。准确把握戒毒工作规律、功能定位和社会价值，提出了“三四五”戒毒工作理念，即戒毒工作具有减少毒品的现实危害、为戒除毒瘾创造无限的可能性、彻底戒断毒品“三重目标”，戒毒警察具有警察、医生、教师、心灵导师“四种身份”，戒毒工作是重要的执法活动、艰难的医疗过程、富有探索性的心疗过程、综合施策的系统工程、神圣事业“五个定位”。实施了“一四六”工作思路，即以帮助戒毒人员戒断毒瘾、顺利回归社会为目标，实施国学·齐鲁文化入心、中医中药戒毒、戒毒专业人才培育、戒毒工作机制创新“四个工程”，构建戒毒执法、戒毒管理、教育矫治、医疗康复、场所保障和社会支持“六个体系”，科学构建了戒毒工作的四梁八柱。

二是推行“三六三”戒毒模式。实行“三分管理”，即分期、分区、分级管理，设生理脱毒期、身心康复期、回归适应期，建立脱毒治疗区、教育适应区、康复巩固区、回归指导区，实行严管、普管、宽管，确立了戒治流程和工作标准。探索“六疗”戒毒方法，即医疗、体疗、心疗、食疗、文疗、工疗，设立医疗戒治、康复训练、心理矫治、营养膳食、文化教育和技能培训六个专业中心，形成了较为完整的专业戒毒工作体系。建立了社会支持、亲情帮戒和后续照管“三个平台”，在全省 12 个市建立社区戒毒、社区康复指导站 27 个，不断健全戒毒衔接帮扶机制。

三是推行“六疗”戒毒方法。医疗戒毒扎实推进，建成二级综合医院和远程诊疗中心，系统开展中医中药戒毒，中医经方干预合成毒品成瘾急性脱毒治疗效果明显，开发急性戒断期中医经方新药。文疗戒毒成效显著，实施国学·齐鲁文化入心工程，以“礼、善、智、德、和、信、孝、仁”为主题，实现“孔子学堂”全覆盖，形成了“一所一品牌，一队一特色”工作特色。心理戒毒多措并举，推行“阳明心学戒毒教练技术”，将传统心学理念与现代心理矫治技术有机结合。康复戒毒完善成型，建立“一个大纲、两个标准、三套康复操”康复训练体系，推行智慧体疗戒毒。食疗戒毒形成特色，推行“三期食疗、三分辨疗、四季食养、五味调摄”食疗戒毒模式。工疗戒毒寓戒于劳，帮助戒毒人员康复身心、矫治陋习、培养技能。

四是戒毒工作规范化建设有效推进。根据职能转型需要，建立戒毒人员从入所到出所，涵盖各项业务的制度、标准和流程体系。开展检察机关驻所监督试点，探索推行网格化管理、柔性化管理，将ISO9001质量管理体系引入戒毒工作，开展规范化场所、大队达标创建活动。将规范化要求融入场所规划建设各个环节，7个建设项目已纳入已国家“十三五”规划，打造现代化、规范化戒毒所。

五是警察队伍专业素质不断提升。加大专业人员引进力度，近年引进核心专业人员102人，现有医务人员125人，国职健身教练46人，社会体育指导员342人，心理咨询师298人，专兼职教师284人，接受公共营养培训84人。出台戒毒专业人才管理办法，评定三级专门人才，建立巡讲、课题攻关等制度，发挥专业人才引领作用。建立山东省戒毒研究中心和戒毒科研专家库，助力戒毒科研攻关。落实五年教育培训规划，实施警察两年轮训计划，警察履职能力进一步提升。注重培养先进典型，1名警察当选为党的十九大代表，多名警察获“全国司法行政先进工作者”“山东省首届十佳禁毒女民警”“齐鲁青年禁毒先锋”等荣誉称号，展现了戒毒警察良好的精神风貌。

山东的做法是全国司法行政戒毒工作的一个缩影，充分展示了“一段式”执行体制的优势和特色。

第四节　改革强制隔离戒毒执行体制的建议

习近平总书记指出：“中国已经进入改革的深水区，需要解决的都是难啃的硬骨头，这个时候需要'明知山有虎，偏向虎山行'的勇气，不断把改革推向前进。"[①]司法行政戒毒执行体制改革涉及党和国家机构改革与司法体制改革两个范畴，关乎全面深化改革、全面依法治国推进，需要增强定力、集聚智慧，破除障碍、激发活力，着力完善中国特色司法行政戒毒制度。

一、明确强制隔离戒毒改革的目标和原则

改革目标：理顺戒毒工作执行体制，界定戒毒工作中的公安机关决定权、司法行政机关执行权、检察机关监督权，确立由司法行政机关统一管理的戒毒执行制度体系，构建强制隔离戒毒、自愿戒毒、社区戒毒、社区康复一体化戒毒工作体系，强化法治化、科学化、专业化、社会化建设，形成多要素联动、无缝隙衔接、全链条戒治的"大戒毒"工作格局，探索中国特色毒品治理之路。

改革原则：一是坚持政治引领原则。戒毒工作是党领导下的禁毒人民战争的重要组成部分，政治性是司法行政戒毒工作机关的根本属性。以习近平新时代中国特色社会主义思想和党的十九大精神为指导，坚持党的绝对领导，强化"四个意识"，坚定"四个自信"，以更加有利于党和国家禁毒方针政策得到不折不扣落实为前提，推进司法行政戒毒执行体制改革，确保司法行政戒毒工作机关始终做党和人民的"刀把子"。二是坚持服从大局原则。党的十八大以来，关于全面深化改革、全面依法治国的系列决策部署为司法行政戒毒执行体制改革指明了前进方向，提供了根本遵循。从党的十八届三中全会公报和《关于深化党和国家机构改革的决定》精神中把握改革方向，从十八届四中全会决定和全面深化司法体制改革推进会精神中把握法治脉络和改革重点，切实将司法行政戒毒执行体制改革置于全面深化改革、全面依法治国的大局中谋划推进。三是坚持遵循规律原则。遵循规制行政权力运行规律，通过改革消除职能交叉，节约行政资源，实现高效运转和有效监督。遵循戒毒工作规律，把握毒瘾的顽固性和戒治的复杂性特点，通过改革构建管控有力、戒治科学的戒毒工作体制机制。四是坚

---

① 《习近平在布鲁日欧洲学院的演讲》，2014 年 4 月 1 日，http://cpc.people.com.cn/n/2014/0402/c64094-24799696.html。

持问题导向原则。如前文所述，《禁毒法》颁布实施 11 年，《戒毒条例》公布施行 7 年，戒毒执行工作中的问题逐渐显现，一些源头性、深层次的问题已成为制约戒毒工作发展的“瓶颈”。这是推进司法行政戒毒执行体制改革的重要动因。坚持问题导向，使改革有的放矢推进，有利于付出最小改革成本，实现最大改革收益。

二、规范戒毒工作执行权力配置

《中共中央关于深化党和国家机构改革的决定》指出，“坚持一类事项原则上由一个部门统筹、一件事情原则上由一个部门负责”，规范戒毒工作执行权力配置，“避免政出多门、责任不清、推诿扯皮”。

一是优化强制隔离戒毒执行权力配置。按照权责统一的原则，公安机关专门负责强制隔离戒毒决定权，将强制隔离戒毒执行权统一交由司法行政机关承担，实现决定权与执行权彻底分离，避免公安机关既当“裁判员”又当“运动员”的现象。目前，在公安强制隔离戒毒所接受戒治的戒毒人员，司法行政机关完全有能力接收。从收治容量看，司法行政强制隔离戒毒所收治了绝大多数戒毒人员，“十三五”期间收治能力还将会有提升。从工作经验看，目前山东等省为司法行政机关独立承担强制隔离戒毒执行职能，运转情况良好；另有个别省份虽有公安、司法行政两段执行的区域，但总体上以司法行政机关独立执行为主。统一戒毒执行体制既有法治精神的需要，也有现实条件的支撑。

二是规范强制隔离戒毒解除审批权。现行法律规定，将强制隔离戒毒解除审批作为强制隔离戒毒决定权的一部分，由公安机关行使。但实践中公安机关并不能及时了解戒毒人员的戒治情况，难以及时、客观审批，且缺少有效的监督制约。解决方案一：将强制隔离戒毒审批权交由司法行政机关，同时以司法行政机关上下级审批、检察监督及向公安备案等举措，实现有效的监督制约。解决方案二：公安机关集中到地市一级审批，同时公安机关工作人员参与到戒毒人员诊断评估工作中，实现现场客观评判、及时权威审批。

三是理顺社区戒毒、社区康复和自愿戒毒工作体制机制。戒毒工作中，强制隔离戒毒是专业资源最为密集的一环，可以通过有效的制度安排向社区戒毒、社区康复和自愿戒毒延伸。一方面，通过基层社区戒毒、社区康复工作职能的整合优化，打通司法行政戒毒机关提供指导、支持的渠道，实现强制隔离戒毒与社区戒毒、社区康复的有效衔接。另一方面，司法行政戒毒机关建有戒毒医疗机构300余个，其中包括相当数量的专业医院，具备开展自愿戒毒工作的能力。利用司法行政机关的医疗资源，强化戒毒康复中心和自愿戒毒中心建设，有利于规范和强化自愿戒毒工作。

三、建立规范的戒毒执法体系

按照司法行政戒毒执行体制改革要求，配套完善戒毒执法体系，固化、用好改革工作成效。

一是建立戒毒执法专门队伍。以司法行政戒毒警察为主体，与司法行政基层工作者、社工等配合，建立专门戒毒工作队伍。将《禁毒法》《戒毒条例》等法律法规业务知识作为必修课，纳入专题教育培训、晋升晋衔培训和日常教育工作，通过全面、系统、细致的培训学习，使每一名警察、工作人员都能够掌握本职业务工作所需要的相关规范性依据，成为熟悉本行业法律业务的行家里手。积极创新教育培训形式，特别是发挥戒毒场所专业人员的辐射带动作用，通过个案讲评、经验交流、现场演示、专家答疑、"传帮带"等灵活有效方式，提升戒毒执法专门队伍整体素质能力。

二是深化执法理念转变。在树牢严格、公正、文明执法理念的基础上，适应司法行政戒毒执行体制改革和构建"大戒毒"工作格局需要，进一步树立专业执法理念，秉持专业精神，增强专业技能，使戒毒工作在法治和专业的轨道上并行不悖；进一步树立人本执法理念，从戒毒人员违法者、病人和受害者三重身份出发，在戒毒执法中体现人文关怀，以正向的情感因素坚定戒治信心和决心；进一步树立开放执法理念，在戒治工作社会化、戒毒人员接触适应社会、后续照管等方面，作出创新性的探索和制度性的设计。

三是完善强制隔离戒毒执法体系。着眼于切实发挥强制隔离戒毒在戒毒执法工作中的主阵地作用和向其他戒毒措施的延伸支撑作用，加强制度建设，建立健全包括教育矫治、戒毒医疗、康复训练等各方面内容，覆盖戒毒人员从入所到出所各环节，促进所内外有效衔接、良性互动的制度体系，促进戒毒工作规范运转；加强标准建设，完善优化管理标准体系、戒治业务标准体系、技术标准体系等，树立行业标杆，引领发展方向。

四是健全戒毒执法协作机制。健全与公安机关的协作机制，为公安机关提审戒毒人员、深挖涉毒违法犯罪线索提供便利和支持，深入组织戒毒人员开展坦白检举活动，确保改革后毒品打击力度不降。建立相对统一的社区戒毒社区康复指导站建设模式，规范指导、支持工作机制，实现强制隔离戒毒与社区戒毒、社区康复的有效衔接。

四、建立全国统一戒毒工作模式

2018 年 5 月，司法部就建立全国统一司法行政戒毒工作基本模式作出部署安排，明确建立以分期分区为基础、以专业中心为支撑、以科学戒治为核心、以衔接帮扶为延伸的新型戒毒基本模式，标志着司法行政戒毒工作迈入定型发展、创新发展、科学发展的新阶段。建立全国统一司法行政戒毒工作基本模式具有较强的基础性和前瞻性，有利于解决两段执行导致的戒治工作不完整问题。

一是规范分期分区戒治，塑造司法行政戒毒工作之“形”。在实践探索的基础上，将戒毒人员在戒毒所的戒治过程统一规范为四期四区，并明确各期、区的主要戒治任务。这既符合循序渐进的戒毒工作规律要求，也利于形成统一的司法行政戒毒工作体系，统一规范执法。

二是做实专业中心，铸就司法行政戒毒之“魂”。帮助戒毒人员戒断毒瘾，有效遏制毒品滥用蔓延，是党和政府赋予司法行政机关的神圣职责。专业化、科学化是司法行政戒毒机关履行职责使命的必由之路。推动专业中心实体运作，带动专业队伍建设，促进戒治新技术新方法探索，凸显科学戒治的核心地位。这是对司法行政戒毒工作主责主业的强化，体现了司法行政戒毒机关引领戒毒工作专业化发展的使命担当，指明了戒毒工作发展的主攻方向。

三是衔接帮扶，搭建互联互通之“桥”。司法行政戒毒机关立足所内、着眼全局，把握大势、主动作为，在统一戒毒工作模式建设中，对衔接延伸作出顶层设计。通过强化出所衔接，避免出所戒毒人员脱管失控，促进司法行政戒毒工作成效巩固；通过强化出所评估调查，将司法行政戒毒工作成效置于社会环境进行检验，更加彰显了打赢禁毒人民战争的信心和勇气；通过强化社区戒毒、社区康复指导站建设，充分发挥司法行政戒毒机关的专业资源优势，促进强制隔离戒毒、社区戒毒、社区康复一体化发展。总之，推进统一戒毒工作模式建设，是构建中国特色司法行政戒毒工作制度的具体举措，有利于推动戒毒工作全面发展、整体提升，开创中国特色毒品治理之路。

2019 年 5 月 28～29 日，司法部在长沙召开全国统一司法行政戒毒工作基本模式现场推进会。会议指出，建立全国统一司法行政戒毒工作基本模式是司法行政机关对标新时代、新要求，立足新职能、新任务，作出的全面适应司法行政戒毒工作的战略部署。建立全国统一司法行政戒毒工作基本模式必须以推进规范化建设为基础，突出科学戒治的核心地位，与智慧戒毒深度融合，着力打造“四化”干警队伍。要进一步加强组织领导、明确标准要求、强化保障措施、推动资源整合，确保统一戒毒模式落到实处、见到实效。要切实提高政治站位，转变工作理念，强化使命担当，奋力开创新时代司法行政戒毒工作的新局面。

据司法部网站显示，截至 2019 年 5 月，在实际履行戒毒人员收治任务的 324 个戒毒场所中，已推行统一戒毒模式试点场所 284 个，占比 87.7%。自 2018 年 5 月推行全国统一司法行政戒毒工作基本模式一年来，全国戒毒场所流转戒毒人员 26.9 万人次，五大专业中心共配备人员 18717 人，平均诊断评估达标率为 98.09%。全国累计投入专项建设资金 12.88 亿元，省级层面出台相关制度规定 273 个。①

统一戒毒模式建设是一项复杂的系统性、创新性工程，不可能一帆风顺、一蹴而就。必须以推进规范化建设为基础，规范硬件软件建设，确保统一戒毒模式形神兼备、内外兼修、运转顺畅。司法部部署，在突出科学戒治的核心地位方面，要大力推行“4＋1＋1＋1”教育戒治模式，即 4 天习艺劳动、1 天教育矫治、1 天康复训练、1 天休息的周作息模式。“4＋1＋1＋1”模式比现有模式更突出教育戒治的核心地位，湖北、上海等地先行推行，下一步要在全国范围内推开。统一戒毒模式必须

---

① 参见《看一年来，统一戒毒模式建设工作五大亮点》，2019 年 5 月 29 日，http://www.moj.gov.cn/Department/content/2019-05/29/608_236002.html。

与智慧戒毒深度融合，必须打造一支革命化、正规化、专业化、职业化的高素质干警队伍。推行统一戒毒模式最根本的困难在于理念和思想转变，要彻底摒弃有悖于戒毒工作规律的陈旧观念和传统思维，进一步突出教育戒治的核心地位，把提高教育戒治质量和水平作为根本出发点和落脚点。

五、健全戒毒工作监督保障体系

司法行政戒毒执行体制改革，不仅涉及戒毒相关机关权力的调整，还涉及监督权力的跟进及工作环境的优化。

一是健全执法监督体系。强制隔离戒毒接受检察监督，既是法治建设的必然要求，也是完善实践工作的必然举措。总结江苏、吉林、山东等省份推行检察监督的工作经验，通过修改《禁毒法》《人民检察官组织法》，或司法部与最高检、公安部联合发文，从顶层设计上弥补强制隔离戒毒执法检察监督空白。

二是健全社会共治共享体系。戒毒工作是一项系统的社会工程，既体现在通过改革实现职能部门统筹，更体现在社会各界力量的共同参与。主动将司法行政戒毒工作置于治理体系治理能力建设和禁毒人民战争工作全局中谋划推进，统筹协调，共同努力，在维护社会稳定、促进公平正义、保障人民安居乐业中发挥更大作用。牢固树立“开门办戒毒”的理念，坚持借智借力，积极引入社会资源，让更多的社会力量参与到戒毒工作中来。加强与新闻媒体的沟通合作，用好自媒体、网络媒体等有效手段，深入挖掘并讲好戒毒工作中的感人故事，增强社会公众对毒品问题的关注和警醒。

三是促进信息化与戒毒工作融合发展。当前，司法部充分论证推进“数字法治、智慧司法”建设。推进司法行政戒毒改革，信息化建设是基础性的关键性要素。注重打破信息“孤岛”，加强司法行政戒毒系统内部信息整合，与吸毒人员管控、社区戒毒、社区康复等实现一网联通、信息共享，为戒毒工作衔接提供支持。注重建好戒毒工作业务数据库，微观上对戒毒人员的戒治过程全程记录，中观上实现不同时段、不同人群、不同方法的科学匹配、动态调整，宏观上以大数据分析为党和国家禁毒战略决策提供支持。注重提升安防智能化水平，在生物指标测量、情绪波动监测和区域管控、周界警戒等方面强化信息技术应用，提高工作效能的同时释放警力，便于向科学戒毒、专业戒毒投入更多精力。

六、改革强制隔离戒毒执行体制的思考

针对推进司法行政戒毒执行体制改革所涉及的一些不可回避的问题，根据禁毒形势发展变化和戒毒工作实际需求，笔者认为改革强制隔离戒毒执行体制需从以下方面着手。

一是关于戒毒场所设置。公安机关强制隔离戒毒所呈数量多、覆盖广的特点，但规模小，功能设置单一；司法行政强制隔离戒毒所相对集中，收治容量较大，功能较为齐全。“十三五”期间，公安机关和司法行政机关都规划了大量场所建设项目。为避免重复建设、资源浪费，应综合考量毒情形势、禁毒战略、区位特点等，以司法行政强制隔离戒毒所为主，对现有场所及在建项目、规划项目进行统筹，满足司法行政戒毒机关独立承担强制隔离戒毒执行职能的需要。

二是关于戒毒机构设置。主要是省级司法行政戒毒管理机构即各省(区、市)戒毒管理局，在整体建制规格、内设机构名称及级别乃至承担的职能上，目前各省不尽相同。应统一规范省戒毒管理局设置，科学配置其承担管理强制隔离戒毒执行的职权，同时在促进强制隔离戒毒与社区戒毒、社区康复、自愿戒毒等融合发展方面赋予其更大探索空间。

三是关于戒毒队伍建设。司法行政戒毒机关独立承担强制隔离戒毒职能，工作量的增加相应要求增加警力，加之本身存在的地区间警力不均衡问题，应统一调配司法行政戒毒机关警力编制，同时按照自愿原则对公安强制隔离戒毒所警察进行转隶，配备必要的辅警并建立辅警管理制度。

四是关于改革组织实施。改革是一项系统工程，涉及各方面的现实利益调整。应本着积极稳妥、分步实施、规范运行的原则，先行改革试点，选取有“一段式”执行工作基础、戒毒人员总体数量适中的省份进行试点，在总结经验的基础上逐步完善改革方案。条件成熟时修订《禁毒法》，将改革成果用法律固定下来，并通过一段时间的试点工作，完成司法行政戒毒执行体制改革。

习近平总书记指出，凡属重大改革都要于法有据。在整个改革过程中，都要高度重视运用法治思维和法治方式，发挥法治的引领和推动作用。改革强制隔离戒毒执行体制，适应法治建设形势要求，符合戒毒工作发展规律，有助于发挥强制隔离戒毒职能优势，丰富和完善中国特色戒毒工作体系。

第九章　强制隔离戒毒与社区戒毒、社区康复的衔接机制

《禁毒法》和《戒毒条例》规定了自愿戒毒、社区戒毒、强制隔离戒毒、社区康复四种戒毒措施。四种措施相互衔接、有机统一，构成了中国特色的戒毒工作体系。其中强制隔离戒毒是最具强制性、最为严厉、最为系统的戒毒措施。吸毒成瘾人员通过社区戒毒难戒除毒瘾的，被批准强制隔离戒毒；强制隔离戒毒期满解除之后，部分吸毒人员需要继续接受社区康复，以巩固戒毒效果、延长戒断操守。做好强制隔离戒毒与社区戒毒、社区康复的衔接是落实戒毒工作政策法规的形势要求，是全面推进法治建设的客观要求，是巩固戒毒成效的现实要求。

第一节　概　述

社区戒毒、强制隔离戒毒、社区康复等戒毒措施是一个统一的整体，密切关联、相互融合、互为补充，共同发挥着教育戒治吸毒人员、维护社会安全稳定的作用。

一、强制隔离戒毒与社区戒毒的衔接

（一）社区戒毒→强制隔离戒毒

《禁毒法》第 4 章第 38 条和《戒毒条例》第 4 章第 25 条规定，戒毒人员拒绝接受社区戒毒的，在社区戒毒期间吸食、注射毒品的，严重违反社区戒毒协议的，经过社区戒毒、强制隔离戒毒后再次注射、吸食毒品的，由县级、设区的市级人民政府公安机关作出强制隔离戒毒的决定；对于

吸毒成瘾严重，通过社区戒毒难以戒除毒瘾的人员，县级、设区的市级人民政府公安机关可以直接作出强制隔离戒毒的决定。从法律法规规定来看，吸毒人员在社区戒毒期间违反相关规定或再次接触毒品，或者成瘾严重、社区戒毒难以戒除毒瘾的，需通过强制隔离戒毒这一严厉的措施进行戒毒。根据 2018 年 1 月国家禁毒办、公安部、民政部、司法部《关于进一步加强和规范社区戒毒社区康复执行工作的通知》要求，社区戒毒人员未按期报到的、第三次离开执行地或擅自离开执行地累计超过 30 日的、第三次逃避吸毒或拒绝检测或者强制检测后结果为阳性的，公安机关都可以作出强制隔离戒毒决定。所以，强制隔离戒毒是对吸毒成瘾人员经过社区戒毒之后戒毒措施的加固和强化。

公安机关作出强制隔离戒毒决定后，强制隔离戒毒所应当坚持依法依规、应收尽收的原则，执行强制隔离戒毒决定，做好收戒收治工作。但从实践中看，公安机关改变社区戒毒措施，作出强制隔离戒毒决定，将戒毒人员送至公安机关或司法行政机关强制隔离戒毒所执行时，若存在以下情况，戒毒所会出具不予收治或暂不收治的意见：法律文书不齐全的；身份与法律文书不符的；怀孕或者正在哺乳自己不满 1 周岁婴儿的妇女；病情伤情危及生命需要立即送医疗机构救治的；日常生活中起床、用餐、行走等不能自理的。这些是影响由社区戒毒转为执行强制隔离戒毒的主要原因。其中，“怀孕或者正在哺乳自己不满 1 周岁婴儿的妇女吸毒成瘾，不适用强制隔离戒毒”，这是《禁毒法》第 39 条和《戒毒条例》第 26 条规定的法定不予收治的理由。对于以上人员需要继续进行社区戒毒，不但体现了立法和执法的人道主义，也避免了出现此类情况不处罚的执行空白，实现对这类人员的有效监管。

（二）强制隔离戒毒→社区戒毒

《戒毒条例》第 4 章第 31 条规定，所外就医期间，对于健康状况不再适宜回所执行强制隔离戒毒的，强制隔离戒毒场所应当向强制隔离戒毒决定机关提出变更为社区戒毒的建议；已批准变更为社区戒毒的，已执行的强制隔离戒毒期限折抵社区戒毒期限。司法部戒毒管理局《司法行政机关强制隔离戒毒工作规定释义》中关于强制隔离戒毒人员接收的解释规定，对于严重残疾、生活不能自理的，应当建议强制隔离戒毒决定机关及时作出变更戒毒措施的决定。2018 年 3 月，国家禁毒办会同司法部戒毒管理局、公安部监所管理局制定的《强制隔离戒毒所收戒病残吸毒人员标准(试行)》第3条、第4条规定中亦指出,戒毒人员患有《暂予监外执行规定》所附《保外就医严重疾病范围》的情形,可以安排所外就医或者提出变更戒毒措施的建议。此外,从司法行政强制隔离戒毒工作实践来看,特别是基于对未成年人权益的保护,一般对于未满16周岁的强制隔离戒毒人员,如果学业正常、家庭监护条件到位,也可向强制隔离戒毒决定机关申请变更社区戒毒。

强制隔离戒毒转为社区戒毒,须由戒毒所提出意见,由公安机关作出决定,实际工作中存在着对变更戒毒措施的条件标准把握不一致,戒毒所提出了相关意见,公安机关不予认可并不予批准或延期批准的情况。

二、强制隔离戒毒与社区康复的衔接

(一)强制隔离戒毒→社区康复

《禁毒法》第4章第48条和《戒毒条例》第5章规定,对解除强制隔离戒毒的人员,强制隔离戒毒决定机关可以责令其接受不超过3年的社区康复。公安部、司法部、国家卫计委《强制隔离戒毒诊断评估办法》第2章第16条规定,强制隔离戒毒所对解除强制隔离戒毒的人员,可以根据其综合诊断评估情况提出对其责令社区康复的建议;对社会环境与适应能力评估结果为“一般”的,强制隔离戒毒所应当提出对其责令社区康复的建议。根据2018年1月国家禁毒办、公安部、民政部、司法部《关于进一步加强和规范社区戒毒社区康复执行工作的通知》精神,结合戒毒执法实践层面来看,对因阿片类毒品成瘾的强制隔离戒毒人员、被责令强制隔离戒毒2次以上人员,原则上应当在其强制隔离戒毒期满解除时责令接受社区康复。由此可见,社区康复是基于巩固强制隔离戒毒成效的戒毒措施的接茬和延伸。

实践中主要存在着强制隔离戒毒所对戒毒出所人员诊断评估结果运用不到位,有的未能及时向公安机关提出社区康复的建议;有的地方对社区康复人员疏于管理,特别是对于外省籍人员,出现严重违反协议和脱管失控的情况;有的从事社区康复的社工数量不足、专业能力有限,社区康复落实不到位,导致出现操守期缩短、重新复吸、戒毒效果反弹等现象。这使强制隔离戒毒阶段投入的大量人力、物力所产生的良好戒毒效果得不到有效延伸。

(二)社区康复→强制隔离戒毒

根据《禁毒法》规定,对于吸毒成瘾严重的人员,公安机关可以直接作出强制隔离戒毒的决定。公安部、卫生部《吸毒成瘾认定办法》第 8 条对"吸毒成瘾严重"予以规定,其中之一的情形是:"曾经被责令社区戒毒、强制隔离戒毒、社区康复或者参加药物维持治疗,再次吸食、注射毒品的。"对于被责令社区康复的人员再次吸毒,公安机关可以直接作出强制隔离戒毒的决定。《戒毒条例》第 5 章第 38 条、《强制隔离戒毒诊断评估办法》第 2 章第 13 条第 4 款规定,被责令接受社区康复的人员拒绝接受社区康复或者严重违反社区康复协议,因再次吸食、注射毒品被决定强制隔离戒毒的,强制隔离戒毒不得提前解除,这是对曾经被责令社区康复的人员接受强制隔离戒毒之后予以解除的限制性规定。

实践中有些戒毒所对戒毒人员在接受强制隔离戒毒之前的信息掌握不全面,对其是否接受过社区康复以及在社区康复期间的表现等情况不了解。这方面信息主要依靠戒毒人员自己坦白承认,而吸毒人员往往对自己过往的经历隐瞒不露,戒毒所无法全面掌握情况,致使在强制隔离戒毒期间,戒毒人员曾经接受过社区康复的情况不被知晓或被忽略,在日常管理中没有引起足够重视,提请提前解除时没有考虑到此因素,影响了提前解除意见的精准提出。

第二节　社区戒毒、社区康复的现状

社区戒毒、强制隔离戒毒、社区康复三种戒毒措施是一脉相承、紧密相连的,三种措施多管齐下帮助戒毒人员戒断毒瘾,挽救了戒毒人员本人和家庭,减少了毒品的现实危害,维护了社会和谐稳定。为全面推进社区戒毒、社区康复工作,2015 年 12 月国家禁毒办等 11 部委制定了《全国社区戒毒社区康复工作规划(2016～2020 年)》,大力推进社区戒毒、社区康复工作,全面提升戒毒康复人员的服务管理水平。但综观我国目前的社区戒毒、社区康复工作开展情况,仍然存在诸多的困境和问题。

一、社区戒毒、社区康复的实施

(一)责任主体

《禁毒法》第 4 章第 34 条规定,“城市街道办事处、乡镇人民政府负责社区戒毒工作”。第 48 条规定,“社区康复参照本法关于社区戒毒的规定实施”。《戒毒条例》第 3 章第 15 条规定,“乡(镇)人民政府、城市街道办事处应当根据工作需要成立社区戒毒工作领导小组,配备社区戒毒专职工作人员,制定社区戒毒工作计划,落实社区戒毒措施”。第 5 章第 37 条规定,“社区康复在当事人户籍所在地或者现居住地乡(镇)人民政府、城市街道办事处执行,经当事人同意,也可以在戒毒康复场所中执行”。从法律法规设定和实践执行层面看,社区戒毒和社区康复的执行主体是乡镇人民政府、城市街道办事处。

(二)运行实施

乡镇人民政府、城市街道办负责社区戒毒社区康复工作。各地根据工作需要,建立负责戒毒工作的领导小组,配备专职人员。专职人员有的由乡镇政府、街道办的工作人员担任,也有的是由政府聘用的社会工作者担任。各地政府或指定村委等基层组织、社区康复场所等与社区戒毒、社区康复人员签订协议,规定相关的责任和义务。社区戒毒、社区康复的主要工作措施是:戒毒知识辅导;教育、劝诫;职业技能培训,职业指导,就学、就业、就医援助;实施戒除毒瘾巩固戒毒成效的管理教育措施。社区戒毒、社区康复人员须严格履行协议;定期接受吸毒检测;离开执行地 3 日,书面进行报告。为了推进社区康复工作,近年来国家部署要求各地试点建设戒毒康复场所,既鼓励政府开办,也支持社会力量依法开办公益性戒毒康复场所,满足社区戒毒人员、社区康复人员戒毒康复、生活和劳动需要。

二、社区戒毒、社区康复的困境

在具体落实中,社区戒毒、社区康复的实施推行存在诸多的困难和不足。

(一)思想认识不足

《禁毒法》和《戒毒条例》规定的自愿戒毒、社区戒毒、强制隔离戒毒、社区康复是一个完整的戒毒体系，能够帮助吸毒人员实现生理脱毒和身体康复。许多部门和民众对此认识不足，存在认为吸毒人员一旦染毒、戒断毒瘾几乎不可能的错误观点，对戒毒措施不重视，存在重处罚轻矫正、以罚代戒的现象。有的吸毒人员认为社区戒毒、社区康复不具有强制性，亦有违反规定、不遵守协议的情况。

（二）履行职责缺位

社区戒毒、社区康复是一项涉及多部门多层次的综合工程。有些乡镇政府、街道办事处及禁毒成员党委对此认识片面，认为是禁毒办、公安机关的事情，主体责任履行不到位，在推动社区戒毒、社区康复工作方面主动性不高，工作进展缓慢，缺乏力度。

（三）组织机构不全

各地承担社区戒毒、社区康复职能的机构设置不统一，职能归属有的在综治办，有的在基层派出所，有的在社区戒毒、社区康复办公室，社区戒毒、社区康复机构的人员多由司法、综治、公安机关抽调人员组成，具体负责的工作人员大部分都是聘任的社工或志愿者，人员力量不足且缺乏专业化培训，影响了工作的规范化、专业化开展。

（四）财政保障不力

社区戒毒、社区康复的开展需要有专门场所和设施，聘请专业人员，这些需要充足的经费保障。对于乡镇和街道而言，财政经费需要上级划拨，很难从现有经费中划出戒毒康复款项。由于经费不到位，办公设备无法购置，戒毒康复场所难落实，人员无法聘请，社区戒毒、社区康复工作无法深入推进。

（五）戒毒措施走空

有些地区社区戒毒、社区康复措施不全面、不具体，落实不够有效，对社区戒毒、社区康复人员的信息采集不及时，日常管控不到位，毒品尿检不经常，只限于来报到、签字，真正的教育、康复、医疗、戒治措施流于形式，没有充分发挥应有的作用。有的甚至长期没有正常开展工作，社区戒毒、社区康复人员超期未报到，严重违反协议和脱管失控等问题突出，严重影响了法律的权威性、严肃性和戒毒康复工作的实效性。

（六）示范建设滞后

根据禁毒委《关于创建社区戒毒社区康复工作示范单位的意见》要

求，深入开展社区戒毒、社区康复示范单位、示范点建设活动。但目前各地示范单位、示范点缺乏，符合政策要求、体现地方特色、推动工作发展的典型特色经验不足，典型示范带动效应不强。同时，各地也缺乏专门的集生理脱毒、身心康复、培训就业、回归适应等功能的戒毒康复场所，不利于社区戒毒、社区康复人员系统地学习、劳动、医疗和康复训练，影响了戒毒整体效能的提升。

第三节　司法行政机关指导和支持社区戒毒、社区康复职责的履行

一、职责法定依据

《戒毒条例》第 1 章第 4 条规定："设区的市级以上地方人民政府司法行政部门负责管理司法行政部门的强制隔离戒毒场所、戒毒康复场所，对社区戒毒、社区康复工作提供指导和支持。"这是司法行政机关履行指导和支持社区戒毒、社区康复的职责的法定依据。

二、履行职责的优势

目前，全国司法行政戒毒系统共有 360 余个戒毒场所。山东戒毒系统自 2009 年启动强制隔离戒毒工作以来，累计收治戒毒人员 1.3 万余人，戒毒人员所内戒断率 100%，解除出所人员 3 年保持操守率 70%以上。多年来山东强制隔离戒毒工作积累了丰富的经验，系统开展专业"六疗"戒毒，探索了国学·齐鲁文化入心、中医中药戒毒、阳明心学心理教练技术、智慧体疗等经验做法，在指导社区戒毒、社区康复工作中具有独特的优势。

（一）队伍优势

警察队伍多年来从事戒毒工作，熟悉党和国家的戒毒工作法律规定，把握戒毒工作规律，了解戒毒人员这一群体特点，具有过硬的政治素质、业务能力、扎实作风和奉献精神，能够承担起教育挽救戒毒人员、教育帮助社区戒毒、社区康复人员的任务。

(二)业务优势

戒毒是世界性难题,是系统工程,是需要持续发力不断探索的创新过程。在长期的戒毒工作实践中,戒毒场所积累了行之有效的工作经验,探索了切实可行的戒治方法。对戒毒人员管理、教育矫治、医疗康复、生产劳动等方面的有益做法,将是帮助社区戒毒、社区康复人员戒断毒品的成功经验。

(三)场地优势

戒毒系统着力加强基本建设,建立健全了功能室,配齐配全了戒毒设施,为戒毒人员戒除毒瘾提供了设施保障。这些场地和设施为建设戒毒康复基地提供了保障,也是指导社区戒毒、社区康复的有力支撑。

(四)感情优势

戒毒人员在戒毒所内接受近两年的强制隔离戒毒,在与戒毒警察的朝夕相处中建立起深厚的感情,对警察的人格佩服,对公正执法文明管理信服,对教育戒治心存感激,许多戒毒人员解除强制隔离戒毒离所后仍然通过电话、电子邮箱、微信、QQ 等同戒毒警察保持着联系,定期汇报工作和生活状况。这些为戒毒警察参与指导社区戒毒、社区康复工作提供了得天独厚的条件。

三、延伸照管的有益实践

各省贯彻落实《禁毒法》《戒毒条例》,围绕中心、服务大局,积极履行社会职能,探索建立所内戒治与延伸后续照管有机衔接机制。山东省建立社区戒毒、社区康复指导站,江苏省建立后续照管指导站等具有典型的代表性。

(一)山东省建立社区戒毒、社区康复指导站

近年来山东司法行政戒毒系统着眼禁毒戒毒工作大局,探索建立社区戒毒、社区康复指导站,建立健全信息对接、管控接茬、教育戒治、安置救助、跟踪回访等工作机制;戒毒人员强戒出所后即转入社区,防止其漏管失控;戒毒所组建由心理咨询师、国学讲师、体育指导师组成的专业团队进行跟踪帮戒和定期家庭回访;搭建远程指导平台,开通 QQ 群、微信群,设立咨询热线,为强戒回归人员解惑释疑、提供帮助。截至 2018 年年底,全省 8 个戒毒所共建立社区戒毒、社区康复指导站 29 个,覆盖全省

12个市。借助社区戒毒、社区康复指导站这一载体，全省司法行政强制隔离戒毒所充分发挥专业优势，指导和支持社区戒毒、社区康复工作，对出所戒毒人员和社区戒毒、社区康复人员进行帮扶照管、指导支持，巩固强制隔离戒毒教育矫治成效，提高了出所人员的保持操守率。

(二)江苏省后续照管指导站

近年来，江苏省依托司法行政强制隔离戒毒所与地方司法行政机关互帮共建工作机制和网络，推进解除强制隔离戒毒人员后续照管工作站点建设，定位三个层级：市局设立指导站，其工作定位为指挥部和信息对接；市(县)区司法局设立工作站，做好信息的上传下达；司法所设立服务站，其工作定位为服务职能，开展日常后续照管工作，从而形成了强制隔离戒毒—戒毒康复—社会戒毒康复的完整“工作链”，帮助戒毒人员解决回归社会后的继续戒治、就业安置、融入社会等问题，最大限度地降低了复吸率，扩大了司法行政工作的社会影响。

第四节　建立一体化戒毒工作体系

建立社区戒毒、强制隔离戒毒、社区康复一体化工作体系势在必行，需要健全戒毒执行机制和体系，社区戒毒打基础，强制隔离戒毒为主导，社区康复为保障，三种戒毒措施有机统一、无缝对接，共同围绕一个目标，最大发挥戒治效能，减少毒品现实危害，为禁绝毒品创造无限可能。

一、一体化体系建设的必要性

(一)推进法治建设的需要

《禁毒法》和《戒毒条例》规定了自愿戒毒、社区戒毒、强制隔离戒毒、社区康复四种戒毒措施，其中后三者具有法律强制性。建立一体化工作体现，就是把各种戒毒措施作为一个有机整体共同推进，更好地把法治精神和法治要求落在实处。

(二)解决社区戒毒、社区康复存在现实问题的需要

当前，我国社区戒毒、社区康复工作发展不平衡，组织机构不健全，人员力量不充实，工作措施不得力等问题突出，影响了戒毒工作的深入开展。建立一体化工作体系,整合多方资源,形成坚强合力,帮助吸毒人员戒除毒瘾、融入社会,是减少毒品危害、减少毒品违法犯罪的重要举措。

(三)巩固和提高戒毒成效的需要

戒毒是一项系统工程,也是一个长期的过程。吸毒成瘾人员在不同的戒毒阶段、经过不同的戒毒措施,都会取得一定的戒毒成效,但如若各项戒毒措施形不成长效的链条,吸毒人员在社会上放任自流极易重蹈覆辙,再次走上吸毒之路,此前的戒断成效将付之东流。必须将各种戒毒措施拧紧发力,协同推进,通过持续跟进、系统科学的戒毒过程,帮助吸毒人员成功脱毒。

(四)完善中国特色戒毒制度的需要

我国的戒毒法律法规和制度规定,坚持"以人为本、科学戒毒、综合矫治、关怀救助"的原则,符合我国的国情和社情,体现了以人民为中心的思想,具有典型的中国特色。建立戒毒一体化体系,就是走中国特色戒毒工作之路,为破解戒毒这一世界性难题提供中国智慧、打造中国方案。

二、一体化体系建设的组织机构

(一)领导小组

各地禁毒委员会指导乡镇人民政府、城市街道办事处根据工作需要建立戒毒工作领导小组,具体负责本辖区的社区戒毒、社区康复工作。由街道办事处和乡镇政府分管禁毒工作领导任组长,综治、公安、卫生计生、民政、司法行政等有关部门负责人为成员,依法履行社区戒毒、强制隔离戒毒、社区康复的职责。

(二)办事机构

禁毒工作领导小组负责指导开展戒毒工作。强制隔离戒毒由公安或司法行政强制隔离戒毒所具体组织实施。社区戒毒、社区康复工作也需理顺工作体制、明确职责分工,设定由具体的部门负责,避免各自为政、各行其是的情况。可将乡镇人民政府、城市街道办事处的社区戒毒、社区康复工作办公室独立编制,专门负责社区戒毒、社区康复工作;或者将社区戒毒、社区康复工作办公室划归到司法局或司法所,具体负责社区戒毒、社区康复工作，实现上下贯通、机构统一、职责明确，为戒毒工作的健康有序开展提供组织保障。

（三）专门场所

强制隔离戒毒是在专门的强制隔离戒毒所中实施，强制隔离戒毒所机构设置、人员编制、场所建设、工作制度都有专门的标准和要求。社区戒毒、社区康复工作也应有专门的办公用房和活动场所，落实办公设备、办公经费等必要条件，特别是毒情严重的地方需建立集动态管控、戒毒治疗、心理矫治、帮扶救助、就业指导、宣传教育"六位一体"功能的社区戒毒、社区康复中心，实现建设标准化、工作规范化、功能项目化、服务精细化、效能优质化。

（四）经费投入

社区戒毒、社区康复工作需要专项经费，如教育宣传费用、专兼职社区戒毒康复工作者的工资及补贴、美沙酮药物维持治疗费用、社区戒毒人员尿检费用等。各地乡镇人民政府和街道办事处依法将社区戒毒、社区康复经费列入各级政府的财政预算，确保经费落实到位。

（五）工作人员

社区戒毒、社区康复需要一大批专业人员。各地禁毒工作领导小组需指导辖区有吸毒人员的乡镇人民政府、城市街道办事处根据实际需要，配备社区戒毒、社区康复专职工作人员，大力引进医生、教师以及心理咨询师等戒毒专业人才。也可根据有关程序招录社工，逐步建立戒毒社工队伍，专门从事社区戒毒、社区康复工作。同时探索推进向社会力量购买服务，发展社会志愿者，发动社会组织力量参与社区戒毒、社区康复工作，并对志愿人员加强业务培训，提高他们的戒毒知识水平和工作技能，促进社区戒毒、社区康复朝着专业化、职业化、社会化方向迈进。

三、司法行政强制隔离戒毒所参与一体化体系的路径

强制隔离戒毒是最严厉、最系统的戒毒措施，司法行政强制隔离戒毒所要在不断加强戒毒人员管理、创新科学戒治方法、完善戒毒工作模式、提高场所戒治质量的基础上，积极参与社区戒毒、社区康复工作，履行指导和支持社区戒毒、社区康复的法定职责，延伸后续照管，巩固戒毒成效，充分发挥教育戒治职能作用。

（一）搭建一个平台

建立社区戒毒、社区康复工作指导站或后续照管站，戒毒所指派警察驻站开展工作，同时根据实际需要聘用社工、志愿者协助，可依托各地的社区戒毒、社区康复办公室，设立谈心室、咨询室、宣讲室、活动室等，关注掌握回归社会戒毒人员生活、就业情况，专门对社区戒毒、社区康复人员进行思想引导、回归指导和抗复吸训练，提供心理、就业、就医及法律咨询等方面的服务，给予力所能及的困难扶助。

（二）整合一方资源

动员发挥社区戒毒和社区康复工作办公室、乡村和城市社区、吸毒人员亲属等的力量，针对社会上的吸毒人员，向其发放爱心服务卡、服务手册，公布服务电话，鼓励其积极主动参与社区戒毒、社区康复；对于登记在册的社区戒毒和社区康复人员，提醒其定时学习、定时接受谈话教育、定时接受尿检、定时汇报思想，并及时汇报个人和家庭的变故、遇到的困难和现实问题等，以及时给予思想引导，帮助其渡过困难，防止其再次涉毒。

（三）培训一支队伍

利用戒毒所内的优秀师资力量，并借助高校、社会团体、培训机构力量，对戒毒社工、社会志愿者进行培训，既抓好政策法规等理论学习，更注重戒毒工作专业方法和手段的运用，加强对戒毒工作形势任务、政策法规的认识和把握，提升戒毒人员的业务素质和工作能力，为打造专业化、规范化、职业化戒毒专职队伍奠定坚实基础。

（四）建立一个数据库

建立共建共享的信息网络，在吸毒人员动态管控系统的基础上，加强社区戒毒和社区康复人员的信息统计和数据更新维护，公安、司法行政和乡镇政府、街道办事处，根据自己的职责和工作实际，及时更新和完善相关信息，搭建社区戒毒、社区康复人员信息平台，逐步与强制隔离戒毒人员管理系统对接，实现信息资源共享和信息互通，便于全面准确掌握吸毒成瘾人员吸毒动态情况及相关信息，便于各戒毒机构和人员结合各自工作特点和优势，找准相互之间的结合点，促进多方联系与合作，以采取行之有效的管控和戒治措施。

（五）建设一个基地

发挥戒毒所的场所、设施、人员、物资的优势，依托戒毒所建立戒毒康复基地，模拟社会化的环境，发挥“中途岛”“缓冲带”作用，让解除强制隔离戒毒即将回归社会的社区康复人员进行学习、劳动、生活训练，帮助其从生理、心理、家庭关系、就业技能等方面进行完善和提高，增强抵御毒品诱惑、自力更生的能力，为其逐步适应社会、实现顺利回归做好准备。

四、加强一体化体系下的戒毒工作衔接机制建设

社会各部门和强制隔离戒毒所构建多层次、全方位的工作网络，是密切工作衔接、促进一体化体系建设的关键所在。

（一）树立科学的戒毒理念

1. 树立以人为本的理念

吸毒人员具有违法者、受害者、病人三重身份。对于违法者要处罚，对病人和受害者更应教育和救治。应该多给予吸毒人员关心和帮助，让其感受到自己没有被社会抛弃，增强价值感和归属感，树立起戒毒信心，更好地远离毒品融入社会。

2. 树立综合矫治的理念

吸毒成瘾的形成与生理、心理以及社会因素密切相关。吸毒人员的戒毒过程包括“脱毒—康复—回归”三个阶段，只有将生理上的毒品戒断、心理上的人格重塑、家庭支持和社会帮教相结合，做到每个环节有效衔接、相互支撑，才能从根本上帮助吸毒人员戒除毒瘾。

3. 树立关怀帮扶的理念

把帮扶救助贯穿戒毒工作始终，为戒毒人员给予医疗救治、心理疏导、就业指导，提供必要的法律援助，将符合条件的对象纳入低保范围等。通过尽心尽力地救助帮扶，帮助戒毒人员修正自身错误，燃起生活希望，达到戒除毒瘾、迈向新生的目的。

（二）建立完善的协调管理机制

1. 建立定期联席会议制度

由各地禁毒委牵头，由公安、司法行政、社区、卫生、财政、社会保障等部门参加，每季度召开一次联席会议，介绍禁毒戒毒工作进展情况，对出现的新情况、新问题进行科学分析，规范和协调强制隔离戒毒和社区戒毒、社区康复人员移交，重点协调和解决吸毒回归人员的接茬帮戒、社

区戒毒和社区康复措施落实、再就业等问题，督促各有关部门既各司其职，发挥各自优势，又要通力协作，形成整体合力，使各个环节有序衔接、各项措施有效落实。

2.建立戒毒人员回归社会帮扶机制

重建家庭支持和社会支持系统，帮助戒毒人员尽快融入社会，既是及时巩固戒毒成果的需要，也是预防违法犯罪、维护社会稳定的一项基础性工作，必须建立由强制隔离戒毒所、驻地派出所、社区戒毒康复机构、戒毒人员家庭共同参与的戒毒帮教体系。戒毒人员解除强戒后，由禁毒部门协调戒毒人员户籍地或现居住地派出所，将其接回到社区进行社区康复。强制隔离戒毒所将其在所内的戒毒工作情况及诊断评估结果等档案材料一并转交当地公安机关和社区康复机构，纳入社区戒毒和社区康复工作体系，由社区戒毒工作人员继续对其进行拒毒和防复吸方面的管理和教育，使戒毒康复工作在所外得以有效延伸落实，走戒毒巩固的社会化之路。

3.建立定期调查评估工作机制

定期开展戒毒成效调查评估工作，是检验成效、查找不足、发现问题、制定对策有效途径，也是不断探索完善戒毒工作体系的重要载体。2017年6～10月，山东省司法行政戒毒系统组织开展了强制隔离戒毒出所人员调查评估工作，调查对象为2009年开展强制隔离戒毒以来的本省籍解除出所人员，符合条件3598人，实际调查3308人。调查通过实地考察、面对面了解、电话联系、视频交流等方式进行。通过开展调查评估，全面了解了出所人员目前的工作和生活状况，也是对这些人员的一次普遍集中排查和教育。应借鉴此类调查评估的做法，由禁毒委牵头，司法行政和公安机关具体负责，民政、卫生计生等部门配合，对吸毒成瘾人员接受社区戒毒、强制隔离戒毒、社区康复后的情况定期调查评估，进一步完善戒毒管控机制，为改进戒毒工作措施、推进一体化戒毒体系建设开拓路径。

第十章　强制隔离戒毒执法协作机制

建立健全戒毒执法协作机制，既是落实“以人为本、科学戒毒、综合矫治、关怀救助”戒毒原则的客观要求，也是遵循戒毒规律、提高戒毒效能、提升戒断率的内在要求。因此，分析厘清执法协作内容，研究健全执法协作机制，是实施科学戒毒的前提和基础。本章主要从司法行政系统强制隔离戒毒的角度，研究探讨强制隔离戒毒机构应当与外界建立的戒毒执法协作机制。

第一节　概　述

本节主要从强制隔离戒毒执法协作的概念、必要性、分类及基本要求等方面，对强制隔离戒毒执法协作进行简要综述。所谓强制隔离戒毒执法协作，是指强制隔离戒毒机构在实现强制隔离戒毒目标的执法过程中，与其他职能部门、社会各界、戒毒人员家庭成员等开展的协调与配合。强制隔离戒毒执法协作是多方面的、广泛的，只要是实现强制隔离戒毒目标所必须得到的外界支援和配合，都应纳入协作的内容，一般包括资源、技术、配合、信息等方面的协作。

一、强制隔离戒毒执法协作的必要性

强制隔离戒毒是一项复杂的系统工程，执法协作是其内在的本质要求，主要体现在以下三个方面：

（一）强制隔离戒毒法定职权的局限性客观要求执法协作

从宏观上讲，党和国家根据国家治理的需要系统配置各方面的职

权，具体到各部门、各单位的职权是有限的。各部门、单位既要各司其职又要协作配合，是分工协作的关系。从系统学的角度讲，职权配置体系是一个庞大的系统，内含多层次、多样性的子系统，系统之间存在着错综复杂的内在联系，需要协调、协同发展。由此可知，强制隔离戒毒机构作为职权有限的具体单位，强制隔离戒毒系统作为与其他系统有着千丝万缕联系的子系统，在实施强制隔离戒毒执法活动中必然要与其他单位、其他系统开展执法协作。如加强戒毒警察队伍专业化建设、开展戒毒人员职业技能培训，需要人社部门的支持与配合；保障强制隔离戒毒执法经费、购买社会服务，需要财政部门的支持与配合；建设医疗机构、开展疾病诊治和预防、组织康复训练等，需要卫计部门的支持与指导；维护场所安全稳定、处置所内安全事故或所内死亡，需要公安机关的支持与配合；完善强制隔离戒毒执法监督、促进规范执法，需要检察机关的检察监督等等。

（二）强制隔离戒毒机构戒治资源的有限性客观要求执法协作

强制隔离戒毒执法涉及执法保障、执法管理、安全管理、生理脱毒、疾病治疗、教育戒治、心理矫治、康复训练、劳动戒治、行为养成、职业技能培训等诸多方面的工作，任务繁重，且专业性、技术性强。强制隔离戒毒机构作为具体的执法单位，其人力资源、智力资源、技术资源、财力资源等都是有限的，难以满足强制隔离戒毒执法需求，需要开门搞戒毒，广泛地联系、争取、引入各方面的社会优质资源，以最大程度地弥补内部资源不足，提升戒毒执法成效。

（三）强制隔离戒毒场所的封闭性客观要求执法协作

强制隔离戒毒场所是与社会隔离的封闭场所，戒毒人员需要在此度过两年的戒毒生活。为避免戒毒人员解除强制隔离戒毒后与社会脱节，能够顺利回归社会、融入社会，强制隔离戒毒机构需要有计划地、广泛地引入社会各方面的帮教资源，让戒毒人员了解社会的发展变化，与社会保持良好的联系和沟通，维持与社会的正常关系。如主动联系、鼓励、支持戒毒人员的亲属和其所在单位或者就读学校的工作人员，到戒毒场所进行探访，与戒毒人员进行感情沟通交流，使其保持正常的社会关系；与人社部门和专业培训机构协调，精选社会需求的职业对戒毒人员进行职业技能培训，广泛联系社会企业，以引入易于就业的劳动项目，有针对性地进行技能实训,使其回归社会后能够顺利就业、生存发展;联系有关职能部门的专业人员,为戒毒人员介绍其回归社会后可以享受的社会保障和优惠政策,使其明白如何获得社会各方面的支持和帮助;聘请有关专家讲解形势政策和社会发展变化情况及如何顺应、适应社会变化等,使其能够较快地、顺利地适应社会、融入社会等等。

总之,强制隔离戒毒是一项系统、复杂的社会化工程,需要社会各方面的广泛支持、配合、参与,共同承担起强制隔离戒毒任务。

二、强制隔离戒毒执法协作的分类

根据现有法律规定,以执法协作的性质为标准,强制隔离戒毒执法协作大致可划分为三大类,即法定职责类、社会责任类、社会公益类。

(一)法定职责类强制隔离戒毒执法协作

此类执法协作均是由法律、法规、行政规章等以部门职责的形式作出的具体规定。如《戒毒条例》第3条规定:“县级以上人民政府应当按照国家有关规定将戒毒工作所需经费列入本级财政预算。”那么,县级以上人民政府财政部门就必须按照国家有关规定将戒毒工作所需经费列入本级财政预算,保障戒毒工作正常开展。从立法角度讲,此类执法协作又可分为两种情况:一是义务性执法协作。如上述《戒毒条例》第3条的规定,这是县级以上政府有关部门的法定职责,必须保障戒毒工作经费,否则就是不作为,就要承担法律责任。二是授权性执法协作。是否开展某方面的执法协作,由职能部门根据实际需要来决定。如《禁毒法》第43条第2款规定:“根据戒毒的需要,强制隔离戒毒场所可以组织戒毒人员参加必要的生产劳动,对戒毒人员进行职业技能培训。”据此规定,强制隔离戒毒机构是否与社会企业开展劳动协作组织生产劳动,进行职业技能培训,由强制隔离戒毒机构根据实际需要自主决定。

(二)社会责任类强制隔离戒毒执法协作

此类执法协作是法律面向全社会提出的一般性义务要求。如《禁毒法》第3条规定:“禁毒是全社会的共同责任。国家机关、社会团体、企业事业单位以及其他组织和公民,应当依照本法和有关法律的规定,履行禁毒职责或者义务。”据此可知,不仅是具有法定职责的单位,而且社会各界都有责任和义务依据法律规定,支持、配合强制隔离戒毒机构开展强制隔离戒毒;强制隔离戒毒机构也可据此积极主动地面向社会联系,争取有关执法协作,以弥补自身戒治资源的不足。

（三）社会公益类强制隔离戒毒执法协作

此类执法协作是国家鼓励、倡导的行为。如《禁毒法》第7条规定:“国家鼓励对禁毒工作的社会捐赠,并依法给予税收优惠。”第8条又规定:“国家鼓励、扶持社会组织、企业、事业单位和个人参与戒毒科研、戒毒社会服务和戒毒社会公益事业。”强制隔离戒毒机构也可据此面向社会积极主动地联系,争取有关社会公益类执法协作,以弥补自身戒治资源的不足。

三、强制隔离戒毒执法协作的基本要求

开展强制隔离戒毒执法协作是落实“以人为本、科学戒毒、综合矫治、关怀救助”原则的具体行动,应当遵循以下基本要求。

（一）立足自我,积极作为

强制隔离戒毒机构开展执法协作,是在加强自身建设、提升执法能力的基础上,对外开展的执法协作。换言之,开展对外执法协作,目的是更好地保障执法顺畅进行、弥补自身资源的不足或缺失,以提高执法效能。前提是建设好自己,发挥好、利用好自身的资源和优势,最大程度地履行法定职责。不能忽视自我、过度地或一味地依赖外界的执法协作,本末倒置。

（二）围绕戒治,广泛协作

如前所述,强制隔离戒毒是一项复杂的系统工程,任务繁多,专业性、技术性强,需要社会各界的广泛支持与配合。强制隔离戒毒机构一方面应广泛宣传强制隔离戒毒工作,让社会认识了解、主动参与强制隔离戒毒工作;另一方面应根据戒治工作的实际需要,自觉主动地与社会各界联络沟通,广泛地开展执法协作,开创社会普遍关注、广泛参与强制隔离戒毒的良好局面。切忌自我封闭、自陷困境,从而束缚了强制隔离戒毒事业的健康发展。

（三）不拘形式,务求实效

形式是为内容服务的,开展强制隔离戒毒执法协作应当不拘形式,重在时效。就执法协作对象而言,可以是职能部门、企事业单位,也可以

是人民团体、社会组织、公民个人；就执法协作项目而言，可以是科学管理、教育矫治，也可以是医疗康复、职业技能培训等；就执法协作时间而言，可长可短，甚至是一次性的；就协作方式而言，可以是互动交流、专题讲座，也可以是联合科研或技术合作。最为关键的是坚持问题导向，立足现实需求，解决实际问题。

（四）持续用力，深度协作

戒毒是一项世界性难题，需要长期的实践、探索、研究，尤其是我国强制隔离戒毒工作尚处在“初级阶段”，未有成功的蓝本可遵循，许多工作都是开创性的。这就需要强制隔离戒毒机构与有关院校、科研机构、研究人员开展长期、持续的深度合作与交流，研究探索强制隔离戒毒执法规律、戒治规律，创新方法和措施，创建客观评价戒治成效的技术指标体系，不断提升科学戒毒的能力和水平。

第二节　法律规定

本节介绍有关强制隔离戒毒执法协作的法律规定，主要是《禁毒法》《戒毒条例》《司法行政强制隔离戒毒工作规定》的有关规定。此方面的法律规定需从两个方面来理解：一是关于社会各方面在强制隔离戒毒执法协作中负有的职责和义务；二是关于司法行政部门、强制隔离戒毒所开展执法协作的职责和义务。

一、《禁毒法》之规定

《禁毒法》规定了四项禁毒措施，即禁种、禁制、禁贩、禁吸，强制隔离戒毒属于禁吸的范畴。因此《禁毒法》有关禁毒执法协作的普遍性规定也当然地适用于强制隔离戒毒。

（一）关于职能部门的执法协作规定

《禁毒法》第5、6条规定，县级以上各级政府设立禁毒委员会，负责组织、协调、指导禁毒工作，并将禁毒工作纳入国民经济和社会发展规划，将禁毒经费列入本级财政预算。第13条规定，公安机关、司法行政部门和卫生行政部门，应当协助教育行政部门、学校对学生进行禁毒宣传教育。第45条第2款规定，卫生行政部门应当加强对强制隔离戒毒场所执业医师的业务指导和监督管理。这是关于政府及其有关职能部门在禁毒执法协作中的法定职责。第52条规定，有关部门、组织和人员应当在入学、就业、享受社会保障等方面对戒毒人员给予必要的指导和帮助。这是就保障戒毒人员合法权益方面而规定的执法协作内容。

(二)关于社会层面的执法协作规定

《禁毒法》第3条规定："禁毒是全社会的共同责任。国家机关、社会团体、企业事业单位以及其他组织和公民，应当依照本法和有关法律的规定，履行禁毒职责或者义务。"第4条第2款又规定："禁毒工作实行政府统一领导，有关部门各负其责，社会广泛参与的工作机制。"据此可知，在政府统一领导下，全社会都有依法协助、配合、支持禁毒的责任和义务。再如该法第7、8、10条规定，国家鼓励对禁毒工作的社会捐赠，鼓励开展禁毒科学技术研究和推广先进的戒毒方法，鼓励志愿人员参与戒毒社会服务工作。这是国家面向社会发出的开展禁毒执法协作的倡议，社会各方面负有积极响应义务。

(三)关于强制隔离戒毒机构的执法协作规定

《禁毒法》没有直接规定强制隔离戒毒机构在执法协作中的职责，但在规定职能部门、社会层面执法协作的职责和义务时，已将其包含其中。强制隔离戒毒机构应根据戒毒工作实际需要，积极主动地联系、争取、引入社会层面的执法协作，同时热情接纳有关部门、企事业单位、社会组织和个人主动参与强制隔离戒毒执法协作。以第46条规定为例，戒毒人员的亲属和所在单位或者就读学校的工作人员，可以按照有关规定探访戒毒人员。那么，据此规定，强制隔离戒毒机构就应当积极主动地联系上述人员经常到强制隔离戒毒场所探访戒毒人员，并尽力为其提供便利条件。一则是为了引入社会帮教资源，开展亲情教育和社会帮教，促进戒毒人员思想转化；二则是帮助戒毒人员保持和修复其正常的社会关系，使其在被解除强制隔离戒毒后能够顺利融入社会。

二、《戒毒条例》之规定

《戒毒条例》主要规定了四种戒毒措施，即自愿戒毒、社区戒毒、强制隔离戒毒、社区康复，强制隔离戒毒为其一。那么《戒毒条例》关于戒毒执法协作的普遍性规定自然也适用于强制隔离戒毒。

《戒毒条例》在《禁毒法》的基础上重点对四种戒毒措施作了较为详细具体的规定，有关戒毒执法协作的新内容并不多，且涉及强制隔离戒毒执法协作的内容，也主要是与公安机关的执法协作，而此部分内容不是本章介绍的重点，不予阐述。

《戒毒条例》涉及的、需要重点介绍的戒毒执法协作内容主要有两个方面：一是重申了《禁毒法》中适用于戒毒执法协作的规定，如《禁毒法》第3、4、7、8、10条的有关内容。二是对有关方面的执法协作作出了进一步的规定。如在部门法定职责方面，《戒毒条例》第4条第3款规定，司法行政部门对社区戒毒、社区康复工作提供指导和支持。第35条规定，强制隔离戒毒诊断评估办法由国务院公安部门、司法行政部门会同国务院卫生行政部门制定。在社会责任和义务层面，《戒毒条例》第8条规定，国家鼓励、扶持社会组织、企业、事业单位和个人参与戒毒科研、戒毒社会服务和戒毒社会公益事业，并对在戒毒工作中有显著成绩和突出贡献的，按照国家有关规定给予表彰、奖励。在强制隔离戒毒机构职责方面，《戒毒条例》第34条规定，解除强制隔离戒毒的，强制隔离戒毒场所应当通知其家属、所在单位、其户籍所在地或者现居住地公安派出所将其领回。

三、《司法行政机关强制隔离戒毒工作规定》之规定

该规定是司法部就司法行政机关开展强制隔离戒毒工作而制定的专项制度，因此有关执法协作的规定，均是针对司法行政机关尤其是强制隔离戒毒所提出的要求，内容也较为具体。

（一）执法管理方面的执法协作

该规定第32条规定，戒毒人员提出申诉、检举、揭发、控告的，强制隔离戒毒所应当及时依法处理（处理过程中通常涉及多部门）；对强制隔离戒毒决定不服提起行政复议或者行政诉讼的，强制隔离戒毒所应当将有关材料登记后及时转送有关部门。第61条规定，戒毒人员被依法收监执行刑罚或者依法拘留、逮捕的，强制隔离戒毒所应当根据有关法律文书，与相关部门办理移交手续，并通知强制隔离戒毒决定机关。第62条规定，戒毒人员在强制隔离戒毒所内死亡的，强制隔离戒毒所应当立即报

告所属主管机关，通知其家属、强制隔离戒毒决定机关和当地人民检察院。

（二）戒毒医疗方面的执法协作

该规定第41、57条规定，强制隔离戒毒所可以与社会医疗机构开展医疗合作，提高戒毒治疗水平和医疗质量；发生传染病疫情，应当按规定及时报告主管机关和当地疾病预防控制部门。

（三）教育矫正方面的执法协作

该规定第49条规定，强制隔离戒毒所应当加强同当地有关部门和单位的联系，通过签订帮教协议、来所开展帮教等形式，做好戒毒人员的教育工作；可以邀请有关专家、学者、社会工作者、志愿人员以及戒毒成功人员协助开展教育工作；对协助教育有显著成绩和突出贡献的，应当予以表彰、奖励。第50条又规定，强制隔离戒毒所应当协调人力资源社会保障部门，对戒毒人员进行职业技能培训和职业技能鉴定。

（四）戒毒劳动方面的执法协作

该规定第43条规定，强制隔离戒毒所根据戒毒的需要，可以组织有劳动能力的戒毒人员参加必要的生产劳动。第44条又规定，生产劳动场地和劳动项目应当符合安全生产管理的有关规定，不得引进易燃、易爆等危险生产项目，不得组织戒毒人员从事有碍身体康复的劳动。上述规定虽是对强制隔离戒毒所在开展生产劳动方面提出的要求，但在引进生产项目方面，自然需要与社会企业开展执法协作。

另外，在其他文件和制度中还有许多关于强制隔离戒毒执法协作的规定和要求，对于执法协作同样具有重要的指导和促进作用，在此不再详述。

第三节　检察协作

强制隔离戒毒执法检察协作，是指强制隔离戒毒所在接受检察监督过程中与检察机关开展的协作，属于法定职责类执法协作。对于检察机关依据法定职权和法律规定实施的检察监督行为，强制隔离戒毒所应当主动接受、积极配合，并通过双方加强信息沟通交流和工作协作，共同研究改进完善检察监督的方法措施，共同研究解决执法过程中出现的问题，保障和促进法律正确实施，保障和维护戒毒人员合法权益。目前，我国尚没有强制隔离戒毒执法检察协作方面直接、具体的法律规定，开展此项工作的主要依据，是党的十八届四中全会提出的关于完善对涉及公民人身、财产权益的行政强制措施实行司法监督制度的决策部署。有些省级人大常委会如江苏、山东等据此作出了进一步规定，但也未明确规定对强制隔离戒毒执法实施检察监督。本节主要参考借鉴江苏、山东、宁夏、吉林四省区在实践中的做法，分析阐述强制隔离戒毒执法检察协作的现实意义、组织形式、基本方式、主要措施、重点内容等。

一、强制隔离戒毒执法检察协作的现实意义

检察监督是我国一项重要的司法监督制度，对于强制隔离戒毒执法而言，其具有四个方面的现实意义。

（一）完善强制隔离戒毒执法监督体系

2013 年劳教制度废止，劳动教养整体转型为强制隔离戒毒，由于缺乏直接的法律依据，检察机关未立即对强制隔离戒毒执法实施法律监督。2014 年 10 月，党的十八届四中全会提出了关于完善对涉及公民人身、财产权益的行政强制措施实行司法监督制度的决策部署。一些省份据此开始研究探索强制隔离戒毒执法检察制度。2016 年以来，江苏、山东、宁夏、吉林等省区司法行政部门主动与检察部门联系沟通，相继建立、实施强制隔离戒毒检察监督制度，开展强制隔离戒毒执法检察协作。这些带有先行先试性质的做法，既是落实十八届四中全会部署的具体行动，也是引入司法监督、完善强制隔离戒毒监督体系的重要实践。

（二）促进强制隔离戒毒所廉洁执法

强制隔离戒毒既是一项涉及戒毒人员人身权益的行政强制措施，也是一项重要的行政执法活动。实行检察监督，一方面能够激励强制隔离戒毒所更加自觉地健全完善执法制度、廉洁执法制度，主动提升严格执法、规范执法、公正执法、廉明执法的能力和水平；另一方面，检察机关通过监督发现强制隔离戒毒所在执法过程中存在的问题和不足，并以检察建议等方式督促强制隔离戒毒所予以纠正，能够保障强制隔离戒毒所正确执法、公正执法、廉洁执法。

(三)保障强制隔离戒毒人员合法权益

强制隔离戒毒人员是一个特殊的群体,既是违法者,同时又是病人、受害者,其在封闭的戒毒场所被实施较长时间的强制性戒毒,与外界联系接触较少,处于相对弱势的地位。检察机关代表国家监督强制隔离戒毒机构落实严格、规范、公正、文明执法的要求,有利于更好地保障和维护戒毒人员的合法权益。

(四)维护强制隔离戒毒场所秩序

在强制隔离戒毒场所发生安全事故造成戒毒人员伤亡或者发生戒毒人员正常死亡事件时,强制隔离戒毒机构的"自证清白"或自我责任认定,往往难以得到戒毒人员、其近亲属或社会的认可,容易引发矛盾,甚至酿成群体事件,进而影响强制隔离戒毒场所正常工作秩序。而检察机关代表国家进行法律监督,依据法律和事实,认定强制隔离戒毒机构有无责任、责任大小,有利于消除戒毒人员、其近亲属和社会的疑虑,促使问题得到及时妥善解决。

二、强制隔离戒毒执法检察协作的基本方式

从检察机关以往的做法和强制隔离戒毒执法检察协作实践看,检察监督的基本方式主要有三种,即联席会议、派驻检察组、设立驻所检察官办公室。

(一)联席会议

由检察机关和强制隔离戒毒机构的领导担任负责人,以双方若干有关人员为成员,定期召开联席会议。主要职责是:互相通报有关工作情况和信息;研究制定检察执法协作制度,研究解决检察监督中遇到的问题,监督检察建议的落实等。实行联席会议制度,双方需设联络员,以便及时沟通工作信息,联络协调有关事宜。联席会议属于宏观层面的检察协作方式,主要是研究解决关系检察协作的重大或重要问题。目前江苏、山东两省确立了联席会议制度。

(二)派驻检察组

这是以往检察机关对劳教场所实施检察监督所采取的方式,即由检察机关选派若干名检察官,负责对劳教场所的执法行为进行监督。这种检察监督方式主要以书面的执法文书检察监督为主要措施,现场检察监

督的情况相对较少。派驻检察组属于中观层面的检察协作方式，目前尚未有采取此种检察协作方式的省份。

(三)设立驻所检察官办公室

检察机关在戒毒场所设立检察官办公室，主要由驻所检察官采取多种措施和手段，零距离地开展全面、细致、具体的检察监督。此种方式属于微观层面的检察协作方式，目前启动强制隔离戒毒执法检察协作的四个省区均采取了该种方式，但在名称上有所不同，如江苏称为“驻所检察工作站”，山东称为“驻所检察官办公室”，宁夏称为“驻所检察室”，吉林称为“驻所检察官工作室”。该种方式如与联席会议相结合，效果会更好，既有利于从宏观层面研究解决关系检察协作的重大或重要问题，又有利于从微观层面研究解决执法协作中的具体问题，更有利于从深层次促进强制隔离戒毒执法规范化建设，进一步做深做细戒毒人员合法权益保障工作。目前，江苏、山东采取了这种“两结合”的检察协作方式。

三、强制隔离戒毒执法检察协作的基本措施

强制隔离戒毒执法检察协作的措施是指开展检察监督所采取的具体方法和手段。总结江苏、山东、宁夏、吉林四省区的具体做法，主要有以下四个方面的基本措施。

(一)执法制度检察监督

该种措施是指检察机关通过对强制隔离戒毒机构制定的、涉及执法和戒毒人员权益的制度进行合法性、正当性审查，以保障和促进法律正确实施，保障和维护戒毒人员合法权益。执法制度检察监督包括事前监督和事后监督两种情况。事前检察监督是指强制隔离戒毒所对起草的执法制度主动征求检察机关的意见，自觉接受监督；事后监督是指检察机关对强制隔离戒毒所已经实施的执法制度进行审查监督。

(二)执法文书检察监督

该种措施是指检察机关通过对强制隔离戒毒所执法过程中形成的、涉及法律执行和戒毒人员权益的重要法律文书进行合法性、正当性检察监督，以保障和促进法律正确实施，保障和维护戒毒人员合法权益。执法文书是强制隔离戒毒所和戒毒警察执法过程的客观反映，是评判强制隔离戒毒所和戒毒警察执法行为合法性、正当性的重要依据，如对戒毒

人员进行惩处、单独管理、诊断评估等过程中形成的执法文书。从实践层面来看,执法文书检察监督是检察监督的主要措施。

(三)执法现场检察监督

该种措施是指检察官亲自到强制隔离戒毒现场察看,了解戒毒警察在实施戒毒管理、戒毒医疗、教育矫正、康复训练、习艺劳动等过程中的执法情况和戒毒人员的生活卫生情况等,或在强制隔离戒毒现场直接与戒毒人员交谈,了解戒毒警察是否严格、规范、公正、文明执法,是否存在体罚、打骂、侮辱戒毒人员等情况,并从察看和交谈中了解分析存在的执法问题。

(四)收集线索检察监督

该种措施是指检察机关通过在强制隔离戒毒场所适当位置设置若干信箱、公布举报投诉电话,或者在驻所检察官办公室直接接待戒毒人员,受理戒毒人员的申诉、控告、检举,主动收集检察监督线索进行检察监督。

检察机关根据法律规定,针对强制隔离戒毒机构在执法方面存在的问题或不足提出建设性意见或检察建议。强制隔离戒毒机构应积极配合、虚心接受、认真纠错、整改不足,如有异议,应主动与检察机关沟通有关情况,在共同研究的基础上制定解决问题的具体方法和措施。

四、强制隔离戒毒执法检察协作的基本内容

目前,强制隔离戒毒执法检察协作尚处在“试”的阶段,在检察监督的内容上,各地也是本着循序渐进、逐步扩展的原则,在有关制度中作出了谨慎的规定,其中宁夏规定得较为全面细致。分析江苏、山东、宁夏、吉林四省区的规定,大致包括以下三个方面的基本内容。

(一)协作开展廉洁执法检察

廉洁执法是对戒毒警察的基本要求,也是检察监督的一项重要内容。强制隔离戒毒机构应充分利用检察机关在预防腐败方面的职业优势,加强廉政建设。加强廉政建设预防是关键,一方面,强制隔离戒毒机构应主动邀请驻所检察官帮助检视、修订完善以往有关廉洁执法的制度,建立健全预防腐败的制度体系;另一方面,邀请经验丰富的检察官,定期举办预防职务犯罪讲座,或组织戒毒警察参观检察机关警示教育基

地，不断强化警察队伍防腐拒腐的思想认识。在此方面江苏省做得较好。

（二）协作开展执法行为检察

这主要是对重要的执法行为的合法性、正当性、规范性进行检察监督。主要包括四个方面：一是落实分别、分期、分区、分级管理的情况；二是接收戒毒人员、解除强制隔离戒毒、提前或延长戒毒期限的情况；三是准予戒毒人员所外就医、外出探视，对戒毒人员采取保护性约束措施、单独管理，对戒毒人员进行警告、训诫、责令具结悔过等情况；四是戒毒人员逃脱、重大疫情、所内吸毒、安全生产事故、所内死亡、涉嫌犯罪等事故处理情况。

（三）协作开展权益保障检察

这主要是从保障戒毒人员合法权益的角度进行检察协作。主要包括五个方面：一是保障戒毒人员生存权情况，重点检察是否按规定设置戒毒人员的生活场所、配置生活用品，是否按规定标准保障戒毒人员的伙食供应、饮食安全，是否按要求做好疾病诊治和预防控制。二是保障戒毒人员人身权情况，重点检察是否有体罚、虐待或者侮辱戒毒人员的行为，是否按规定安排戒毒人员拨打亲情电话，寄发信件、探视探访。三是保障戒毒人员受教育权情况，重点检察是否依法为戒毒人员提供科学规范的卫生、道德、法治、文化、形势政策等方面的教育，是否开展职业技能培训。四是保障戒毒人员财产权情况，重点检察是否按规定保管、归还戒毒人员的私人物品，是否按规定发放适度劳动的报酬，是否有侵占戒毒人员财物的行为。五是保障戒毒人员监督权情况，重点检察是否及时处理戒毒人员对国家机关及其工作人员的申诉、控告、检举。

五、强制隔离戒毒执法检察协作的基本要求

在强制隔离戒毒执法检察协作中，检察机关与强制隔离戒毒机构虽为监督与被监督的关系，但绝不能仅仅简单地理解为只是一方主动地发现问题另一方被动地纠错的单向、僵化的关系，而应从理念上将其定位为一种能动的协作关系，即围绕严格、规范、公正、文明、廉洁执法，维护戒毒人员合法权益。双方应加强沟通协作，在主动发现问题、积极纠错的同时，共同研究改进完善检察监督方式、规范执法措施，不断提升检察

效能和执法水平。

就强制隔离戒毒机构而言，在检察协作实践中要表现出良好的协作态度和勇于担当的精神，遵循如下基本要求：一是主动接受不抵触。强制隔离戒毒机构应根据有关规定，及时主动地向检察机关提交有关执法监督材料，热情欢迎检察官现场监督，虚心接受检察建议。二是认真纠错不辩解。强制隔离戒毒机构对检察机关在监督过程中指出的执法问题应认真整改，不予辩解，并将整改情况及时向检察机关通报；对检察机关提出的改进完善执法的建设性检察建议，要认真研究落实，不一味地强调客观理由和现实困难。如个别问题确实面临难以克服的困难，应在研究制定相应变通措施的基础上，主动与检察机关沟通，赢得检察机关的理解与支持，以形成良好的互动协作关系。三是变被动为主动。实践反复证明，缺乏监督或监督不完善，往往意味着放松甚至放纵，发生问题的几率或概率就高。强制隔离戒毒机构应正确认识检察监督的正能量，教育引导戒毒警察把监督变为鞭策和激励，主动以更高的标准、更高的要求约束自己，把不出问题作为底线，把不断提升执法能力和水平作为目标追求，倾力加强戒毒执法规范化建设。

从职权职责角度讲，检察机关与强制隔离戒毒所在检察监督协作中虽负有不同的责任，但就促进强制隔离戒毒规范执法、保障戒毒人员合法权益而言，二者有着共同的使命和责任，需要加强协作配合，保持和谐的协作关系。一是勤于沟通，不断增进理解支持。隔行如隔山，二者应通过定期召开联席会议、经常性走访互动、及时通报信息等形式，了解彼此的职责、任务、工作现状等情况，在相互了解中增进彼此的理解与支持。二是勤于总结，不断改进完善检察监督工作。目前，强制隔离戒毒检察监督工作尚处于初创阶段，缺乏成熟的理论和现成的经验。因此，无论是地方层面，还是全国层面，都应当注重对实践的总结，在总结中提炼经验，分析、改进不足，从而不断积累丰富实践经验。三是勤于研究，共同探索检察监督协作的规律性。强制隔离戒毒检察监督作为新生事物，需要在优化监督职权配置、完善监督方式、丰富监督内容、健全监督措施、解决现实问题等方面进行积极的探索研究，认识、把握其内在规律性，为建立全国统一的强制隔离戒毒检察监督制度或进行检察监督立法提供第一手的理论基础和实践经验。

第四节 社会协作

强制隔离戒毒执法社会协作是指强制隔离戒毒机构，主要是强制隔离戒毒所，根据戒毒执法工作需要，与社会各界广泛开展合作。戒毒工作的复杂性，决定了戒治手段的多样性、戒治资源需求的广泛性，客观要求强制隔离戒毒所与社会各界积极开展协作。同时，《禁毒法》《戒毒条例》规定了全社会参与禁毒、戒毒的责任和义务，社会各界依法应当发挥各自优势，积极参与强制隔离戒毒执法协作。由此强制隔离戒毒执法社会协作具备了必要性和可行性。本节主要就社会协作的特点、方式、内容加以阐述。

一、强制隔离戒毒执法社会协作的主要特点

强制隔离戒毒执法社会协作是一项基础性协作，可以说是当前开展强制隔离戒毒执法的重要支撑，切实做好这项工作，需要深刻认知和把握其特点。

（一）协作对象的广泛性

该方面的协作对象可以是党政机关、企事业单位、人民团体、社会组织，也可以是公民个人。据此特点，强制隔离戒毒机构尤其是强制隔离戒毒所，应主动广泛了解有关部门、单位的职责及其帮戒优势，了解有关方面的专家、学者、知名人士，研究开展协作的结合点、契合点，消除协作的盲区、盲点。

（二）协作行为的自愿性

该协作关系是建立在双方或多方平等自愿、协商一致基础之上的，不带有任何的强制性、强迫性。据此特点，要赢得社会各界广泛积极的协作，强制隔离戒毒机构尤其是强制隔离戒毒所平时应注重做好宣传工作，让社会了解、知悉强制隔离戒毒工作的意义和戒治措施，以及参与协作的途径与方式。同时，根据戒毒执法实际需要，积极主动地与有关部门、单位、团体、社会组织、个人联系沟通、座谈交流，说明需求，争取各方面的支持与配合，不应只是“坐等上门”。

(三)协作形式的灵活性

该方面协作的形式可谓是不拘一格,在主体方面可以是组织也可以是个人,在时间方面可长可短,在方式上可以是书面协议也可以是口头约定。据此特点,为确保协作的持续性、稳定性、规范性、长效性,强制隔离戒毒机构应注重与有关协作方签订长期的协作协议,但也应主动热情地与社会各界开展其他形式灵活的协作,以形成百花齐放、春色满园的良好协作局面。

(四)协作内容的多样性

该方面协作的内容可以说是包罗万象,只要不违背法律规定、有利于强制隔离戒毒工作开展或提高戒治效能的事项,均可纳入协作范围。据此特点,强制隔离戒毒机构首先应对本系统、本单位的戒治内容、戒治措施、戒治能力作出系统梳理和客观评估,在全面研究分析的基础上,列出需要合作的事项和内容,制作协作项目清单,而后对应项目清单选择具有此方面协作优势的单位和个人,拟定协作方案,与对方沟通协调,促成协作。实践中应避免轻率随意、盲目无序,热热闹闹、华而不实。

二、强制隔离戒毒执法社会协作的基本方式

从全国强制隔离戒毒执法实践看,社会协作的方式是多种多样的,以协作内容的性质为标准,大致可划分为以下四种基本方式。

(一)政府购买服务的协作方式

此种方式的性质是有偿协作服务。对于需要长期协作、工作量大或需要较大资金投入的项目,或者技术含量高的项目,或者自身难以承办的重要事项等,如信息管理软件开发、戒治数字化标准体系研发、综合医疗服务等项目,社会协作主体不可能提供无偿协作服务,这就需要通过政府购买服务的方式,寻求社会主体的有偿协作。在市场经济条件下,强制隔离戒毒机构应注重运用此方式引入社会优质资源服务戒毒工作。

(二)互利共赢的协作方式

此种协作方式的性质是互惠互利,其突出特征是以共同的需求为结合点开展协作。最典型的就是强制隔离戒毒机构与医疗机构、高等院校、科研单位等协作开展的项目开发、课题研究。一方面,社会协作主体有开展科学研究的职责任务,拥有人才、技术优势;另一方面,强制隔离

戒毒机构有以科研成果提高戒治成效的需求，且拥有大量、集中的研究对象，以及供研究的第一手基础资料。协作主体之间能够实现优势互补，共享研究成果。强制隔离戒毒机构应注重运用此种方式引入社会人才、技术资源，用于开展戒毒工作研究，更好地实现科学戒毒。

（三）公益奉献的协作方式

此种方式的性质是公益性。负有开展社会公益职责的组织、机构、团体和热心奉献社会公益的社会组织、个人，是强制隔离戒毒机构与其开展此项协作的主要对象，如党组织、共青团、工会、妇联、法律援助机构、其他社会组织和在社会公益方面作出突出贡献的先进单位及个人。此种协作方式主要适用于表达、表示党和政府及社会各界对戒毒人员的关心关爱，如开展形势政策教育、思想教育、心理教育、情感教育和帮难解困等，以此教育感化戒毒人员，促其坚定戒毒信心，积极戒毒。

（四）志愿服务的协作方式

此种方式的性质是志愿性，协作主体是志愿者组织及符合协作条件的志愿者。该协作方式实质上属于社会公益协作中的一种具体表现形式，因协作对象具体明确、协作关系通常相对稳定，故特别将其单列介绍。强制隔离戒毒机构应主动与相关社会志愿者组织沟通协调，由其根据戒毒执法工作的需要，选派相应的志愿者进行有关事项的协作，如开展强制隔离戒毒宣传工作，对戒毒人员进行结对帮戒，利用其特长帮助改进完善某方面的戒毒工作，等等。

三、强制隔离戒毒执法社会协作的基本内容

如前所述，强制隔离戒毒执法社会协作的内容包罗万象，不胜枚举，但参考《司法行政机关强制隔离戒毒工作规定》，大致可将强制隔离戒毒执法社会协作的内容划分为以下六类：

（一）戒毒管理类

戒毒管理包括安全管理和执法管理两个方面，是有序、规范开展强制隔离戒毒工作的基础和保障。管理是一门科学，有其规律性，需要与社会协作，重点是与管理咨询服务机构、管理研究机构、信息技术研发机构等单位协作，引入科学先进的管理理念、管理方法、管理手段及管理设备等，实现科学化、系统化、规范化、精细化、精准化、高效率的戒毒管理，

进而全面提升管理能力、管理水平和管理效能，以适应强制隔离戒毒执法现代化管理的要求。

（二）医疗康复类

戒毒人员是病人，如均患有毒瘾，绝大多数不同程度地患有生理疾病、精神疾病、心理疾病甚至传染病。强制隔离戒毒所医疗康复资源较为匮乏，为保障戒毒人员的生存权、健康权，需要与社会医疗机构、医疗科研机构、体能康复训练机构等进行积极协作，有目的地引入医疗资源、康复训练技术人员、医疗和康复科研人才等为我所用。全国各地在这方面的协作开展得相对较好，但在长期协作、规范协作、深度协作方面还有待于推进和完善，医疗康复是一项长期而艰巨的任务。

（三）教育矫正类

强制隔离戒毒本质上是一项对戒毒人员进行思想改造、人格重塑、道德教育、文化教育、心理矫治、行为规范的复杂过程，一言以蔽之，就是改造人的过程，所以，司法部把教育矫治作为强制隔离戒毒执法的核心任务。据此，强制隔离戒毒机构尤其是强制隔离戒毒所应加强与社会教育机构、教育科研机构、教育专家学者、优秀模范人物、励志人物以及职业技能培训机构、优秀企业等联系沟通，引入社会优质的教育、帮戒资源和职业技能培训资源，不断丰富教育矫治的内容，提升教育矫治的质量和效果。

（四）生活卫生类

从实践层面看，生活卫生类的协作内容主要包括两个方面：一是安全饮食、科学膳食。安全饮食，要求强制隔离戒毒所应当与资质高、信誉好的供应商进行协作，确保食材、食品的进货渠道安全，并对食材进行检测；科学膳食，需要强制隔离戒毒所与有关医疗机构、营养膳食研究机构、营养膳食研究人员协作，使戒毒人员不仅吃得安全，而且通过科学配制饮食促进其戒毒、康复。山东省强制隔离戒毒所普遍采取了“食疗”的戒毒措施。二是开展健康知识教育。对于一般性的健康知识教育，强制隔离戒毒所的医务人员就能够胜任；而针对戒毒人员易患疾病或多数患有的疾病所开展的专业性较强的健康知识教育，则需从社会上聘请相应医疗专家进行讲解教育。

（五）警察队伍建设类

戒毒警察是强制隔离戒毒执法的主体，其素质的高低，直接决定着强制隔离戒毒执法的成效。因此，强制隔离戒毒机构在注重与社会开展戒毒业务协作的同时，更应重视通过社会协作，聘请相关专家、学者、英模人物等到所内讲座，或选派戒毒警察到高等院校培训、进修，以提高戒毒警察队伍的政治素质、法律素质、道德素质、专业技术素质等，提升戒毒警察队伍的职业化、专业化水平。

(六)帮扶监管类

在强制隔离戒毒所这个与社会隔离的"温室"中，戒毒警察通过两年的辛勤工作，在绝大多数戒毒人员心田上培育出了一棵棵戒毒的"幼苗"。那么，这些"幼苗"在戒毒人员回归社会后，能否经得起社会的"风吹浪打"而茁壮成长，结出"彻底戒毒"的果实，则取决于社会各界能否宽容接纳、关爱帮扶。2017 年，山东省戒毒管理局对 3308 名回归社会的戒毒人员进行了回访调查，在针对调查对象社会表现差的因素调查中，表现差的调查对象(413 人)反映社会排斥的占 79.73%；在针对调查对象复吸原因(多选项)的调查中，复吸的调查对象(364 人)反映被社会不良人员拉拢的占 79.30%，反映缺乏政府和社会关爱的占 61.00%，反映家庭因素的占 60.13%，而反映自我主动复吸的仅占 24.84%。这些调查数据充分证明了后续照管的重要性。因此，在戒毒人员回归社会后，强制隔离戒毒所仍需与社会各界密切协作，加强监督管理和帮扶教育，定期了解其工作生活情况，及时帮助他们解决在思想认识、婚姻家庭、学习就业、工作生活等方面遇到的实际困难和问题，预防社会不良因素的影响和干扰，促使其持续戒毒、彻底戒毒。

第五节　家庭协作

在 2017 年山东省对 3308 名回归社会的戒毒人员进行的回访调查中，社会表现好的 1955 人中有 96.31%的人反映，其上进向好的原因主要是家庭关爱；社会表现差的 431 人中有 84.02%的人反映，其表现差主要是因为与家人不和。在 2018 年山东省戒毒管理局对 1907 名农村籍戒毒人员进行的调查中，89.30%的人员反映家庭对其戒毒"很重要"。这些调查数据充分说明家庭在强制隔离戒毒中具有极为重要的作用。因此，强制隔离戒毒所应加强与戒毒人员家庭的协作，充分发挥亲情帮戒的作用。本节着重就家庭协作的基本特点、基本方式、基本内容加以阐述。

一、强制隔离戒毒执法家庭协作的基本特点

家庭作为强制隔离戒毒执法协作的特殊对象，有着特殊的地位和作用，需在认识和把握其基本特点的基础上，采取正确的方法和措施，顺利有效地开展家庭协作。从家庭自身特点和家庭协作实践综合分析，家庭协作主要有三个基本特点。

（一）协作对象的特定性

家庭协作的主体主要是戒毒人员的近亲属，包括其父母、配偶、子女、兄弟姐妹等。这就需要戒毒警察了解戒毒人员家庭成员的基本情况，每名近亲属与戒毒人员的亲疏程度，以及他们之间的“恩怨情仇”，掌握他们的联系方式，并主动与他们联系，保持经常性的良好沟通，为开展家庭协作奠定良好的基础。

（二）戒毒警察的主导性

由于戒毒人员因吸毒对其近亲属的身心造成了伤害，绝大多数家庭关系已破裂。开展家庭协作，首先需要戒毒警察教育引导戒毒人员的近亲属打开心结、放弃前嫌，使其与戒毒警察建立协作关系，主动修复家庭关系，协助戒毒警察开展亲情帮戒。同时，戒毒警察教育引导戒毒人员主动向近亲属承认自己的错误，表明戒毒的决心，以赢得近亲属的谅解和支持。由于戒毒人员近亲属通常缺乏教育经验，在具体协作过程中，仍需戒毒警察指导其开展日常帮戒活动。因此，在家庭协作关系中，戒毒警察应自觉发挥主导、引导、指导作用，保障协作顺畅、有效进行。

（三）协作内容的感化性

中华民族具有强烈的、深入骨髓的家庭观念，家是每个人温馨的港湾和情感的归宿。血缘亲情是最浓厚的、最牢固的情感，家人是最亲最爱最信赖的人。因此，家人浓浓的亲情帮戒，对戒毒人员具有特殊的、无以替代的感化作用，开展家庭协作也正是基于这一点。戒毒警察应充分利用这一特点，积极动员、耐心说服戒毒人员近亲属用浓浓的亲情协助开展帮戒工作，促使戒毒人员坚定戒毒信心，主动戒毒，彻底戒毒。

二、强制隔离戒毒执法家庭协作的基本方式

从理论和实践两个方面看，开展家庭协作的方式并不多，大致有三种。但这并不影响家庭协作的持续深入开展，只要事先谋划、精心设计、用心实施、持续帮戒，就能够取得理想的帮戒效果。

（一）电话书信的协作方式

戒毒警察鼓励戒毒人员和其近亲属开展经常性的电话书信交流，在交流中增进彼此的感情与信任。同时，戒毒警察根据戒毒人员的表现，先行与戒毒人员近亲属沟通，有针对性地拟定电话交谈、书信交流的主要内容，而后有意识地安排戒毒人员与其近亲属打电话、写信，以使戒毒人员近亲属有目的地开展亲情帮教，获取事半功倍的效果。

（二）探访探视的协作方式

戒毒警察根据戒毒人员的表现，有计划、有目的地安排探访探视，增加戒毒人员与其近亲属见面的机会，通过近距离的语言、表情、眼神、肢体交流，进一步拉近他们彼此心中的距离，增强交流中亲情帮教的效果。

（三）举办活动的协作方式

强制隔离戒毒所应有计划地定期举办有关亲情教育、感恩教育、家庭责任教育等方面的集体教育活动，培养、强化戒毒人员的家庭观念、家庭责任、淳朴亲情。同时在一些特殊节日，如父亲节、母亲节、春节、中秋节等，有目的地邀请一些戒毒人员的近亲属参加家庭教育活动，并在活动中有意识地安排一些彼此互动的环节，使他们在现场浓浓的亲情氛围中感受到彼此的真情和家庭的温暖，进而强化戒毒人员为了家庭、为了亲人而戒断毒品的意志力。

三、强制隔离戒毒执法家庭协作的基本内容

从以往家庭协作的经验和取得的实际帮教效果分析，家庭协作的基本内容主要有以下几个方面。

（一）修复家庭关系

修复家庭关系是开展家庭协作、实施亲情帮教的前提和基础。由于戒毒人员长期吸毒对家庭造成了深深的伤害，戒毒人员与其近亲属通常有很深的隔阂和矛盾。戒毒警察应做好双方的思想工作，尤其是做好戒

毒人员近亲属的说服工作，使其为了挽救亲人冰释前嫌，主动与戒毒人员沟通，表达关心关爱之情；放低姿态，就以往的过分行为或错误做法主动表达歉意，从而激发戒毒人员内心的亲情真情，促使其反思悔过，并诚恳地承认错误，进而消除隔阂，恢复和谐的家庭关系。

（二）增进感情信任

在戒毒警察的精心安排和具体指导下，通过电话书信、探访探视、举办活动等方式，由戒毒人员的近亲属经常性地与戒毒人员进行沟通交流，分别介绍家庭变化情况、戒毒情况，鼓励支持戒毒人员戒毒，肯定表扬其点滴进步，在频繁的交流中不断增进彼此间的感情和信任，使家庭关系变得越来越融洽和谐。

（三）实施规劝感化

伴随着关系修复和感情日深，戒毒警察应指导戒毒人员近亲属，委婉地向戒毒人员说明吸毒对家庭带来的伤害和困境，说明其在家庭中的重要性以及应当承担的家庭责任，表达对其未来的殷切期望，规劝其服从管理、认真戒毒、学好向善。以此促使戒毒人员进一步反思吸毒的危害、自身的过错和自己的家庭责任，进一步坚定戒毒的信心和意志力，努力实现家人的希望。

（四）教育管理监督

抗拒毒瘾驱使、彻底戒断毒品是一个长期、艰难的过程，这也是国际上戒毒人员复吸率居高不下的主要原因之一。因此，在戒毒人员回归社会后，强制隔离戒毒所仍需指导戒毒人员的近亲属，加强对其进行教育监管，及时发现纠正其不良苗头，鼓励其坚持戒毒，帮助其解决现实困难和问题，助其隔离来自社会各方面的负面干扰尤其是社会不良人员的拉拢，为其创造良好的戒毒环境。

第六节　完善强制隔离戒毒执法协作机制的立法思考

2013 年，国家将劳动教养整体转型为强制隔离戒毒，各地司法行政机关在实践中探索，在探索中总结，在总结中创新，在加强自身建设的同时，积极与有关职能部门和社会各界开展执法协作，逐步形成了各具特色的戒毒模式，如江苏的“三三一”戒毒模式、浙江的“四四五”戒毒模式、山东的“三六三”戒毒模式等。2018 年 6 月，司法部在总结全国各地经验的基础上，确立了“以分期分区为基础、以专业中心为支撑、以科学戒治为核心、以衔接帮扶为延伸”的司法行政戒毒工作基本模式，完成了由转型到定型的艰巨任务。然而，强制隔离戒毒机构自身的局限性与强制隔离戒毒规律内在要求之间的矛盾也日益凸显，需要通过完善执法协作立法来加以解决。本节通过对强制隔离戒毒机构面临的现实困境和戒毒工作内在规律性要求的分析，阐述优化执法协作立法的必要性，并提出相应对策。

一、强制隔离戒毒机构面临的现实困境

司法行政机关在强制隔离戒毒工作中面临着三大现实困境。

（一）职能定位的非合理性

众所周知，劳动教养，顾名思义就是以劳动为手段进行教育改造，同时劳动本身也兼有惩罚性。因此，劳动教养工作的重点在于组织开展劳动，业务工作相对比较单纯。而强制隔离戒毒则不同，戒毒人员是违法者，同时也是受害者、病人，工作任务的核心是教育矫治，帮助其戒毒，而非劳动教育和惩罚。虽然劳教警察摇身变成了戒毒警察，但职责职能上的转变，绝不像变换警察名称那么简单，需要诊治戒毒人员的生理、心理、精神疾病，预防疾病，防止疫情；需要开展以思想教育、道德教育、文化教育、法律教育、卫生健康知识教育等为主要内容的教育矫治；需要组织以身体康复、行为养成、意志磨炼等为主要内容的各类训练，以及开展相关工作的研究。近年来，强制隔离戒毒机构边实践探索戒毒工作规律，边加强队伍教育培训，付出了艰辛的努力，取得了长足的进步。然而，随着实践推进和认识加深，强制隔离戒毒机构越来越感受到专业知识不足、专业人员匮乏，肩负的科学戒毒的任务越来越重，倍感心有余而力不足。基于国家机构改革形势和现行人事管理规定，既不可能靠大量增加编制增添专业人员来破解，也不可能以“大换血”式的人事交流引入专业人员来解决。退一步讲，即使增加些编制、更新了人员，也难以期望和要求警力、智力、财力均有限的强制隔离戒毒机构，能够完全承担起需要诸多相关专业领域大量的职业化、专业化人员来协同实施的强制隔离

戒毒工作。强制隔离戒毒机构职能配置的非合理性日渐显现出来。

（二）执法协作的现实局限性

面对戒治资源严重不足的困境，强制隔离戒毒机构并未消极地“等、靠、要”，在努力加强自身建设的同时，依法积极地向党政有关部门争取政策，主动与社会各界开展执法协作，以求最大程度地弥补自身戒治资源的不足，也取得了一定的成效。但是，由于缺乏明确具体的职责要求，仅靠法律笼统原则性的规定，仅靠有关部门、社会公益、社会奉献一时一事“碎片化”的支持，无法满足戒治工作对多方面优质资源持续、稳定的需求，而且，强制隔离戒毒机构能够获得的社会资源不仅是有限的，也是难以长久持续供给的。换言之，目前法律框架下的执法协作，难以从根本上解决强制隔离戒毒机构对优质戒治资源的需求。同时，强制隔离戒毒机构到处去“化缘”，耗费了大量的时间和精力，使本就不足的警力更加紧张。目前，强制隔离戒毒所普遍安排每周 5 天的劳动时间，也许其有经济利益方面的考虑，但又何尝不是因为缺乏足够的戒治资源而不得不为之呢？

（三）人少事多难堪重负的窘迫现状

强制隔离戒毒所不同于其他一般单位，需要对戒毒人员进行全天候 24 小时的昼夜监管，场所警戒和夜间值班需要占用大量的警力。同时，戒毒业务工作涉及日常管理、生理脱毒、疾病诊治、心理矫治、康复训练、思想教育、文化教育、劳动教育、行为养成训练、职业技能培训、戒毒诊断评估、生活卫生保障等方方面面，可谓头绪繁多、任务繁重，而且涵盖的职业领域广、专业知识要求高。为最大程度地适应工作要求，强制隔离戒毒所自我加压、超负荷运转，戒毒警察加班加点已成常态，无疑是“小马拉大车”。长此以往，这种状况不仅会影响戒毒警察的工作情绪，而且会影响戒毒警察的身心健康。

综上所述，从我国强制隔离戒毒现状和今后发展趋势看，《禁毒法》《戒毒条例》当初将强制隔离戒毒的全部职责配置到强制隔离戒毒机构是欠合理的。

二、强制隔离戒毒工作规律性

职责配置欠合理，强制隔离戒毒机构面临困境，那么强制隔离戒毒的规律性又是什么呢？只有在认识和把握规律的基础上，遵循规律有针对性地破解强制隔离戒毒机构面临的困境方为良策。而探索戒毒规律性则需要从多年来的戒毒实践中去探寻，且宜从戒毒究竟戒什么、戒毒究竟怎么戒、戒毒究竟如何戒这三个根本性问题中去发现和总结。

（一）戒毒究竟戒什么

《戒毒条例》第1条规定，戒毒的目的是“帮助吸毒成瘾人员戒除毒瘾”。所谓毒瘾，就是吸毒者对毒品的精神依赖。毒品进入人体后作用于人的神经系统，使吸毒者出现一种渴求用药的强烈欲望，驱使吸毒者不顾一切地寻求和使用毒品。一旦出现精神依赖，即使经过生理脱毒治疗，也无法修复毒品对脑神经的损伤和消除毒瘾。正所谓“一朝吸毒，终生想毒”，许多吸毒者因此一而再、再而三地复吸。如有资料显示，美国作为国际上戒毒成效较好的国家之一，其吸毒人员一生平均要进行3～5次强制性戒毒。目前，世界医药学界对此尚无良策。社会上许多人甚至有些专家学者，也因此质疑强制隔离戒毒制度的社会价值，认为国家为此投入巨大的人力、物力、财力不值得。退而言之，即使世界医药学界能够治愈对毒品的精神依赖，那么就能够保证戒除毒瘾的人员不再复吸吗？谁能保证他们不会因此而更加任性、随意地复吸呢？由此分析可知，将戒毒目的定位为帮助吸毒成瘾人员戒除毒瘾，在目前是不现实的，也是不妥的，宜定位为“帮助吸毒成瘾人员彻底戒断毒品，提高戒断率”。戒除毒瘾只是吸毒成瘾人员戒断毒品的有利条件，而非戒断毒品的决定性因素。目前，世界上各国戒毒也主要是依赖医药及相关技术的研究、发展，力求通过戒除毒瘾进而提高戒断率。但现实是世界范围内戒毒复吸率持续居高不下，证明过度依赖医药戒除毒瘾的戒毒方式是不成功的。

（二）戒毒究竟怎么戒

在不论是否戒除毒瘾的前提下，如何提高戒毒人员的戒断率，充分实现强制隔离戒毒的社会价值呢？2017年，山东省对全省3308名回归社会的强制隔离戒毒人员进行了回访调查，发现回归社会3年以上的强制隔离戒毒人员中，有高达78.74%[①]的人员未复吸。这一结果颠覆了人们对戒毒复吸率极高的普遍认知。研究人员经对调查资料深度综合剖析，发现有三个决定性要素，即认知力、意志力、自控力。戒毒人员的这"三种能力"（也即"戒毒三要素"）越高越强，戒断毒品的可能性就越大。上海、江苏等省市的调查结果同样印证了这一点。之所以能够发现这一结果，概因我国多年来推行"以人为本、科学戒毒、综合矫治、关怀救助"的戒毒原则，在实践中不过度依赖医药戒除毒瘾，而是从改造人的角度，以教育矫治为中心，综合施治，逐步提高了戒毒人员的"三种能力"，进而提高了戒断率。对"戒毒三要素"的认知，是对戒毒规律性的重大发现，它在一定程度上解决了长期困扰戒毒界关于戒毒究竟怎么戒的重要问题。

（三）戒毒究竟如何戒

究竟采取哪些具体的方法和措施，方能有效地提高戒毒人员的"三种能力"，进而提高戒断率呢？既然是从实践中发现的"戒毒三要素"，我们仍需从戒毒实践中去探寻、总结戒治方法和措施。从全国的戒毒实践研究分析中，我们可得出如下初步结论。

1.以综合素质为基础提升"三种能力"

全国各地强制隔离戒毒机构在实践中均以教育矫治为中心，采取多种方法措施综合施治，以提高戒毒人员的综合素质，如山东采取"六疗"[②]，广东使用"六法"[③]，浙江"五措并举"[④]，等等。正是在全面提高戒毒人员综合素质的基础上，戒毒人员"三种能力"才得以提升。反言之，提升戒毒人员的"三种能力"，需以努力提高戒毒人员的综合素质为基础。

2.全面协同提升"三种能力"

无论是理论层面的研究结论，还是实践层面的经验总结，都反复证明，戒毒人员的"三种能力"并非各自孤立存在，它们之间具有相互影响、

① 本调查数据是经过对每名调查对象进行多方面调查后综合分析判断得出的（未当场做尿检等检测，可能与实际情况有些误差）。

② "六疗"，即医疗、心疗、体疗、"化"疗、工疗、食疗。

③ "六法"，即生理脱毒法、毒害认知法、意念强化法、行为训练法、情景模拟法、技能培训法。

④ "五措并举"，即医疗戒毒、心理矫治、体能康复、认知矫正、习艺培训。

相互作用的内在有机联系。如认知力的提升能够促使意志力、自控力的提升,而意志力、自控力的提升又会促进认知力的进一步提升。因此,在实践中应注重"三种能力"的全面协同提升,不可顾此失彼。

3.系统渐进提升"三种能力"

据统计,戒毒人员绝大多数仅有初中及以下文化程度,需要根据戒毒人员这一特点和两年的强制隔离戒毒期限,以提高戒毒人员"三种能力"为核心,科学系统地设计教育训练计划,在内容上作出循序渐进的安排,并建立教育训练指标体系,严谨、规范、渐进地实施。在实际戒毒工作中,从司法部的部署要求到各强制隔离戒毒所的具体实践,均遵循了系统渐进地提高戒毒人员素质的规律性,只是在具体的教育训练内容和方法措施上还有待于改进和完善。

4.有针对性地提升"三种能力"

虽然"三种能力"均根植于综合素质,但从戒毒实践分析,提高每种能力的具体方法和措施还是有区别的,如通过毒品危害教育、法律教育、纪律教育、文化教育、形势政策教育、卫生健康知识教育等,着力提高戒毒人员明辨是非的认知力;通过心理矫治、亲情帮戒、社会帮教、强化训练等,注重磨炼、增强戒毒人员的意志力;通过严格管理、行为养成训练、队列训练、严明奖罚等,重点培养、提高戒毒人员的自控力。实践中,各地强制隔离戒毒所均采取了上述戒治措施,只是有些强制隔离戒毒所尚未清晰地认识到使用这些戒毒措施有针对性地提升"三种能力"。即便如此,戒毒也取得了较为理想的戒治效果。

5.以职业化、专业化队伍提升"三种能力"

这是最为关键的方法措施。要在短短的两年时间内,使文化程度普遍较低的戒毒人员的综合素质实现较大幅度的提高,进而提升其"三种能力",并足以使其彻底戒断毒品,其难度是相当大的。这不仅需要各领域具有丰富实践经验的专业人员,并且需要结合戒毒人员的特点开展研究,不断探索总结更有针对性的、科学有效的方法措施,以求"速成"。2013年以来,强制隔离戒毒机构在加强队伍建设方面倾注了大量的时间、精力、财力,戒毒警察队伍的职业化、专业化水平有了明显提高,但这与提升"三种能力"的客观要求仍有较大的差距。因此,我们需要从顶层设计的角度来研究解决专业人员问题。

三、完善强制隔离戒毒执法协作的对策

从前述剖析可知，遵循戒毒规律性要求、破解强制隔离戒毒机构困境的焦点，集中于如何解决专业人员的问题。总的设想是，通过立法，建立科学合理的强制隔离戒毒职责分工体系，强制隔离戒毒机构承担基础性工作，把专业问题交由专业机构、专业人员来承担，形成集中专业优势，在更高层次上开展执法协作、实施科学戒毒的新格局。

（一）定位强制隔离戒毒机构的基础管理功能

基于强制隔离戒毒机构警力、智力、财力有限的现实，从立法上将其功能定位为基础性管理和辅助性戒治。具体职责可设为：负责戒毒人员的接收、日常管理、生活卫生、行为养成训练、习艺劳动、行为考核、诊断评估等；组织戒毒人员参加教育训练活动，维持现场秩序；在专业人员的指导下做好日常教育训练的辅助性工作，参与戒毒工作研究。总之，由强制隔离戒毒机构为实施科学戒毒、综合矫治提供基本保障。

（二）明确相关职能部门的戒毒职责和任务

根据“以人为本、科学戒毒、综合矫治、关怀救助”的戒毒原则，按照提高戒毒人员综合素质、“三种能力”的内在要求，对强制隔离戒毒教育训练职责进行专业化分工，合理分配相关职能部门、社会团体的职责任务，实现强制隔离戒毒工作的职业化、专业化。

由卫计部门承担戒毒人员的疾病诊治与预防职责，负责指定医疗机构、疾病防控机构、医药研究机构等承担戒毒人员的疾病诊治、心理矫治、体能康复训练和传染病疫情防控等任务。被指定单位选派专业医疗人员、技术人员开展相关工作并进行研究。

由教育部门承担教育训练职责，负责指定有关院校、科研机构承担思想教育、法律教育、品德教育、文化教育、形势政策教育、卫生健康知识教育、体能强化训练等方面的任务。被指定单位选派教师、专家、学者开展教育、培训、训练并进行研究。

由人社部门、民政部门承担戒毒人员的社会保障和国家救助职责，负责指定有关单位承担向戒毒人员讲解社会保障和国家救助的有关政策、规定，指导、帮助戒毒人员落实社会保障和社会救助政策，开展职业技能培训等任务。被指定单位选派有关专业人员开展有关政策、规定的

讲解，帮助戒毒人员解决有关问题，开展职业技能培训等。

由司法行政机关承担法律援助职责，指派法律援助机构承担法律援助任务。被指定法律援助机构选派律师为戒毒人员提供无偿法律帮助，宣讲法律，解答法律咨询，主持调解戒毒人员之间的民事纠纷，代理诉讼和非诉讼法律事务。

由工会、共青团、妇联、残联等社会团体承担社会帮戒职责，主要任务是定期组织文艺团体、社会活动专家、社会英模人物、励志人物等到强制隔离戒毒所举办文艺活动、开展互动交流，实施帮戒活动，彰显社会的关爱、关怀，并让社会了解强制隔离戒毒工作和戒毒人员。

（三）强化禁毒委统一领导和部门协同实施

由于参与强制隔离戒毒执法协作的部门多，涉及的具体单位和人员更多，需要强化统一领导和协同实施。首先，明确、突出戒毒委员会的统一组织领导地位，由其组织成员单位根据法律规定制定具体的协作方案，以便各协作单位遵循执行。其次，明确、突出禁毒办的监督、协调地位。禁毒办作为戒毒委员会的具体办事机构，负责落实禁毒委员会的决定和制度，并监督、协调各协作部门、单位落实职责、任务，确保执法协作规范、顺利进行。再次，明确、突出强制隔离戒毒所的组织实施地位。强制隔离戒毒所作为强制隔离戒毒工作的具体实施单位，由其与参与协作的所有具体单位进行共同协商，根据两年的周期，就疾病诊治与预防、教育矫治、康复训练、社会帮戒、帮扶指导等，在时间、内容、承办人等方面作出课程表式的系统安排，以便于各协作单位遵照执行。唯如此方能形成统一领导、步调一致，各司其职、发挥优势，密切协作、协同推进的良好执法协作局面。

总之，强制隔离戒毒是一项世界性难题，也是一项系统复杂的社会工程，需要从法律上对执法协作作出进一步的科学合理安排。当然，即便有上述众多部门、单位参与执法协作，也许仍难以满足强制隔离戒毒工作的全部需求，对于一些特殊的、个别的重要需求，强制隔离戒毒机构则可通过政府购买社会服务、与社会开展执法协作等方式予以解决。

第十一章　强制隔离戒毒人员的人权保障机制

自2004年“尊重和保障人权”写入宪法以来，我国的人权保障工作有了宪法上的依据，其重要性日益凸显。那么，在我国戒毒工作推进过程中，如何尊重和保障强制隔离戒毒人员的人权也成为我国戒毒工作的重要内容之一。本章介绍了保障强制隔离戒毒人员人权的背景及原因，以宪法、法律、法规等为依据，分析了强制隔离戒毒人员人权保障的具体内涵，并结合山东实践，分析总结了山东省在强制隔离戒毒人员的人权保障方面取得的成绩和面临的问题，最后结合以上分析，探讨了完善和发展强制隔离戒毒人员人权保障工作的路径。

第一节　概　述

强制隔离戒毒人员的人权保障作为我国人权保障工作的组成部分，理应纳入戒毒工作的重要内容。加强对强制隔离戒毒人员的人权保障，是适应我国时代发展的需要，是戒毒工作取得实效的需要，也是与国际人权保障接轨的需要。

一、强制隔离戒毒人员人权保障规定

在我国，吸毒人员由于其身份特殊性，在现实中往往权益更容易受到侵害，其人权保障问题也随着国家法治化进程的加快，逐渐进入公众视野。习近平总书记高度重视禁毒戒毒工作，多次作出重要指示，强调

要充分发挥政治优势和制度优势，完善治理体系，压实工作责任，广泛发动群众，走中国特色的毒品问题治理之路，坚决打赢新时代禁毒人民战争。同时，习总书记指出，以人民为中心是新时代政法工作的根本立场。这一系列重要指示是党中央对新时代禁毒戒毒工作的准确把握和战略定位。《戒毒条例》第2条明确规定："戒毒工作坚持以人为本、科学戒毒、综合矫治、关怀救助的原则，采取自愿戒毒、社区戒毒、强制隔离戒毒、社区康复等多种措施，建立戒毒治疗、康复指导、救助服务兼备的工作体系。"实践证明，虽然当前全世界戒毒模式、戒毒措施类型很多，但是强制隔离戒毒是针对吸毒成瘾者戒断毒瘾最为有效的方式，也是我国禁毒工作大链条中不可或缺的重要环节。当然，对强制隔离戒毒人员的权利保障，也是整个人权保障工作中相对薄弱的一环，对这一特殊人群的权利保障逐渐提上议事日程，既体现了国家对吸毒成瘾者权利保障的重视，同时也标志着我国在人权建设进程中又向前迈出了一大步。

二、强制隔离戒毒人员人权保障的必要性

（一）戒毒工作严峻形势的需要

随着吸毒人员数量的不断递增，开展好戒毒工作成为当前经济、社会发展的必需。2017年，全国共查获吸毒人员87万人次，其中依法强制隔离戒毒32.1万人次，责令社区戒毒、社区康复26万人次。全国现有吸毒人员255.3万人（不含戒断3年未发现复吸人数、死亡人数和离境人数），戒断3年未发现复吸人员167.9万人，且仍存在着尚未发现的吸毒人员以及复吸人员。[①] 2018年，山东省破获毒品刑事案件3700余起，抓获涉毒嫌疑人3800余人。截至2018年底，山东省累计登记吸毒人员10.4万人，2018年新发现吸毒人员4941人，依法执行社区戒毒、社区康复措施的有7819人。[②] 以上数据充分表明了当前我国毒品泛滥的严峻性以及紧迫性，而吸毒人员数量的不断上升，则更加体现了禁毒工作任务的艰巨性以及对戒毒人员权利保障的迫切性。

---

① 参见《国家禁毒办发布〈2017年中国毒品形势报告〉》，《光明日报》2018年6月26日。

② 参见《山东省公安厅禁毒工作新闻发布会》，2019年4月9日，http://gat.shandong.gov.cn//art/2019/4/9/art_107911_8397277.html。

(二)戒毒工作取得实效的需要

戒毒工作经验表明,确认并保障强制隔离戒毒人员依法享有相对应权利,是戒毒执法工作遵循的基本准则,也是重塑其社会化人格,促进戒毒人员戒断毒瘾的有效措施。试想如果基本人权得不到保障,谈何戒断毒瘾、身心康复。和谐、宽松的戒治氛围有助于戒毒人员主动参与戒毒,积极拒绝毒品;紧张、冷漠的气氛则会大大抑制戒毒人员的戒治积极性和主动性。因此,深入研究并切实保障好戒毒人员的人权问题,是戒毒工作取得实效的重要途径。

(三)适应国际国内人权保障发展形势的需要

注重对戒毒人员的权益保障,既符合国际人权保护需要,也是兑现国家对保障人权的承诺的重要方面,有利于调动戒毒人员的积极性,有利于消除管理中的各类矛盾和问题,促进戒毒场所的和谐稳定。[①] 在国内,从法律制度层面确定人权保障合法化、合理化、制度化。2004 年 3 月,"国家尊重和保障人权"写入宪法,首次将人权问题正式列为国家根本法的基本原则。2007 年,党的十七大将"尊重和保障人权"的内容写入党章。2008 年颁布的《禁毒法》进一步通过法律方式确保吸毒成瘾人员(尤其是强制隔离戒毒人员)的人权保障问题。2011 年国务院颁布的《戒毒条例》中明确提出了"戒毒工作坚持以人为本、科学戒毒、综合矫治、关怀救助的原则"。这些都为进一步全面保障吸毒成瘾人员尤其是强制隔离戒毒人员的人权问题提供了有利的社会环境。在国际舞台上,我国已经批准《经济、社会和文化权利国际公约》并签署了《公民权利和政治权利国际公约》,这标志着中国在人权保障方面迈上新台阶,同时对重视并加强特殊群体的人权保障工作具有巨大的推动作用,更彰显出中国的大国风范。

第二节　强制隔离戒毒人员人权保障的内涵

保障强制隔离戒毒人员的人权,首先要明确其人权的内涵。依据我

① 参见司法部戒毒管理局组编:《司法行政强制隔离戒毒执法实务》,法律出版社 2017 年版,第 176 页。

国的法律、法规乃至国际条约、习惯等相关规定，强制隔离戒毒人员的人权得以具体化，目前我国强制隔离戒毒人员的人权主要包含了宪法规定的我国公民的基本权利以及探访权、外出探视权等强制隔离戒毒人员的特殊权利。本章详细论述了强制隔离戒毒人员人权的内涵及其特点，为进一步保障强制隔离戒毒人员的人权提供了理论和规范依据。

一、强制隔离戒毒人员人权保障的主要内容

强制隔离戒毒人员的权益，是指强制隔离戒毒人员在强制隔离戒毒场所戒毒期间，依法所享有或者应当享有的权利。强制隔离戒毒人员权益的法理依据既包括宪法和法律对公民各项基本权益的规范标准，也包括关于强制隔离戒毒的专门法律、行政法规、规章和制度、文件对强制隔离戒毒人员权益保障的内容。同时，还要与国际法准则底线标准相一致。在法治背景下阐述强制隔离戒毒人员权益保障，必须对强制隔离戒毒人员应当享有的、法律规定的权益加以明确界定和规范。

我国限制自然人持有毒品的积极“自由”，否定吸毒者继续保留毒瘾的消极“自由”，将戒毒义务“强加”于吸毒者履行，正是体现了中国政府是一个负责任有担当的政府。我国的戒毒措施从单一的强制性戒毒到多元化的戒毒措施，从以惩罚为目的到现如今以教育、感化、挽救为目的。虽然我国在戒毒人员人权保障方面做了不少工作，也取得了一些成绩，但是由于戒毒人员的法律地位和社会身份的特殊性，受现实的制度体制、物质保障水平、社会重视程度和资源配置等方面因素的影响，导致实践中还存在诸多不尽如人意之处。戒毒人员权利受侵害的情况比较普遍，尤其是强制隔离戒毒人员的权利侵害或者漠视情况时有发生，其人权保障的实现程度有待进一步改善。针对强制隔离戒毒人员在强制隔离戒毒过程中存在的较为容易受到侵犯的人权范围作以下概括：

（一）强制隔离戒毒人员的人身权

1. 生存健康权

强制隔离戒毒人员，身份上具有病人、受害者和违法者的多重特性，生理上具有体质弱、疾病多的特点，心理上有敏感、多疑等心理学特征。《禁毒法》明确规定：“强制隔离戒毒场所对有严重残疾或者疾病的戒毒人员，应当给予必要的看护和治疗；对患有传染病的戒毒人员，应当依法

采取必要的隔离、治疗措施；对可能发生自伤、自残等情形的戒毒人员，可以采取相应的保护性约束措施。”在强制隔离戒毒的现实管理中，强戒人员自伤、自残、自杀、逃跑、互相欺压等责任事故比较容易发生，强戒人员自身携带的传染性疾病也具有交叉感染的危险。例如，吸毒者容易患有肝炎、结核病、梅毒、艾滋病等传染性疾病，因此强制隔离戒毒场所存在疾病风险隐患。同时，各强制隔离戒毒所普遍存在医疗经费紧张，医疗设施不完备、老化陈旧，戒毒医疗水平不高的实际困难，强制隔离戒毒所财政保障经费不到位是当前制约戒毒场所发展、限制强制隔离戒毒人员权益保障的主要因素。有的强制隔离戒毒所迫于经济压力，仍存在片面追求经济效益、忽视强制隔离戒毒人员权益的情况，出现强制隔离戒毒人员习艺劳动强度大、劳动保护措施不完善的情况，造成工伤、疾病时有发生，戒毒人员在生存健康权方面的保障仍存在不到位的情况。

2. 人格权

由于强制隔离戒毒所警察与戒毒人员处于不同的地位，而且在传统的道德思维中，人们容易将违法违纪的人直接定义为“坏人”“恶人”，这深深制约着社会对被国家机关依法实施强制措施的人的基本态度和立场。这种态度和立场最直接的就是漠视戒毒人员的人权保障，因此戒毒人员人格权利受到侵犯的现象普遍存在。如要求戒毒人员蹲着和警察说话；一些强戒所警察动辄对戒毒人员施以约束性措施或其他行政处分，打骂戒毒人员，有时甚至导致戒毒人员伤残。①

（二）强制隔离戒毒人员的政治权利

1. 选举权和被选举权

我国《宪法》和《选举法》均对选举对象有一条排除性规定：“依照法律被剥夺政治权利的人没有选举权和被选举权。”而《禁毒法》和《戒毒条例》中均未对强制隔离戒毒人员的此项权利作出限制性规定。强制隔离戒毒实质是行政强制措施而非刑事或者行政处罚，因此强制隔离戒毒人员应当享有选举权和被选举权。但是在实际执行上，由于强制隔离戒毒人员人身自由受到限制，无法回到户籍所在地参加选举，更无法参加强

① 参见熊树：《我国人权保障视野下的强制隔离戒毒措施研究》，华南理工大学硕士学位论文，2011 年。

制隔离戒毒所所在地选区的选举，所以此项权利实际上一直处于停滞状态，基本无法得到保障。

2. 监督权

《宪法》明确规定："中华人民共和国公民对于任何国家机关和国家工作人员，有提出批评和建议的权利；对于任何国家机关和国家工作人员的违法失职行为，有向有关国家机关提出申诉、控告或者检举的权利，但是不得捏造或者歪曲事实进行诬告陷害。"这些权利对于强制隔离戒毒人员尤其重要，其是戒毒人员保障自身合法权益的有效途径，对于防止强制隔离戒毒场所管理人员的违法乱纪现象的发生，起着有效的制约作用。而在立法实践当中，《禁毒法》及《戒毒条例》均未对此项监督权利进行有效立法。在实践中，虽然大部分强制隔离戒毒场所均制定了检举工作制度，在场所内设有检举信箱，但是自劳动教养制度改革后，原劳教场所转型强制隔离戒毒场所，因缺少法律依据，原劳教所驻所检察室从所内撤出，导致监督工作往往流于形式，监督权行使很难得到保障。

3. 言论、出版自由权

从我国《宪法》《刑法》和《民法通则》有关规定看，言论、出版自由是我国法律明文赋予公民的一项政治权利。公民通过自己的智慧才能创作成果，并对该成果享有著作权，这又是一种民事权利。考虑到吸毒人员成分的复杂性，《禁毒法》并没有对强制隔离戒毒人员的言论、出版权作出明确规定。在实践中，包含沉默自由层次在内的言论自由及自己作品的保护问题，由于没有相关法律的明确规定，就不可能得到有效保护。

（三）强制隔离戒毒人员的宗教信仰自由权

《中国的人权状况》白皮书等有关法律法规和政策性文件规定，公民享有宗教信仰的自由，国家保护正常的宗教活动。但是在强制隔离戒毒场所，出于场所安全稳定角度考虑，一般不会让戒毒人员在戒毒场所内从事宗教活动。

（四）强制隔离戒毒人员的受教育权

根据《宪法》规定，受教育权具有双重性，对强制隔离戒毒人员来说，它一方面表现为权利，是发展权的重要内容；另一方面又表现为义务，具有强制性。《戒毒条例》第 29 条规定，强制隔离戒毒场所应当配备设施设备及必要的管理人员，依法对强制隔离戒毒人员提供科学规范的戒毒治疗、心理治疗、身体康复训练和卫生、道德、法制教育，开展职业技能培训。

虽然《戒毒条例》对强制隔离戒毒人员的受教育权作了明确规定，但是在实际操作中，有些强制隔离戒毒所因为受当地财政影响，个别领导干部对戒毒人员管理存在“重生产轻教育”的思想，片面追求经济效益，挤占甚至忽略戒毒人员学习教育时间。有些强制隔离戒毒所忽视戒毒人员的职业技术教育，导致强戒人员重新回归社会后缺乏生存技能，加之社会歧视，就业压力形势严峻，很多又走上违法犯罪道路。有些强制隔离戒毒所举办的创业教育、职业技能培训项目仅满足于形式，忽略社会现实发展状况和强戒人员的实际经济、生活状况，对其解除强戒措施后的生活、就业并不能发挥切实的指导和现实作用。有些强制隔离戒毒场所教育矫治基础设施科技含量不高，个别场所整体文化教育建设陈旧、落后，教学设施设备配备不齐全，教育空间紧缺，不能满足教育矫治需求。例如，有的场所没有图书馆或者阅览室供戒毒人员学习阅读，有的虽然有但里面的图书不管从种类上还是数量上都非常有限，且更新不及时。此外，强制隔离戒毒所内专业教师队伍不健全、不完备，从人数到资格水平都不能满足戒毒人员受教育权利的需要。例如，部分专业教师未取得国家教师资格证书，多数“心理咨询师”只是持有资格证书，但是实操技能相对薄弱，教育队伍的专业化水平有待进一步提高。

（五）强制隔离戒毒人员的劳动权和休息权

《宪法》对劳动权作了明确规定：“中华人民共和国公民有劳动的权利和义务。”这表明劳动既是公民的权利又是义务。强制隔离戒毒人员与普通公民一样，他们的劳动权包括参加劳动权及获得劳动报酬、劳动保护、劳动保险、劳动技能培训等方面的权利。《宪法》规定：“中华人民共和国劳动者有休息的权利。”强制隔离戒毒人员也享有这项权利。在实践中，戒毒场所往往把劳动态度、生产产值作为戒治的有效手段之一，仍有部分戒毒所为片面追求经济效益，将强戒学员的生产劳动产值作为其日常考核奖惩的主要依据，更有个别地区强戒所将学员劳动产值与警察的部分工资挂钩。强制隔离戒毒人员为提前解除强戒，高强度延时劳动，劳动权和休息权无法得到保障。《禁毒法》规定：“根据戒毒的需要，强制隔离戒毒场所可以组织戒毒人员参加必要的生产劳动，对戒毒人员进行职业技能培训。组织戒毒人员参加生产劳动的，应当支付劳动报酬。”但是对劳动报酬的幅度未作出明确详细说明，对于强制隔离戒毒人员的劳动报酬数额没有明确统一的规定和标准。实际执行过程中，各个省依据本省经济状况，结合场所实际和生产项目情况，制定生产劳动报酬规定和标准。

（六）强制隔离戒毒人员的社会保障权

社会保障权是处于社会不利状态的公民，为了维持基本的生活条件而向国家要求给付的请求权。社会保障权的宪法价值一方面体现了对人的尊严的尊重和保护，另一方面体现出正义的价值，即由国家为社会成员提供社会成员免于因地位、能力、贡献不同而导致的分配不公。“现代社会保障制度是人类20世纪所取得的最重要的制度文明之一，是人类文明的伟大发明。”[①]有专家认为，创设与保护社会权（社会保障权是一项重要的社会权）的理论根据有四点：人类对生存与发展的要求；自然威胁与社会威胁（含市场机制和竞争机制）导致的人类生存条件的脆弱性；资源和权利的稀缺性；道德与理性对人类需要的表达和实现将是一个长期的历史过程。[②] 正是基于这些理由，社会保障权被许多国家的宪法明文规定。社会保障权作为现代社会公民享有的一项基本权利，其出现和产生本身就具有一定程度的、不可否认的合法性。这些权利对强制隔离戒毒人员同样适用。

1. 社会救济权

社会救济权的目的是保障公民维持最基本最低层次的社会生活需要。当前法律法规还未明确提出强制隔离戒毒人员的社会救济权问题，可以说是一个法律盲区。有些强制隔离戒毒人员，要么家庭遭受重大变故，要么家庭对其失望抛弃，使得其在强制隔离戒毒措施存续期间，不仅无人探视，连衣物、生活基本必需品都无法保障。戒毒场所依据以人为本的原则，免费提供基本的日常生活保障，强制隔离戒毒人员的生产劳动报酬在一定程度上可以对经济困难的戒毒人员提供物质帮助，但是总

---

① 郑秉文、和春雷主编：《社会保障分析导论》，法律出版社2001年版，第1页。

② 参见刘海年主编：《经济、社会和文化权利国际公约研究》，中国法制出版社2000年版，第62页。

体说来，由于财政经费保障问题，强制隔离戒毒人员生活保障水平不尽如人意。

2.社会保险权

此项权利的根本目的是帮助社会成员的基本生活，维护社会成员的生存权利。随着我国社会保险制度的完善，强制隔离戒毒人员的社会保险权利理应纳入其中，尤其是在参加习艺劳动以及在场所内突发疾病致伤致残的情况下，获得医疗保险，既能保障强制隔离戒毒人员能够得到及时有效治疗，又能缓解戒毒场所的高额医疗费用压力。

（七）强制隔离戒毒人员的特殊权利

此项权利针对强制隔离戒毒人员而言，如被探访权、外出探视权、通信自由和通信秘密权、参加诊断评估提前解除权。这些都是针对强制隔离戒毒人员被剥夺人身自由的现状而特别强调的权利。针对这些权利，强制隔离戒毒场所也采取了很多措施以切实保障其能够最大化实现，但由于安全管理和教育矫治的需要仍然存在一些矛盾。如《宪法》规定“中华人民共和国公民的通信自由和通信秘密受法律的保护”，但在实际操作中，为了确保戒毒场所安全稳定，防止毒品、危险物品等夹带，同时及时了解强制隔离戒毒人员的思想动态，准确掌握戒毒成效，强制隔离戒毒所会对戒毒人员的来往信件进行必要检查，旁听家属会见谈话并做好记录，应注意确保戒毒人员的隐私权不受侵害，做好保密工作。

二、强制隔离戒毒人员人权保障的特点

（一）强制隔离戒毒人员人权的一般属性

1.权利的广泛性

强制隔离戒毒措施被定性为行政强制措施而非行政处罚。强制隔离戒毒措施的强制性和公民接受强制隔离戒毒的义务性决定了强制隔离戒毒人员与普通公民一样具有权利的广泛性，包括了公民的基本权利和强制隔离戒毒主体的特殊权利。归根结底，强制隔离戒毒人员权利的广泛性是同他特有的法律身份息息相关。

2.权利的局限性

强制隔离戒毒人员的某些权利虽然没有被剥夺，但是基于强制隔离戒毒性质和实际工作的需要，这些权利必然受到种种限制，从而在内容上表

现出它们的局限性。主要分三种情况:一是在强戒期间部分权利暂停,例如选举权与被选举权、言论、出版、集会、结社、游行、示威的自由等。二是在强戒期间部分权利限制行使,例如结婚、对子女进行教育监护的权利。三是在强戒期间部分特定权利不能完全主张,需强制隔离戒毒机关帮助,例如人身及合法财产的保护,通信、会见权利的行使等。

3. 权利的有限性

相对于其他公民,强制隔离戒毒人员的权利受到相应的限制,一是受到法律规定的限制,二是受到各种客观条件和公共利益的限制,例如通信自由权等。

4. 主体的特殊性

强制隔离戒毒人员人权的主体不是普通意义上的公民,而是被国家处以行政强制措施的强制隔离戒毒人员,其法律地位与普通公民是有区别的,不能像普通公民那样享受宪法和法律规定的全部权利,其原有公民权利的一部分要受到剥夺或者限制。有些权利虽然未被依法剥夺和限制,但是实际中无法行使,例如婚姻和同居权。

(二)强制隔离戒毒人员权利的特有属性

1. 权利的特定性

由于自身特定法律身份和特殊人身状态,强制隔离戒毒人员还具有一些其他公民没有的特定权利,即由于特定身份所形成的权利。这部分权利实际上是强制隔离戒毒人员在强制隔离戒毒期间通过自己的努力对原来被剥夺的那些完整权利的部分恢复,其目的是通过激励机制,鼓励戒毒人员更好地配合戒除毒瘾,是戒毒矫治的需要,比如出所探视权。

2. 权利的不稳定性

与一般公民的权利处于稳定的状态不同,部分强制隔离戒毒人员权利随时可能发生变化。这种变化既可以是权利范围的增加或者减少,也可以是权利程度的提高或降低,还可以是一项或者几项权利的失去。[1]

---

① 参见李静:《强制隔离戒毒人员的权利及保障》,湖南师范大学硕士学位论文,2010年。

第三节　司法行政强制隔离戒毒人员人权保障机制
——以山东省为例

自2009年开展强制隔离戒毒工作以来，山东省严格按照相关法律规定，切实保障戒毒人员的合法权益，取得了一定的工作成效，积累了大量的工作经验，并创造性地形成了具有山东特色的“全国统一模式+2+3”的山东司法行政戒毒工作模式。在分析总结山东省取得的成绩的同时，我们也不能忽视目前山东省在保障强制隔离戒毒人员工作开展方面还存在一些问题和不足，需要进一步完善和发展。

一、严格贯彻落实执行《禁毒法》《戒毒条例》要求，切实保障戒毒人员合法权益

在以习近平同志为核心的党中央高度重视依法治国的大背景下，山东司法行政戒毒系统高度重视特殊人群的权益保障问题，坚持“以人为本、科学戒毒、综合矫治、关怀救助”的原则，做好文明执法、科学戒治、服务保障等各方面工作，戒毒人员权益保障水平总体是比较好的。山东省自2009年开始强制隔离戒毒工作以来，严格对照上级要求，制定切合省情实际的政策，切实保障司法部戒毒局规定的强制隔离戒毒人员在生命健康、财产、政治、婚姻、教育、劳动、休息、报酬、通话通信、探视探访等方面的权利。根据2017年山东省问卷调查结果(此问卷共采集470名男性戒毒人员和104女性戒毒人员)，戒毒人员对上述权利的保障表示基本满意及以上的达到了90%以上(其中政治权利除外，所内实现选举权的占到56.3%，实现被选举权的仅占14.4%)，充分表明山东司法行政戒毒系统在保障戒毒人员基本权益方面做出了扎实有效的工作，成效十分显著。

二、山东特色戒毒模式在保障戒毒人员人权方面的成功经验

山东省司法行政戒毒系统始终坚持规范化执法、人文化管理、专业化戒毒、社会化矫治，经过近年来从转型期到定型期的不懈探索与努力，

在科学戒毒和维护保障强制隔离戒毒人员人权方面摸索出了一些成功经验，建立了以规范化管理为手段、以分期分区管理戒治为基础、以专业中心为支撑、以科学戒治为核心、以衔接帮扶为延伸的统一的山东司法行政戒毒工作模式。在此基础上突出理念、制度、技术“三个创新”，增设营养膳食、技能培训“两个中心”，形成了更为符合戒毒规律、更具人性化色彩、更能全面对接全国标准、具有山东特色的“全国统一模式＋2＋3”的山东司法行政戒毒工作模式。2017 年，山东司法行政戒毒系统开展了强制隔离戒毒人员出所调查评估工作，通过对 2009 年 9 月 1 日至 2017 年 5 月 31 日期间出所的 3308 人进行调查评估发现，未复吸的达到 86.12%，3 年以上保持操守的占同期出所的 78.74%，充分验证了山东特色戒毒模式在保障戒毒人员权利方面的显著成效。[①]

山东司法行政戒毒系统从被收治强制戒毒到解除强制措施，甚至延伸到出所后的戒毒康复指导，全程闭环式无缝对接，最大程度地保障了戒毒人员的合法权益。本着“以人为本、科学戒毒”“最大程度保障戒毒人员合法权益”的原则，山东司法行政戒毒系统综合性别、年龄、疾病种类等多种因素，设立山东省女子戒毒所（集中收治全省女性强制隔离戒毒人员）、山东省戒毒检测治疗所（集中收治全省艾滋病戒毒人员）以及其他六个依据地域划分收治的强制隔离戒毒所。根据戒毒工作的特点，我们将戒毒流程分成生理脱毒、教育适应、康复巩固、回归指导四个戒治期，并对应设置四个管理区，每个环节都充分体现了对戒毒人员的关怀救助。

（一）生理脱毒期

此环节重点体现对戒毒人员生命权、健康权、隐私权的保障。针对新入所强制隔离戒毒人员开展为期 7～15 天的急性生理脱毒，严格入所体检，明确规定女性戒毒人员的身体检查由女性人民警察进行，充分保护戒毒人员的隐私权，每名戒毒人员建立一份健康档案，详细记录确诊病情，重大疑难紧急病情重点标注。同时，进行吸毒史调查、药品不良反应监测数据分析等，把好入所体检第一关。在收治时，严格按照《禁毒

① 参见山东省司法厅：《山东省强制隔离戒毒出所人员调查评估报告》，2017 年 11 月 31 日。

法》规定“怀孕或者正在哺乳自己不满1周岁婴儿的妇女吸毒成瘾的，不适用强制隔离戒毒。不满16周岁的未成年人吸毒成瘾的，可以不适用于强制隔离戒毒”，将人文关怀体现得淋漓尽致。对于符合入所体检规定要求的，基本实现“依法依规应收尽收”。入所查体确诊的病情，戒毒所都会详细记录在健康档案中，对于体检查出的梅毒、肝炎、结核病毒携带者等具有传染性疾病的人员，戒毒所为避免交叉传染，都会安排隔离区域，进行病房式管理，定时巡诊、会诊，戒毒所出资邀请医院专家到所就诊。对于病情严重或者有严重传染性疾病不适宜在场所强制隔离戒毒的，第一时间申请为其办理所外就医。

此外，山东司法行政戒毒系统在提升场所医疗水平上下大力气，积极探索戒毒场所医院与社会专业医院合作路径，强化提升全省戒毒系统中心医院职能作用，建成了全省戒毒系统远程医疗中心并投入使用，创新采用“互联网＋”技术打造全国一流的医疗戒治中心，采购全新医疗器械。地市级的强制隔离戒毒所通过政府购买服务的方式实现了在当地市级精神病医院设立门诊部的合作机制，提高了场所戒毒医疗服务能力，更好地保障了强戒学员在场所内的合法权益，减轻了场所安全隐患压力。山东强制隔离戒毒系统根据戒毒人员戒断症状，率先制定了《关于实施中医中药戒毒工程的意见（试行）》《关于深化中医药戒毒工程的意见》，构建了中医药戒毒体系，积极推进中医药戒毒剂型转换和中医药戒毒实验室建设；同时“中医经方对毒品戒断干预效果及机理研究”课题进入汤剂改为口服液的剂型转换推广阶段，中医药戒毒课题通过专家中期评审。积极推进中医药戒毒新技术新方法应用与推广，山东首创的“戒毒人员急性脱毒症状中医经方干预方法”被司法部戒毒局列为全国第一批8个戒毒新技术新方法应用与推广项目之一，并拨付专项经费推广。生命权、健康权在场所内得到最大程度的保障，使戒毒人员不仅与毒品绝缘，而且通过一系列有效的戒毒治疗，普遍身体恢复良好，由进所时的面黄肌瘦、两目呆滞、瘦骨嶙峋到现如今的红光满面、充满自信，平均体重都增加5斤以上，这都是最好的证明。

（二）教育适应期

此环节重点体现对戒毒人员受教育权、健康权的保障。戒毒人员通过入所体检进入强制隔离戒毒程序，必须接受不少于1个月的入所适应性教育。在恢复生理机能的同时，开展行为养成教育、认知教育、心理健康教育、康复训练等教育矫治措施。严格落实“周教育日”制度和“1226”(1个小时集中教育，2个小时自学，2个小时康复活动，6个小时劳动)一日戒治流程。山东省司法行政戒毒系统为保障戒毒人员的权益得到落实，积极协调省财政落实教育矫治经费最低保障制度，确保教育矫治工作正常开展。以建立健全“教育矫正中心”和“心理矫治中心”两个中心为核心，进一步完善场所教育设施，引进现代化、智能化的教学设备，建设“新生网”，拓宽适合戒毒人员学习的线上教育平台，量身打造贴近戒毒人员特点的山东戒毒现代化智慧教育应用系统，启动全系统教育矫治资源库建设。各戒毒所通过抓实听课评课制度、开展公开课比赛等措施，选拔培养一批系统内专职专业的教育讲师骨干，共建立7类共计42个精品课程视频资料库，评选出28个优秀精品课程。从环境创设、模式构建、品牌创建、发展融合、队伍培育、量化评价等方面深入挖掘“国学·齐鲁文化入心工程”价值内涵，推动文化戒毒工作向体系化发展。推动文化戒毒品牌升级进位，抓实“一所一品”文化品牌，做优“沂蒙精神”文化品牌，深入挖掘山东红色革命文化，组织戒毒人员升旗、观看爱国主义影片、举办爱国主义主题讲座、学唱爱国主义歌曲、开展爱国主义大讨论“五个一”活动，弘扬先烈精神，传承红色基因。举办“心疗”戒毒推进季活动，各戒毒所围绕着“心态调整、动机强化、认知矫正、情绪管理、修正心智、家庭功能修复、社交应激、生涯规划”8个训练项目，综合运用箱庭、绘画、冥想、心理剧、家庭排列等治疗技术开展心理辅导。依托“山东省戒毒研究中心”建设，与高校合作共建“心理戒毒实验室”；整合社会资源，建立“社会支持资源库”，组建“亲情帮戒助力团”，构建了“场所主导、社会参与、家庭介入、媒体推动”的大教育新格局。戒毒人员虽然身处戒毒所，但是从心理上丝毫感受不到高墙铁丝网的压迫感，有的只是戒毒警察的谆谆教诲，学校式教育的温馨感化。

(三)康复巩固期

此环节重点体现对戒毒人员健康权、受教育权、劳动权、休息权、获得报酬权的保障，指的是教育适应期结束后至戒毒期满一个月前的这段时间，也是强制隔离戒毒的重点环节和主要阶段。强制隔离戒毒所根据戒毒人员实际情况，综合运用戒治医疗、心理矫治、教育矫正、身体康复训练、习艺劳动和职业技能培训等戒治手段，帮助戒毒人员实现身心康复。

山东戒毒场所为了最大程度有效保障戒毒人员合法权益，购置室内大型康复训练设备271件，室外大型康复训练设备98件。2017年以来，对8963人次戒毒人员进行了体质测试，为开展体疗戒毒研究提供了数据支撑。同时，场所与山东体育学院签署战略合作协议，联合开展风险评估机制和康复训练处方库课题研究，从顶层设计层面推动构建“智慧体疗”戒毒体系。探索建立VR智慧体感运动系统，目前项目进入与传统康复训练效果对比研究阶段。举办社会体育指导员(专业健身教练)进场所活动，首次将戒毒人员纳入社会培训计划，免费为110名警察和120名戒毒人员集中授课，全部获得证书，此创新性举措得到了司法部戒毒管理局的充分肯定。每天8小时、每周不超过5天的习艺劳动，在保障戒毒人员劳动权利的同时，培训其职业和劳动技能。劳动产生的经济效益一部分按照比例分配给戒毒人员作为劳动报酬，用于戒毒期间购买生活、日用品等日常生活消费品，另一部分用于改善戒毒人员在场所的伙食、医疗水平。通过劳动，戒毒人员在获得报酬的同时，自身价值得到体现，认同感、自尊心得到满足，从而促进场所稳定和戒治效果，实现多赢。山东司法行政戒毒系统围绕科学戒毒、人性化管理所开展的一系列创新工作，不仅仅是对强制隔离戒毒工作的有效推动，更加丰富了保障戒毒人员人权的内涵和方法。

(四)回归指导期

此环节重点体现对戒毒人员受教育权、劳动就业权、生存权的保障。在戒毒期满最后一个月，戒毒场所会统一开展回归适应性教育，主要围绕为社会输出合格人员，开展职业技能培训，提高戒毒人员回归社会后就业谋生的技能，维护并保障戒毒人员的社会生存权。场所结合实际，重点开展形势政策教育、就业帮扶指导，做好戒毒人员回归社会后的后续照管工作。山东省司法行政戒毒系统大力推行戒毒人员“出所衔接、后续照管”工作，是保障戒毒人员人权的又一重大举措，是强制隔离戒毒工作的深度延续。各戒毒所做好出所人员的信息对接，签订帮教协议，实现出所人员后续照管的有效衔接。依托戒毒场所专业戒毒优势，通过建立社区戒毒、社区康复指导站，定期对出所戒毒人员开展跟踪调查，制定和调整相应帮扶措施，协助重建社会支持系统，延伸所内戒毒效果。通过与县（区）司法局、街道办事处等单位合作的形式，建立社区戒毒、社区康复指导站，发挥司法行政机关的专业资源优势，指导支持社区戒毒、社区康复工作，并将解除强制隔离戒毒人员和所外就医戒毒人员纳入服务范围，巩固强制隔离戒毒工作成效，促进戒毒工作的融合发展。目前，山东省司法行政戒毒系统已在青岛、枣庄、滨州等 14 个地市建立了 31 个社区戒毒、社区康复指导站，为进一步帮助出所戒毒人员戒除毒瘾、健康回归社会发挥了重要作用。

三、影响强制隔离戒毒人员权利保障的制约因素

（一）强制隔离戒毒人员的诊断评估问题

实际操作中，戒毒执法方面存在强制隔离戒毒人员权益受损的情况。《禁毒法》第 47 条规定，执行强制隔离戒毒 1 年后，经诊断评估，对于戒毒情况良好的戒毒人员，强制隔离戒毒场所可以提出提前解除强制隔离戒毒的意见，报强制隔离戒毒的决定机关批准。强制隔离戒毒期满前，经诊断评估，对于需要延长戒毒期限的戒毒人员，由强制隔离戒毒场所提出延长戒毒期限的意见，报强制隔离戒毒决定机关批准。强制隔离戒毒的期限最长可以延长 1 年。《戒毒条例》第 33 条规定，对强制隔离戒毒场所依照《中华人民共和国禁毒法》第 47 条第 2 款、第 3 款规定提出的提前解除强制隔离戒毒、延长强制隔离戒毒期限的意见，强制隔离戒毒决定机关应当自收到意见之日起 7 日内，作出是否批准的决定。对提前解除强制隔离戒毒或者延长戒毒期限的，批准机关应当出具提前解除强制隔离戒毒决定书或者延长强制隔离戒毒期限决定书，送达被决定人，并在送达后 24 小时以内通知被决定人家属、所在单位以及其户籍所在地或者现居住地公安派出所。

上述规定的提前或者延长解除强制隔离戒毒期限都由原决定机关批准，并规定了批准机关作出决定的期限是 7 日内。但是现实操作中存在两个问题：一是公安机关在行政执法权力方面受约束小，对于戒毒人员平时表现是否具备提前解除戒毒或延长戒毒期限的条件，戒毒场所比公安机关更有话语权，公安决定机关的批复有时未参考或依据戒毒场所提供的诊断证明材料，拒绝提前解除的理由存在随意性，执法不严肃，在

影响司法行政戒毒场所执法公信力的同时，损害了强制隔离戒毒人员获得自由的权利。二是虽然《戒毒条例》中明确规定了强制隔离戒毒决定机关作出是否批准提前解除戒毒、延长戒毒期限决定的期限，但是并未界定违反规定超时限办理的后果，导致戒毒场所和公安决定机关因为戒毒期限问题互相推诿扯皮，造成戒毒人员在戒治期间情绪波动，严重影响了戒毒场所的正常秩序和安全稳定。

（二）强制隔离戒毒场所驻所检察监督缺失

法律依据的缺失是强制隔离戒毒所出现法律监督盲区的主要因素。在劳动教养时期，对戒毒活动进行法律监督有明确的法律依据，检察机关可以直接驻所监督。当前强制隔离戒毒管理活动的监督机制明显欠缺。《人民检察院组织法》《禁毒法》《戒毒条例》等法律法规，都没有明确赋予检察机关对强制隔离戒毒管理活动进行监督的权力，检察机关自然不会主动"越权"行使对强制隔离戒毒场所的法律监督。当前的监督主要是强制隔离戒毒场所内部的纪检监督，缺乏公信力。检察机关的监督对于确保强制隔离戒毒决定和执行过程中公权力合法并合理行使，维护并保障戒毒人员的合法权益，具有无可替代的重要意义。

（三）经济因素对强制隔离戒毒人员权利保护的影响

经济因素是保障戒毒人员权利实现的物质基础。由于各地区经济发展不平衡，加之我国强制隔离戒毒场所较多都分布在经济不发达的偏远地区，这种状况很大程度上制约了我国戒毒人员权利的实现。

经济实力有限导致强制隔离戒毒场所经费捉襟见肘，《禁毒法》《戒毒条例》对强制隔离戒毒场所的经费如何保障未作具体规定。组织戒毒人员进行适当习艺劳动，是为了矫正其行为恶性，培育职业技能，更好地回归社会。从某种意义上讲，劳动是实现戒治毒品的有效手段之一。我国大部分地方实行了财政收支两条线，警察工资和戒毒场所支出由财政全额保障，但是仍有个别地区将警察部分工资与戒毒人员产值绩效挂钩。这导致戒毒场所必然会在强制隔离戒毒期间追求效益最大化。生产以组织经营与戒毒人员行为矫治毕竟是性质不同的两件事，组织戒毒人员习艺劳动过程中侵害戒毒人员合法权利的现象就难以避免。例如为完成生产任务，提高生产强度、延长劳动时间，挤占教育时间和休息时间，侵害戒毒人员的受教育和休息的权利。

第四节　完善强制隔离戒毒人员人权保障的建议
——以山东省为例

尽管山东省目前在强制隔离戒毒人员的人权保障工作方面取得了一定的成绩，形成了具有山东特色的模式，但是该项工作仍需进一步完善。山东省应当首先从法律方面将人权保障工作规范化和具体化，再在现有的基础上，创新戒毒方式方法，大胆探索完善强制隔离戒毒人员人权保障的新思路，完善戒毒机制，推动强制隔离戒毒人员人权保障工作的不断发展。

一、完善强制隔离戒毒人员权利保障方面的法律对策

（一）统一强制隔离戒毒场所的管理体制

因为公安机关警力和工作侧重等原因，公安强制隔离戒毒场所在戒治成效等方面作用发挥不到位，一定程度上也是对戒毒人员权利保障的损害，此外双重归属权带来的协调不畅、行政经费过度开支、行政资源浪费等问题也日渐凸显。建议将所有的强制隔离戒毒所统一交由司法行政部门管理，强制隔离戒毒的决定权仍归公安机关，决定权与执行权分属两个部门可以形成有效的权力制约，便于检察机关依据法律程序跟进监督。我国已有部分省市进行了改革，公安机关决定强制隔离戒毒后，将强制隔离戒毒全程归属司法行政部门管辖。例如，广州市在重新整合广州市公安机关和司法行政机关的警力和财务等资源后，将强制隔离戒毒工作全部交由司法行政部门管理，实现全程收戒模式，达到戒治专业化、科学化，收效良好。

山东的强制隔离戒毒工作一直采用一段式模式，一直运行良好。从劳教戒毒到现在强制隔离戒毒，经过几年的运行及探索，山东形成了一整套的戒毒管理规则体系，充分发挥专业戒毒、科学戒治的优势，并且构建了后续帮扶平台，充分保障了戒毒人员的合法权益，为开创全国统一的戒毒模式及戒毒人员权益保障工作提供了山东做法、山东经验、山东智慧。

(二)建立从决定到执行的监督体系

在实践中,劳教制度废止,转型强制隔离戒毒,相应原劳教时期的驻所检察室撤出戒毒场所。全国大部分省份从决定对吸毒人员进行强制隔离戒毒措施到交付强制隔离戒毒所执行,再到延期、提前解除戒毒,整个执法流程中,权力几乎没有外界的监督约束,基本都是系统内部纪检部门监督。所以,建立对强制隔离戒毒全过程的监督体系显得尤为必要和迫切。

我国《宪法》规定:"中华人民共和国人民检察院是国家的法律监督机关。"检察机关的监督具体包括以下几方面:对强制隔离戒毒场所的执行与管理活动的合法性进行监督;对延期和提前解除强制隔离戒毒、所外就医、社区戒毒以及社区康复的决定进行合法性监督。

在发挥人民检察院监督主导作用的同时,探索建立多渠道监督机制。自觉接受各级人大、政协和各级人民团体检查、问询,组织新闻媒体定期参观戒毒场所。执法的公正、公开和对执法的有效监督才是对强制隔离戒毒人员权利的最直接保障。

山东省司法行政戒毒系统始终坚持以法治思维、法治方式推动戒毒工作发展,全面推进戒毒执法规范化建设,积极探索完善戒毒执法监督的新路径。2018 年,山东开展司法行政强制隔离戒毒检察监督试点工作,选取周村、章丘、任城 3 个区人民检察院和省鲁中戒毒所、省济东戒毒所、济宁市戒毒所 3 个戒毒单位为试点,逐步在全省司法行政戒毒场所全面推广。此举是认真贯彻党的十九大精神和宪法精神的重要举措,是落实坚持全面依法治国方略的积极创新,是司法和执法融合发展的主动实践,更是对强制隔离戒毒人员权益保障的有效监督和保障,是山东省戒毒执法实现跨越式发展的里程碑。

(三)建立戒毒场所法律援助工作站制度

法律援助是一项重要的司法人权保障制度,是完善公共法律服务体系的重要内容。1994 年,司法部正式提出了探索建立和实施符合中国国情的法律援助制度。2012 年颁布的《办理法律援助案件程序规定》,提出了对强制隔离戒毒人员开展法律援助的程序规定,这是我国首次提出对强制隔离戒毒人员开展法律援助的相关规定,具有里程碑意义。戒毒人员是一个特殊的群体,既是违法者,也是受害者和病人,这部分群体因为自身缺乏物质基础和文化知识，权益被侵犯时缺乏很好的应对措施，矛盾无处疏导，从而导致矛盾激化，影响场所安全。法律援助的及时介入，将使强制隔离戒毒人员的权益得到真实有效保障，在对场所内戒毒人员实施法律援助过程中，通过深入开展法治宣传教育和法律咨询服务，有利于增强他们的法律意识、规矩意识，促进其自觉遵规守纪、服从场所管理，维护良好的戒治秩序；有利于释解他们的法律困惑，消除其思想负担和心理压力，使其安心专心戒毒；有利于维护其合法权益，使其深刻感受政府和社会的关爱温暖，坚定改过自新、彻底戒毒的信心。

山东省自2015年部署在全省强制隔离戒毒所设立法律援助工作站以来，有关地市法律援助机构与驻地强制隔离戒毒所密切协作配合，开展法治教育和法律援助制度宣传，强化戒毒人员的法律意识，培养其遵法守法意识和维权意识；开展法律咨询，对涉及戒毒人员切身利益需求的关于婚姻、财产、继承、民事纠纷、公民权利等方面的法律问题进行解答；代写法律文书，帮助戒毒人员依据事实和法律，正确、合理地表达诉求；主持调解民事纠纷，帮助解决戒毒人员之间发生的、具有民事权利义务关系的纠纷，促进戒毒人员和谐相处；代理诉讼或者非诉讼法律事务，维护戒毒人员合法权益。在强制隔离戒毒所内建立法律援助工作站，是保证国家法律公正实施，体现公平和正义的一项重要法律制度。这从一个侧面保障了强制隔离戒毒人员在“法律面前人人平等”切实得到实现，一定程度上也有效降低了强制隔离戒毒人员回归社会后的重新犯罪率。

（四）丰富完善救助帮扶渠道工作机制

现有的强制隔离戒毒工作缺乏系统、有效的救助帮助制度体系，对强制隔离戒毒人员的救助主要是由财政拨款予以支持的生活保障，基本是由强制隔离戒毒所主导，虽然具有操作性、针对性、及时性的特点，但是毕竟戒毒场所能力有限、资源有限，伴随社会分工日益细化，戒毒工作的重点已经由基本的生活保障转向帮助戒毒人员实现生理、心理、认知和社会支持的恢复和重建上。在一些专业性较强的帮扶事业上，政府可以通过购买公共服务、广泛联络慈善组织和非政府组织筹措资金或设立专项基金等方式，引入更多的专业机构、专业人员，从而更加有效地解决各类专业性、技术性难题。强制隔离戒毒所还应广泛联系社区、禁毒社工、禁毒志愿者等政府和社会组织，为强制隔离戒毒工作提供有力保障与补充，从而形成场所主导、多方参与的帮扶工作机制。

二、大胆探索完善强制隔离戒毒人员人权保障机制的思路

（一）开放式办戒毒

戒毒工作应放大工作格局，大胆探索工作思路。强制隔离戒毒工作不单单是某一单位、某一系统的工作，更是一项复杂的社会性工作。戒毒场所能力有限、措施有限、资源有限，需要多方联动、集体智慧，形成合力。

山东省司法行政戒毒系统近年来开拓思路，坚持开放式办戒毒，吸纳社会各界智慧力量，整合高校、科研机构等社会资源，依托"山东省戒毒研究中心"，建设好"四个戒毒实验室"：（1）运用计算法学实验室。山东戒毒运用大数据和人工智能技术，开展强制隔离戒毒解除评估标准、决策机制和操守率之间关系的研究，建立戒毒数据库和提前解除预判的人工智能决策系统。（2）心理戒毒实验室。利用心理学实验和数据统计等专业软件设计、分析、实验，引入 VR 智能毒瘾渴求评估系统、经颅磁刺激仪等仪器设备对戒毒人员进行心理测量和干预。（3）中医药戒毒实验室。开展中医药戒毒理论研究和课题攻关，促进科研成果转化，组织学术研讨活动，培养中医药戒毒专业人才。（4）戒毒康复实验室。开展智慧体疗戒毒、VR 虚拟现实康复训练系统等项目攻关，组织体疗戒毒理论、机制、模式、效果评价体系研究。四个戒毒实验室的建设，标志着山东司法行政强制隔离戒毒工作向科学化戒治迈出关键一步。

（二）学校式模式

强制隔离戒毒期间会限制戒毒人员的人身自由，强制隔离戒毒人员的精神处于一种高压被管制状态，身心受到一定的伤害，与"以人为本、科学戒毒、综合矫治、关怀救助"原则相冲突，必须弱化强制色彩，突破常规思想，采取学校式戒毒的模式。

综合考虑强制隔离戒毒人员的年龄、学历、特长、性格等因素，以学校课程表的方式组织实施管理、戒治，尽量淡化强制性管制因素。主要开展的工作是：严明组织纪律，严格行为管理，强化行为养成。根据强制隔离戒毒人员自身特点，制定相应的文化教育、职业技能教育培训课程，

突出实用性，注重与出所回归社会的有效衔接。戒毒人员解除强制隔离戒毒，相当于从学校毕业，走上社会，开启人生新的征程。

（三）完善戒毒工作相关法律法规，使戒毒人员权益保障有法可依

在现代法治中，权利在立法中居于核心地位。“法与权利往往是同一个词，二者是处于同等序列的概念。”[①]当代中国的立法也应是以保护人民权力和公民权利为主旨、为重心，并要求建立完善法定权利保障体系。由于目前部分法律法规没有对戒毒人员的基本权利内容进行细化，并且没有对戒毒人员进行法律救济的途径作出规定，这就难免会产生对强制隔离戒毒人员基本权利的侵犯。为了使强制隔离戒毒人员的各项基本权利不被侵犯，我们应当在法律法规中对其进行进一步明确规定，完善强制隔离戒毒人员基本权利的保障。

例如，我国立法只规定了强制隔离戒毒人员对公安机关作出的强制隔离戒毒决定不服的可依法申请行政复议或提起行政诉讼，并没有对公安机关作出强制隔离戒毒决定的程序作出更多的规定，可以说这违背了行政法的正当法律程序原则。为了使公安机关作出合理的强制隔离戒毒决定，保障吸毒成瘾人员的合法权益，并满足正当法律程序原则的要求，我们应通过立法明确规定公安机关作出强制隔离戒毒的决定，应听取强制隔离戒毒人员的陈述和申辩，还应依强制隔离戒毒人员的申请或依法主动举行听证。

（四）规范执法，严格管理，切实保障戒毒人员权益

首先，强化强制隔离戒毒场所的管理制度。强制隔离戒毒人员的管理工作是强制隔离戒毒机关依法对强制隔离戒毒人员实施日常管理的行政执法活动，主要是针对强制收入戒毒所进行强制隔离戒毒的人员，依法进行严格的教育、治疗和管理，以及对管教警察、场所设施的管理。强制隔离戒毒机关应当坚持“以人为本、依法管理、综合矫治、科学戒毒、关怀救助”的原则，切实保障强制隔离戒毒人员的合法利益。

其次，要加强强制隔离戒毒警察队伍建设，提高强制隔离戒毒人员的整体素质。戒毒警察在行使国家法定执法权的同时，必须保护戒毒人员的法定权利。由于目前的强制隔离戒毒单位大多数由劳教所转型而

---

① 公丕祥：《法哲学与法制现代化》，南京师范大学出版社 1997 年版，第 231 页。

来，个别警察还停留在劳教执法的状态，以致出现以权代法、执法不严的现象。因此，我们应当加强对警察执法规范意识、法治意识的教育，不断完善对警察业务素质的培养。

最后，在执法中应当进一步完善我国强制隔离戒毒与社区戒毒、社区康复的有效衔接，这不仅有利于降低戒毒人员的复吸率和巩固戒毒效果，还有利于维护社会秩序，营造和谐社会氛围。

综上所述，强制隔离戒毒人员的人权保障工作是一项系统的、复杂的社会工程，这项工作任重而道远，需要政府、社会以及各界人士方方面面的关心与支持。中国的人权保障事业随着法治化进程的加快而日趋完善，愿法治的曙光照亮每一个角落。

第十二章　构建强制隔离戒毒制度及推进戒毒法治的建议

本章是全书内容的总概括和前瞻性的愿景规划，包括强制隔离戒毒法定条件的设计、决定权的设计和严格规范执法，所内执法规范化，执行体制一元化改革，社区戒毒、社区康复一体化，部门联动和社会、家庭资源最大化，强制隔离戒毒社会化，以及减少对强制隔离戒毒人员人身自由权的部分限制等内容，总体目标是加快构建中国特色毒品治理体系，为打赢新时代禁毒人民战争、更加有效参与全球毒品治理夯实法治基础。

第一节　强制隔离戒毒执行体制的一元化

在强制隔离戒毒的执行中，公安机关和司法行政机关共存并行所形成的双轨制运行模式是最鲜明的制度特点，在长期实践中暴露出不少突出问题。虽然《禁毒法》从形式上统一了强制性的戒毒措施，但对公安机关和司法行政机关在决定权和执行权的事权划分和职权行使上，没有作出清晰、明确的规定，造成权力的交叠、重合和不正当竞争，并未真正改变双轨制运行的固有模式。《禁毒法》第38条规定“依据不同的对象，由公安机关决定或同意采取强制隔离戒毒措施”，同时公安机关也是吸毒成瘾人员对强制隔离戒毒决定不服的复议或诉讼对象，这些规定都确立了公安机关在强制隔离戒毒措施中的主管机关地位。然而，《禁毒法》第50条又规定“公安机关、司法行政部门对被依法拘留、逮捕、收监执行刑罚，以及被依法采取强制性教育措施的吸毒人员，应当给予必要的戒毒治疗”，这一规定又赋予了司法行政机关在强制隔离戒毒措施中的主体地位。为此，在强制隔离戒毒的执行体制上实现一元化，全程交由司法行政部门履行职责，既是立足当下的现实优选，也是着眼长远的必由之路。要从加强戒毒资源整合、统一执行主体、填补制度空白、建构强制隔离戒毒工作标准体系等方面，通过“四位一体”工作机制的联动配合，加快推进强制隔离戒毒执行体制一元化的发展进程。

一、加强公安机关和司法行政部门的资源统合

《禁毒法》《戒毒条例》赋予公安机关强制隔离戒毒的决定权和部分执行权，另有一部分执行权由司法行政机关掌握，形成了强制隔离戒毒公安机关、司法行政机关两家分段、多头执行的双轨制模式。在这种模式下，公安机关和司法行政机关分别建立各自体系内部的戒毒场所、机构，并相应配置本部门人员①，一定程度上破坏了戒毒矫治工作的完整性、统一性，造成强制隔离戒毒人员在管理上有脱节、教育上有断层、戒治上有割裂，给解除强制隔离戒毒人员的后续跟踪管理增加了难度。同时，存在执行主体分割、收戒对象标准不一、衔接程序规定模糊、权力配置不相协调等现实问题，不仅给戒毒实务工作带来困惑，引发社会的诟病和质疑，也无助于戒治成效的提升。加强公安机关和司法行政部门的戒毒资源整合，消除执行分立、资源分置、工作模式难以统合的双轨制，推进戒毒矫治工作的一元化，这既是完善强制隔离戒毒制度的内在要求，也是多重现实问题倒逼的必然选择。

加强双方资源统合的前提是科学厘定公安机关和司法行政机关的职责，界分双方的履职范围，特别是在决定权和执行权的衔接上，做到清晰明了、泾渭分明，避免权力界定不清、相互僭越。建议推行“打处分离”的决定与执行机制，即公安机关依法对吸毒人员作出强制隔离戒毒的决定，随后将执行环节全权交由司法行政戒毒机关全程执行强制隔离戒毒措施。这种制度设计更加符合现代法治的理念，顺应国家治理体系和治理能力现代化的发展要求，既能对权力形成有效监督制约，更好地维护

① 参见包涵：《中国强制隔离戒毒的法律定位及制度完善》，《北京社会科学》2015年第5期。

戒毒人员的合法权益，又能优化执法程序，提升执法权力，在有效节约行政成本、充分发挥司法行政戒毒专业资源优势、有效提升戒毒质量上也大有裨益。

推进戒毒资源整合的另一关键体现在推进各类数据的实时共享、相关信息的互联互通，消除不合理的鸿沟、壁垒和限制，归根结底就是要打通信息数据传输、查看、反馈的通道，改变彼此信息隔离、孤立存在的情况。在此方面，建议面向公安机关和司法行政机关，开发双方互相承认，技术互相支持，信息和数据支持双向更新、即时传送、定期维护的综合性、专业性工作数据库，通过共建一个数据库以全面掌握戒毒人员的基本概况、吸毒缘由、毒瘾程度、戒治情况，方便司法行政机关在公安机关作出对其进行强制隔离戒毒的决定后，依托信息层面提供的支持，为戒毒人员寻找和匹配适合的诊疗模式及戒治方案，实现公安、司法两个部门协同配合的效能最大化。

二、统一强制隔离戒毒的执行主体

尽管目前法律规定把强制隔离戒毒划分为两个阶段，由公安机关和司法行政机关分别负责，但强制隔离戒毒的大部分工作特别是强制隔离戒毒的执行环节，是应当由司法行政机关全程负责的，吸毒人员的强制戒毒工作也主要在司法行政机关管理的强制隔离戒毒所中完成。当前，将现行隶属于公安机关的戒毒场所合并入司法行政机关的戒毒场所，由司法行政机关统一实行强制隔离戒毒，是现阶段解决二元制问题的一个比较合理的方案。

强制隔离戒毒全面移交司法行政机关，有利于戒毒资源的整合，也可兼顾对“违法性”的惩罚和吸毒人员的生理治疗。有学者主张修改《禁毒法》第 41 条和《戒毒条例》第 27 条“关于公安机关、司法行政机关分段执行的体制”，建议撤销公安机关强制隔离戒毒机构，所有强制隔离戒毒所由司法行政机关统一管理。这种“司法行政机关负责说”旨在统一强制隔离戒毒的执行主体，消除决定机关和执行机关分置、割裂的弊端，符合权责统一的原则要求，契合司法行政机关的角色定位，是制度改革的应然选择。统一强制隔离戒毒的执行主体的积极影响体现在以下几个方面：

一是相较公安机关，司法行政机关具有较丰富的强制戒毒监管、诊治、考核评估、重归社会职业技能培训等方面的工作经验，以前的劳动教养强制戒毒也都是由司法行政机关的劳教场所负责管理，在多年工作实践中已形成一套成熟的管理体系。劳教制度废除后，转而创立强制隔离戒毒，司法行政机关下辖的戒毒所也相应转型为强制隔离戒毒所，继续行使强制隔离戒毒执行权，这有利于减少权责不清、多头管理、推诿扯皮等问题的发生，避免资源浪费和戒毒场所的重复建设，是一种高效集约、权责明晰的制度设计。根据权责统一原则要求，作为执行机关的强制隔离戒毒所应被赋予期限变更的决定权，实现执行义务和权力的相统一，提升司法行政机关的话语权和权威性。

二是司法行政机关在原有劳教戒毒的基础上，既有较为健全的戒毒机构和硬件设施，也形成了完善的戒毒专业队伍、管理模式和制度规范，司法行政机关的戒毒康复工作本身就是现有戒毒管理体系的重要组成部分。司法部公布的数据显示，司法行政系统从 2006 年开始试点举办戒毒康复场所以来，共设有 334 个强戒所，累计收戒人数达 76.9 万余人，尚在所 24.6 万人；有条件的地方，司法行政机关在当地政府的支持下还对社区戒毒和社区康复工作进行指导和帮促，云南、湖南、吉林、重庆、新疆等地区共建社区戒毒（康复）指导站 325 个，为社区（村居）培训工作人员 3300 余人次。[①] 这充分表明，由司法行政机关全盘接受强戒执行工作，不仅不会对现有戒毒制度造成较大冲击，而且有利于进一步重构和整合戒毒资源，避免戒毒场所的重复建设，提升现有资源的利用效率。

三是对违法行为的矫治本身就是司法行政机关的职责所在，有利于实现权力的分工制约。习近平总书记曾对司法行政戒毒工作作出重要批示，指出戒毒工作是新时代司法行政工作的重点之一，将吸毒矫治工作交由司法行政机关负责，既符合该机关的自身职能定位，也有利于实现违法行为的矫治一体化。在目前的戒毒实践中，公安机关作为决定机关，居于优势地位，往往拥有更大的决策权重。公安机关一般在查处其他违法犯罪过程中发现违法犯罪分子具有吸毒成瘾的特征，随后作出决

① 参见《司法部：滥用合成毒品登记人数首次超滥用传统毒品》，2015 年 6 月 1 日，http://legal.people.com.cn/n/2015/0601/c188502—27083497.html。

定，将其送往强制隔离戒毒所。在这一过程中，公安机关行使了侦查权、居留权、强制戒毒决定权和强制戒毒执行权，每项权力都涉及对吸毒人员人身自由的限制，若这些权力全部由公安机关一家行使，权力的有效制约显然无从谈及，也不符合保障吸毒人员合法权益的要求。因此，由司法行政机关行使执行权，能够更好地体现决定权与执行权的分立制衡，从而更加充分地保障强制隔离戒毒人员的合法权益。

四是由司法行政部门执行强制隔离戒毒，有助于减轻公安机关的工作压力，推动警务工作的集约化、专业化，集中有限的警力资源投身到打击毒品犯罪、查缉毒品违法行为中去，体现戒毒工作职能化、专业化的发展要求。强制隔离戒毒从其性质上就与警察的法定职能无关，戒毒既不是处罚，更不是刑罚。国家施行强制隔离戒毒制度的目的在于帮助戒毒人员戒除毒瘾，重新回归社会，恢复正常生活，更多体现的是一种国家帮扶救助职能。《禁毒法》对吸毒人员的角色界定，也尽可能减少对其作为违法人员的身份界定，而更多强调其是社会规则的违反者和毒品的受害者，凸显采取教育、矫治和帮扶等措施的必要性。因此，基于上述方面的价值考量，将强制隔离戒毒制度的执行权从公安部门分离出来，统一划归司法行政机关，既具有法理依据，也与强戒人员的角色定位更相适应。

综上而言，由司法行政机关统一负责全程执行强制隔离戒毒，不仅是出于确认戒毒工作执行环节主体唯一化的价值选择，也是适应新形势下戒毒工作发展规律、遵循科学戒毒流程的内在需要；同时由司法行政机关践行专业管理、创新戒治的理念，形成治疗闭环，也能够有效避免多头管理、互相推诿、责任不明的问题，符合科学戒毒、专业戒毒的发展要求。

三、填补强制隔离戒毒执行权的制度空白

《禁毒法》第 41 条第 2 款授予国务院制定相关行政法规的权力，2011 年国务院制定颁行了《戒毒条例》，以行政法规的方式对强制隔离戒毒工作作出了原则性、概括性的规定，明确了加强制度设计的导向，但对强制隔离戒毒的规定相对还比较粗线条、笼统化，在精细度和针对性上有待进一步提升。目前，大部分省市的强戒实践都是将原劳教戒毒制度稍作修改后，移花接木到新的戒毒制度上。换言之，强制隔离戒毒在执行环

节上，面临新法未立、旧法复辟的现实，将原有的劳教戒毒制度简单移植、生搬硬套，在具体适用中必然存在水土不服的情况，很可能导致功能退化甚至产生异化，进而演变为一种偏重处罚的人治化统治工具。这显然与废止劳教戒毒、创建强制隔离戒毒制度的初衷相违背。因此，从国家立法层面应当尽快对强制隔离戒毒执行环节进行统一规范，形成原则性的具体规定。这主要体现为以下几个方面：

（一）对强制隔离戒毒执行权的归属给出定论

目前，对强制隔离戒毒执行权的行使主体存在争论，主要有三种观点：一是执行权归属公安机关，交由公安强制戒毒所或看守所执行；二是执行权归公安机关，由公安机关委托劳教机关执行；三是执行权归属劳教机关，由原劳教戒毒所执行。具体实践中，由于缺乏刚性要求和统一规范，各省市做法不一，导致执行权主体混乱，应当尽早从立法上予以明确，提供清晰的指引。

（二）对戒毒执行环节的警察行政权限及强戒人员权利义务予以明确

目前，根据《人民警察法》对警种的规定[①]，从事强制隔离戒毒工作的警种并不在列举警种之内，绝大多数是由劳教警察直接转型而来，负责行使强制隔离戒毒执行权。而在劳教制度被废除后，劳教警察的身份也饱受质疑，亟待进行调整。应当由国务院授权部委以拟定行政法规的方式，确定警察在强制隔离戒毒执行环节的具体职权，对警种名称进行及时调整，并在《人民警察法》中予以修改，体现法规建设的与时俱进，避免出现与政策调整的不对等、“两张皮”。有关强制隔离戒毒相对人的权利义务的规定，此前主要见于各劳教场所的内部规定。这类规定存在两方面的弊端：一是内容上基本沿袭了《劳动教养试行办法》中对劳教人员权利义务的规定，没有针对强戒人员的情况进行重新调整，针对性和适用性不强；二是以内部规定的方式决定被限制人身自由相对人的权利义务，并且保留了非常明显的劳教模式的痕迹，这显然有悖于《禁毒法》的立法精神和国家对戒毒模式调整的初衷，极有必要将强制隔离戒毒相对人的权利义务统一进行立法规

① 《人民警察法》第2条第2款规定，我国人民警察警种主要包括：公安警察、国家安全警察、监狱警察、劳教警察、法院检察院司法警察。

范,取消带有行政处罚性质的类似劳教制度的相关条款。[①]

(三)对戒毒的诊断评估进行立法规范

根据《禁毒法》规定,戒毒人员在强制隔离戒毒期限满一年后和期满前,须进行诊断评估,评估合格的可提前解除强制隔离戒毒,不合格的则最长可延长一年。诊断评估结果直接关系强戒人员的戒治效果和切身利益,关系到对强制隔离戒毒所的工作评价,但在《禁毒法》《戒毒条例》颁行后的多年内,始终没有出台有关诊断评估的标准和办法。在法律授权缺位、缺乏明确顶层设计的情况下,各省市的评估自由度和裁量空间极大。2013 年,公安部等三部委联合制定了《强制隔离戒毒诊断评估办法》,对诊断评估工作进行了指导和规范,但评估标准设置随意、评判主观性强、评估程序衔接不畅、医疗卫生部门介入程度低的窠臼依然不同程度存在。强制隔离戒毒措施效果评估缺乏相应监督和法律救济,并未对强制隔离戒毒场所承担诊断评估进行授权,其权力是部门规章赋予的,这一赋权的合法性本身就有待商榷。另外,诊断评估也无程序性规定和法律救济途径,各省市在具体执行中也千差万别,涉及评估的时间、程序、阶段划分、评估内容等方面缺乏统一明确的认定标准。而对于评估效果,戒毒人员即便不认同,在现有的法律规定下,也难以获取有效的救济渠道,亟待以立法的方式对戒毒效果的诊断评估予以规范,赋予其法律效力。建议可单独制定增补性法规条例,将该部分内容纳入《禁毒法》或《戒毒条例》,提升诊断评估工作的立法位阶,从健全制度规范的角度减少随意评估、违法裁量的空间,真正实现有法可依、有据可查,促进强制隔离戒毒的诊断评估步入科学化、规范化、专业化、精细化的发展轨道。

四、建构科学统一的强制隔离戒毒工作标准体系

强制隔离戒毒主要针对的是吸毒时间较长、对毒品的精神和心理依赖比较强、毒瘾严重或已采取其他戒毒措施失败的戒毒人员。相比社区戒毒、社区康复、自愿戒毒等模式,强制隔离戒毒限制戒毒人员人身自

---

① 参见叶树伟:《强制隔离戒毒制度下警察行政权的重构》,华东政法大学硕士学位论文,2010 年。

由，在与社会和他人相隔离的环境下采取最严厉、最刚性、强制性最强的戒毒措施，通常戒毒效果也最好。

当前，戒毒工作的整体发展趋势是变化快、要求严、标准高、层次多，各地的戒毒实践存在明显的地区差异性，所采取的戒毒措施、戒治手段及模式各不相同，由此产生的戒毒效果也千差万别，缺乏统一规范、具有普遍指导意义和借鉴价值的标准化操作体系，这是建设强制隔离戒毒工作标准化体系的主要动因。正是着眼于此，依照科学、系统、规范、高效的原则，遵循指导性与可操作性相结合、前瞻性与实用性相结合、规范性与灵活性相结合的设计原则，形成跨地区、跨部门的统一化的戒毒工作行为规范。[①]

根据吸毒的危害情况和毒瘾戒断的基本规律，一个完整的戒毒工作应包含脱毒期、康复期和巩固期（即回归社会准备期）三个阶段，对应的是针对戒毒人员的执法管理、医疗戒护、教育矫治、康复训练等四个方面的工作，这体现了戒毒工作的流程要求和基本规律。应遵照“以人为本、科学戒毒、综合矫治、关怀救助”的原则，根据《禁毒法》《戒毒条例》的基本要求，对照《强制隔离戒毒人员管理工作办法》《强制隔离戒毒教育工作规定》《强制隔离戒毒人员诊断评估办法》等实施细则，从纵向的时间维度（即强制隔离戒毒过程所划分的急性脱毒期、康复期、巩固期三个阶段）、横向的过程维度（即执法管理、医疗戒护、教育矫治、康复训练四个阶段），尝试构建“三纵四横”的综合性、立体化戒毒工作标准体系，以稳步提高戒毒场所的履职能力，全面提升戒毒工作的整体水平。

第二节　强制隔离戒毒戒治格局的一体化

《禁毒法》确立了我国禁毒工作施行“预防为主、综合治理”的方针，并明确了医疗自愿戒毒、社区戒毒、强制隔离戒毒、社区康复、康复场所戒毒、药物维持治疗等多种戒毒模式，如何对这些性质、形态、作用效果

---

① 参见中央司法警官学院课题组：《强制隔离戒毒工作标准化问题研究》，《中国人民公安大学学报（社会科学版）》2011 年第 6 期。

各异的戒毒模式进行有机整合，实现戒毒综合治理，推动构建一体化的整体戒治格局，这是摆在理论界和实务界面前的共同课题。需要依循“医疗自愿戒毒、社区戒毒、强制隔离戒毒、社区康复、康复戒毒、药物维持治疗”的一体化戒毒工作思路，将戒毒人员放到脱毒、康复、顺利回归社会的完整链条上来思考谋划，真正做到因症施策、精准戒治。审视当前我国戒毒工作的发展态势，对标禁毒戒毒的目标任务，推动构建强制隔离戒毒戒治格局一体化，既是适应国家治理体系和治理能力现代化的内在要求，也是尊重戒毒工作规律、契合戒毒社会化发展趋势的必由之路。

一、戒治格局一体化的内涵释义

“一体化”在《现代汉语词典》中的解释是：使各自独立运作的个体组成一个紧密衔接、相互配合的整体。具体到戒毒戒治工作中，何为戒治格局的一体化？有学者认为，对吸毒人员的戒治应包括脱毒、康复、回归社会三个步骤，逐一对应强制隔离戒毒、社区戒毒、社区康复三个阶段，三者在时间次序上前后相继、不可分割，共同构成一个完整的戒毒过程。当前，三种措施间的衔接机制尚不完善，导致部分戒治人员在回归社会后出现脱管、失控的现象，建议在政府力量的主导下，建立强制隔离戒毒与社区戒毒康复工作的衔接机制。[①] 业内长期从事戒毒实务工作的人员认为，要以“强制隔离戒毒、社区戒毒、社区康复、康复戒毒一体化运行为目标，全力推进戒毒工作一体化建设”[②]。这种构想重点强调戒毒工作的良好效能和作用发挥有赖于多重戒毒方式的协同配合，将《禁毒法》确立的医疗机构自愿戒毒、社区戒毒、强制隔离戒毒、社区康复、康复场所戒毒、药物维持治疗等各种单独设置、独立运作的戒毒方式进行有效整合，组成一个紧密衔接、相互配合的有机整体。[③]

---

① 参见李振玉：《关于强制隔离戒毒与社区戒毒康复衔接的思考》，《中国司法》2014 年第 9 期。

② 张祎：《适应改革　主动作为　积极构建戒毒工作一体化新格局》，《上海戒毒》2014 年第 3 期。

③ 参见徐万富等：《戒毒工作一体化研究》，《中国司法》2015 年第 8 期。

二、戒毒戒治一体化格局的模型设计

鉴于各种戒毒模式的责任主体各不相同，要建立戒毒戒治工作一体化的格局，需要有专门、统一的组织协调机构进行管理，并下设相关管理部门分工配合、相互协作、各负其责。根据《禁毒法》的规定："国务院设立国家禁毒委员会，负责组织、协调、指导全国的禁毒工作，县级以上地方各级人民政府，根据禁毒工作的现实需要，立足地方实际可相应设立禁毒委员会，负责组织、协调、指导本行政区域内的禁毒工作。"这一规定明确了负责统领禁毒工作的专门组织机构是国家和各地的禁毒委员会。因此一体化的模型设计也需建立在禁毒委员会的统一领导下，由卫生行政部门管理的医院自愿戒毒，由地方街道办事处、乡镇人民政府负责的社区戒毒、社区康复，由公安机关和司法行政机关负责的强制隔离戒毒、康复场所戒毒，由公安机关、卫生行政部门、药监部门管理的药物维持治疗，以上这些强制戒毒戒治模式要进行必要梳理和有机整合，形成禁毒委员会统一领导，卫生行政部门、公安部门、司法行政部门、各地街道办事处、乡镇人民政府、药监部门各负其责的一体化戒治工作格局。

戒治格局的一体化内含了"大戒毒、大矫治"戒毒工作体系的构建要求，秉持开放、联系、动态的戒毒理念，在组织机构上，主张成立戒毒工作委员会，统一领导和协调戒毒工作，形成高效运行的戒毒机制。注重与社会融合，集聚社会资源，动员社会力量，把戒毒场所中成熟的戒毒内容整合、迁移到社区戒毒和社区康复中去，再将社会上的资金、人才、技术优势及国家给予的政策支持整合到戒毒工作中[①]，使之充分体现戒毒矫治社会化的效用和价值。

本着"务实高效、权责统一、协同配合、有序衔接"的建构原则，以强制隔离戒毒工作和康复戒毒工作为两个发起点，形成强制隔离戒毒的"四位一体衔接机制"，以及康复戒毒工作的"五位一体对接机制"，致力于推进多种戒毒模式的融合发展。戒毒一体化模型设计如图 12-1 所示。[②]

---

① 参见李维：《中国大陆戒毒模式的应然走向》，西南政法大学硕士学位论文，2015 年。

② 参见徐万富等：《戒毒工作一体化研究》，《中国司法》2015 年第 8 期。

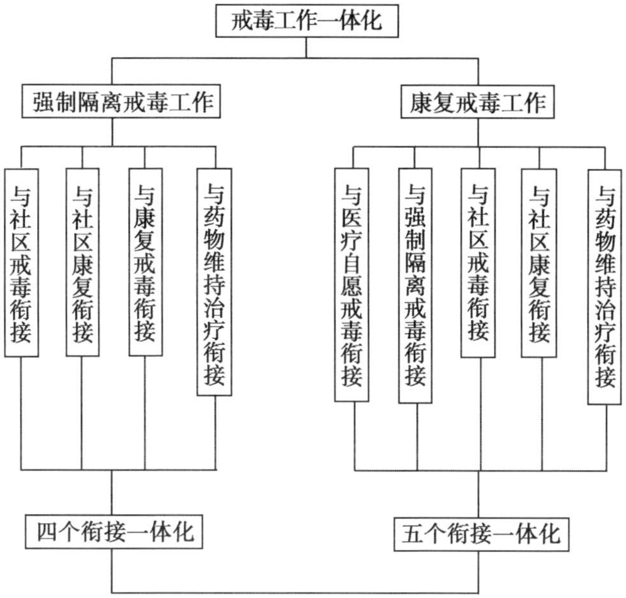

图 12-1 戒毒工作一体化模型

三、戒治一体化格局的衔接机制

戒治一体化格局形成的重点在于以强制隔离戒毒为核心的多种衔接机制建设，包括与康复戒毒、社区戒毒、社区康复、药物维持治疗等几种戒毒模式的衔接。

（一）与康复戒毒模式的衔接

强制隔离戒毒和康复戒毒均由司法行政部门发起，具有共同的执行主体，两者的一体化发展相对容易。要实现二者的有效衔接，首先，应加强戒毒康复工作的宣传，戒毒康复所可通过制作光盘、发放专题材料、安排专人到戒毒场所内进行宣传，或组织戒毒人员到康复所实地参观，使戒毒人员提前了解戒毒康复场所的情况，在心理上做好准备，为实现由强制隔离戒毒到康复戒毒的衔接奠定基础。其次，应明确强制隔离戒毒人员向戒毒康复场所过渡的途径，戒毒所可考虑设定一定条件，如接受强制隔离戒毒期限在 3 个月以内，诊断评估分数达到一定标准，再考虑戒毒人员的身体状况、个人意愿、家庭能够提供的帮教条件等，为接受康复戒毒设置必要的门槛。最后，建立强制隔离戒毒到戒毒康复场所过渡人员的返回机制，康复所要建立健全日常管理、考核、奖惩等一揽子工作机制，对考核不达标或出现重大问题的康复人员，要及时退回戒毒所，并在诊断评估和鉴定意见中予以说明，严格兑现奖惩。[①] 针对已提前解除强制隔离戒毒人员身份到康复场所过渡的人员，要与公安机关建立协作关系，将戒毒人员与康复所签订的协议作为社区康复的特殊形式。一旦戒毒人员严重违反协议，公安机关要视情况根据《禁毒法》《戒毒条例》的规定，取消其社区康复的资格，重新对戒毒康复人员实施强制隔离戒毒。

(二)与社区戒毒模式的衔接

强制隔离戒毒与社区戒毒是《禁毒法》规定的对吸毒成瘾人员采取的最常用、最有效的两种措施，社区戒毒具有更加明显的开放性和社会参与性。两种模式的共同点体现在：一是决定机关相同，都是县级以上人民政府公安机关；二是工作目的相同，都是教育和挽救戒毒人员，帮助他们戒除毒瘾，重返社会；三是治疗方法相同，都是通过生理脱毒、心理治疗、康复训练等治疗方法，达到戒断毒瘾的目的。这些共同点决定了双方间的衔接非常频繁，要在现有的法律框架下，对可能预想出现的各类法定情形，由公安机关作出裁量和决定，实现两者的科学衔接和有机转换。

(三)与社区康复模式的衔接

《禁毒法》第 48 条和《戒毒条例》第 37 条分别规定，对解除强制隔离戒毒的人员，强制隔离决定机关可责令其接受不超过 3 年的社区康复。由此来看，社区康复的戒毒模式主要面向的就是解除强制隔离戒毒的人员。2013 年，多部委联合制定的《强制隔离戒毒诊断评估办法》第 16 条也明确规定，“强制隔离戒毒所对解除强制隔离戒毒的人员，可根据其综合诊断评估情况提出对其责令社区康复的建议”，并将诊断评估标准细化为生理脱毒、身心康复、行为表现、社会环境适应能力四个维度的内容，其中前三项的评估结果分为“合格”和“一般”两类[②]，这几项的结果是决定是否需进行社区康复的主要依据。另外，《戒毒条例》第 38 条规定：“被责令接受社区康复的人员拒绝接受社区康复或者严重违反社区康复

---

① 参见徐万富等：《戒毒工作一体化研究》，《中国司法》2015 年第 8 期。

② 参见《强制隔离戒毒诊断评估办法》第 2 条、第 6 条、第 11 条、第 15 条。

协议，并再次吸食、注射毒品被决定强制隔离戒毒的，强制隔离戒毒不得提前解除。”上述规定非常清楚地阐明了强制隔离戒毒与社区康复两种模式衔接的适用条件，为科学判断戒毒人员适用何种戒毒模式提供了明确的法律依据。

（四）与药物维持治疗模式的衔接

药物维持治疗模式主要专指美沙酮维持治疗。该模式最早产生于20世纪的美国，是目前世界范围内使用最广泛的药物维持治疗模式之一，在戒毒实践中也被证明是成熟可用的一类戒毒模式。该模式通过对注射吸毒人群采取替代性治疗措施，旨在帮助这一群体摆脱对毒品的依赖，改善他们的生理和心理健康状况，以恢复他们的家庭和社会功能，自应用以来收到了良好效果。[①]《司法行政机关强制隔离戒毒工作规定》第51条指出，强制隔离戒毒所可以安排戒毒人员到戒毒药物维持治疗场所参观、体验，开展戒毒药物维持治疗相关知识的宣传教育，为解除强制隔离戒毒后自愿参加戒毒药物维持治疗的戒毒人员提供便利。目前，在药物维持治疗戒毒方面，我国主推的是美沙酮维持治疗（MMTP）。为推进强制隔离戒毒与药物维持治疗的衔接，根据戒治格局一体化的要求，建议强化思想认识，以加强对戒毒人员的教育、宣传和引导等环节为切入点，重点介绍药物维持治疗的目的、要求和实现方式，使戒毒人员充分了解这类药物维持的阶段性、临时性、短期性，坚决防止药物依赖和不良滥用。另外，考虑到美沙酮等维持药品也属毒品，在戒毒所内引入美沙酮维持治疗并不合适，建议对有意参加药物维持治疗的戒毒人员，做好向有关专业性戒毒场所的转介。

四、戒治一体化格局的路径探索

除了强制隔离戒毒外，现行的《禁毒法》还确立了“自愿戒毒”“社区戒毒”“社区康复”等另外三种戒毒模式，各戒毒模式的法条排列顺序和优先适用关系体现了每种模式强制性的强弱，依次对应并适用于吸毒成

① 20世纪60～80年代，瑞典对345名吸毒人员开展适用美沙酮维持治疗。结果显示，在接受美沙酮维持治疗的患者中，80%的人员成功戒毒并重返社会，重新成为被社会接受的普通市民。

瘾程度不同的人员，各模式间的差异性既是戒毒体系设计多元化的重要表征，也体现了各模式间内含的转化、衔接关系[①]，而这种关系恰恰是构建和形成戒治一体化格局的内在基础。比如：根据《吸毒成瘾认定办法》，自愿戒毒可作为有“吸毒史”证据，由此符合吸毒成瘾、严重成瘾的认定标准，进而满足了转化为社区戒毒、强制隔离戒毒的适用条件。[②] 同样，吸毒人员拒绝接受社区戒毒、在社区戒毒期间吸毒、严重违反社区戒毒协议、经社区戒毒后复吸等情形，社区戒毒均可转化为强制隔离戒毒。据此分析，四种模式间相互衔接、环环相扣，形成了四措并举的戒毒模式矩阵，旨在通过科学整合各类戒毒矫治资源，针对不同戒毒人员的情况采取相对应的戒毒措施，做到因情施策、因人而异，实现四种戒毒模式的相得益彰，更好地发挥各种戒毒康复措施的效用，全面提高戒毒康复效果。当然，应然与实然间的冲突在戒毒工作实践中也多有表现，实践中还存在戒毒模式间衔接不畅，一些情形无法准确适用，已有措施不管用、不好用，缺乏明确统一的法律规定等矛盾冲突。

（一）完善立法规定，明确施行标准

建议根据戒毒人员的行为状态，在《禁毒法》《戒毒条例》等相关法律法规中作出明确规定，体现密切衔接、梯次收紧的矫治导向。对自愿戒毒人员在戒毒治疗期间又吸食注射毒品的在立法中明文规定由公安机关责令其接受社区戒毒，对于在社区戒毒期间又吸食注射毒品的明令公安机关可直接作出强制隔离戒毒的决定，为不同戒毒模式间的转换、衔接提供更加统一化、标准化、操作性强的政策依据，消减公安机关自由裁量的空间，避免主观执法、随意执法。

（二）注重因症施策，实现靶向戒治

戒毒过程一般划分为生理脱毒、心理脱毒、康复等几个阶段，根据不同阶段的特征宜采取相应的戒毒模式。像生理脱毒一般在半个月的时间内即可完成，戒治时间相对比较固定。而心理脱毒的时间则更富弹

---

① 参见靳澜涛：《消除双轨制：强制隔离戒毒制度改革的应然选择》，《中共南京市委党校学报》2017 年第 3 期。

② 参见姚建龙：《〈戒毒条例〉与新戒毒体系之运作》，《中国人民公安大学学报（社会科学版）》2012 年第 5 期。

性，本质上是戒毒后的一种心理问题①，个体差异性强，具体到每名戒治人员的情况都各不相同。这一阶段应有别于生理脱毒期的强制隔离，心理医生、家属、亲友和社会志愿者等社会力量应走进戒毒场所，为其提供心理服务，给予情感支持。在这一阶段，社区戒毒模式无疑可发挥更大作用，而在立法阶段却没有考虑到强制隔离戒毒与社区戒毒的更好协调，使本来可通过社区戒毒便能达到的效果却不得不通过以限制人身自由的方式进行，有违比例原则。目前，山东省内部分强制隔离戒毒所通过成立康复中心的方式，逐步探索将强制隔离戒毒和自愿戒毒与社区康复戒毒无缝对接，取得了积极效果，为更深层次、更大范围地推广应用提供了试点经验。

戒毒模式的科学适配是实现靶向戒治的前提，不同戒毒模式设立的初衷是鉴于戒毒人员较明显的个体性差异所作出的戒毒模式选择。建议参照我国台湾地区的做法，从吸食毒品的类型、数量、吸毒史长短、毒品成瘾度等方面进行评估，以此为依据，通过专业的医学、心理学测试划分戒毒人员的类型，分别对应采取不同的戒毒模式，实现靶向戒治，而不再单纯执行以强制收容措施为主的戒毒手段，将“治疗优于处罚”的理念贯穿其中，融入戒毒模式甄选的全过程。

（三）深化协作配合，巩固戒治成效

司法行政戒毒机关是戒毒工作的主战场，是整个戒毒体系的重要组成部分。在推动戒毒戒治格局一体化的目标愿景下，相关的参与主体都要坚决摒弃单打独斗、各自为战的现象，应注重整合优势资源，加强合成作战，完善社会支持系统，在各种戒毒措施间发挥衔接作用，在各项戒毒工作中发挥协调作用，在各家戒毒力量间发挥黏合作用②，推动建立集公安机关、司法行政部门、社会综治办和社区等部门多方联动、密切配合、互通互联的常态化协调对接机制，加快形成禁毒、戒毒、防毒一体化的工作体系。进一步做好戒毒工作的社会化延伸，加强同其他戒毒模式的交流与合作，实现各个戒毒模式间的有序对接。依托社会多部门资源，与

① 参见梁林：《强制隔离戒毒对人身自由限制问题研究》，山东大学硕士学位论文，2013年。

② 参见罗川林：《司法行政戒毒工作规范化建设的实践与思考》，《中国司法》2017年第5期。

教育、卫生等专业业务部门加强联系，寻求与妇联、关工委等部门的深度沟通，对戒毒人员中的特殊群体施以更多关爱政策，构建良好的戒毒工作社会化体系。加强司法行政戒毒系统社会服务的购买力度，利用社会资源促进戒毒场所医疗戒治、行为矫治、心理矫治、运动康复等工作的开展。在此方面，重庆市的做法具有一定代表性，该市司法行政戒毒系统采用升级社会医疗服务购买的方式，加强戒毒人员外诊外治定点医院合作共建投入，划拨专项资金，打造符合监管需要的特殊专用病房，提升诊治质量，确保监管安全。与此同时，还借助社会优质医疗资源，打造远程医疗服务平台，实现远程会诊、远程诊断、远程教育，提高医治质量和诊治效率。全面加强与公安机关和社区戒毒机构的接洽，及时了解解除戒毒后的康复和后续照管情况，常态开展帮教引导，巩固戒毒成果。健全和完善强制隔离戒毒人员的社会支持系统，与家人、所在单位、社区共同开展戒毒工作的社会化帮教措施。从戒毒人员的戒治成效看，这些做法都不同程度地发挥了积极作用，显著提升了司法行政戒毒的综合效能。

第三节　强制隔离戒毒部门联动的协同化

《禁毒法》第3条规定，禁毒是全社会的共同责任，国家机关、社会团体、企事业单位以及其他组织和公民，应当依照本法和有关法律的规定，履行禁毒职责或者义务。禁毒工作实行政府统一领导，有关部门各负其责，社会广泛参与的工作机制。这一规定内在决定了强制隔离戒毒绝非依靠少数部门的单打独斗，也不是公安机关和司法行政机关就能全部完成的，需要在党委和政府的领导下，发动多个部门共同参与，形成多方力量协同配合的工作格局。

一、科学整合资源，构建一体化戒治模式

强制隔离戒毒工作的协同化重点强调要从全国范围内建立统一的司法行政戒毒工作模式，其中就内含了整合多方戒治资源，推进各类戒毒模式有效、有序衔接的内在要求。2018年5月，司法部在安徽合肥召开的全国司法行政戒毒工作座谈会上，明确提出各地要按照《司法部关

于建立全国统一的司法行政戒毒工作基本模式的意见》，将戒毒基本模式的建立与地方特色和既往优势相结合。这一规定为各地形成统一的戒毒模式，形塑一体化的戒治格局确立了顶层设计，明确了改进路径。在具体的戒毒工作实践中，要在衔接、帮扶和宣传上下功夫。

(一)做好“四种模式”的有序衔接

构建一体化戒治模式的关键在于做好各类戒毒措施间的机制衔接与协同配合，包括做好强制隔离戒毒与康复戒毒的衔接，通过康复所提前介入、进行宣传、组织戒治人员开展戒毒康复体验等方式，让戒毒人员充分了解戒毒康复工作，逐步探索由戒毒康复所负责解除强制隔离戒毒人员的后续跟踪督导、承担戒毒人员回归指导的工作职能，为戒毒人员回归社会搭建一个“中途岛”和“缓冲带”①；做好强制隔离戒毒与社区戒毒的衔接，在戒毒人员符合法定转换情形时，依法依规做好衔接转介；做好强制隔离戒毒与社区康复的衔接，在戒毒人员出所后，通过向接受康复的社区发放戒治情况报告，提出后续康复建议的方式，做到有的放矢、对症戒治，推动两种戒毒模式间的无缝对接；做好强制隔离戒毒与药物维持治疗的衔接，向戒治人员宣传国家药物维持治疗政策，对有接受治疗意向的人员，为其提供必要的便利和支持。

(二)推进“三个群体”的精准帮扶

三个帮扶主要面向三类群体进行精准帮扶。第一类是针对社区戒毒、社区康复人员的帮扶，与地方政府通力合作，通过家访、电话询问、组建康复小组、进行复吸风险评估等方式，准确、全面地掌握戒治人员的身体状况、思想情况、现实表现、实际困难，从中判断复吸的倾向和概率，就此开展针对性的心理辅导和干预，及时召回有高复吸风险的人员。第二类是针对戒毒人员家属的帮扶，定期举办“家属课堂”，发布一些帮助戒毒的技巧、手段，辅之以组建微信群，开展知识讲座、沙龙等方式，拓展交流渠道，密切沟通联络。第三类是针对从事社区戒毒、社区康复的工作人员的指导，采取专业技能培训、实地组织观摩体验、到戒毒所跟班作业等方式，增强戒毒工作人员的履职能力和技能水平。

---

① 参见戴建海:《司法行政统一戒毒工作模式的实施与探索》,《中国司法》2018 年第 9 期。

（三）开展“两种类型”的教育宣传

在全社会范围内开展系统、广泛的宣传教育，营造浓厚的禁毒、戒毒氛围，重点是抓好两种类型的宣传。一方面，开展形式多样的实体性宣传教育，组建由戒毒民警、志愿者、戒毒人员同伴教员组成的宣讲团，定期进社区、进家庭、进企业、进学校，积极打造无毒社区、无毒家庭、无毒学校，增强公众的认知和防毒意识，使禁毒、戒毒的理念深入人心，在社会上蔚然成风；另一方面，依托“互联网＋”的蓬勃发展，抢占网络宣传阵地，通过微信公众号、微博、手机 APP，以更加生动、鲜活、多元的方式宣传戒毒理念、措施和成效，对戒毒人员及家属及时开展网上咨询督导，使网络成为抵制毒品、宣传禁毒的主流阵地。

二、深化协同配合，形成综合性戒毒救治格局

戒毒救治需要多元主体的共同参与，强制隔离戒毒工作的顺利推进，以及强戒人员戒毒效果的有效保障，有赖于在党委政府的坚强领导下，依靠公安机关、司法行政部门、人民法院、检察院、社会组织等多部门的各司其职与协同配合。厘清各类戒毒主体的权责，加强权力规制，压实主体责任，抓好举措落实，是推动构建规范、良性戒毒救治格局的题中应有之义。

党委政府作为领导机构，主要通过后期查验和戒毒效果的考核来推动强制隔离戒毒工作的开展，有的地方是在省一级设立司法厅，地市、县乡设立司法局，统一负责领导本行政区域的戒毒工作；有的地方是将综治办作为指导和开展禁毒工作的实际领导机构，负责制定戒毒工作计划、禁毒决策，调研强制隔离戒毒工作中存在的问题和原因，提出对策建议，负责戒毒宣传，评估戒毒效果，制定考核标准，出台具体的惩戒措施。在政府支持和推动强戒工作的方式上，近年来，多地政府通过购买社会服务、提供专门岗位的形式，加大对强制隔离戒毒工作的保障力度。例如有些地方的社工岗位以政府购买的方式获得，深圳市就开创了“外派社工”参与戒毒工作的先河，其共开发政府购买的社工岗位数百个，分布

在民政、残联、医院及禁毒帮教领域[①]，也逐渐成为政府支持和参与戒毒工作的重要方式。这有助于实现多种戒毒资源的整合优化，为强制隔离戒毒人员提供急性脱毒、心理咨询、医疗康复、教育培训等多方面的治疗，以及种类丰富、富有针对性和差异化的系统帮助，帮助其逐步完成心理脱毒、体能康复、心理辅助、再社会化的完整过程。此过程也有助于整合优化多方资源，不仅缓解了戒毒场所在专业戒毒服务上的短板，还能够提高社会机构对强制隔离戒毒工作的参与度和认同感，促使各主管部门加强沟通合作、密切配合，加速戒毒工作的一体化进程，更好地帮助戒毒人员适应社会、戒除毒瘾，促进社会安宁和谐。基于以上方面的考虑，在党委领导下，政府在提供公共服务、购买社会服务、实施政策倾斜等方面的积极作为，也是政府加强自身建设，构建有限政府、善治政府的内在要求，对维护社会稳定、促进国家治理体系和治理能力现代化同样大有裨益。

公安机关作为强制隔离戒毒的决定机关，应当正确充分履行自身职能，为强制隔离戒毒人员创造回归社会后的无毒环境，大力推动和保障社区戒毒、社区康复的发展，帮助其实现强制隔离戒毒后的再社会化。基层派出所应当做好与强戒所以及社区戒毒人员的信息联络，确保接受强戒的人员在离开戒毒所后，依然处在受控受管的状态，通过持续优化戒毒环境，以环境建设提升戒治效果，降低戒毒人员的复吸概率。

司法行政部门的职能主要体现在执行强制隔离戒毒和完成强制隔离戒毒工作的转移交接手续，加强信息交换，做到人员交接的无缝对接；依托第三方、独立性的检测系统和评估机制，科学进行强制隔离戒毒的诊断评估，提升对接受强制隔离戒毒人员毒瘾程度评估的科学性、准确性，便于在执行环节增加戒治工作的针对性，提升戒治效果。

民政部门是强制隔离戒毒人员有效回归社会的重要保障，长期以来民政部门将救助重点放在老弱病残等特殊群体上，对于强制隔离戒毒人员，尤其是处于流动状态的戒治人员，存在思想不重视、信息不掌握、救助不到位、帮扶不落实、权益保障不充分的情况。在今后的行政执法过

① 参见汪建明、莫盈盈：《政府购买民间社工服务模式研究——以深圳某社工服务社为例》，《中国民营科技与经济》2008 年第 12 期。

程中，民政部门应对强制隔离戒毒人员的基础保障和救助措施进行单项核算、统筹分配，确保有限的财力被用到真正需要的地方，并适度向具有救助可能性的人员予以重点倾斜。

公众、媒体、行业协会等各类社会力量，以及其他相关群团组织也要体现对强制隔离戒毒人员救助和帮扶的关心重视，对符合条件的要积极开展教育和救助工作，让强戒人员充分感受到社会对他们的接纳、关爱和帮助，形成齐抓共管、多方联手、共同参与、协同配合的联合救治格局，为强戒人员回归社会创造良好的心理基础。

除了上述部门的积极履职，要形成一体化的戒治格局，还要扩大延伸帮扶的视野，建立社区戒毒指导站、后续照管工作站、暂时性收容所，实现戒毒康复、所内戒治与延伸帮扶的一体化。公安机关和司法行政部门作为主导戒毒工作的权力部门，要聚焦最现实、最棘手的重、难点问题，加大与社会高校、科研院所和专业机构的合作，针对当前戒治工作中缺乏科学评价戒毒人员戒治状况、戒治成效工具的现实，从生理、心理、行为、认知、劳动康复、运动康复等方面，研发复吸倾向性量表、戒毒动机量表、戒毒人员基本信息调查分类问卷等评估工具，投入专项资金合作开发体系完备、内容丰富、特色鲜明、专门定制的教材教案和实操手册。运用问卷法、访谈法，对戒毒人员的类别进行细分，根据戒毒人员在懵懂期、思考期、准备期、行动期、维持期的身心特点，相应划分戒治准备阶段、行动阶段和维持阶段，分级分段推进戒治工作，为戒毒人员的教育矫治、心理康复提供匹配度高、操作性强、效果好的教学参考和实操方法。依托现代科技手段，推进戒治工作精准开展，研发、引进一批先进仪器设备，不断提升戒治工作的科学化和专业化水平。

三、拓展戒治视野，大力发展社区戒毒

社区戒毒选择戒治的场所是吸毒人员生活的社区，相较强制隔离戒毒所这类环境封闭、与外界隔绝的专业场所，社区的环境更熟悉、更自然，也更易被戒毒人员所接受。从前期调研的情况看，接受社区戒毒的人员状态良好、行为稳定，回归社会后复吸率较低，取得了良好的戒治成效，体现了社区戒毒的功效和其作为未来主要戒毒模式的发展潜力。

（一）鼓励成立社区戒毒者自治组织

借鉴域外社区戒毒的经验，考虑在一个社区范围内，借助戒毒者自

发形成的力量，以组织化的形式推动戒毒工作顺利开展，如美国大部分社区都成立了戒毒者自治组织，这是一个主要由吸毒者参与的非政府机构，也是戒毒康复的一个重要组织。匿名戒毒会（NA）是一个具有国际影响的戒毒者自治治疗集体组织，其成员是一些有志于彻底摆脱毒品或正在康复的吸毒者，其康复程序的核心是一系列按照所谓“十二步戒毒法”进行的活动，这些活动包括承认问题的存在、产生求助的要求和愿望、对自己给予公正客观的评价、帮助其他吸毒者、通过助人达到自助的目的等。这一组织在美国和加拿大具有很高知名度，有人将其称为“戒毒史上的一大奇迹”。在戒毒人员所在的社区成立专门的自治组织，组织化的过程本身也是一个帮助戒毒人员恢复正常生活秩序、重新回归社会的过程，域外的先进经验和成熟案例可作为我国布局此项工作的重要借鉴。

（二）对初次吸毒成瘾者优先使用社区戒毒

《禁毒法》规定，对吸毒成瘾者既可以使用社区戒毒，又可使用强制隔离戒毒，同时规定了吸毒人员既是病人，又是受害者，应本着惩前毖后、治病救人，教育和救治相结合的方针，对初次吸毒成瘾人员不宜直接采用强制隔离戒毒的方式，容易使其沾染更大的毒瘾，增大戒除的难度，也会对其信心恢复和重新回归社会构成新的障碍。为此，建议对初次吸毒人员，采用社区戒毒的方式，通过个人、所在家庭和社区的共同努力，帮助其进行戒毒治疗和康复，从身体和心理上戒除毒瘾，助其顺利回归社会。对于初次吸毒人员来说，社区戒毒相比于进入强制隔离戒毒所，从心理上更容易接受。一方面，社区戒毒能够帮助其充分认识到吸毒的危害，接受专业、规范的社区戒毒治疗，防止其通过戒毒所结识新的毒友；另一方面，社区戒毒能有效减少对其正常回归社会、正常生活的影响，使戒治人员端正态度，树立信心，促使其在一个相对宽松、自然，与社会接触较密切的环境中达到戒除毒瘾的目的。

四、延伸帮教范围，设立后续照管中心

一个完整的戒毒流程包括脱毒、康复、回归三个阶段，观测目前常用的四种戒毒模式，大多缺少对“后续照管”环节的关注。尽管也强调接茬帮教、社区矫正，但在政出多门、条块分割的情况下，这项工作在推进落

实中确实面临一定困难。后续照管中心的设立恰恰可填补救治措施的空白,通过有效整合各类诊疗资源,形成戒治合力,提升戒毒效果。后续照管中心与强制戒毒所的性质和功能定位不同,收治对象也有明显差别。它主要致力于将已经接受过强制隔离戒毒的人员,通过落实各项后续照管措施,使其恢复身心健康,重新融入并回归社会。因此,后续照管中心的职能发挥充分体现自觉自愿与适当引导相结合、自由来去与适当约束相结合、自我管理与适当指导相结合、自食其力与适当救助相结合的原则。后续照管中心的设立目的和功能实现,重点是借助多种方式为康复人员融入社会,恢复身心健康创造条件。如新疆地区的戒毒康复中心在社区成立了后续照管站,逐步建立起监督、扶持、救助的帮教系统,为回归社会的戒毒人员提供心理咨询、就业指导以及一定程度的康复治疗。实践中,我国地方戒毒以丰富多元的方式延伸后续照管的范围,在适应社会、过渡安置、指导协助就业和强化心理康复等方面,取得了良好的戒治成效。这主要体现在以下四个方面:

(一)帮助适应社会

进入后续照管中心的人员,基本都是接受过一段时期强制隔离戒毒的吸毒人员。他们在与社会隔绝一段时间后,马上回归社会,重新进行再社会化,往往要经历一个较为艰难的适应过程。后续照管中心的设立在强制隔离戒毒所和社会之间构设了平台,为吸毒人员重新回归社会提供了缓冲地带,有助于戒治人员坚定戒毒信心,逐步恢复社会身份,为最终成功戒除毒瘾,恢复正常生活奠定坚实基础。

(二)提供安置场所

戒毒人员在回归社会后,通常都会遭遇一些问题,多数表现为家人、亲友的熟人圈子对其彻底戒毒失去信心,就业中容易遭受歧视性、差别化对待。有的戒毒人员不愿回归家庭或与亲朋好友碰面,面临离开强戒所后到哪里落脚的现实问题。同时,伴随毒品种类的名目更新,在一些地区,特别是吸毒人员容易聚集的场所,戒治人员一旦陷入有毒环境中,极易抵制不住诱惑,发生复吸,造成戒治工作和再社会化的失败。后续照管中心的设立恰恰可弥补此方面的空白,为吸毒人员提供基本的生活和就业条件,体现过渡性安置的功能。

(三)指导协助就业

对于绝大多数吸毒人员而言,回归社会,恢复正常生活的最主要障碍就是就业困难，用人单位的排挤、歧视和责难往往在现实择业中很难避免，吸毒人员的就业权利无法得到正常保障。后续照管中心的一项重要职能就是以提供一定劳动生产项目，进行习艺活动的方式，加强就业技能培训和定向帮扶，让戒毒人员白天出去工作，晚上回来住宿，引导该群体与正常人的生活节奏保持一致，循序渐进地完成重塑自我、回归社会的进程。

（四）强化心理康复

从调研论证的情况看，一名戒毒人员要完全戒除毒瘾至少需要3～5年的时间，在这段漫长的周期内，不可能指望强制隔离戒毒所能够包办。戒治人员在接受1～3年的强制隔离戒毒后，必然要面临到其他地方进行后续戒治的问题。后续照管中心的设立和应用，有效延伸了戒毒康复的场域，扩大了戒治范围，有助于巩固戒治效果；依托心理康复、医疗救治、习艺劳动等多种方式，可在戒治人员的心理康复、情绪引导等方面提供条件，实现精准戒治与综合矫治。

五、依托文化传统，发挥家庭戒治效能

家庭是社会的基本单位，是人们生活、工作、学习乃至安身立命的最主要支持系统。对于每名社会成员而言，家庭是最温暖的港湾，家庭成员间的深厚感情，是任何其他感情所无法代替的。家庭戒毒是吸毒人员在家人帮助下，选择合适的药物进行有计划、系统性的戒毒活动。相比其他戒毒模式，家庭戒毒不用限制人身自由，甚至无须破坏以往的任何社会关系就能开展戒毒工作，无疑是最温馨自然、最具人文关怀色彩，也最易为戒治人员所接受的理想模式。特别是考虑到我国有浓厚、悠久的“家文化”传统，中国人更加注重家庭关系、亲情关系的经营和维护，来自家庭的帮扶、教育、挽救等功能尤其重要，其中就蕴藏了可以为戒毒矫治所用的强大动能和宝贵资源。

吸食毒品的危害绝非限于身体的摧残、财产的破败，更在于消磨意志、损害精神，使人丧失正确积极的人生态度，把希望寄托于毒品所带来的片刻欢愉和不可维系的感官刺激中，因此成功戒除毒瘾的关键绝非单纯戒除毒品的有害化学成分，更重要的是消除吸毒者对毒品的心理依赖和精神困顿，重新正视自己，重拾生活信心。在我国的文化传统下，家庭

是每个人安身立命所在，家庭在很多习惯和行为养成上产生的影响是第一位甚至是决定性的，由家庭所产生的社会网以及家庭成员所倾注的关心关爱、帮助支持，都是帮助吸毒人员成功戒除毒瘾、重新恢复正常生活的关键举措。因此，要达成上述戒治目标，最有效的不是药物治疗，不是心理咨询师的劝解倾听，而是充分发挥家庭作为戒毒人员再社会化最重要主体的功能，充分挖掘家庭资源，通过家人的宽容和理解，帮助吸毒人员坚定信心、回归正途。这种以家庭为单位的戒毒矫治模式往往更易被吸毒人员所接受，对于促进吸毒戒治人员的生理脱离、心理康复、回归社会的进程，作用和效果都很明显，是强化戒治效果的第一动力。当然，应用家庭治疗模式也需要政府部门进行必要的审查评估，需要戒毒部门予以专业技术指导和专门培训，为吸毒人员提供相关的心理治疗和医疗服务。

六、强化专业保障，提升戒毒诊治水平

戒毒工作是一项复杂、长期的系统工程，具备一定的技术准入门槛，特别是在各类新型毒品不断涌现、花样翻新的情况下，单纯依靠传统的戒毒方法，不管用、不好用的矛盾日益凸显，无法充分适应新形势下戒毒工作的要求，需要有素质过硬且专业职业的戒毒警察队伍、科学完备的医疗手段、专业规范的团队、设施齐全的场地、更加充足的资金保障，共同致力于提升戒毒诊治水平。

（一）增强戒毒警察素养

戒毒警察队伍是强制隔离戒毒工作的执行者和管理者，也是与强戒人员接触最多的群体。这支队伍的警务素养、业务能力和履职水平，直接关系到强戒工作的效果和戒毒人员身心健康的恢复，因此加强对戒毒警察队伍的专业化、职业化建设，既意义重大，又刻不容缓。首先，要从法律法规上明确戒毒警察的身份定位和职责定位，在《禁毒法》《戒毒条例》及《人民警察法》中进行条款增补和内容更新，明确戒毒警察的警种归属、角色地位，提升职业荣誉感。其次，要把好戒毒警察的“进入关”，探索戒毒警察的职业准入制度，从所学专业、身体状况、主观意愿等方面设置门槛要求，拓宽专业人才的引进渠道，通过招揽各方面的专业人才促进戒毒警察队伍结构更加合理，素质能力和专业水平更加适应戒毒工

作需要。同时,要着力规范戒毒警察的执法行为,建立戒毒警察专项执法档案,真实记录戒毒警察执法活动的基本情况、岗位职责、日常执法管理、办理案卷、执法培训、表彰奖励等情况,并指定专人负责管理,及时更新完善档案内容,确保一人一档、长期保存。可将其作为评价戒毒警察执法状况的最主要依据,与晋职晋级、警衔晋升、奖励惩戒等密切挂钩,做到每一项执法活动都全过程记录留痕,自觉践行严格公正文明规范的执法理念,确保在强戒所内的每一项执法行为都能经得住法律检验和责任倒查。最后,针对新时期戒毒工作的新挑战、新变化,考虑到戒毒警察绝大多数都由劳教警察转型而来,存在较明显的短板不足和本领恐慌,日益成为制约戒毒效果的现实瓶颈,普遍需要进行警务素养、专业技能和履职能力的进阶提升,要开展常态化、系统化、专业化的业务技能培训,努力打造一支政治坚定、素质过硬、本领高强、业务娴熟的戒毒警察队伍,为有效实施各项强制隔离戒毒措施提供坚实保障。

(二)科学应用医疗手段

要客观认识、精准把握戒毒医疗在戒毒工作中的作用地位,合理应用医疗手段解决好急性脱毒、稽延症状处置、急危并发症救治、生理体能恢复、抗复吸治疗等一系列疑难医疗问题,解除生理依赖,弱化心理依赖的生理基础,发挥抗复吸作用,保障戒毒过程各环节的可控、顺畅和安全。针对吸毒成瘾的生理和心理成因机制的研究,建立分析模型,为探索管用对路的戒毒康复模式提供理论依据和必要参考;开展戒毒医疗方法的专题研究,着重开发快速、安全、减少痛苦和药物依赖的脱瘾药品和方法,研究开发抑制心瘾、抗复吸的药品和医疗方法,尤其聚焦传统研究的局限和已有戒毒医疗方法的短板,从调节吸毒者生理欣快功能入手,寻求抗复吸的新药物、新疗法。同时,要积极寻求我国戒毒医疗方法与域外成熟医疗戒治经验的结合,充分应用国内外已有的研究成果,推进戒毒科研成果的转化、推广和应用。①

(三)加强专业人才储备

戒毒是一项专业性很强、有明显技术门槛的工作。《禁毒法》第43条

① 参见李知勇:《资源整合与我国全面戒毒管理模式的构建》,华东师范大学硕士学位论文,2007年。

第1款规定:“强制隔离戒毒场所应当根据戒毒人员吸食、注射毒品的种类及成瘾程度,对戒毒人员进行有针对性的生理、心理治疗和身体康复训练。”《戒毒条例》强调:“强制隔离戒毒场所应当依法为强制隔离戒毒人员提供科学规范的戒毒治疗、心理治疗、身体康复训练和卫生、道德、法制教育,并开展职业技能培训,帮助吸毒人员戒除毒瘾,重返社会。”这些法律条文的规定都清楚地表明,相比以往司法行政系统的管教工作,强制隔离戒毒工作所涉及的药物治疗、身体康复、心瘾戒除、行为矫正等方面的工作,需要具备医学、生理学、行为学、教育学、社会学、管理学等多个学科背景的专业人才助力支持,改善戒毒工作的知识结构,做到人岗相适。早在2014年7月,司法部在印发的《强制隔离戒毒人员教育矫治纲要》中就明确提出,要强化教育矫治队伍的专业化建设。强制隔离戒毒所应当按照不低于收治人数1%的比例配备专职教师,收治人数低于500人的场所,应至少配备5名专职教师,负责课堂教学、康复训练和专题教育;按照不低于0.6%的比例配备专职心理咨询师。以定岗定责定目标的方式,加强戒毒工作专业队伍的建设,打造一支适应新形势下戒毒工作需要的个别教育能手队伍、心理矫治专家队伍和专职教师队伍。这充分体现了新时期戒毒工作对专业性、科学性和技术性的迫切需要。专业人才的储备既要靠政策吸引,也要为其成长创设更好的职业前景和发展空间。在此方面,要加强对从事戒毒工作意义、作用和价值的全方位宣传,增强社会对戒毒工作专业团队的重视度、关注度和认同感,落实职业保障,加大优抚激励,提升这支专业队伍的职业荣誉感。

(四)提升资金保障水平

各级政府要制定戒毒经费保障政策,把戒毒经费列入财政,落实资金来源,保证经费及时到位,实现戒毒经费拨款有章可循、有制可依,并逐步废止戒毒收费的政策规定。进一步加强对戒毒经费的精细化管理,实行专款专用、定期核查,全面实行收支两条线管理,保证有限的戒毒经费最大限度用于戒毒工作,建立有效的戒毒经费保障机制,从源头上消除戒毒工作向商业化靠拢的基础。如重庆市戒毒康复中心设立的安家立业储备金制度,为康复人员在协议期满后能够顺利回归社会、实现自力更生提供一定的物质保障。这一储备金的来源包括三个部分:一是康复人员自愿存入的康复劳动报酬;二是康复中心根据康复人员自愿存入的康复劳动报酬，按5%～10%的比例予以补贴；三是康复人员自愿存入其亲友给予自己的现金。广东省三水戒毒康复中心设立了“创业基金”，从每月生产效益中按1%提取创业基金，在康复人员戒毒康复协议期满后，按“五星三级制”给予300～5000元不等的奖励，以帮助戒毒人员减少因经济窘迫而再次觅毒复吸的可能。上述这些地方性实践可为强化资金保障提供一些新的思路。

（五）强化戒毒场所建设

戒毒场所是容留戒毒人员、开展戒毒工作的基本硬件，也是核心基础设施，场所的建设情况直接关联戒毒工作全局。要加大戒毒设施投资，加快戒毒场所的建设进度，各级政府要加大资金投入，尽快完善戒毒场所的设施条件，重点分布完善全封闭的硬件管理设施、实用的医疗戒护设施和必要的教育康复设施。在戒毒机构的布局上，注意地区均衡，杜绝重复建设和不切实际、没有节制的遍地开花。要合理调配、新建和改造一批戒毒场所，确保各项基础设施、功能用房设置合理、功能完善、满足需求。

第四节　强制隔离戒毒的社会化策略优化

强制隔离戒毒的社会化是在前期进行强制隔离戒毒的基础上，根据戒毒工作规律，延伸工作范围，依托社区、家庭、群团组织等社会化力量，对强戒回归人员进行必要的后续照管、心理疏导、精神照拂，帮助其保持操守，正常融入社会生活，从而达到巩固戒毒成果、提高戒断率、降低复吸率的工作效果。

一、加快建设强制隔离戒毒社会化的“四位一体”支持系统

强制隔离戒毒社会化的推进和实现，需要多个层面的共同努力，多个系统的助力支持，包括信息支持系统、家庭支持系统、危机干预支持系统、心理医疗支持系统。这些系统的建设、更新与维护，有赖于强戒所、社会康复机构、家庭、所在社区等多个部门间的信息共享与协同配合。

（一）建立强制隔离戒毒回归人员的信息支持系统

针对强制隔离戒毒回归人员建立准确、翔实、完整的信息库，是社会

化工作的基础，基本要求是在社区建立可存储、可更新、可回传的针对强戒回归社会人员的专用信息平台，与司法行政强制隔离戒毒单位间打通信息壁垒，实现互联互通、即时共享和双向反馈，并与回归人员所在的社区进行信息对接，这些信息应包含戒治人员的基本情况、接受强戒的表现情况、诊断评估结果、个体特点等。相关部门要指派专门的部门和人员，负责信息支持系统的更新维护，确保信息资料可回溯、可追踪、可实时核查，增强信息的实时性、真实性和适用性。

(二)建立强制隔离戒毒场所与社区、家庭互动的家庭支持系统

根据相关调查显示，有74.6%的戒毒人员认为最受益、最有用的教育方式是亲情帮教。[①] 而在对复吸人员的调查中，缺乏亲情温暖、经济和生活压力大、突发事件刺激和遭遇家庭变故等因素占31.4%。以上两个数据充分表明家庭在帮助吸毒人员戒除毒瘾、防止复吸方面具有举足轻重的作用。事实上，绝大多数强戒回归人员的情况，与他们朝夕相处的家庭成员最了解，如果家人对他们关心关爱，给予更多的理解和帮助，显然有助于他们重拾信心，在接受强戒后更好地回归社会和正常生活；反之，如果家庭成员对他们不闻不问、听之任之，甚至歧视、孤立，采取放任自流的态度，这等于将戒治人员直接从家庭推向了社会，有的甚至成为戒毒人员选择复吸的主要因素或“压死骆驼的最后一根稻草”。因此，重视家庭在社会化中关爱、监督、帮扶的作用发挥，加强强制隔离戒毒机构与家庭的联络沟通，强化家庭成员的情感支持、精神减压和心理宽慰，这都是家庭支持系统建设应达致的目标。

(三)建立强戒回归人员复吸危机干预支持系统

接受强制隔离戒毒的人员在回归社会后，即便后续照管完全到位，一些人也会表现出无法抗拒毒品的症候，游走在复吸的边缘，有必要在康复人员处于复吸临界点的时候，及时给予必要的社会干预，帮助其渡过难熬的危机期。这就需要面向强戒回归人员建立复吸危机干预系统。这类系统具体包括：一是发出危机预警，建立畅通的复吸危机判断和报告机制；二是进行危机干预，根据危机人员的特点，组织有效的康复管

---

① 参见甘肃省司法厅课题组：《司法行政戒毒工作社会化的调查与思考》，《中国司法》2015年第6期。

理,可进行药物干预,组织心理治疗,也可安排他们到指定的康复中心进行康复。总的干预原则就是远离一切能够接触毒品的地方,切断他们与毒品的联系,使回归人员在正常的社会环境中健康生活,戒除再次吸食毒品的念想。

(四)建立多方共同参与的心理医疗支持系统

“身病好治,心病难除。”心瘾是戒除毒品的最大障碍,毒品危害的长期性、顽固性和难以根治性,也集中体现在其对吸毒人员心理和精神的强力控制。据调查,心瘾是造成复吸的诸多原因中最主要的一项,比例高达65.7%。建立心理医疗支持系统就是要发挥强制隔离戒毒场所的独特优势,在社区建立起可以为司法行政强制隔离戒毒回归人员提供心理咨询、心理医疗服务的基本保障。从目前山东省的戒毒情况看,各地的强戒所都有一定数量从事心理咨询的专业人员,基本能够胜任对戒治人员进行心理治疗的工作。当然,这些人员的层次水平和履职能力还有待提高,尚有较大的专业人才缺口,专业性社工加入戒毒社会工作的人员数量还明显偏少,有待从政策、资金和人才等方面持续加大政策保障、资金投入和人才吸引的力度。

二、推进强制隔离戒毒社会化要协调处理的几类关系

推进强制隔离戒毒社会化要在过程中注意协调处理好几个主要关系,从戒毒工作措施和相关模式的适用顺序上,要处理好强制隔离戒毒与后续照管的关系,实现对强戒人员出所后戒治措施的衔接延续;从戒毒工作参与主体的职责划分和功能定位上,要处理好公安机关和司法行政机关的关系,厘清职能边界,加强资源整合,实现各负其责、各归其位;从戒毒工作应坚持的基本原则上,要处理好全面履职和突出重点的关系,做到统筹兼顾与把握重点相结合。

(一)协调处理好强制隔离戒毒与后续照管的关系

在继续做好所内强制隔离戒毒的同时,要研究和思考戒治人员出所后重返社会的环节衔接,在思想上首先要提升认识,杜绝各管一段、相互推诿,防止形成责任真空。强戒人员在回归社会后,强戒所要遵循管护、帮助、支持的理念,加强与相关社会机构的信息共享,便于有关部门快速、准确地掌握戒治人员的基本情况,为后续照管提供必要便利。

(二)协调处理好司法行政禁毒部门与公安禁毒部门的关系

事实上,戒毒人员一旦依据法定程序解除了强制隔离戒毒,回归社会,就意味着强制隔离戒毒所对其管理执法权的结束,需要公安部门有效履行主导、管理和监督的主体责任。从司法行政戒毒部门到公安部门的监督管理,涉及一些环节的协调对接,特别是司法行政部门要主动落实对戒毒回归人员的后续照管措施,积极履行好指导、支持社区禁毒和社区康复工作的职责,通过召开联席会形成会议纪要的方式[①],深化协同配合,固化合作机制,更好地实现对戒毒人员的跟踪帮教和监督管理,提升戒毒人员回归社会的帮扶效果。

(三)协调处理好全面履职与突出重点的关系

《禁毒法》和《戒毒条例》赋予了司法行政部门指导、支持社区禁毒、社区康复的职责,推进司法行政戒毒工作社会化的方向和着力点在于更好地推进社区康复。为此,应秉持"履职不越权,帮忙不添乱"的工作理念,做到不越位、不缺位、不错位,处理好全面履职与突出重点的关系。这需要抓好三项重点:其一是在人员对象的选择上要突出强制隔离戒毒回归人员这一重点,体现强制隔离戒毒工作的完整性和延续性。其二是在工作的方式方法上,突出指导支持这一重点,紧紧依靠公安禁毒部门、社区禁毒部门的力量开展工作,依托培训、宣传、策划等方式,加强对社区落实戒毒人员后续照管的日常指导和政策支持。其三是在工作内容上,要充分发挥强制隔离戒毒专业优势这一重点,为戒毒人员提供心理援助和危机干预,使其在完成生理脱毒后尽快戒除心理上的毒瘾,实现完全戒毒。同时,为保障社区禁毒的专业性,要常态面向社区禁毒工作人员组织专项培训,加大业务骨干的培养力度,努力建设一支政治立场坚定、技能本领精湛、流程规范熟悉的专业队伍。

三、推进强制隔离戒毒社会化的几个具体优化路径

路径选择是对宏观战略的细化落实。推进强制隔离戒毒社会化,本身就强调要动员社会各方的力量,加大对社会组织的培育、扶持和建设

---

① 参见甘肃省司法厅课题组:《司法行政戒毒工作社会化的调查与思考》,《中国司法》2015 年第 6 期。

的力度，打破以往仅靠公安机关、司法行政部门、少数专业机构参与戒毒的模式。因此，在优化路径的选择上，要从壮大戒毒社工队伍、建设适用戒毒人员的“专用中转基地”、发挥社会服务组织的作用等方面下功夫、出实招、求实效，积极推动社会化戒毒战略的全面落地。

(一)积极发展壮大戒毒社工队伍

社会工作的介入是戒毒工作的必要补充。《禁毒法》第 4 条明确规定:“禁毒工作实行政府统一领导，有关部门各负其责，社会广泛参与的工作机制。”这为戒毒社会工作的队伍建设提供了法律依据。《全国社区戒毒社区康复工作规划(2016～2020 年)》对壮大戒毒社工队伍也提出专门要求。国家禁毒委员会办公室要会同民政部等有关部门，制定加快戒毒社会工作专业人才队伍建设的意见，出台戒毒社工录用招聘、报酬待遇、培训教育等制度规范，有条件的地区可优先发展戒毒社工队伍，按照有关程序招录社工，专门从事社区戒毒、社区康复工作。同时，要积极申请上级公安部门、民政部门的资金、政策、人员等方面的支持，通过公开招录常驻禁毒社工，提高社工队伍的工资待遇和职业保障，拓宽晋升渠道，逐步壮大社工队伍，更好地保证队伍的稳定性，保障禁毒社工服务的供给品质。

在禁毒社工队伍的作用发挥上，要紧盯关键环节，区分情况差异，对于即将出所的学员，社工不仅要给予其出所前的心理辅导，还要对外链接优势资源，通过协调社会资源，在所内开展各类职业技能培训，帮助戒毒人员掌握一技之能。[①] 积极协调社区帮扶资源，及时跟进戒毒人员出所后的动态，帮助建立良好的社会、家庭支持系统，强调道德关怀在促进戒毒人员“新生”中的重要作用，促使戒治人员在回归社区后，能够主动调适状态，尽快适应社会生活。[②] 戒毒人员在回归社会后的后续帮扶环节也需要社工的介入，帮助出所学员顺利度过出所后、回归社会前的过渡期，实现强制戒毒与社区戒毒的无缝对接。

---

① 参见孙秀兰:《戒毒所的社会工作介入方式研究——以 Y 强制隔离戒毒所为例》,《社会工作与管理》2016 年第 5 期。

② 参见李晓凤、马瑞民:《我国戒毒社会工作的发展历史及实务运作模式初探》,《社会工作与管理》2014 年第 6 期。

(二)加大对社会服务组织的支持力度

社区戒毒康复工作是禁毒工作的重要环节,从社会治理的角度看,戒毒康复是遏制毒品泛滥、打击和防范毒品犯罪的重要手段之一,与打击毒品供应、加强禁毒教育和宣传等预防性措施互为补充,构成了毒品防治的完整链条。吸毒者不仅是身心受损的病人,也是社会功能的失调者,因此,社区戒毒工作被赋予了社会救助、社会福利、医疗服务及司法矫治的多重属性,社会工作更多强调以专业化的方式改善吸毒者与环境间的关系,通过跨专业、跨团队的合作,提高吸毒者的社会适应能力,促进其社会功能的全面恢复。当前,随着我国社会福利制度改革的深入发展,体制外的民间社会服务组织也由此获得更充裕的发展空间,这类组织最大的特点就是鲜明的"草根性"。它们并非产生于体制内,而是因应社会某一特定群体或社区需要而成立。通常而言,这类组织对政府的依附程度低,具备一定的自主性和独立性,在发展过程中逐渐吸收了社会工作的专业理念,在提供社会服务的过程中逐步走向专业化。

在鼓励和支持社会服务组织参与戒毒工作方面,我国香港特别行政区的做法值得学习借鉴。香港特区政府充分保障民间组织的积极履职,在多项社会服务领域赋予民间组织更大的自主权和话语权,并从名目繁多、规模庞大的民间服务组织中,由政府统一协调精选一些纪录良好、有管理基础的民间组织,资助其提供一些为政府政策认可的服务,使这类组织在接受政府相应财政支持的情况下,仍能保持民间性和专业性服务的独立性。[①] 目前,香港特区共有 17 家民间社会服务组织负责经营 39 间住院式戒毒及康复中心和中途宿舍,其中 20 间获得了香港卫生署或社会福利署的资助[②],有力促进了戒毒工作的开展,丰富了戒毒戒治模式,提供了成熟可用的发展经验。近年来,伴随社区禁毒模式逐步在我国戒毒工作体系中确立核心地位,社区戒毒的服务需求呈几何式增长趋势。借鉴香港特区的模式和做法,政府应秉持更开放的态度,拿出更主动的举措,让渡更多的发展空间,鼓励民间社会组织积极参与到社区戒毒康

① 参见罗观翠:《政府购买服务的香港经验和内地发展探讨》,《学习与实践》2008 年第 9 期。

② 参见香港保安局禁毒处:《香港戒毒治疗和康复服务第五个三年计划(2009～2011)》,2009 年 3 月 30 日,http://www.nd.gov.hk/sc/fifth_three_year_plan.htm。

复工作中，通过戒毒实践检验，从中挑选一些实力雄厚、资质强、运营品质好的民间社会组织，在政策、资金和人员等方面予以重点保障、定向扶持，使其摆脱体制束缚，充分释放社会组织的内在活力和竞争力，助推其逐步成长为推进戒毒工作社会化的重要力量。

（三）建设戒毒人员回归社会的"中转基地"

戒毒人员回归社会面临的最大屏障是社会固有的偏见、歧视和较明显的排斥情绪，社会容易给戒毒人员贴上"嗑药""失败者"的标签，使其负担很重的心理压力，逃避正常社会的人际交往，以致重新回到毒友聚集的旧圈子中，进入到有毒的环境，从而走上复吸的道路，导致戒毒工作前功尽弃，戒治人员"再社会化"失败。产生这种情况的重要原因在于戒毒人员回归社会往往要以个体的力量直面社会，缺乏必要的适应空间和缓冲地带。特别是在戒毒人员刚刚从强戒所接受完脱毒治疗、身心尚未完全恢复、对社会评价高度敏感的情况下，这种回归无异于将其推向了更加危险、失控的境地。基于此方面的考虑，应创新戒毒人员回归社会的康复机制。可考虑诊断结果在良好以上、戒毒人员户籍所在地或居住地签约同意的强制隔离戒毒人员解除前，集中在专门的戒毒康复场所开展为期不少于 2 个月的技能培训、康复训练、心理辅导、家庭帮教等项目的康复训练，组织包括计算机、烹饪、美容美发美甲等专项职业技能培训，提升戒毒人员再就业能力；开展社区体验义工活动，邀请社会用工企业、爱心帮教人士、志愿者到基地与戒毒人员进行面对面接触，现场考核招聘[①]，增进彼此的交流沟通和相互了解，为下一步戒毒人员回归社会做全方面的准备。这是专门面向戒毒人员建设此"中转基地"的目的所在，可最大限度地消减社会对戒毒人员的偏见和歧视，有效缓解戒毒人员回归家庭、回归社会、就业创业产生的焦虑，切实提高戒毒人员的生活自理能力、再就业能力和社交能力，帮助其尽快融入社会秩序，恢复正常社会身份。

（四）适度鼓励戒毒人员进行社会参与

戒毒人员的社会参与包含多个向度，不仅包括吸引社会团体走进来参与戒毒戒治，也意味着创造条件让戒毒人员走出去。司法部第 127 号

---

① 参见罗川林：《司法行政戒毒工作规范化建设的实践与思考》，《中国司法》2017 年第 5 期。

令第51条规定,“安排戒毒人员到戒毒康复场所及戒毒药物维持场所参观、体验”,对戒毒人员走出去提出了明确要求,旨在以社会接触的形式,维持戒治人员的社会性。根据马斯洛的需求层次理论,社会参与是满足社会交往需要和自我实现需要的基础。社会学家霍斯曼指出社会参与是进行社会交换的必要条件。对于接受强制隔离戒毒的人员而言,必要的社会接触、适当的社会参与对于增强戒治效果,缓解他们的内心焦虑和精神紧张,保持其与社会间的适当距离的功效非常明显。戒治人员群体也有很强烈的社会参与愿望,特别是在他们接受一段强制隔离戒毒后,这种愿望显得尤为迫切。此时应为他们创造必要条件,允许表现优秀、状态稳定、处在回归适应期的戒毒人员尝试和家人在社会生活试验区进行短期性的共同生活;或者在确保安全的情况下,给予他们白天出所兼职工作的机会,实行半封闭半开放的管理模式。“社会生活试验区”和“出所兼职工作”的设立是对强制隔离戒毒制度“社会化”的重大突破,有助于推进戒治人员的“再社会化”进程,实现出所后与家庭生活、社会生活的无缝对接。在具体的戒毒实践中,这种做法也能显著增强戒毒人员参与戒治的信心和主动性,有助于消除应付、抵触和对抗的情绪,减少戒毒人员回归社会的时间和经济成本。

(五)加强对戒毒人员回归社会的保障力度

毒品问题是一个全球性问题,在中国,吸毒是一个不容小觑的社会问题,吸毒者被视为对社会秩序的冲击和破坏,是个人社会化失败的表现。相关统计数据显示,2014～2016年,我国登记在册的吸毒人数分别为295.5万、234.5万、250.5万人,非在册的实际吸毒人数可能超过1000万人。[①] 随着《禁毒法》对吸毒人员“违法者、受害者、病人”角色定位的调整,特别是劳教戒毒废止,新创强制隔离戒毒,戒毒措施中蕴含的人文关怀成为焦点,由此也对戒毒人员相关权益的社会保障提出新的要求。特别是戒毒人员在接受强制隔离戒毒,完成在强戒所的戒治工作,回到社会继续接受后续的照管、帮促环节时,社会对戒毒人员的态度和评价至关重要,直接影响戒治效果和相关后续照管措施的落实。为提升

① 参见中国国家禁毒委员会:《2014～2016年中国禁毒报告》,2016年11月21日,http://www.nncc626.com/2016-11/21/c_129372086.htm。

对戒毒人员回归社会的保障力度，建议从以下几方面入手：

一是加大戒毒宣传力度。推动戒毒宣传教育进学校、进社区、进工厂、进企业，特别是涉及对吸毒人员权益维护意识保障的宣传要加强，以表达社会对强戒人员回归的欢迎和支持。

二是完善法律对戒毒人员社会保障的相关规定。《禁毒法》规定戒毒人员在就业、子女就学等方面不受歧视，这是有明确法律依据的，但在社会保险、社会救济等方面则缺乏规定，建议在修订《禁毒法》或制定新法中予以明确。

三是推进戒毒人员社会保障政策的落实。强制隔离戒毒工作由公安机关和司法行政部门主导，但强戒人员却需要全社会的关注和帮扶，包括人社、财政、卫生、教育等部门，在有关强戒人员社会保障政策的落实上要各负其责、密切配合、相互协调、形成合力，确保相关政策尽快落地。

四是加强社保政策的教育宣讲，切实把上级要求、政策精神讲解到位、解释清楚，及时解答强戒人员的疑问，为其办理社保手续提供信息支持。同时，鼓励强戒人员在所内参加劳动，取得的报酬一部分用于社保费用，以便解决加入社保经费不足的问题。

第五节　戒毒法治的实现路径探索

法治是人类政治文明的优秀成果，也是治国理政的基本方式。戒毒法治为指导和规范我国戒毒工作提供了标准要求，明确了方向指引。要实现戒毒法治的美好愿景，需要立法、司法、执法、守法等各个环节共同努力，真正做到有法可依、有法必依、执法必严、违法必究，在全社会形成尊法、守法、靠法、用法的行动自觉。戒毒工作是一项关联性、协同性、综合性都很强的系统工程，从域外立法的经验看，各国在戒毒领域的立法都是国家法和地方法协同、主干法和配套法规并举、专门法和相关法结合的模式，没有靠一部法包打天下的。就我国来说，《刑法》《治安管理处罚法》在禁毒中的作用主要是打击既有的涉毒违法犯罪活动，而《禁毒法》《戒毒条例》等行政法规及各地戒毒条例的作用主要体现在挽救既有吸毒者和进行提前介入干预。地方立法是根据各地实际对国家立法所做的进一步细化，在毒品变种日益丰富，禁毒、控毒形势严峻的当下，地方立法往往比国家立法在调整上有更大的空间和自由度。因此，推进国家法和地方法的相互协同是加快戒毒法治进程的重要一环。

一、尽早启动《禁毒法》的专项修订

现行的《禁毒法》创制于2007年，于2008年6月1日起正式施行。该法共设7章71条，依次为总则、禁毒宣传教育、毒品管制、戒毒措施、禁毒国际合作、法律责任、附则等。这是为应对毒品违法犯罪形势，适应禁毒工作发展需要，在总结多年禁毒斗争实践经验，吸收国内外已有法律规定并广泛听取各方意见的基础上，制定的第一部全面规范我国禁毒工作的重要法律，是指导我国禁毒工作的基本法。

《禁毒法》是禁毒领域的专门法、核心法和基本法。该法的颁布实施为我国禁戒毒工作的规范健康发展提供了根本的法律保障，明确了行动指引，但其也在无形中加剧了刑法与行政法之间、行政法与行政法之间的脱节、重合和冲突，使得法条的整理重合工作变得更加复杂、繁难。[①]客观审视，有些内容并不适合具体规定在《禁毒法》中。举例来说，《禁毒法》中多次提到“有下列行为之一，构成犯罪的，依法追究刑事责任”，对照《刑法》却找不到可以适用的相关条文；《刑法》中对毒品罪的规定，并未留下任何非罪空间，但《禁毒法》几乎复制了刑法条文，却称“尚不构成犯罪的，依法给予治安管理处罚”，这些都与《刑法》产生了明显冲突；《禁毒法》中也有涉及行政处罚部分，第61条直接规定了行政拘留，成为继《治安管理处罚法》之后第二部有此类规定的法律，比较适当的做法是在《禁毒法》和《治安管理处罚法》之间，选择其中一部来整合全部涉毒行为的行政拘留罚则，以保证法律的完整性和统一性。另外，《禁毒法》中对毒品管制和戒毒措施的规定，也与相关行政法规存在内容重合。比如《禁毒法》针对毒品管制部分专辟一章，但内容却几乎与国务院出台的行政法规高度重合。考虑到毒品管制领域的专业性、复杂性和琐细性，比较妥当的做法是在专项法规中作出规定。与其指望《禁毒法》面面俱到、

① 参见郑伟：《论禁毒法律体系的失范与冲突》，《华东政法大学学报》2012年第3期。

叠床架屋，不如将其整体挪出，在相关配套法规中予以明确。再如戒毒措施，《禁毒法》的第四章对此作出了专门规定，但国务院颁行的《强制戒毒办法》(1995 年版)和《戒毒条例》(2011 年版)也都对采取的戒毒措施有详尽规定。在法规制定中对一些主要内容进行反复强调本身并无太大问题，关键是要针对法规规制调整的对象进行必要的差异区分。《禁毒法》应当是纲领性、指导性的原则，《戒毒条例》则应重点明确“戒毒措施”的实施细则，但从内容上看，两者间的上下层级界定并不分明，原则与细则的界限也不明晰，《禁毒法》中有很细碎、具体的条文，《戒毒条例》中也有原则性较强的规定，两部法律并不像基本法和细化条例的关系，倒更像是同一部法律被拆成两半，协同性和完整性有待进一步增强。《禁毒法》作为禁毒领域的基本法，应当体现基本法的共性，遵循“对事不对人”的立法准则。它可对“物”和“人”确立原则、给予授权，但主要还应维系“事”的格局，要更多专注于对禁毒方针、领导体制、工作机制、保障机制、禁毒宣教、国际合作等方面作出法律规定。①

以上所列述的方面是现行《禁毒法》《戒毒条例》等相关法条与戒毒工作有脱节的地方，有些还是实践中伴生的新问题，需要从立法的角度作出回应，在法条的修订、增补中予以规范。

二、加强相关配套法规的拟定完善

在禁毒法治的立法层面，除《禁毒法》和《戒毒条例》两个基本法规以戒毒领域主干法的身份存在，具有较强的原则性和指导性外，在相关配套法规的拟定建设上还存在较为充足的完善空间，尤其是适应戒毒工作形势需要，有效应对不断更新的戒毒模式和工作战略，需要在法条规定上有更加具体、细化的配套法规予以对应。目前，梳理我国戒毒工作的配套法规不难发现其中蕴含的一个基本规律，即已有法规的制定主体多以公安部、司法部为主，以部门性规章为主。总体看，法规的门类不少，有一定规模，但受制于立法部门的本位主义和层级限制，法规的指导性和法律效力有待进一步提升。

经梳理归纳，与强制隔离戒毒制度相关的配套法规主要以司法部制

① 参见郑伟:《论禁毒法律体系的失范与冲突》,《华东政法大学学报》2012 年第 3 期。

定、颁发的规范性文件为主，比较典型的包括：2013 年 6 月由司法部制定的《司法行政机关强制隔离戒毒工作规定》，内容包含其管辖的司法强制隔离戒毒场所在强制隔离戒毒人员的接收、管理、教育、生活卫生、解除、场所设置等 6 个方面的工作细则。同年 9 月，公安部、司法部、国家卫生计生委联合颁布了《强制隔离戒毒诊断评估办法》，对诊断评估工作作出了具体规定。2014 年，司法部先后颁布了多部与强制隔离戒毒场所有关的行政规章，包括《司法部关于司法行政强制隔离戒毒所所务公开工作的指导意见》《司法行政强制隔离戒毒所安全警戒工作规定》《关于进一步加强司法行政队伍建设的意见》等，对司法强制隔离戒毒单位所务公开、安全警戒、队伍建设和强戒人员行为规范逐一作出了明确要求；针对戒毒人员的日常管理和教育，还制定了《强制隔离戒毒人员教育矫治纲要》和《司法行政强制隔离戒毒所强制隔离戒毒人员行为规范》等工作细则。但这些法规更多是以司法部作为颁行主体，法规的效力层级和规制范围存在不足，在一些环节上还存在立法空白。

实体法的落实离不开程序法的保障，高质量的法律供给还有不足。比如强制隔离戒毒与行政拘留、刑罚的衔接方面，缺乏刚性的法律规范；在强制隔离戒毒场所内发生的强戒人员生病、受伤、死亡，以及戒毒阶段、成效判定、所内监督等处置程序问题，都需进一步完善配套程序制度，确保实体法律程序的公平正义。① 像司法部为强制隔离戒毒制度量身定制的《司法行政机关强制隔离戒毒工作规定》的第 34、35、36 条，分别从“针对性治疗”“科学规范的诊疗技术”“定期身体检查”等角度对医疗条件作了相应规定，但现实中能够达到标准医疗条件的强制隔离戒毒所却很少，提供高质量的医疗保障也就无从谈起。还有第 50 条规定，“要协调人力资源保障部门，对戒毒人员进行职业技能培训和鉴定，参加技能考试，为合格者颁发技能证书”，但实际工作中能够落地执行的却寥寥无几。这反映了有些法律规定仅限于理想层面的构想，并没有充分考虑执行层面的可操作性。再比如关于强制隔离戒毒诊断评估的认定，此项工作事关对前期强戒工作的结果评估和强戒人员隔离戒毒的周期评定，是

① 参见周云鸽：《我国强制隔离戒毒制度的完善路径研究》，云南大学硕士学位论文，2017 年。

整个强制隔离戒毒工作中的关键一环，但目前适用的法规仅有2013年多部委发布的行政法规《强制隔离戒毒诊断评估办法》，法规内容陈旧，层次偏低，在其颁行的6年内未作更新，明显滞后于戒毒工作的实践需要，反映出配套法规迭代更新的迫切性。

另外，毒品的更新换代速度快，可获得性不断增强，合成毒品呈蔓延趋势，吸食新型毒品的人员特点与传统的吸毒人员存在较大差异，适用的戒毒方法、理念和措施也各不相同，在此方面的实体性规范尚属空白。在吸毒成瘾的认定问题上，目前施行的是公安部制定的《吸毒成瘾认定办法》，但对吸毒成瘾的认定适用条件还应作列举式补充。戒毒药物维护治疗管理办法、社区戒毒和社区康复的指导意见与实施细则、强制隔离戒毒所和戒毒康复所的建设标准等程序性规范有待完善。这都暴露出我国现有的法律法规难以充分适应社会对禁毒、戒毒工作的需求，造成强制隔离的措施执行和执法活动具有很强的随意性。由此，加强相关配套法规的制定、更新和完善工作刻不容缓。

在戒毒工作的地方立法层面，出台的相关地方性法规、规范性文件数量少，在适用性和指导性上也有较明显的疏漏和短板，存在力度不足、适用性不突出、特色不凸显的问题，建议各地的司法厅(局)及其下属的戒毒管理部门加强政策研究，充分考虑本地戒毒实践和吸毒人员的戒治情况，在立法中融入地方戒毒工作特色，进一步细化、丰富和完善地方戒毒的法律规范。

三、完善强制隔离戒毒决定权的立法规范

公安机关对强制隔离戒毒的决定权，主要依据的是现行《禁毒法》第40条的规定，实际上是以法律的形式赋予县级公安机关较长时间限制公民人身自由的权力。强制隔离戒毒的期限为1～3年，其下限超出了作为刑事处罚的管制、拘役刑的下限，作为一种极为严厉的对人身自由进行长期限制的行政强制措施，至少应当建立两级呈报审批程序，即由县级机关呈报，省、地级机关批准，对该项决定权的主体范围应作限制性规定。此外，对吸毒相对人的毒瘾程度、戒治难度、复吸概率以及人身危险性的认定，是一项极为复杂的工作，完全由公安机关决定并不科学合理，也不利于权力的相互制衡和有效监督。应当对《禁毒法》第40条进行专

项修改，建议成立由医疗、心理、教育、公安等多方面专家组成的两级委员会，进行强制隔离戒毒的呈报审批；警察负责查处吸毒行为，并以公共安全专业人士的身份参与戒毒委员会的工作。这样既凸显了强制隔离戒毒决定环节的科学性，又保障了对公权力的分权节制，从法规创设的角度压减专权专断、寻租腐败的空间。

四、明确决定机关和执行机关的法律定位

强制隔离戒毒工作的决定机关和执行机关相对应的是公安机关和司法行政部门，两者的权责厘定、法律定位直接决定了戒毒戒治工作的程序正当和法律效果。科学界定双方的法律定位，厘清权责关系，总的原则就是有效分离强制隔离戒毒的决定权和执行权，将两种权力分属到不同部门，由公安机关行使决定权，司法行政机关行使执行权，做到既相互合作，又彼此制衡。这是矫正关系杂糅、划分权力边界、纠治权力僭越和缺位的治本之策，也是促进强制隔离戒毒工作专业化、规范化的内在要求。

（一）公安机关负责进行强制隔离戒毒的人员甄别，并作出决定

在目前强制隔离戒毒的制度设计和实践中，公安机关处于优势和主导地位，既享有决定权，又拥有一部分的执行权，这种设计是基于《禁毒法》对于原有强制戒毒和劳教戒毒体系，为平衡与妥协各方利益冲突所作出的价值选择。但这样容易引发公安机关权力寻租的风险，加大执法错位、违法执法等行为出现的概率。而且，公安机关同时掌握决定权与执行权，意味着在执法中缺乏应有监督，公安机关的裁量权只能受到内部的有限限缩。[①] 在这种情况下，公安机关对于被决定采取强制隔离戒毒的行政相对人处于完全优势的地位，行政相对人的权利救济也就很难得到完全对等的保障。同时，这种权力配置模式也易造成戒毒治疗、康复的人为中断，有悖戒毒规律，影响戒毒效果，还会造成场所重复性建设和司法资源的浪费。依据权力制衡原则，为进一步理顺公安机关职责，有效整合现有资源，保障戒毒人员合法权益，不断提升戒治工作效果，公

① 参见万艳：《我国强制隔离戒毒制度与实践的断裂与重构》，《云南大学学报（社会科学版）》2018 年第 2 期。

安机关宜完全退出强制隔离戒毒的执行过程，而只保留对吸毒人员的甄别、认定的权限，以及对吸毒成瘾人员作出强制隔离戒毒决定的职权。在公安机关作出强制隔离戒毒决定方面，遵照以人为本的原则，为更好地体现法律的严肃性、科学性，保障戒毒人员的基本人权，建议提升作出强制隔离戒毒决定的公安机关的行政级别，至少应当是由市级公安机关作出决定。这样便于在与司法行政机关涉及强制隔离戒毒执行事项的对接上，做到职级对等，促进协调沟通。

（二）司法行政机关全程负责执行强制隔离戒毒

由司法行政机关全程负责强制隔离戒毒的执行工作，既着眼戒毒工作的现实需要，也充分考虑司法行政机关在收治戒毒人员上的经验，以及相关场所、机制的延续性。

1. 重构执法权，实行强制隔离戒毒的单线收治

针对目前公安机关强制隔离戒毒功能弱化，公安机关和司法行政机关两个执法主体存在职能重叠、优势无法互补的问题，建议对两者的履职权限进行重新划分，撤掉公安机关管辖的强戒所，把强制隔离戒毒的执行工作全部交由司法行政机关管辖的强戒所，由司法强戒所实现全程收治，防止各环节的人为割裂，保证执行阶段的统一，建立一元化的强制隔离戒毒机构。当前，我国已有部分省市在此方面进行了政策尝试，作出了优化调整。例如，广州市为减轻公安机关负担，合理整合资源，依据《戒毒条例》第 27 条的规定，取消公安机关的强制隔离戒毒所，将戒毒人员全部移交给司法行政机关。公安机关认为需要接受强制隔离戒毒的对象，随时向司法行政机关移送，由司法行政机关负责全程收治戒毒人员，达到了良好效果。又如，云南省决定集中公安行政机关和司法行政机关的强制隔离戒毒管理权，由司法行政机关统一负责，突破两者各管一段的体制瓶颈，推动强制隔离戒毒的执行环节向一体化方向纵深发展。

2. 给予执法主体明确的法律地位和执法依据

根据我国《人民警察法》第 2 条第 2 款对人民警察警种的规定，其主要包括：公安警察、国家安全警察、监狱警察、劳教警察、法院检察院司法警察。强制隔离戒毒作为一种新创制的戒毒模式，在既有法律对警种的规定中，从事该项工作的警察无法对应现有警种，身份定位模糊，由劳教

警察直接行使强制隔离戒毒的执行权，有越权行政的嫌疑，违背合法行政、程序正当、权责统一的基本要求，也只能是临时性的无奈之举。另外，公安部和司法部分别具有管理警察、授予警衔的权力，也造成了公安机关和司法行政机关人民警察在社会地位、经费、编制、保障等方面存在差异。戒毒人民警察的权益尚没有得到法律的保护和认定，需要国务院尽快以行政法规的方式赋予警察在强制隔离戒毒中履行职权的法律依据，并在《人民警察法》中进行明确认定，赋予执法主体更加明确的法律地位和执法依据。

五、完善强制隔离戒毒的正当法律程序

强制隔离戒毒工作的依法实施有赖于对正当法律程序的恪守和维护，主要体现在：公安机关在作出决定时要符合比例原则，在接收强戒人员时要严格审查程序，完善听证程序，引入司法监督和第三方评估监督机制，确保各个环节始终处在法律规制之下。

（一）公安机关行使强制隔离戒毒决定权应符合比例原则

强制隔离戒毒作为一种行政行为，是国家在禁毒体系中对于毒品消费的控制，具有预防犯罪、维持社会秩序的正当性诉求，满足行政行为比例原则的首要条件。既然强制隔离戒毒归属于行政法规，适用对象是毒品消费者，在实施的程度上应当与其他的行政措施相互协调，或与其他的强制措施之间具有合理的比例。在此方面，强制隔离戒毒措施的期限和内容呈现出与其行政行为属性不相称的现象，与对于公民权利限制和剥夺程度最高的刑罚制裁措施产生了倒挂。具体表现在：从《禁毒法》与《戒毒条例》的规定可以看出，强制隔离戒毒措施对于人身自由的限制程度是比较高的，在强制隔离戒毒期间，只有当“强制隔离戒毒人员患有严重疾病，不出所治疗可能危及生命”的情况下，才能根据强制隔离戒毒场所主管机关的批准，并报决定机关备案，可允许出所就医。强制隔离戒毒期限为 2 年，经过诊断评估可延长 1 年，脱逃被追回的强制隔离戒毒人员不得提前解除强制隔离戒毒。而我国《刑法》规定，在限制人身自由的监禁刑中，最轻缓的拘役期限是 1 个月以上 6 个月以下，数罪并罚不超过 1 年，且在执行期间每月还可有 1～2 天回家探望的法定权利；有期徒刑从 6 个月以上到 15 年，但 3 年以下有期徒刑可视犯罪人员的犯罪危害程

度、悔罪表现等宣告缓刑，而不需要进入强制性场所服刑。两相对比，强制隔离戒毒的执行程度在某种程度上重于刑罚制裁，这对于行政相对人来说显然不公平。针对这一点，在公安机关作出强制隔离戒毒决定，特别是涉及强制隔离戒毒的减期、延期审批权等对吸毒人员人身自由进行限制时，要充分考虑这一行政行为的比例原则。在此方面，建议引入司法裁判制度，赋予吸毒人员充分的法律救济渠道。司法裁判所具有的权威性和正当性是公安机关的行政程序不可比拟的。司法裁判的介入能够更好地保证强制隔离戒毒的相对合理性，至少可显示出国家对于限制公民自由的审慎态度和在程序上的自我完善，也有助于消解对公安机关“一家之言”“权力集中”的担忧，最大限度保障强制隔离戒毒工作的实体正当性。①

（二）明确收容对象的审核标准并严格审核

《禁毒法》规定了公安机关可以直接作出强制隔离戒毒决定的四类人：拒绝接受社区戒毒的；严重违反社区戒毒协议；在社区戒毒期间吸食、注射毒品的；经过社区戒毒、强制隔离戒毒后再次吸食、注射毒品的。同时也规定了不适用强制隔离戒毒的对象，即孕妇或者正在哺乳期内的妇女、16 周岁以下的未成年人。以上对收容对象认定标准的规定比较宽松，且存在一定的自由裁量空间，在实际执行中容易给相关部门提供滥用职权、变通执行的空间。为进一步明确收容对象的审核标准，并在各个环节做到严格把关、严格审核，建议作如下完善：

一是在进入强制隔离戒毒所时，复核未成年人的年龄。考虑到未成年人吸毒的原因大多与所处家庭密切相关，存在家庭遭遇变故、受监护人关心少、身心发育不成熟等因素的影响。特别是近年来，在农村地区，由于父母进城务工，产生了大量的留守儿童，他们多与老人生活在一起，缺乏来自父母的关爱和对其成长的干预引导，容易出现行为的越轨、异化，这客观上增大了其发生吸毒行为的概率。建议提前了解未成年人吸毒的原因，对症施策、因人而异，提升对未成年人戒毒治疗的针对性和实效性。

二是在进入强制隔离戒毒所时，对吸毒人员进行细致、全面、严格的

---

① 参见包涵：《中国强制隔离戒毒的法律定位及制度完善》，《北京社会科学》2015 年第 5 期。

身体检查，如发现艾滋病吸毒人员，应当对其进行分类管理，建议设立专门针对艾滋病吸毒人员的戒治场所，避免交叉感染。

三是比照《刑法》的有关规定，年满75周年以上的老人建议不纳入强制隔离戒毒的对象范围之内。

（三）建立强制隔离戒毒听证制度

听证程序是正当法律程序原则的基本要求之一，是保障公民生命、自由、财产不受侵害的重要手段。听证程序要求在行政权力的运行过程中，相对人有陈述、辩论、反驳等发表个人意见的权利，具体表现为相对人有提前得到通知、充分了解行政行为的法律依据、为自己辩护或请他人辩护的权利等，保障行政相对人正常行使听证权，建立和完善听证制度，对于科学制约行政权力，有效保障公民权利的意义重大。随着现代法治的进步，听证程序愈发受到各国重视，这得益于公民对人身保障的重视，希望通过听证程序实现对行政权力的监督，并使个人合法权益免受公权力的欺凌和侵害；同时也反映了人们参政议政意识的增强，表达个人希望平等参与行政决策、发表意见、履行对行政活动知情权的主体诉求，而这些都有赖于听证制度的建立和听证程序的履行。

具体对应到强制隔离戒毒制度中，被决定强制隔离戒毒的对象有三项权利：一是被通知执行强制隔离戒毒的权利；二是了解强制隔离戒毒的法律依据的权利；三是为自己辩护或是请人代为辩护的权利。以上三项权利在《禁毒法》和《戒毒条例》中只有第一项有明确规定，其余两项权利则均未体现。换言之，戒毒人员的听证权尚未得到完整保障，这使得强制隔离戒毒措施的设立与执行尚无法得到有效监督，为行政机关滥用职权、侵害强制隔离戒毒相对人权利提供了可乘之机。

公安机关对吸毒人员作出强制隔离戒毒决定时，应告知吸毒人员有举行听证的权利，有权为自己辩护或聘请律师为自己辩护，被戒毒者均享有请求权、阅卷权、申辩权、异议权等。[①] 在审理过程中，吸毒人员及其代理人可以对是否达到成瘾严重的医学诊断提出异议，也可和办案人员

---

① M. D. Glantz, "A developmental psychopathology model of drug abuse vulnerability", in M. Glantz and R. Pickens (eds.), *Vulnerability to Drug Abuse*, Washington, D. C.: American Psychological Association, 1992, pp. 389-418.

当面进行辩论、质证，并对办案人员提供的证据提出异议。考虑到吸毒行为本身会直接关联社会稳定，吸毒人员是否成瘾以及成瘾程度就要更多依赖于医疗技术的筛选，并以此作为公安机关作出决定的最主要依据。有鉴于此，对吸毒人员的裁决应由公安机关和医疗机构人员共同作出，由上述人员组成合议庭，对强制隔离戒毒案件进行公开审理、公开裁决。[①] 通过审理，由合议庭作出裁决，对吸毒事实清楚、吸毒人员对于毒品依赖非常严重、已达到吸毒成瘾严重标准，或符合其他适用强制隔离戒毒的情形，可对吸毒人员作出强制隔离戒毒的决定；反之，对吸毒事实不清，或尚未达到适用强制隔离戒毒标准的情形，则应作出不予执行强制隔离戒毒的决定。而对涉及国家秘密、个人隐私和未成年人毒品犯罪案件可按规定不公开审理，但应将裁决结果向社会公开。通过对听证制度的建立和完善，进一步提升强制隔离戒毒认定裁决的程序透明性和结果公正性，以更加开放的姿态主动接受社会和公众监督。

（四）完善强制隔离戒毒的司法监督机制

强制隔离戒毒制度受到诟病的一个原因在于接受强制隔离戒毒的人员未经司法裁定，仅因为公安机关的行政决定就被限制人身自由长达1～3年。根据我国国情和法治发展规律，特别是考虑到戒治人员的人权保障需要，在行政机关的决定程序中引入检察院的司法监督具备现实可能。检察机关作为我国的法律监督机关，享有对各个国家机关执行法律、行使权力的检察监督权，自然拥有对行政机关行政强制实施的监督权。[②] 检察机关对公安机关作出强制隔离戒毒的决定权进行必要的审查和监督，有助于减少决定的主观性和随意性，增强对强戒人员人权保障的公平性和科学性。引入司法监督的具体设想如下：

公安机关在接到报送的提请强制隔离戒毒的材料后，应报同级的人民检察院审查，由人民检察院对调查及成瘾认定程序的合法性、适用强制隔离戒毒措施的适当性等进行严格审查，对程序不合法或不适用强制隔离戒毒措施的，应提出检察建议，制作检察建议书。在接到检察院的

---

① 参见胡建淼：《行政强制法研究》，法律出版社2003年版，第160页。

② 参见张海亮：《我国强制隔离戒毒决定程序的合法性缺失及其矫正》，山东大学硕士学位论文，2015年。

检察建议书后，由公安机关书面作出合理答复，随后再作出强制隔离戒毒的决定或改作其他处理。对于强制隔离戒毒执行期间需进行期限变更的，决定机关应当将相关材料报同级人民检察院审查。[①] 检察机关还应当对戒毒诊断评估的合法性进行审查，对存在问题的提出检察建议，决定机关应针对检察建议书逐一回应，作出合理答复。被决定人申请听证的，检察院应对决定机关组织听证的情况进行监督。决定机关在作出期限变更的决定后，被决定人申请行政复议或提起诉讼的，决定机关应及时通知同级检察院，由检察院对执行机关保障被决定人行使行政复议、行政诉讼权利的情况进行监督。[②]

针对劳教制度废止，各地劳教所纷纷挂牌改为强制隔离戒毒所，原有的检察监督机构撤离，且在《禁毒法》《戒毒条例》《人民检察院组织法》等相关法规均未明确规定强制隔离戒毒的法律监督机构、仅有《司法行政机关强制隔离戒毒工作规定》第62条勉强确认了检察机关"知情权"的情况下，着眼于当前强制隔离戒毒管理的司法监督尚处空白的现实，建议尽快重新设立驻所检察制度。这一制度的设立具备法理和实践的双重依据：一是作为宪法规定的国家法律监督机关，检察机关有对公安机关、法院、司法行政机关及其他行政执法和行政管理机关的监督职责，强制隔离戒毒工作无疑属于国家机关执法活动的组成部分，将其置于检察机关法律监督的范围内合情合理。[③] 二是强制隔离戒毒在绝大多数地区都由劳教戒毒转型而来，以往派驻劳教场所的检察监督机构享有对劳教管理是否合法进行监督、受理相应控告举报并及时进行审查处理的权力，在强制隔离戒毒工作的内容、目标和具体措施未有根本性变化的情况下，以往检察监督机构在司法监督上的工作模式和相关经验都可继续保留，并可考虑进行有序迁移，以保证相关工作的连贯性。因此，从保障程序正义和权利实现的角度，对强制隔离戒毒的决定和执行流程、教育

---

① 参见曾庆学：《强制隔离戒毒的法律监督研究》，《吉首大学学报（社会科学版）》2014年第1期。

② 参见张海亮：《我国强制隔离戒毒决定程序的合法性缺失及其矫正》，山东大学硕士学位论文，2015年。

③ 参见李建胜：《对强制隔离戒毒应加强法律监督》，2016年8月22日，http://newspaper.jcrb.com/html/2012-08/22/content_107457。

矫治具体过程的合法性进行监督，尽快建立完善强制隔离戒毒的司法监督体制是积极回应并尝试解决上述问题的必由之路。

（五）引入第三方戒毒评估监督机制

作为对被强制隔离戒毒人决定提前解除或延期解除的依据，诊断评估权的行使备受瞩目，事关裁定结果的公平公正。该项权力目前交由强制隔离戒毒所，但在具体行使中，由于缺乏专业机构的主动介入，也无外部力量的强力监督，使戒毒评估结果的公允性和说服力大打折扣，容易成为滋生腐败、产生寻租的温床。戒毒诊断评估的四方面主要内容中，生理脱毒和身心康复这两项属于纯医学方面的认定，应交由专业的医疗机构评估。当前，大多数采纳强制性隔离戒毒的国家和地区，一般都通过社会化或者委托第三方中立机构的方式进行强制隔离戒毒效果的评估和监督。例如，我国台湾地区的观察勒戒评估，是由公共卫生管理部门邀请相关专家、学者共同制定“有无继续施用毒品倾向评估标准”，并以此评估观察勒戒效果。[①] 在强制戒治阶段，台湾地区的戒治所需要聘请专业教师，每年对教师的教学能力和岗位匹配度进行常态化的评估考核，以此作为决定下一年是否续聘的最主要依据。另外，针对提前解除或者延长强制隔离期限，许多国家和地区形成了一套戒毒情况评价系统，对戒毒人员接受戒治的情况、毒瘾程度、身体状况和复吸概率，给出翔实、全面的数据资料，为公安机关变更强制隔离期限提供更具专业性的决策建议。以上这些都是第三方戒毒评估监督机制的功效所在。

事实上，交由专门的医疗机构或引入第三方机构的最大意义在于避免公安机关为自己的决定提供证据，使强制隔离戒毒的实施过程更加透明化、公开化，戒毒效果的评估更加科学化、专业化，从而更好地保障戒毒人员的合法权益，提升毒瘾的戒治效果。为此，建议由驻地司法行政机关与有资质的医疗机构建立对口的委托代理关系，戒毒所对需要进行诊断评估的人员，以合同外包或邀请医疗机构专业医师入所的方式，对戒治人员的生理脱毒和身心康复两项指标进行测评，作出诊断评估。同时，结合戒毒所人民警察对戒治人员行为表现、社会环境与适应能力的

---

① 参见包涵：《中国强制隔离戒毒的法律定位及制度完善》，《北京社会科学》2015 年第 5 期。

鉴定意见，按照一定的比例和权重，由医疗机构和戒毒所综合给出诊断评估结果，以此作为裁定戒毒期限的主要参考依据，作出相应决定。对于戒毒效果好符合提前解除强制隔离戒毒条件，以及戒毒效果不好须延期解除的戒毒人员，由戒毒所报送申请材料，启动强制隔离戒毒期限变更的审批程序。同时，要制定科学合理的评价指标体系，如将“戒毒人员身心康复评估标准”中“戒毒动机明确、信心增强”等规定比较模糊、不易执行的内容进行细化，将其操作化为“对毒品的认识程度”“对未来是否有明确的计划”“与其他戒毒人员互动的频率”等指标①，增强指标的量化性、参照性，进一步提升指标数据在服务和指导戒毒工作中的针对性。

六、完善强制隔离戒毒人员的法律救济程序

目前的强制隔离戒毒措施，从决定到执行的各个过程，都没有完善的权利保障规范，而是以行政复议、行政诉讼作为救济行政相对人权利的手段，这一权利保障机制在实践当中的作用有限。现行《禁毒法》第40条规定“吸毒人员对公安机关强制隔离决定不服的，可以进行行政诉讼或者行政复议”。换言之，只要公安机关决定实施强制隔离戒毒措施，即使被决定人申请行政复议，其也至少在行政复议程序完成之前处于被采取强制措施的状态。② 对于戒毒人员而言，他们已经开始接受强制隔离戒毒，客观上已经被限制人身自由了，即便能够得到救济，也是效果大打折扣的事后救济。另外，考虑到戒毒人员在接受戒毒初期通常都会出现神志不清、精神错乱，甚至有濒临死亡的感觉等戒断症状，加之自身受到知识层次和生理反应的情况限制，戒毒所一般又都设置在偏僻的城郊，与外界隔绝，给正常履行法律救济权利带来更大难度。可考虑建立定期帮扶制度，由外部人员，如志愿者、律师等组成帮扶小组，把权利保障机制落到实处，正确行使法律救济的权利。

有权利必有救济，无救济则无权利，救济是保障权利正常实现的重要手段。为了避免行政相对人通过私力救济造成的对社会秩序的扰乱

① 参见万艳：《我国强制隔离戒毒制度与实践的断裂与重构》，《云南大学学报（社会科学版）》2018年第2期。

② 参见包涵：《中国强制隔离戒毒的法律定位及制度完善》，《北京社会科学》2015年第5期。

和冲击，在立法确立和赋予权利时，也同时要规定保障权利的方式，规定权利救济的途径，以防在人们的权利无法正当履行或遭受不法侵害时，能实现公力救济、有法可依，彰显法律的权威和尊严，这一点在戒毒人员权利救济中体现得尤为充分。戒毒人员的权利救济是指被戒毒人员在戒毒期间，人身权利或财产权利受到侵害，要求公安机关或司法行政机关对其权利进行修复、补偿，或矫正被侵害的权利的手段方式。[①] 行政救济和司法救济是两种最常见也最常用的救济途径。

（一）加强对戒毒人员的行政救济保障

在具体的戒毒工作实践中，针对公安机关的戒毒措施决定，作为减期、延期重要依据的日常考核，强制隔离戒毒诊断评估等，戒毒人员采取行政救济的方式主要是申请行政复议。

首先，戒毒人员享有陈述权和申辩权。公安机关为吸毒人员送达强制隔离决定书时，如果戒毒人员对作出的强制隔离戒毒的决定不服，可提起行政复议或行政诉讼。公安机关应当充分听取并记录在案，进行复核，对复议事实清楚、复议理由成立的，公安机关应当予以采纳，取消强制隔离戒毒的决定。

其次，如果对强制隔离行为进行细分，可具体划分为强制隔离决定行为和强制隔离执行行为。法律规定，吸毒人员如果对公安机关所作出的强制隔离决定不服，既可以提起行政复议又可以提起行政诉讼，但却没有将强制隔离戒毒执行行为纳入行政复议和行政诉讼的范围内。而实践中，由于强制隔离戒毒涉及剥夺和限制吸毒人员的人身自由或财产，产生的后果往往更严重；同时，在实施强制隔离戒毒的过程中，对强制隔离戒毒人员的诊断评估及治疗方式都是执行行为，都会直接影响强戒人员人身自由和身体健康。为了保障戒毒人员的人身权益，应该将强制隔离执行行为纳入行政复议或行政诉讼的范围。

最后，《禁毒法》仅规定吸毒人员如果对公安机关的强制隔离戒毒决定不服，既可以提起行政复议，也可提起行政诉讼，但相关法律条文并未明确吸毒人员要向谁提起、提起复议或诉讼的时间期限以及如果法院不

---

① 参见兰菲菲：《论我国强制隔离戒毒法律制度的完善》，电子科技大学硕士学位论文，2009年。

予受理会有什么后果等更加细化的规定，导致现实中吸毒人员无所适从，不知道该以怎样的方式正确履行行政救济的程序。着眼于此，建议公安部联合司法部、卫健委，对上述不明确的环节通过多部门联合规章、行政法规等方式予以补齐，进一步申明吸毒人员提起行政诉讼或行政复议所针对的对象、受理期限和相关部门不作为的法律后果，为吸毒人员正当履行行政救济权提供明确规定和机制保障。

（二）完善对戒毒人员的司法救济保障

行政诉讼是吸毒人员进行司法救济的主要方式。随着依法治国的不断深入，特别是法治理念、法治精神在强制隔离戒毒工作中的注入，为充分保障吸毒人员的合法权益，避免应有权利受到非法侵害，得不到有效救济，在制度设计上，当吸毒人员提起行政诉讼时，应当将戒毒场所的特殊性考虑在内。在行政诉讼过程中，应该明确强制隔离戒毒人员提起行政诉讼的基本范围和提起诉讼的前置条件，明确哪些具体行政行为可诉，哪些不可诉。

一是建议根据实际情况选择具体的救济方式。在戒毒工作的范畴内，将公安机关作出的所有具体行政行为都作为行政诉讼的受案范围显然不具备可操作性，也是对有限司法资源的不必要消耗和浪费。就强制隔离戒毒的情况而言，一旦吸毒人员进入强戒所，就意味着在一定时间内被限制人身自由，寻求司法救济的途径会受到阻碍。为保障戒毒人员合理合法维权，在救济方式的选择上就应充分考虑现实情况，针对在戒毒场所内出现的争议行为，优先考虑采用内部程序进行必要救济。

二是法治社会奉行司法最终裁决原则。换言之，司法最终裁决是法治社会应当奉行的基本原则。在此原则下，一切有法律意义的行为和争端最终都可提交法院来审查和裁决，但并不意味着司法救济的广度和深度不受限制。为防止司法救济对戒毒人员的特别权利价值造成不当侵犯，为节省司法资源和保障戒毒人员获得更多救济的机会，使戒毒人员拥有更加畅通、方便的接受救济的渠道，充分体现戒毒人员司法救济的特殊性，建议以穷尽行政救济原则的方式作为司法救济的前提条件。

三是我国强制隔离戒毒的救济方式属于事后救济，这种救济方式意味着如果行政相对人不能及时针对可能到来的伤害提起司法救济，就可能导致该伤害的再次发生。换位思考，倘若在戒毒人员尚未被剥夺人身自由的时候就给予其行政诉讼权，就会大大减少吸毒人员合法权益被侵害的概率，保持法律适用的公平公正，也是对吸毒人员合法权利维护的切实体现。为提升对行政相对人的救济效果，建议我国借鉴一些国家的“预防性行政诉讼原则”[①]。该原则主要通过赋予行政相对人事前的行政救济权，针对那些可能造成伤害的行政行为向法院申请行政诉讼，请求法院对该行政行为进行审查。换言之，吸毒人员可在戒毒决定实施前就获得申请法院审查该决定的合法性。[②] 这种救济方式在司法实践中尽管并不常用，但却能有效弥补事后救济的不足和缺陷，促进吸毒人员合法权益的维护，长远看也能对规范戒毒工作流程，完善戒毒管理体制，推动我国戒毒工作健康、良性发展产生积极影响。

---

① 预防性行政诉讼原则，是指为了避免给行政相对人造成不可弥补的权益损害，在法律规定的范围内，允许行政相对人在行政决定付诸实施前，向法院提起行政诉讼，请求法院审查行政决定的合法性。

② 参见孙静静：《戒毒法视角下我国强制隔离戒毒法律制度研究》，云南大学硕士学位论文，2017 年。

参考文献

一、图书

1.《中华人民共和国禁毒法》，中国法制出版社 2019 年版。

2.《中华人民共和国戒毒条例》，中国法制出版社 2011 年版。

3. 褚宸舸：《中国禁毒法治论》，中国民主法制出版社 2016 年版。

4. 胡建淼：《行政强制法研究》，法律出版社 2003 年版。

5. 胡金野、齐磊：《中国共产党禁烟禁毒史》，经济科学出版社 2016 年版。

6. 胡金野、齐磊：《中国禁毒史》，上海社会科学院出版社 2017 年版。

7. 金伟峰：《中国禁毒法律制度研究》，上海社会科学院出版社 2016 年版。

8. 李步云：《人权法学》，高等教育出版社 2009 年版。

9. 莫关耀：《〈戒毒条例〉释义》，中国人民大学出版社 2011 年版。

10. 齐霁：《中国共产党禁毒史》，中共党史出版社 2013 年版。

11. 邵雍：《中国近代贩毒史》，上海社会科学院出版社 2017 年版。

12. 司法部戒毒管理局：《司法行政戒毒工作概论》，法律出版社 2017 年版。

13. 苏智良：《中国毒品史》，上海社会科学院出版社 2017 年版。

14. 王宏斌：《禁烟史话》，社会科学文献出版社 2012 年版。

15. 徐显明：《人权法原理》，中国政法大学出版社 2008 年版。

16. 姚剑龙：《禁毒法与戒毒制度改革研究》，法律出版社 2015 年版。

17. 于恩德：《中国禁烟法令变迁史》，河南人民出版社 2016 年版。

18. 张伯宏、黄玲晃：《毒品戒治学》，五南图书出版公司 2001 年版。

19. 周叶中:《宪法(第四版)》,高等教育出版社 2016 年版。

20. M. Glantz and R. Pickens, *Vulnerability to Drug Abuse*, Washington, D. C. : American Psychological Association, 1992.

二、期刊论文

1. 包涵:《中国强制隔离戒毒的法律定位及制度完善》,《北京社会科学》2015 年第 5 期。

2. 曾庆学:《强制隔离戒毒的法律监督研究》,《吉首大学学报(社会科学版)》2014 年第 1 期

3. 陈兴友、王洪儒:《澳大利亚减少毒品危害情况的考察》,《中国药物依赖性杂志》2005 年第 4 期。

4. 陈璇、李波阳:《中国香港澳门特区毒品犯罪案件侦查诱惑问题的综述及思考》,《辽宁行政学院学报》2012 年第 6 期。

5. 戴建海:《司法行政统一戒毒工作模式的实施与探索》,《中国司法》2018 年第 9 期。

6. 邓立军:《控制下交付逐案判断原则研究》,《中国人民公安大学学报(社会科学版)》2018 年第 5 期。

7. 方巍:《香港青年药物滥用与社会政策分析》,《青年探索》2006 年第 1 期。

8. 房红等:《国外禁吸戒毒模式述评》,《云南警官学院学报》2010 年第 1 期。

9. 甘肃省司法厅课题组:《司法行政戒毒工作社会化的调查与思考》,《中国司法》2015 年第 6 期。

10. 海燕、姜波:《毒品在德国》,《人民公安》2007 年第 4 期。

11. 何挺:《论附带处分于附条件不起诉之核心地位——以台湾缓起诉实践为样本的考察》,《中国刑事法杂志》2017 年第 2 期。

12. 黄若琳:《行政复议或行政诉讼期间具体行政行为应否不停止执行》,《法律实务》2014 年第 1 期。

13. 黄太云:《谈对国际犯罪的普遍管辖权》,《法学杂志》1990 年第 4 期。

14. 金莲:《澳大利亚毒品法庭研究》,《云南警官学院学报》2015 年

第 2 期。

15. 金莲:《禁毒立法模式再探讨》,《云南警官学院学报》2004 年第 4 期。

16. 靳澜涛:《〈禁毒法〉修订背景下强制隔离戒毒制度的完善(下)——基于境外戒毒立法经验的考量与借鉴》,《中国药物滥用防治杂志》2017 年第 4 期。

17. 靳澜涛:《毒品概念界定的立法模式比较与选择》,《甘肃理论学刊》2017 年第 3 期。

18. 靳澜涛:《毒品合法化政策的理论争鸣与批判借鉴》,《云南警官学院学报》2016 年第 5 期。

19. 靳澜涛:《后劳教时代强制隔离戒毒制度的改革——以警察权的规制为视角》,《中共青岛市委党校　青岛行政学院学报》2017 年第 4 期。

20. 靳澜涛:《我国禁毒立法体例的反思与重构》,《北京警察学院学报》2017 年第 5 期。

21. 靳澜涛:《消除双轨制:强制隔离戒毒制度改革的应然选择》,《中共南京市委党校学报》2017 年第 3 期。

22. 李晓凤、马瑞民:《我国戒毒社会工作的发展历史及实务运作模式初探》,《社会工作与管理》2014 年第 6 期。

23. 李振玉:《关于强制隔离戒毒与社区戒毒康复衔接的思考》,《中国司法》2014 年第 9 期。

24. 罗川林:《司法行政戒毒工作规范化建设的实践与思考》,《中国司法》2017 年第 5 期。

25. 罗观翠:《政府购买服务的香港经验和内地发展探讨》,《学习与实践》2008 年第 9 期。

26. 戚颖鹏:《同性强奸法律问题研究》,《法制博览》2015 年第 27 期。

27. 祁苑玲:《依托大湄公河次区域合作消除"金三角"的贫困和毒品》,《东南亚纵横》2005 年第 6 期。

28. 任克勤:《穗港澳毒品问题的相关比较研究》,《广州师院学报(社会科学版)》2000 年第 9 期。

29. 时一飞、蒋振营:《浅谈禁毒法关于戒毒措施中存在的一些不足及补充完善》,《江苏矫治》2009 年第 1 期。

30. 孙秀兰:《戒毒所的社会工作介入方式研究——以Y强制隔离戒毒所为例》,《社会工作与管理》2016年第5期。

31. 万艳:《我国强制隔离戒毒制度与实践的断裂与重构》,《云南大学学报(社会科学版)》2018年第2期。

32. 汪建明、莫盈盈:《政府购买民间社工服务模式研究——以深圳某社工服务社为例》,《中国民营科技与经济》2008年第12期。

33. 王丹:《中外社区戒毒模式比较研究》,《云南警官学院学报》2010年第5期。

34. 王娇、普艳梅:《缅甸禁毒执法现状及国际合作(编译)》,《云南警官学院学报》2011年第1期。

35. 王磊:《当代英国禁毒政策探析》,《欧洲研究》2004年第5期。

36. 王玮、肇恒伟:《论国外戒毒模式对我国社区戒毒的借鉴》,《中国刑警学院学报》2012年第4期。

37. 王祎:《中美禁毒立法之比较》,《公安学刊(浙江公安高等专科学校学报)》2007年第4期。

38. 王志亮:《美国监狱囚犯的戒毒处遇》,《犯罪与改造研究》2017年第10期。

39. 王志亮:《美国少年司法的新发展:少年法庭与毒品法庭》,《青少年犯罪问题》2014年第4期。

40. 吴大华:《美国社区戒毒立法及其借鉴》,《贵州师范学院学报》2012年第10期。

41. 徐万富等:《戒毒工作一体化研究》,《中国司法》2015年第8期。

42. 杨民:《哥伦比亚政府反毒反恐战略及其对南美邻国影响——解析"哥伦比亚计划"》,《当代世界》2009年第5期。

43. 杨文磊、朱进彬:《保山学院禁毒防艾教育策略途径探析》,《保山学院学报》2014年第4期。

44. 杨兴培、陈柱钊:《中国内地与澳门刑法中缓刑制度的比较研究》,《华东政法大学学报》2008年第3期。

45. 姚建龙:《〈戒毒条例〉与新戒毒体系之运作》,《中国人民公安大学学报(社会科学版)》2012年第2期。

46. 俞宏阳、秦凡森:《浅谈打击国际毒品和药品犯罪》,《法制与社会》2016 年第 24 期。

47. 张杰、宋卓如:《美墨禁毒合作的新阶段:“梅里达计划”的解析》,《拉丁美洲研究》2011 年第 5 期。

48. 张小华、金晓筱:《香港毒品问题现状》,《云南警官学院学报》2011 年第 3 期。

49. 张艳霞、巩金麟:《澳门毒品问题与禁毒体系现状》,《云南警官学院学报》2011 年第 2 期。

50. 张祎:《适应改革 主动作为 积极构建戒毒工作一体化新格局》,《上海戒毒》2014 年第 3 期。

51. 张勇安:《荷兰禁毒政策的源起与流变——以“咖啡馆体制”为中心》,《欧洲研究》2006 年第 2 期。

52. 张越华、钱明年:《美沙酮门诊服务对自愿住院治疗计划成效的影响:香港戒毒会过去受助人的研究结果》,《中国药物滥用防治杂志》1998 年第 1 期。

53. 章昌志:《毒品犯罪侦查方法的设计运用》,《犯罪研究》2003 年第 1 期。

54. 赵秉志、吴大华:《澳门特区的毒品犯罪及其惩治防范》,《河南省政法管理干部学院学报》1999 年第 6 期。

55. 赵秉志、肖中华:《澳门新刑法典述评》,《法制现代化研究》1996 年第 0 期。

56. 赵成正:《澳门药物滥用防治工作考察报告》,《中国药物依赖性杂志》2000 年第 1 期。

57. 赵琳琳:《隐匿身份实施侦查之程序规制——澳门特别行政区“可靠之人”侦查制度之借鉴》,《法学》2014 年第 1 期。

58. 赵奕:《澳门特区禁毒政策与法规——有关毒品犯罪的法律适用问题》,《中国药物滥用防治杂志》2003 年第 3 期。

59. 郑继旺等:《“三减”政策并行:香港特区戒毒富有成效》,《中国药物依赖性通报》1996 年第 1 期。

60. 郑伟:《论禁毒法律体系的失范与冲突》,《华东政法大学学报》2012 年第 3 期。

61. 中央司法警官学院课题组:《强制隔离戒毒工作标准化问题研

究》,《中国人民公安大学学报(社会科学版)》2011 年第 4 期。

62. 周立民、陈加养、陶蓉蓉:《中亚独联体国家毒品滥用现状》,《中国药物滥用防治杂志》2015 年第 1 期。

三、学位论文

1. 卞隽旦:《对强制隔离戒毒的思考——以〈禁毒法〉为文本对象》,苏州大学硕士学位论文,2009 年。

2. 蔡自力:《法律视角下社区戒毒康复工作之探讨》,华侨大学硕士学位论文,2013 年。

3. 陈杰:《〈禁毒法〉实施后我国戒毒体制研究》,华东政法大学硕士学位论文,2010 年。

4. 陈令才:《强制隔离戒毒人员回归社会服务管理问题研究》,东南大学硕士学位论文,2016 年。

5. 陈文诗:《澳门 2009～2010 年药物滥用者登记资料的流行病学分析》,南方医科大学博士学位论文,2013 年。

6. 戴新乐:《温州市鹿城区社区戒毒康复模式创新研究》,四川师范大学硕士学位论文,2017 年。

7. 董振宇:《中国保安措施要论》,吉林大学博士学位论文,2006 年。

8. 付予:《政府在社区戒毒工作中的职责》,吉林大学硕士学位论文,2011 年。

9. 胡文锋:《我国戒毒康复矫治模式探析》,西南交通大学硕士学位论文,2014 年。

10. 黄海华:《强制隔离戒毒运行模式在华东 Z 省的实践研究》,南昌大学硕士学位论文,2015 年。

11. 蒋青松:《上海市戒毒管理对策研究》,大连海事大学硕士学位论文,2015 年。

12. 兰菲菲:《论我国强制隔离戒毒法律制度的完善》,电子科技大学硕士学位论文,2009 年。

13. 黎亚云:《强制隔离戒毒制度下行政强制执行权配置问题的研究》,云南大学硕士学位论文,2016 年。

14. 李桂权:《我国毒品犯罪的原因及防治对策》,吉林大学硕士学位论文,2010 年。

15. 李维:《中国大陆戒毒模式的应然走向》,西南政法大学硕士学位论文,2015 年。

16. 李效兰:《国际禁毒公约视角下我国惩治毒品犯罪的法律研究》,河北经贸大学硕士学位论文,2016 年。

17. 李知勇:《资源整合与我国全面戒毒管理模式的构建》,华东师范大学硕士学位论文,2007 年。

18. 梁林:《强制隔离戒毒对人身自由限制问题研究》,山东大学硕士学位论文,2013 年。

19. 马驰骋:《毒品犯罪法定刑配置的正当性研究》,华侨大学硕士学位论文,2017 年。

20. 秦洁:《论毒品犯罪中的"明知"》,昆明理工大学硕士学位论文,2012 年。

21. 孙静静:《戒毒法视角下我国强制隔离戒毒法律制度研究》,云南大学硕士学位论文,2017 年。

22. 伍孝飞:《劳教所强制隔离戒毒问题研究》,华南理工大学硕士学位论文,2010 年。

23. 许道辉:《我国反家庭暴力民事保护令制度研究》,厦门大学硕士学位论文,2017 年。

24. 叶树伟:《强制隔离戒毒制度下警察行政权的重构》,华东政法大学硕士学位论文,2010 年。

25. 张海亮:《我国强制隔离戒毒决定程序的合法性缺失及其矫正》,山东大学硕士学位论文,2015 年。

26. 周云鸽:《我国强制隔离戒毒制度的完善路径研究》,云南大学硕士学位论文,2017 年。

27. 周臻瑶:《"四位一体"戒毒模式下戒毒矫正官制度初探》,华东政法大学硕士学位论文,2015 年。

28. 邹涛:《毒品犯罪预防体系研究》,大连海事大学博士学位论文,2012 年。

四、报纸文章

1. 杜晓:《跨国贩毒现三大新特点需强化国际打击力度》,《法制日报》2011 年 7 月 6 日。

2. 刘仁文、王栋:《强制隔离戒毒工作存在的问题及改进建议》,《人民法院报》2014 年 8 月 8 日。

3. 朱晓莉:《海峡两岸戒毒制度比较研究》,《中国禁毒报》2017 年 1 月 20 日。

4. 张勇安:《全球毒情新变化与毒品治理的新转向》,《中国禁毒报》2017 年 2 月 28 日。

5. 包涵:《英国毒品政策:"伤害最小化"之下的困惑》,《中国禁毒报》2017 年 6 月 9 日。

五、网络文献

1. 香港保安局禁毒处:《香港戒毒治疗和康复服务第五个三年计划(2009～2011)》,2009 年 3 月 30 日,http://www.nd.gov.hk/sc/fifth_three_year_plan.htm。

2.《公安机关强制隔离戒毒管理办法》,2011 年 10 月 17 日,http://www.gov.cn/flfg/2011-10/17/content_1971044.htm。

3.《司法行政机关强制隔离戒毒工作规定》,2013 年 4 月 5 日,http://www.moj.gov.cn/government_public/content/2013-04/05/fggz_6497.html。

4. 代敏:《也谈强制隔离戒毒工作存在的问题及改进建议》,2014 年 8 月 19 日,http://jiansuo.cpd.com.cn/n2698304/n2698495/c24704782/content_1.html。

5.《全国社区戒毒社区康复工作规划(2016～2020 年)》,2016 年 1 月 9 日,http://www.Jhak.com/flf8/xggd/2016-01/09/content_15076.html。

6.《三部门出台强制隔离戒毒诊断评估办法》,2016 年 5 月 12 日,http://news.163.com/16/0512/10/BMS191HJ00014AED.html。

7. 李建胜:《对强制隔离戒毒应加强法律监督》,2016 年 8 月 22 日,http://newspaper.jcrb.com/html/2012-08/22/content_107457。

8.《中国国家禁毒委员会:2014～2016 年中国禁毒报告》,2016 年 11 月 21 日,http://www.nncc626.com/2016-11/21/c_129372086.htm。

9.《国新办举行司法行政戒毒工作成果新闻发布会》,2018 年 6 月 25 日, http://www.scio.gov.cn/xwfbh/xwbfbh/wqfbh/37601/38493/index.htm。

10.《建设人民满意的服务型政府》,2018 年 9 月 9 日,http://opinion.people.com.cn/n1/2018/0909/c1003-30281187.html。

11.《履行好党和人民赋予的新时代职责使命——论学习贯彻习近平总书记全国公安工作会议重要讲话精神》,2019 年 5 月 9 日,http://opinion.people.com.cn/n1/2019/0510/c1003-31076625.html。

后　记

《戒毒法治创新研究》是“当代中国戒毒创新研究”丛书之一，是丛书策划编写思路的肇始和缘起，也是着眼于构建完善中国特色司法行政戒毒工作制度和戒毒法治体系的有益尝试。

求木之长者，必固其根本；欲流之远者，必浚其泉源。本书立足于我国戒毒工作实际，全面系统地梳理现有戒毒法律框架内的戒毒执法管理实践，以司法行政戒毒工作者的视角，着重从体制机制层面研究讨论完善国家毒品治理体系的命题，无疑具有固本浚源的积极意义。

本书策划源于山东大学(威海)法学院院长、博士研究生导师肖金明教授的提议，编写过程中的前期调研、磋商讨论、确定提纲、稿件审核等各个环节，肖金明教授不遗余力，给予真诚无私的帮助。司法部预防犯罪研究所研究员、戒毒工作研究室主任苏利对本书进行了全面系统的审核，并站在禁毒法治前沿和国内戒毒法治实践的角度，对本书的定位和结构提出了修改意见。在书稿最后修订阶段，山东大学(威海)法学院教授、博士生导师门中敬对书稿提出许多指导性意见建议，特别是对戒毒法治的年代划分、发展阶段作了调整，使本书的结构更加合理顺畅、符合实际。对各位专家学者的辛勤付出，我们在此表示衷心的感谢!

本书由山东省戒毒管理局牵头编写，齐延安任主编，范跃进、原永红、龚再坤任副主编，负责本书框架设计、调查研究、组织审核等工作。承担本书撰写任务的主要人员有：廖伟健、张娟娟、杜章、马中华、于甜甜、田微、毕于乾、张冬梅、龚再坤、王松、鹿超、齐延安、刘宇等。第一章“中国清末民国戒毒法治”由廖伟健完成，第二章“中国戒毒法治概述”、第三章“国外戒毒法治概述”由张娟娟完成，第四章“戒毒法律规范”由杜章完成，第五章“戒毒法定措施及实施”由马中华完成，第六章“强制隔离戒毒决定”由于甜甜完成，第七章“强制隔离戒毒执行”由田微完成，第八章“强制隔离戒毒执行体制”由毕于乾完成，第九章“强制隔离戒毒与社区戒毒、社区康复的衔接机制”由张冬梅完成，第十章“强制隔离戒毒执法协作机制”由龚再坤完成，第十一章“强制隔离戒毒人员的人权保障机制”由王松、鹿超完成，第十二章“构建强制隔离戒毒制度及推进戒毒法治的建议”由齐延安、刘宇完成。李中伟、吴广等参与了前期的资料收集、素材汇总等工作。编写组成员以山东省戒毒管理局业务骨干为主，他们多是在戒毒综合业务和执法管理岗位上有多年工作经验的警察。山东司法警官职业学院教授原永红负责对第二章“中国戒毒法治概述”、第三章“国外戒毒法治概述”、第六章“强制隔离戒毒决定”的指导、修改和审核工作。山东司法警官职业学院教师张娟娟、于甜甜和山东大学法学院博士研究生刘宇、硕士研究生鹿超积极参与编写工作。大家利用工作之余的休息时间全力投入其中，为本书成稿倾注了大量心血。对大家的辛勤付出，我们在此一并感谢！

本书参考借鉴了许多专家学者的著述和观点，列举引用参考文献时难免有所疏漏，谨向各位表示衷心感谢并致以深深的歉意。因水平有限，本书疏漏与不足之处良多，恳请相关专家学者和戒毒工作领域的同志们不吝赐教，给予批评指正。

编　者

2019 年 10 月